高等职业教育机电类专业新形态教材

机 械 制 图

主　编　夏　源　张　艳　张　显
副主编　何　静　王　东　魏凡淇
　　　　吴青林
参　编　谭礼健　庞正刚　陈菊华
　　　　艾圣杰　龚光辉

机 械 工 业 出 版 社

为满足发展现代职业教育、培养高素质技术技能人才的要求，本书以项目为载体组织教学内容，通过自主探学、合作研学、互检评学等学习模式，让学生在完成具体学习任务的过程中掌握相关知识，提升制图和识图技能。

本书共设计平面图形的绘制、组合体视图的绘制与识读、机件表达方法、标准件与常用件的绘制、零件图的识读与绘制、装配图的识读与绘制6个项目，包括22个任务。

本书配套资源丰富，提供电子课件、电子教案、模拟试卷及答案等，凡选用本书作为教材的教师，登录机械工业出版社教育服务网（http://www.cmpedu.com），注册后可免费下载。咨询电话010-88379375。

本书可作为高等职业院校机械类及近机械类专业"机械制图"课程的教学用书，也可供相关工程技术人员参考。

图书在版编目（CIP）数据

机械制图/夏源，张艳，张显主编. —北京：机械工业出版社，2024.3
（2024.11重印）

高等职业教育机电类专业新形态教材
ISBN 978-7-111-75302-5

Ⅰ.①机…　Ⅱ.①夏…②张…③张…　Ⅲ.①机械制图-高等职业教育-教材　Ⅳ.①TH126

中国国家版本馆 CIP 数据核字（2024）第 051176 号

机械工业出版社（北京市百万庄大街22号　邮政编码100037）
策划编辑：王英杰　　　　　　　责任编辑：王英杰
责任校对：张婉茹　牟丽英　　　封面设计：马若濛
责任印制：郜　敏
中煤（北京）印务有限公司印刷
2024 年 11 月第 1 版第 2 次印刷
184mm×260mm·22.5 印张·531 千字
标准书号：ISBN 978-7-111-75302-5
定价：69.00 元

电话服务　　　　　　　　　　网络服务
客服电话：010-88361066　　　机　工　官　网：www.cmpbook.com
　　　　　010-88379833　　　机　工　官　博：weibo.com/cmp1952
　　　　　010-68326294　　　金　书　网：www.golden-book.com
封底无防伪标均为盗版　　机工教育服务网：www.cmpedu.com

前　言

　　"机械制图"是工科类专业的一门重要专业基础课程，在生产实践中充当着机械工程与产品信息的载体，是工程界表达设计思想、进行技术交流的语言。本书根据"十四五"职业教育国家规划教材建设工作精神，依据教育部审定的机械制图课程基本要求和新的教学改革精神编写而成，反映职业教育特色与教改要求，体现了以下主要特色与创新。

一、采用现行标准

　　本书采用了机械制图和技术制图现行相关标准，旨在体现制图国家标准的学用一致性，培养学生执行国家标准的意识，强化对国家标准的认知。

二、探索新模式

　　集教材与习题集为一体的活页式教材，增强了便捷性，便于读者自主学习。

三、适应新发展

　　为满足现代机械行业的发展要求，本书借鉴"工作过程系统化"的教学思想，将企业典型的工作任务转化为课程内容，同时引入大量技能考试题目，以满足1+X证书制度的试点需要。

　　本书由重庆工贸职业技术学院、重庆长安汽车股份有限公司、海洋石油工程股份有限公司组编，学校与企业人员共同参与编写。本书由夏源、张艳、张显任主编，何静、王东、魏凡淇、吴青林任副主编，参与编写的还有谭礼健、庞正刚、陈菊华、艾圣杰、龚光辉。本书由重庆理工大学胡亚民教授主审。

　　限于编者水平，本书难免存在错误和疏漏之处，欢迎各位读者批评指正。

编　者

目　录

项目一　平面图形的绘制

任务一　绘制图框和标题栏

工作任务	绘制图框和标题栏	建议学时	2 学时
任务描述	选用合适的图纸，绘制图 1-1-1 所示扳手平面图形的图框和标题栏。 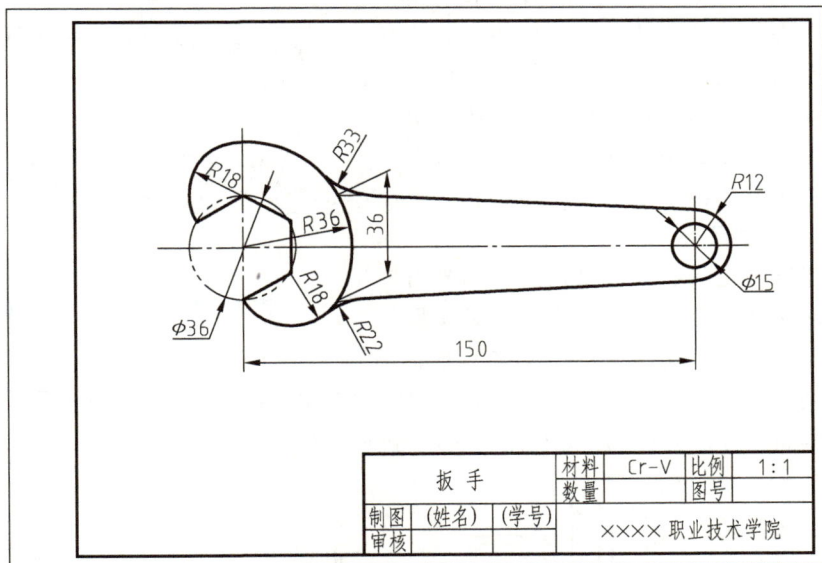 **图 1-1-1　扳手平面图形**		
学习目标	◆会正确使用绘图工具。 ◆能按要求执行制图国家标准中关于图纸幅面、图线、图框格式、比例、字体、标题栏等规定，树立规范意识。 ◆能选用合适的图纸，正确绘制图框和标题栏。 ◆能够主动获取信息，展示学习成果，并相互评价，对绘图过程进行总结与反思，与他人进行有效沟通，团结协作。		

（续）

| 任务分析 | 要绘制扳手平面图形，首先要正确使用绘图工具和仪器，它们是绘图质量和绘图效率的重要保障。其次，必须熟悉国家标准的有关规定。最后，绘制扳手平面图形的图框和标题栏。 |

【知识链接】

一、绘图工具和仪器的使用

为了准确、迅速地绘制图样，必须正确、合理地使用绘图工具和绘图仪器。下面介绍一些常用的绘图工具和绘图仪器及其使用方法。

（一）图板、丁字尺、三角板

1. 图板

图板是用来铺放、固定图纸的矩形薄板，如图 1-1-2 所示。板面要求平整光滑，左侧为工作边，也叫导边，必须光滑平直。使用时，要注意保持图板的整洁完好，两短边不能损坏，要防止受热受潮。由于图板中间是空心的，故不能用来堆放东西或受压。

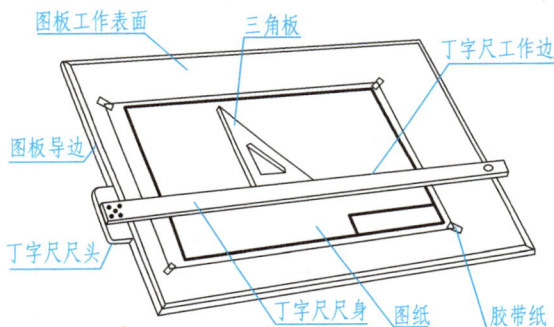

图 1-1-2　图板、丁字尺和三角板

2. 丁字尺

丁字尺由尺头和尺身构成，主要用来画水平线。使用时，尺头内侧必须紧靠图板的导边，用左手推动丁字尺上下移动到画线位置，沿丁字尺工作边自左向右画水平线，如图 1-1-3 所示。

画图线时，左手一定要按紧丁字尺，确保图线水平。

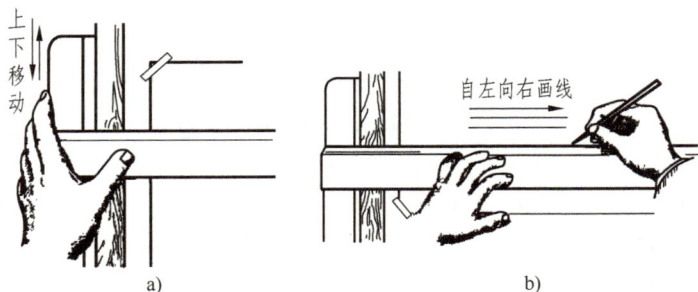

图 1-1-3　画水平线

3. 三角板

一副三角板由 45°和 30°、60°两块组成。三角板与丁字尺配合使用，可画垂直线

（图 1-1-4a），任意已知直线的平行线或垂直线，以及与水平线成特殊角度（15°、30°、45°、60°、75°、105°等）的倾斜线（图 1-1-4b）。

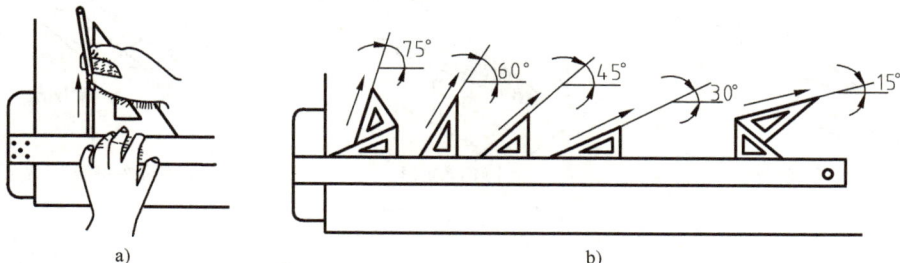

a)

b)

图 1-1-4　画垂直线和倾斜线

（二）圆规及分规

1. 圆规

圆规是用来画圆和圆弧的。画圆时，应将钢针尖对准圆心（可借用左手食指），并扎入图板，按顺时针方向画圆，并使铅芯尖与纸面垂直，如图 1-1-5a 所示。

画圆时要用力均匀，确保一次画圆成功，切忌来回重复画圆。

2. 分规

分规是用来截取线段、等分线段或圆周，以及从尺上量取尺寸的工具。分规的两个针尖并拢时必须对齐，如图 1-1-5b 所示。

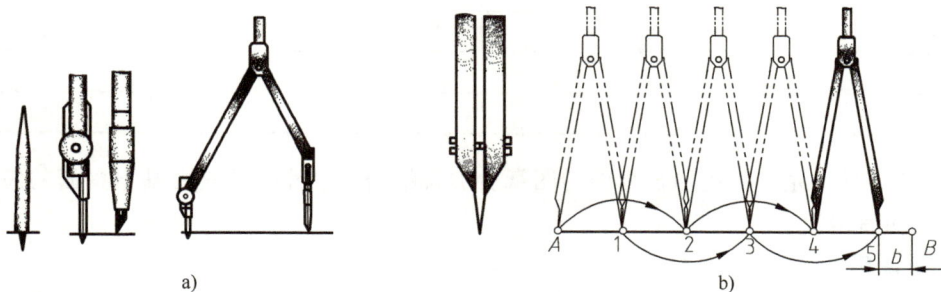

a)

b)

图 1-1-5　圆规和分规的使用

（三）铅笔 （GB/T 26704—2022）

石墨铅笔按其硬度不同分为 6B、5B、4B、3B、2B、B、HB、F、H、2H、3H、4H、5H、6H、7H、8H、9H 共 17 种。H 表示硬性铅笔，H 前面的数字越大，铅芯越硬（淡）；HB 表示软硬适中的铅笔；F 表示硬度在 HB 和 H 之间的铅笔；B 表示软性铅笔，B 前面的数字越大，铅芯越软（黑）。

画底稿时，建议采用 2H 铅笔，并削成尖锐的圆锥形，如图 1-1-6a 所示。描粗底稿时，建议采用 2B 铅笔，并削成矩形，如图 1-1-6b 所示。铅笔的磨法如图 1-1-6c 所示。写字时，建议采用 HB 或 H 铅笔。铅笔应从没有标号的一端开始使用，以便保留铅笔的标号。

二、制图国家标准的一般规定

要正确绘制和阅读图样，必须熟悉国家标准的有关规定。国家标准（简称国标）用代号"GB"表示。例如，GB/T 26704—2022，其中 GB/T 为推荐性国家标准，"G""B"

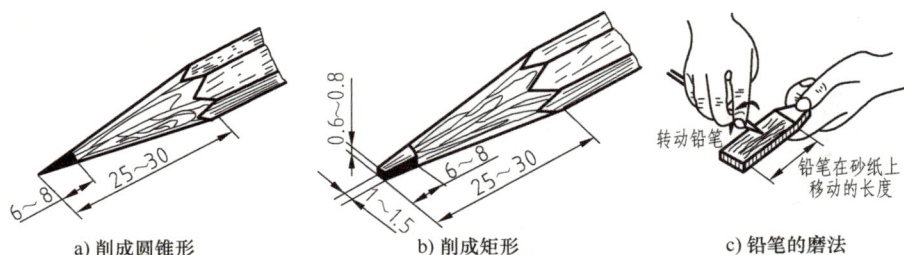

| | a) 削成圆锥形 | b) 削成矩形 | c) 铅笔的磨法 |

图 1-1-6　铅笔的削法

"T"分别为"国家""标准""推荐"汉语拼音的第一个字母，"26704"为标准的批准顺序号，"2022"为该标准发布的年号。

（一）图纸幅面和格式（GB/T 14689—2008）

1. 图纸幅面

图纸幅面是图纸宽度和长度组成的图面。为了使图纸幅面统一，便于装订和管理，并符合缩微复制原件的要求，绘制工程图样时须按以下规定选用图纸幅面。

1）应优先采用表 1-1-1 中规定的图纸基本幅面。

表 1-1-1　图纸幅面尺寸　　　　　　　　　　（单位：mm）

幅面代号	A0	A1	A2	A3	A4
$B \times L$	841×1189	594×841	420×594	297×420	210×297
e	20			10	
c	10			5	
a	25				

2）必要时，允许选用加长幅面的图纸。加长幅面的尺寸必须是由基本幅面的短边成整数倍增加后得出。

2. 图框格式

图纸上限定绘图区域的线框称为图框。在图纸上必须用粗实线画出图框，图样绘制在图框内，其格式分为不留装订边和留有装订边两种，如图 1-1-7 所示。但同一产品的图

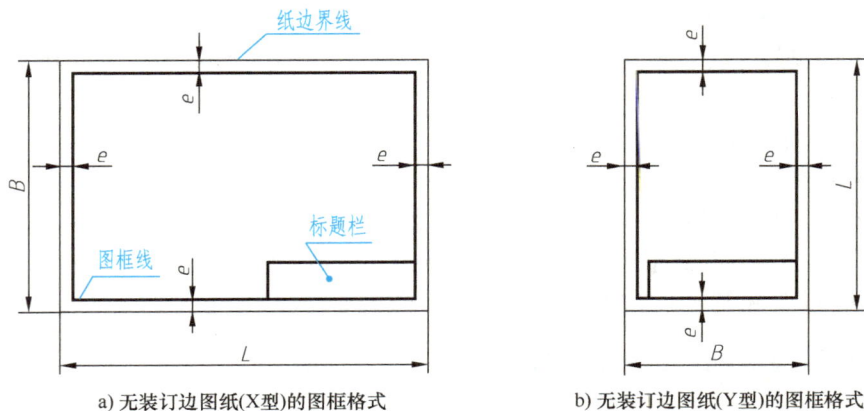

a) 无装订边图纸(X型)的图框格式　　　b) 无装订边图纸(Y型)的图框格式

图 1-1-7　图框格式

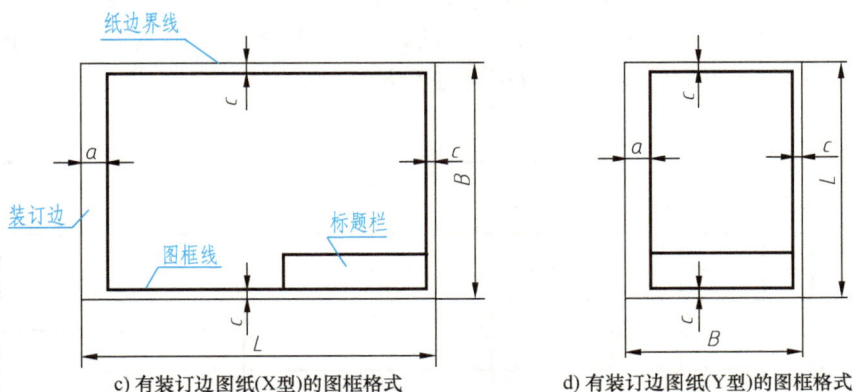

c) 有装订边图纸(X型)的图框格式   d) 有装订边图纸(Y型)的图框格式

图 1-1-7 图框格式（续）

样只能采用一种格式，装订时通常采用 A3 横装或 A4 竖装。

3. 对中符号和看图方向

标题栏中的文字方向为看图方向。为了使图样复制和缩微摄影时定位方便，应在图纸的各边长中点处分别画出对中符号。对中符号用粗实线绘制，线宽不小于 0.5mm，长度为从纸边界开始至图框内约 5mm 处，对中符号的位置误差应不大于 0.5mm。当对中符号处在标题栏范围内时，则伸入标题栏部分省略不画。如果使用预先印制的图纸，需要改变标题栏的方位时，必须将其旋转至图纸的右上角，此时为了明确绘图与看图的方向，应在图纸的下边对中符号处画一方向符号。方向符号是用细实线绘制的等边三角形，其大小和所处的位置如图 1-1-8 所示。

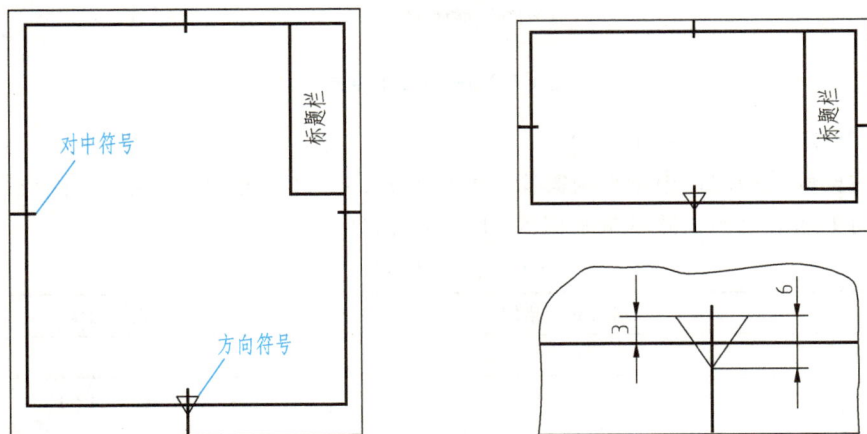

图 1-1-8 方向符号和对中符号

（二）标题栏（GB/T 10609.1—2008）

绘图时必须在每张图纸的右下角画出标题栏。标题栏的内容、格式及尺寸，国家标准已做了统一规定，如图 1-1-9a 所示。学校的制图作业中采用简化的标题栏，如图 1-1-9b 所示。

标题栏的外框线一律用粗实线绘制，其右边和底边与图框线重合。

当标题栏的长边置于水平方向并与图纸的长边平行时，则构成 X 型图纸，如图 1-1-7a、c 所示；当标题栏的长边与图纸的长边垂直时，则构成 Y 型图纸，如图 1-1-7b、d 所示。看图的方向要与看标题栏的方向一致。

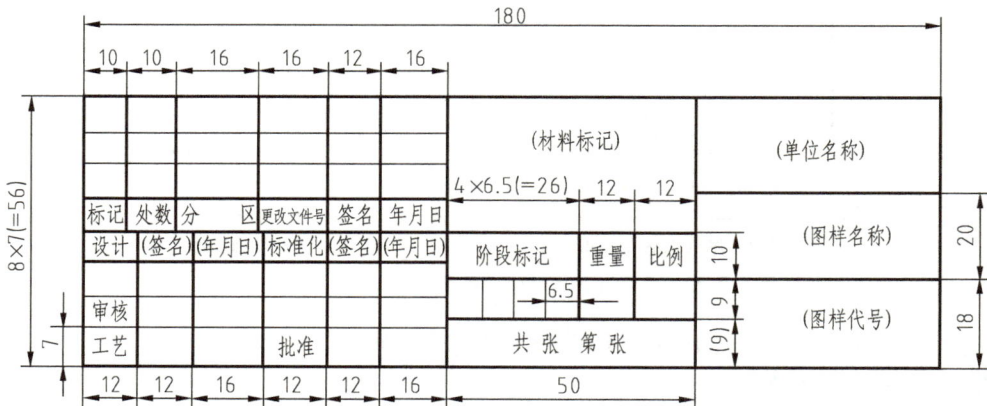

a) 国家标准规定的标题栏格式

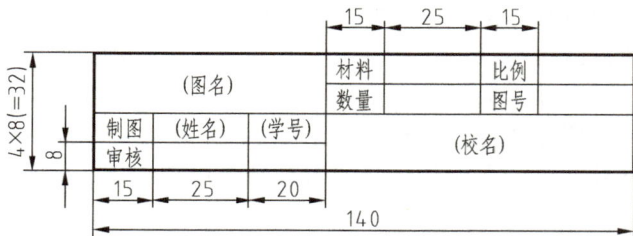

b) 简化的标题栏格式

图 1-1-9　标题栏的格式

（三）比例（GB/T 14690—1993）

图样的比例是指图样中图形与其实物相应要素的线性尺寸之比。绘图时应从表 1-1-2 规定的系列中选取比例，并尽量采用 1:1 的原值比例。

表 1-1-2　常用的比例

种类	优先选用比例	允许选用比例
原值比例	1:1	—
放大比例	2:1　　5:1 $1\times10^n:1$　　$2\times10^n:1$　　$5\times10^n:1$	2.5:1　　4:1 $2.5\times10^n:1$　　$4\times10^n:1$
缩小比例	1:2　　1:5　　1:10 $1:1\times10^n$　　$1:2\times10^n$　　$1:5\times10^n$	1:1.5　　1:2.5　　1:3　　1:4　　1:6 $1:1.5\times10^n$　　$1:2.5\times10^n$ $1:3\times10^n$　　$1:4\times10^n$　　$1:6\times10^n$

选用比例的原则是有利于图形的清晰表达和图纸幅面的有效利用。同一张图样上的各视图应采用相同的比例，并标注在标题栏中的"比例"栏内。不论采用何种比例，图形中所注的尺寸数值均指真实尺寸，与图形的比例无关，如图 1-1-10 所示。

a) 缩小比例1:2　　　　　　b) 原值比例1:1　　　　　　　　c) 放大比例2:1

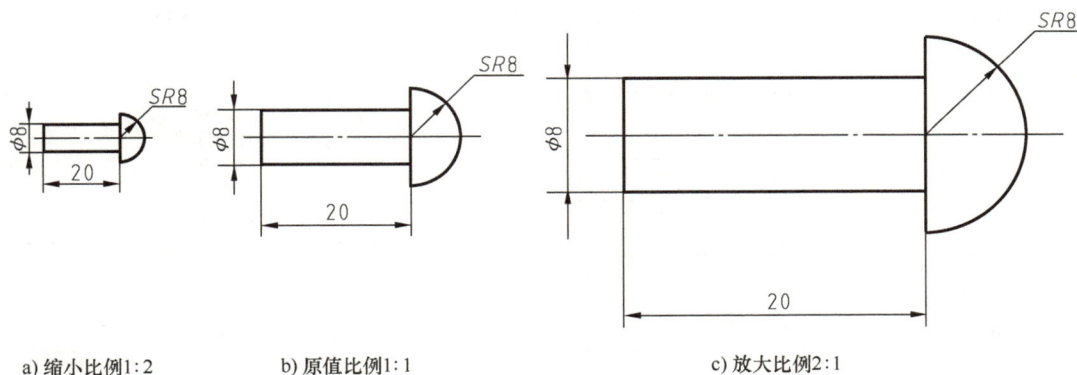

图 1-1-10　不同比例绘制的图形

（四）字体（GB/T 14691—1993）

字体是指图样中文字、字母和数字的书写形式，用来标注尺寸和说明机件在设计、制造、装配时的各项要求。书写时必须做到字体工整、笔画清楚、间隔均匀、排列整齐。字体高度（用 h 表示）的公称尺寸系列为：1.8mm、2.5mm、3.5mm、5mm、7mm、10mm、14mm、20mm。字体的号数就是字体的高度。

汉字应写成长仿宋体，并采用国家正式公布的简化字。汉字的高度 h 不应小于 3.5mm，其宽度一般为 $h/\sqrt{2}$。

数字和字母可写成直体或斜体（常用斜体），斜体字字头向右倾斜，与水平基准线约成 75°。字体示例：

阿拉伯数字(斜体)　*0123456789*

大写拉丁字母(斜体)　*ABCDEFGHIJKLMNOPQRSTUVWXYZ*

小写拉丁字母(斜体)　*abcdefghijklmnopqrstuvwxyz*

罗马数字(斜体)　*ⅠⅡⅢⅣⅤⅥⅦⅧⅨⅩⅪⅫ*

（五）图线（GB/T 17450—1998 和 GB/T 4457.4—2002）

1. 图线的线型及其应用

国家标准规定了绘制各种技术图样的 15 种基本线型，根据基本线型及其变形，机械图样中规定了常用的 9 种图线。图线分为粗、细两种，粗、细线宽的比例为 2:1。图线的宽度应按图样的类型和尺寸大小，在下列数系中选取：0.13、0.18、0.25、0.35、0.5、0.7、1.0、1.4、2（单位：mm）。粗线宽度通常采用 0.5mm 或 0.7mm。图线名称、线型、宽度见表 1-1-3。

2. 图线画法

1）同一图样中同类图线的宽度应基本保持一致。

2）虚线、点画线及双点画线的线段长度和间隔应各自大致相等。

表 1-1-3　图线线型、宽度与应用

图线名称	线型	图线宽度	一般应用
细实线	——————————	$d/2$	①尺寸线及尺寸界线 ②剖面线 ③重合断面的轮廓线 ④指引线和基准线
波浪线	〜〜〜〜	$d/2$	①断裂处边界线 ②视图与剖视图的分界线
双折线	——／\——／\——	$d/2$	
粗实线	▬▬▬▬▬▬	d	可见轮廓线
细虚线	– – – – – – –	$d/2$	不可见轮廓线
粗虚线	▬ ▬ ▬ ▬ ▬	d	允许表面处理的表示线
细点画线	— · — · — · —	$d/2$	①轴线 ②对称中心线 ③剖切线
粗点画线	▬ · ▬ · ▬ · ▬	d	限定范围表示线
细双点画线	— ·· — ·· — ·· —	$d/2$	①相邻辅助零件的轮廓线 ②可动零件的极限位置的轮廓线 ③轨迹线 ④中断线

3）图线之间相交、相切都应以线段形式相交或相切。

4）虚线为粗实线的延长线时，不得以短画线相接，应留有空隙，以表示两种图线的分界线。

5）点画线和双点画线的首尾两端应是线段而不是短画线。

6）若各种图线重合，应按粗实线、虚线、点画线的先后顺序选用线型。

7）绘制圆的对称中心线时，圆心应在线段与线段的相交处，细点画线应超出圆的轮廓线 2~5mm。当所绘圆的直径较小，画点画线有困难时，细点画线可用细实线代替。

8）图线的应用如图 1-1-11 所示。

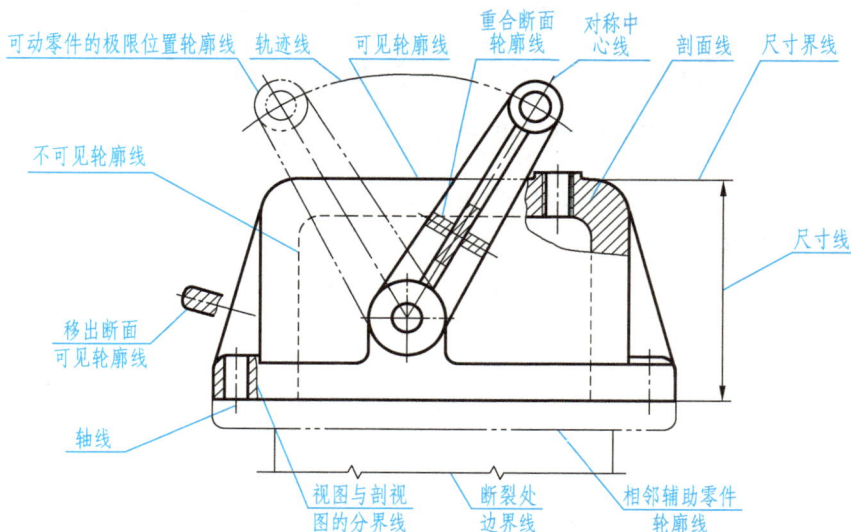

图 1-1-11　图线应用示例

【任务分组】

任务名称：＿＿＿＿＿＿＿＿＿＿＿＿＿＿＿＿＿＿＿＿＿＿＿＿＿＿＿＿

班级：＿＿＿＿＿＿＿＿＿　姓名：＿＿＿＿＿＿＿＿＿＿　日期：＿＿＿＿＿＿＿＿＿

学生任务分配表				
组号		指导教师		
组长		学号		
组员	姓名	学号	姓名	学号
任务分工				

任务工作单 1 绘图工具及其使用

组号：_____ 姓名：_____ 学号：_____ 检索号：___1-1-1___

1. 查阅相关资料，写出绘图铅笔标号的含义，完成连线

H		B	

粗实线	细实线	底稿	箭头	写字

2. 请按下图所示要求，结合教师的讲解，削好铅笔铅芯和圆规铅芯；分组讨论组内成员铅笔和圆规铅芯削制情况以及出现的问题，并确定小组的最佳绘图工具

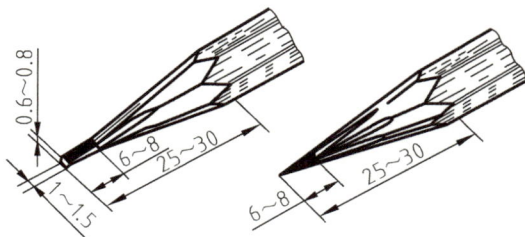

铅笔铅芯削法

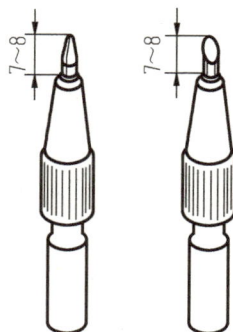

圆规铅芯削法

组内成员	问题	最佳（打✓）

3. 拿出两块三角板，与丁字尺配合使用，摆放出与水平方向成 30°、45°、60°、15°、75°的倾斜线，并在下面图纸中画出示意图

任务工作单 2　绘制图框

组号：_____　　姓名：_____　　学号：_____　　检索号：　1-1-2

---

1. 指出"GB/T 14689—2008"中各字符的含义

G		B		T		14689		2008	

2. 请拿出一张 A4 纸，测量它的宽度和长度，写在下表内，测量以 mm 为计量单位；查找国家标准，填写其余 4 种基本幅面的尺寸；再根据本任务零件图的尺寸大小，选用合适的图纸

幅面代号	宽度 B×长度 L	合适的图纸（打√）
A4		
A3		
A2		
A1		
A0		

3. 用 1∶1 的比例在图线下方抄画图线

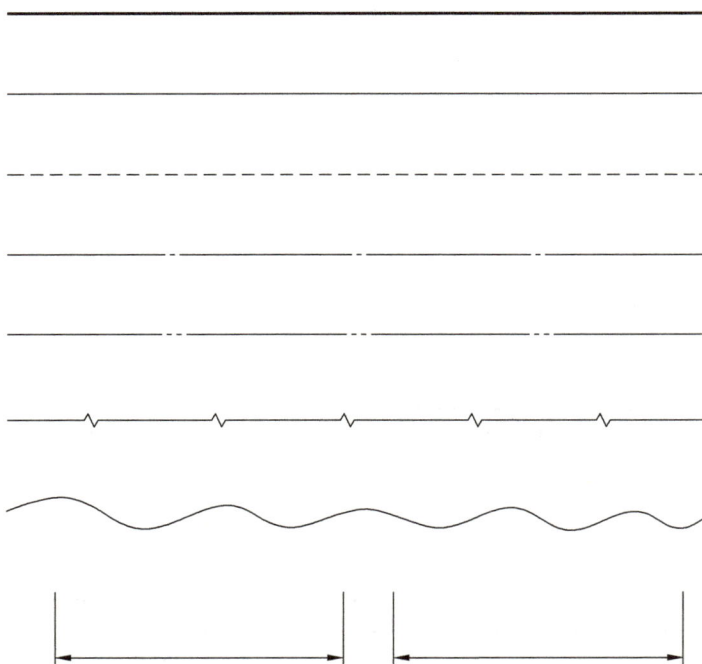

---

4. 请同学们查找资料，把图框的格式及画法填写在下方

图框格式：

图框外侧使用的图线是：

图线画法：

图框内侧使用的图线是：

图线画法：

5. 分组准备绘图工具和图纸，固定图纸，讨论图框格式，绘制图 1-1-1 所示扳手平面图形的图框，完成任务工作单

任务工作单 3　绘制标题栏

组号：＿＿＿＿＿＿　　姓名：＿＿＿＿＿＿　　学号：＿＿＿＿＿＿　　检索号：＿1-1-3＿

1. 仔细查看图 1-1-1 所示扳手平面图形，判断图中选用比例是否合理，说出理由

＿＿

＿＿

2. 按照书写要求，规范填写下列汉字、字母及数字

书写要求：

◆ 务必用铅笔书写，保证整洁、清晰
◆ 字迹工整，按框格书写，不要超出答题区域

机	械	制	图	校	核	比	例	材	料	学	院	汽	车	数	控	自	动	化	设	计

标	题	栏	装	配	剖	视	铸	铁	铜	钢	其	余	未	注	圆	角	螺	钉	连	接

ABCDEFGHIJKLMNOPQRS

abcdefghijklmnopqrs

0123456789

3. 请同学们查找资料，说一说标题栏内的内容主要有哪些项目，用汉字填写在下面的方格内

4. 请同学们在画好图框的任务工作单 1-1-2 的图纸上，分组完成扳手平面图形标题栏的绘制

5. 你学会了哪些知识？你学会了哪些技能？你养成了哪些好习惯？将其总结在下面的方格内

【评价反馈】

学生个人自评表

班级		组名		日期	年　　月　　日
姓名		学号			

评价指标	评价内容	分值	得　　分
信息检索	能有效利用网络、图书资料、机械制图手册查找有用的相关信息;能有条理地解释、表述所学知识;能将查到的信息有效地应用到学习中	10分	
感知课堂	熟悉绘图岗位,认同岗位工作价值;在学习中能获得满足感,认同课堂文化	10分	
参与态度	积极主动参与学习,能吃苦耐劳,崇尚劳动光荣、技能宝贵;与教师、同学之间相互尊重、理解,能够保持多向、丰富、适宜的信息交流	10分	
	能处理好合作学习和独立思考的关系,做到有效学习;能提出有意义的问题或发表个人见解;能按要求正确绘图;能够倾听别人的意见,协作共享	10分	
学习过程	①会正确使用绘图工具	10分	
	②能按要求执行制图国家标准中关于图纸幅面、图线、图框格式、比例、字体、标题栏等的规定	10分	
	③能选用合适的图纸幅面,正确绘制图框和标题栏	10分	
思维态度	能发现问题、提出问题、分析问题、解决问题、创新问题	10分	
自评反馈	按时、按质完成工作任务;较好地掌握专业知识点;具有较强的信息分析能力和理解能力;具有较为全面、严谨的思维能力,并能条理清楚、明晰地表达成文	20分	
自评分数			

有益的经验和做法	
总结反馈建议	

组内互评表

班级		组名		日期		年　　月　　日	
验收组长		组员		学号			
组内验收成员							
任务要求							

验收文档清单	任务工作单： 文献检索清单：

验收评分	评分标准	分值	得分
	①会正确使用绘图工具，错误1处扣5分	25分	
	②能按要求执行制图国家标准中关于图纸幅面、图线、图框格式、比例、字体、标题栏等的规定，错误1处扣5分	25分	
	③能选用合适的图纸幅面，正确绘制图框和标题栏，错误1处扣5分	30分	
	④提供文献检索清单，不少于4项，缺1项扣5分	20分	
	组内评价分数		
不足之处			

组间互评表

班级		被评组名		日期		年　　月　　日	
验收组名 （成员签字）							

评价指标	评价内容	分值	得分
汇报表述	表述准确	15分	
	语言流畅	10分	
	准确反映该组完成情况	15分	
内容正确度	内容正确	30分	
	阐述表达到位	30分	
	组间评价分数		
简要评述			

任务完成情况评价表

班级			组名		
姓名			学号		

序号	任务内容及要求		配分	教师评价	
				结论	得分
1	会正确使用绘图工具	操作规范	20分		
2	能按要求执行制图国家标准中关于图纸幅面、图线、图框格式、比例、字体、标题栏等的规定	符合标准	20分		
3	能选用合适的图纸幅面,正确绘制图框和标题栏	绘图准确	30分		
4	至少提供4项文献检索清单	数量	10分		
		参考的主要内容要点	10分		
5	素质素养评价	沟通交流能力	10分		
		团队合作			
		课堂纪律			
		自主探学			
		合作研学			
		精益求精、专心细致的工作作风			
		诚实守信的意识			
		讲原则、守规矩的意识			
		规范意识			
总分					

任务二 几何作图

工作任务	几何作图	建议学时	6 学时
任务描述	按 1∶1 的比例绘制图 1-1-1 所示扳手平面图形。		
学习目标	◆能够独立完成常见几何图形的绘制。 ◆对扳手平面图形进行尺寸分析和线段分析，能够分辨图中的定形尺寸、定位尺寸和已知线段、中间线段、连接线段。 ◆会根据实际平面图形确定正确的作图方法和步骤。 ◆按任务要求，正确绘制扳手平面图形。 ◆熟悉尺规绘图中应当注意的细节问题，培养精益求精的工匠精神。 ◆能够主动获取信息，展示学习成果，并相互评价，对绘图过程进行总结与反思，与他人进行有效沟通，团结协作。		
任务分析	扳手平面图形是由若干直线和曲线按一定关系连接而成的封闭图形，线段的形状、大小以及线段之间的相对位置和连接关系是由给定尺寸确定的。在扳手平面图形中，有些线段的尺寸已完全给定，可以直接画出，而有些线段要根据相切的连接关系才能画出。因此，绘制扳手平面图形时应先进行尺寸分析和线段分析，以确定正确的作图方法和步骤。		

【知识链接】

一、几何作图

机件的轮廓多种多样，但其图样基本上都是由直线、圆、圆弧或其他常见曲线所组成的几何图形。因此，学会几何图形的基本作图原理和方法是绘制工程图样的基础。

（一）常见几何图形

常见几何图形的作图方法见表 1-2-1。

表 1-2-1 常见几何图形的作图方法

类型	作图方法	步骤说明
等分线段（五等分）	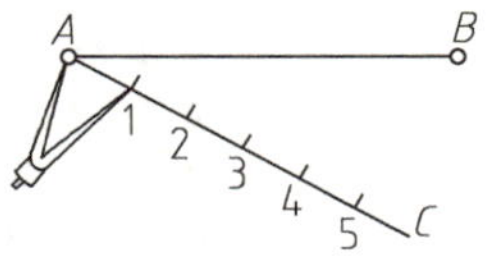 步骤一 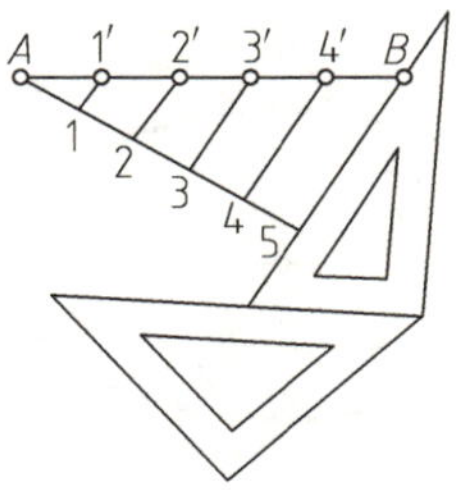　步骤二	①过端点 A 任作一直线 AC，用分规以任意相等的距离在 AC 上量得 1、2、3、4、5 五个等分点 ②连接点 5 和点 B，过等分点 1、2、3、4 作线段 5B 的平行线，与 AB 相交即得线段 AB 的五等分点 1′、2′、3′、4′

（续）

类型	作图方法	步骤说明
正六边形	 作法一　　　　作法二	作法一：用圆规等分圆周作正六边形 作法二：用60°三角板作正六边形
正 N 边形 （以正七边形为例）		①画外接圆 ②将外接圆直径等分为 N 等分 ③以 N 点为圆心，以外接圆直径为半径作弧与水平中心线交于点 A、B ④由 A 和 B 分别与奇数（或偶数）分点连线并与外接圆相交，依次连接各交点，即得正 N 边形
斜度		①作 1∶5 的参考斜度线 ②过已知点作参考线的平行线 ③完成作图并标注
锥度		①作 1∶6 的参考锥度线 ②过已知点作参考线的平行线 ③完成作图并标注
椭圆	 同心圆法 四心圆法	同心圆法： ①分别以长、短轴为直径作同心圆 ②过圆心 O 作一系列放射线，分别与大圆和小圆相交，得若干点 ③过大圆上的各交点引竖直线，过小圆上的各交点引水平线，对应同一条放射线的竖直线和水平线交于一点，如此可得一系列交点 ④光滑地连接各交点及点 A、B、C、D，即得椭圆 四心圆法： ①连接 AC，取 OE = OA，以 C 为圆心，CE 为半径画圆，交 AC 于 F ②作 AF 的中垂线，交椭圆两轴于 O_1、O_2，并作对称点 O_3、O_4 ③分别以 O_1、O_2、O_3、O_4 为圆心，以 O_1A、O_2C、O_3B、O_4D 为半径画圆弧 ④光滑连接即得椭圆

（二）圆弧连接

圆弧连接就是用一段已知半径的圆弧与另外两条已知线段（直线或圆弧）光滑地连接（即相切）的作图方法。两个切点称为连接点。要连接光滑必须准确地作出连接圆弧的圆心和切点，所以圆弧连接的作图步骤可归结为：①求连接弧的圆心；②找出连接点即切点的位置；③在两切点之间画连接圆弧。常见圆弧连接的作图方法见表1-2-2。

表 1-2-2　圆弧连接的作图方法

已知条件	作图方法和步骤		
	1. 求连接弧圆心 O	2. 求连接点（切点）A、B	3. 画连接弧并描粗
圆弧连接两已知直线			
圆弧连接已知直线和圆弧			
圆弧外切连接两已知圆弧			
圆弧内切连接两已知圆弧			
圆弧分别内、外切连接两已知圆弧			

二、平面图形分析

平面图形是由各种线段（直线或圆弧）连接而成的。平面图形的分析就是分析平面图形中所注尺寸的作用和各线段所注尺寸的数量，确定组成平面图形的各几何图形的形状、大小、相互位置以及各线段的性质和相应画法。通过对平面图形的分析，就能够确定该平面图形的作图步骤和尺寸注法。

（一）平面图形的尺寸分析

平面图形中所注尺寸按其作用可分为定形尺寸和定位尺寸两类。

1. 定形尺寸

确定平面图形中各个几何图形的形状和大小的尺寸称为定形尺寸，如线段的长度、圆弧的半径、圆的直径和角度大小等尺寸。如图 1-2-1 中的尺寸 $\phi30$、$\phi15$、$R30$、80 等都是定形尺寸。

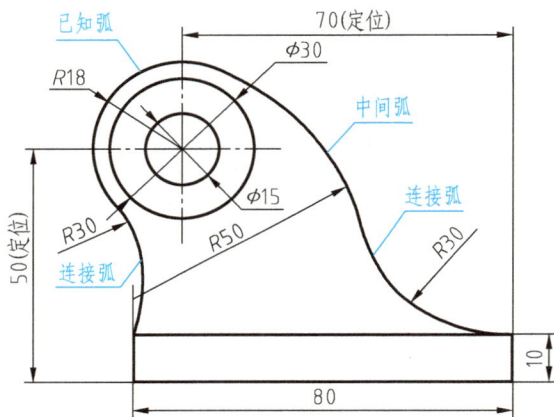

图 1-2-1　平面图形的尺寸分析与线段分析

2. 定位尺寸

确定平面图形中各个几何图形间相对位置的尺寸称为定位尺寸，如圆心、线段的位置尺寸。图 1-2-1 中的尺寸 50、70 都是定位尺寸。

3. 尺寸基准

标注尺寸的起点即尺寸基准。一个平面图形应有长度（水平）和宽度（垂直）两个方向的尺寸基准，通常以图形的对称线、圆的中心线、较长的轮廓线等作为尺寸基准。图 1-2-2a 所示为长度方向和宽度方向的尺寸基准。

应该说明的是，有时某个尺寸既是定形尺寸又是定位尺寸，具有双重作用。如图 1-2-1 中的尺寸 80，它既确定了长度，又确定了 $R50$ 的圆心。

标注尺寸时，应首先确定几何图形水平方向和垂直方向的尺寸基准，再依次标注出各线段的定形、定位尺寸。

（二）平面图形的线段分析

确定平面图形中的任何一个几何图形，一般需要 3 个尺寸：两个定位尺寸和一个定形尺寸。凡已具备以上 3 个尺寸的线段可直接画出，否则只能利用线段连接关系找出潜在的补充尺寸才能将其画出。

1. 已知线段

有两个定位尺寸和一个定形尺寸的线段称为已知线段。它是根据所给尺寸能够直接画出的线段，如图 1-2-1 中 $\phi 30$、$\phi 15$ 的圆，$R18$ 的圆弧，长 80、宽 10 的矩形等。

2. 中间线段

只有一个定位尺寸和一个定形尺寸的线段称为中间线段。它必须根据与相邻已知线段的相互关系才能画出，如图 1-2-1 中的 $R50$ 圆弧。

3. 连接线段

只有定形尺寸而无定位尺寸的线段称为连接线段。它必须根据与相邻中间线段或已知线段的相互关系，用几何作图的方法画出，如图 1-2-1 中的 $R30$ 圆弧。

（三）作图步骤

作图前先分析图形的基准、尺寸、线段。作图时，首先画基准线，再画已知线段、中间线段，最后画连接线段。图 1-2-2 所示为平面图形的作图步骤。

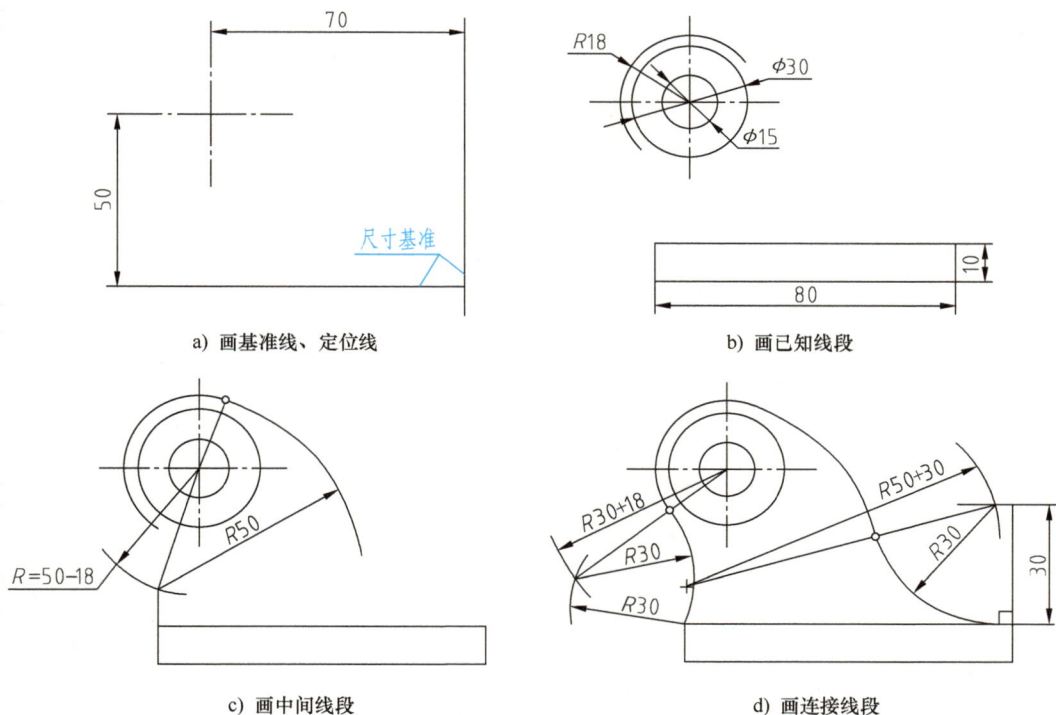

a) 画基准线、定位线　　　　　　b) 画已知线段

c) 画中间线段　　　　　　d) 画连接线段

图 1-2-2　平面图形的作图步骤

【任务分组】

任务名称：_____

班级：_____ 姓名：_____ 日期：_____

学生任务分配表				
组号		指导教师		
组长		学号		
组员	姓名	学号	姓名	学号
任务分工				

任务工作单 几 何 作 图

组号：_____ 姓名：_____ 学号：_____ 检索号：__1-2-1__

1. 查阅相关资料，按要求绘制常见几何图形，并保留作图痕迹

（1）根据学号最后一位数字，在下方外接圆内部绘制正 N 边形（学号 0~4 号需要加 5 完成绘制，如 2 号同学绘制正 7 边形）

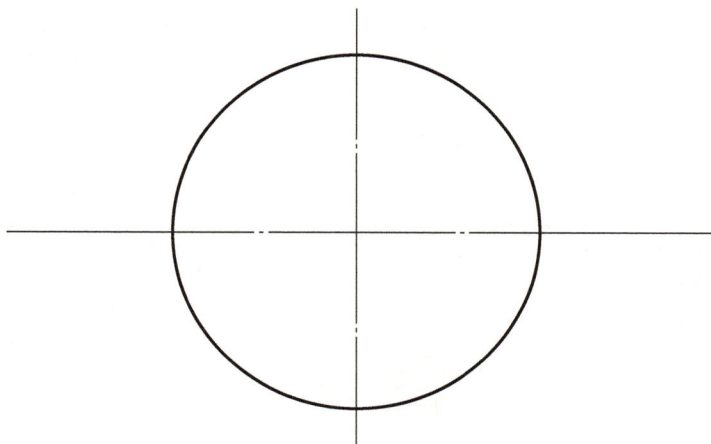

（2）用同心圆法/四心圆法作椭圆（长轴为 60mm，短轴为 40mm）

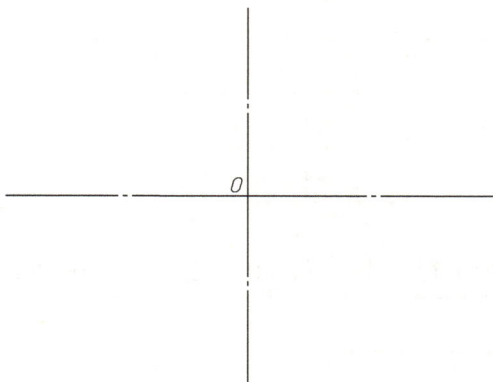

（3）参照左侧图例，用给定的尺寸作圆弧连接

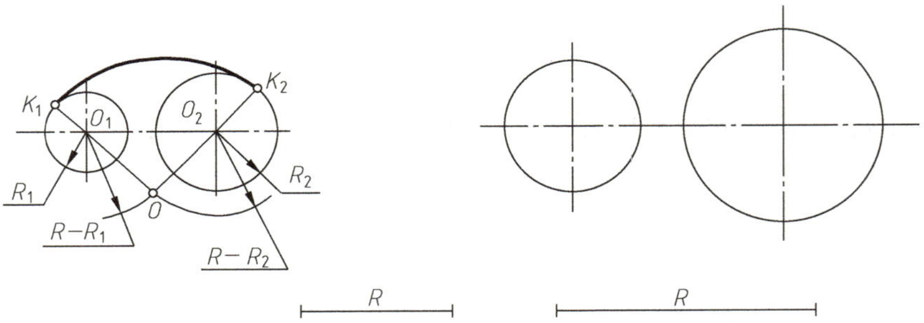

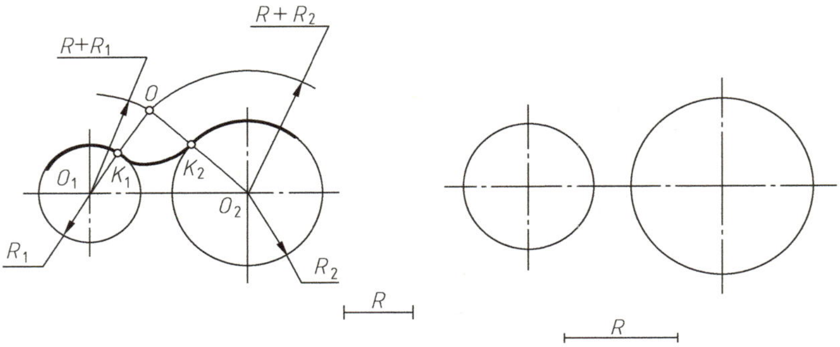

2. 绘制图 1-1-1 所示扳手平面图形

（1）请同学们仔细观察图 1-1-1，该图分别使用了哪几种类型的图线？将答案规范地填写在下面的方格内

（2）对扳手平面图形进行尺寸分析，在下表中写出图中的定形尺寸和定位尺寸

定形尺寸	
定位尺寸	

（3）对扳手平面图形进行线段分析，在下表中写出图中的已知线段、中间线段和连接线段

已知线段	
中间线段	
连接线段	

（4）请同学们思考图中连接线段的画法，分别写出绘制思路

_____
_____
_____
_____
_____
_____

（5）认真读图，确定扳手平面图形的作图步骤，并将详细步骤写到下方横线上

_____
_____
_____
_____
_____
_____

（6）请同学们在画好图框、标题栏的任务工作单 1-1-3 的图纸上，分组完成扳手平面图形的绘制

3. 分组讨论，写出尺规绘图中应当注意的细节问题

_____
_____
_____
_____
_____

【评价反馈】

学生个人自评表

班级		组名		日期	年　月　日
姓名		学号			
评价指标	评价内容			分值	得分
信息检索	能有效利用网络、图书资料、机械制图手册查找有用的相关信息;能有条理地解释、表述所学知识;能将查到的信息有效地应用到学习中			10分	
感知课堂	熟悉绘图岗位,认同岗位工作价值;在学习中能获得满足感,认同课堂文化			10分	
参与态度	积极主动参与学习,能吃苦耐劳,崇尚劳动光荣、技能宝贵;与教师、同学之间相互尊重、理解,能够保持多向、丰富、适宜的信息交流			10分	
	能处理好合作学习和独立思考的关系,做到有效学习;能提出有意义的问题或发表个人见解;能按要求正确绘图;能够倾听别人的意见,协作共享			10分	
学习过程	①能够独立完成常见几何图形的绘制			5分	
	②对扳手平面图形进行尺寸分析和线段分析,分别写出图中的定形尺寸、定位尺寸和已知线段、中间线段、连接线段			5分	
	③会根据实际平面图形,确定正确的作图方法和步骤			5分	
	④按任务要求,正确绘制扳手平面图形			10分	
	⑤写出尺规绘图中应当注意的细节问题			5分	
思维态度	能发现问题、提出问题、分析问题、解决问题、创新问题			10分	
自评反馈	按时、按质完成工作任务;较好地掌握专业知识点;具有较强的信息分析能力和理解能力;具有较为全面、严谨的思维能力并能条理清楚、明晰地表达成文			20分	
	自评分数				
有益的经验和做法					
总结反馈建议					

组内互评表

班级		组名		日期		年　　月　　日	
验收组长		组员		学号			
组内验收成员							
任务要求							
验收文档清单	任务工作单： 文献检索清单：						

	评分标准	分值	得分
验收评分	①能够独立完成常见几何图形的绘制，错误1处扣2分	20分	
	②对扳手平面图形进行尺寸分析和线段分析，分别写出图中的定形尺寸、定位尺寸和已知线段、中间线段、连接线段，错误1处扣1分	10分	
	③会根据实际平面图形，确定正确的作图方法和步骤，错误1处扣2分	10分	
	④按任务要求，正确绘制扳手平面图形，错误1处扣2分	30分	
	⑤写出尺规绘图中应当注意的细节问题，写对1项加2分，最高10分	10分	
	⑥提供文献检索清单，不少于4项，缺1项扣5分	20分	
	组内评价分数		
不足之处			

组间互评表

班级		被评组名		日期		年　　月　　日	
验收组名 （成员签字）							

评价指标	评价内容	分值	得分
汇报表述	表述准确	15分	
	语言流畅	10分	
	准确反映该组完成情况	15分	
内容正确度	内容正确	30分	
	阐述表达到位	30分	
	组间评价分数		
简要评述			

任务完成情况评价表

班级		组名			
姓名		学号			
序号	任务内容及要求		配分	教师评价	
				结论	得分
1	能够独立完成常见几何图形的绘制	绘图准确	20分		
2	分别写出图中的定形尺寸、定位尺寸和已知线段、中间线段、连接线段	描述正确	15分		
3	会根据实际平面图形,确定正确的作图方法和步骤	步骤正确	10分		
4	按任务要求,正确绘制扳手平面图形	绘图准确	25分		
5	写出尺规绘图中应当注意的细节问题	描述正确	10分		
6	至少提供4项文献检索清单	数量	4分		
		参考的主要内容要点	6分		
7	素质素养评价	沟通交流能力	10分		
		团队合作			
		课堂纪律			
		自主探学			
		合作研学			
		精益求精、专心细致的工作作风			
		诚实守信的意识			
		家国情怀和爱国热情			
总分					

任务三　尺 寸 标 注

工作任务	尺寸标注	建议学时	2 学时
任务描述	参照图 1-1-1 所示扳手平面图形，完成尺寸标注。		
学习目标	◆正确理解和使用《机械制图》国家标准中有关尺寸的注法，能找出图中尺寸标注的错误，并正确标注。 ◆会使用尺规量取图中尺寸数值，并按 1∶1 的比例完成尺寸标注。 ◆能够按任务要求，正确地标注尺寸。 ◆根据任务工作单，总结平面图形的绘制方法和步骤。 ◆能够主动获取信息，展示学习成果，并相互评价，对绘图过程进行总结与反思，与他人进行有效沟通，团结协作。		
任务分析	检查扳手平面图形绘制的情况，参照图 1-1-1，理解图中尺寸标注的意义。根据任务要求，完成图形的尺寸标注。最后，根据项目一所有任务工作单，总结出平面图形的绘制方法和步骤。		

【知识链接】

一、尺寸注法（GB/T 4458.4—2003、GB/T 19096—2003 和 GB/T 16675.2—2012）

图样中的图形只能表示物体的结构形状，而物体的大小和相对位置关系由图样中标注的尺寸确定。所以，尺寸是图样中的重要内容之一，是制造、检验机件的直接依据。尺寸标注是一项极为重要的工作，应符合国家标准的规定，做到正确、完整、清晰和合理。

（一）标注尺寸的基本规则

1）机件的真实大小应以图样上所注的尺寸数值为依据，与图形的大小及绘图的准确度无关。

2）图样中（包括技术要求和其他说明）的尺寸，以 mm 为单位时，不需标注单位符号（或名称），如采用其他单位，则应注明相应的单位符号，如 30°、20cm、1in⊖等。

3）图样中所标注的尺寸，为该图样所示机件的最后完工尺寸，否则应另加说明。

4）机件的每一尺寸，一般只标注一次，并应标注在反映该结构最清晰的图形上。

5）标注尺寸时，应尽可能使用符号或缩写词。常用的符号或缩写词见表 1-3-1。

（二）标注尺寸的三要素

一个完整的尺寸由尺寸界线、尺寸线和尺寸数字 3 个要素组成，如图 1-3-1 所示。

⊖　英寸，1in＝25.4mm。

表 1-3-1　常用的符号或缩写词

名称	符号或缩写词	名称	符号或缩写词
直径	ϕ	正方形	□
半径	R	深度	↓
球直径	$S\phi$	沉孔或锪平	⊔
球半径	SR	埋头孔	∨
厚度	t	弧长	⌒
均布	EQS	斜度	∠
45°倒角	C	锥度	◁

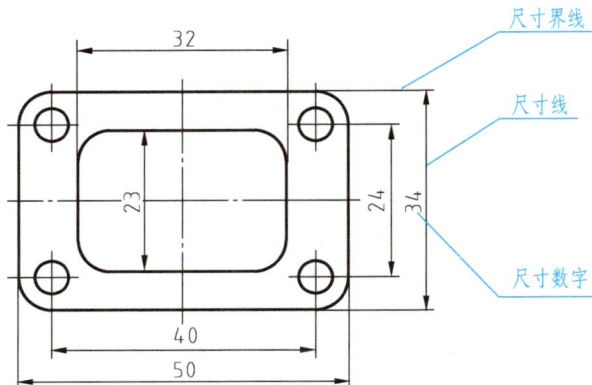

图 1-3-1　尺寸要素

1. 尺寸界线

尺寸界线用细实线绘制，并应由图形的轮廓线、轴线或对称中心线处引出。也可利用轮廓线、轴线或对称中心线作为尺寸界线。

2. 尺寸线

尺寸线用细实线绘制，其终端可以有下列两种形式。

（1）箭头　箭头的形式如图 1-3-2a 所示，适用于各种类型的图样。

（2）斜线　斜线用细实线绘制，其方向和画法如图 1-3-2b 所示。当尺寸线的终端采用斜线形式时，尺寸线与尺寸界线应相互垂直。

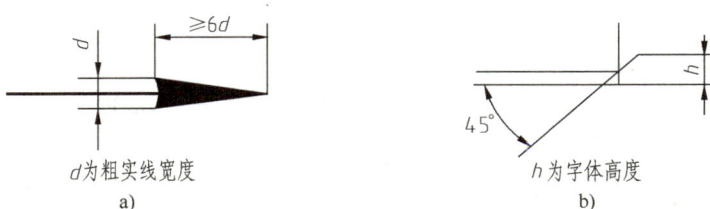

图 1-3-2　尺寸线终端形式

机械图样中一般采用箭头作为尺寸线的终端。

当尺寸线与尺寸界线相互垂直时，同一张图样中只能采用一种尺寸线终端的形式。

标注线性尺寸时，尺寸线应与所标注的线段平行。尺寸线不能用其他图线代替，一般也不得与其他图线重合或画在其延长线上。

3. 尺寸数字

线性尺寸的数字一般应注写在尺寸线的上方，也允许注写在尺寸线的中断处。

线性尺寸数字应按图 1-3-3a 所示的方向注写，即水平方向字头朝上，竖直方向字头朝左，倾斜方向的字头保持朝上的趋势，并尽可能避免在图示 30°范围内标注尺寸，当无法避免时可按图 1-3-3b 所示的形式标注。

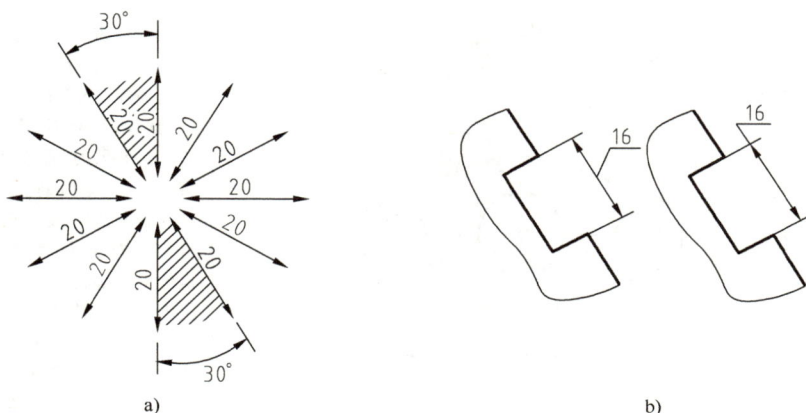

图 1-3-3　尺寸数字的注写方向

尺寸数字不可被任何图线所通过，否则应将该图线断开，如图 1-3-1 中的尺寸 23。

（三）常见尺寸注法

常见尺寸注法示例见表 1-3-2。

表 1-3-2　常见尺寸注法示例

尺寸类型	注法示例	说明
线性尺寸		①尺寸线应与所标注的线段平行。并列尺寸的尺寸线由小到大、由内到外依次排列，如图 a 所示。串列尺寸的尺寸线箭头对齐，排成一条直线 ②尺寸界线一般应与尺寸线垂直，必要时才允许倾斜。在光滑过渡处标注尺寸时，应用细实线将轮廓线延长，从它们的交点处引出尺寸界线，如图 b 中的尺寸 φ90 和图 1-1-1 中的尺寸 36。尺寸界线超出尺寸线 2~3mm ③尺寸线之间或尺寸线与尺寸界线之间应避免相交

（续）

尺寸类型	注法示例	说明
直径尺寸、半径尺寸	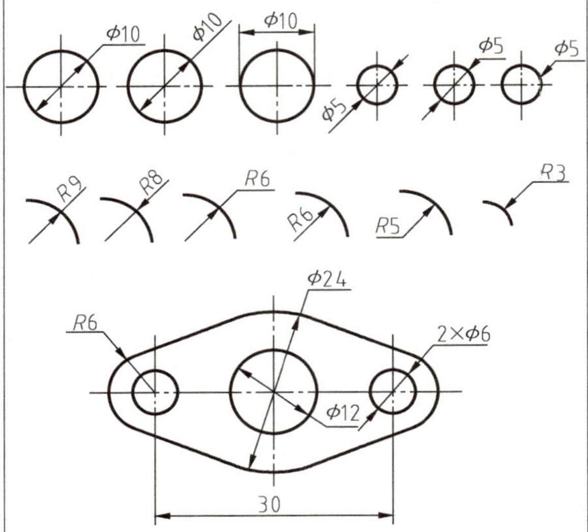 c) 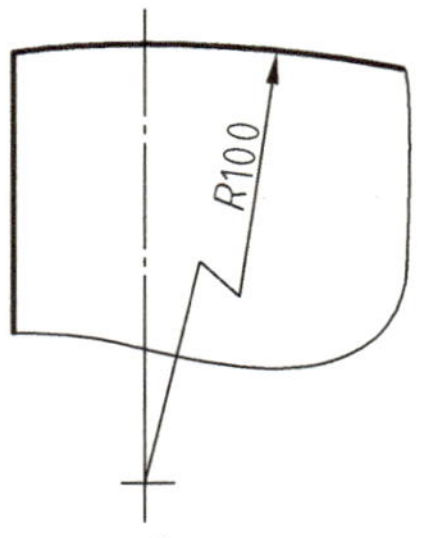 d) 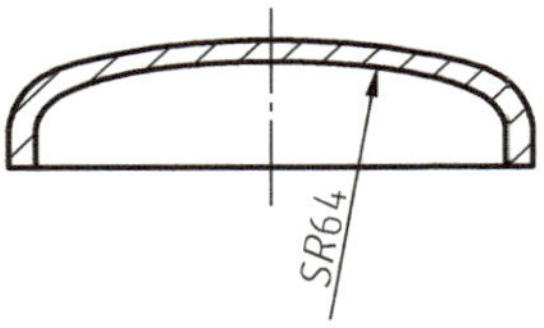 e)	①圆或者大于半圆的圆弧应标注直径，标注直径时，应在尺寸数字前加注符号"φ"；小于或等于半圆的圆弧应标注半径，标注半径时，应在尺寸数字前加注符号"R"；标注球面的直径或半径时，应在符号"φ"或"R"前再加注符号"S"；对于轴、螺杆、铆钉以及手柄等的端部，在不致引起误解的情况下可省略符号"S" ②圆的直径和圆弧半径的尺寸线的终端应画成箭头，并按图 c 所示的方法标注。当圆弧的半径过大或在图纸范围内无法标出其圆心位置时，可按图 d 的形式标注。当不需要标出其圆心位置时，可按图 e 的形式标注
角度尺寸	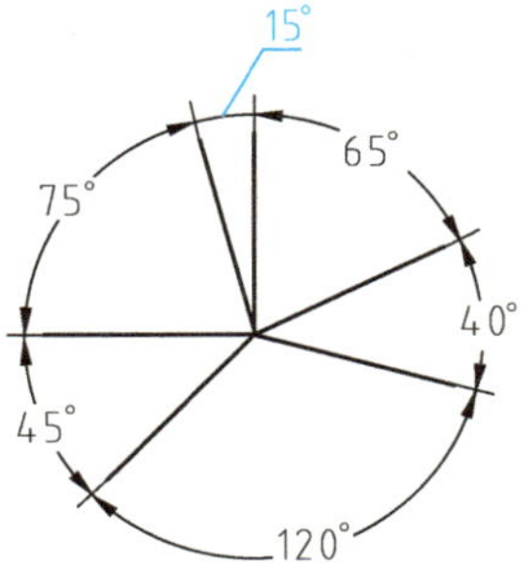	①标注角度的尺寸界线应沿径向引出，尺寸线应画成圆弧，其圆心是该角的顶点 ②角度的数字一律写成水平方向，一般注写在尺寸线的中断处。必要时也可用指引线引出标注
小尺寸	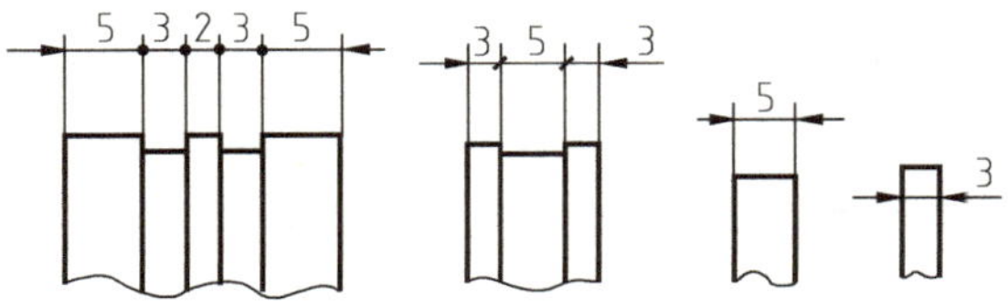	对于小尺寸，在没有足够的位置画箭头或注写数字时，可按左图的形式标注，此时，允许用圆点或斜线代替箭头

（续）

尺寸类型	注法示例	说明
均匀分布的尺寸	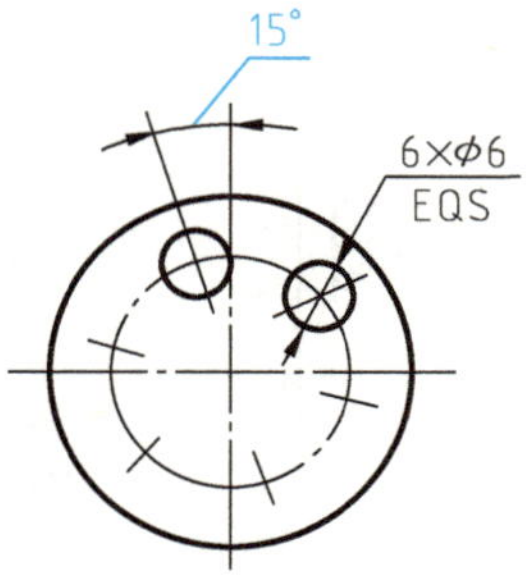 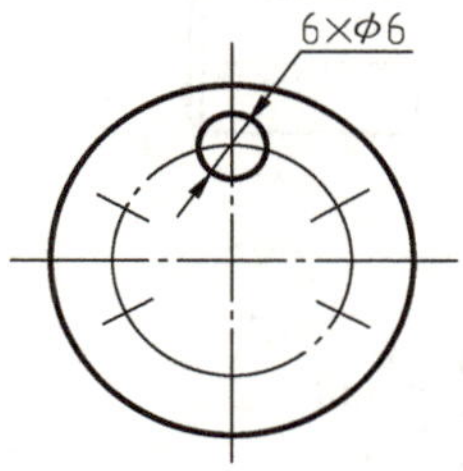 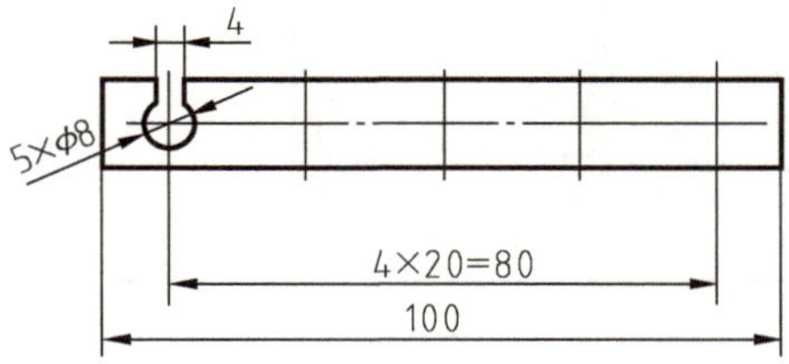	零件中成规律分布的重复结构，允许只绘制其中一个或几个完整的结构，并用中心线反映其分布情况。在同一图形中，对于尺寸相同的孔、槽等成组要素，可仅在一个要素上注出其尺寸和数量，并用缩写词"EQS"表示"均匀分布"，如图 f 所示；当成组要素的定位和分布情况在图形中已明确时，可不标注其角度，并省略缩写词"EQS"，如图 g 所示
对称图形的尺寸	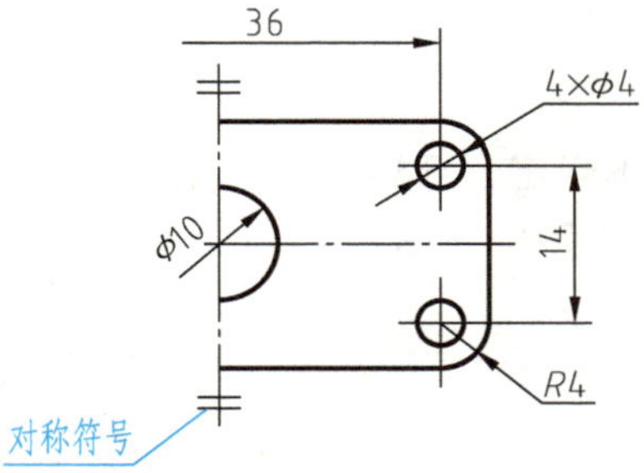	当对称机件的图形只画出一半或略大于一半时，尺寸线应略超过对称中心线或断裂处的边界，此时仅在尺寸线的一端画出箭头
剖面为正方形结构的尺寸	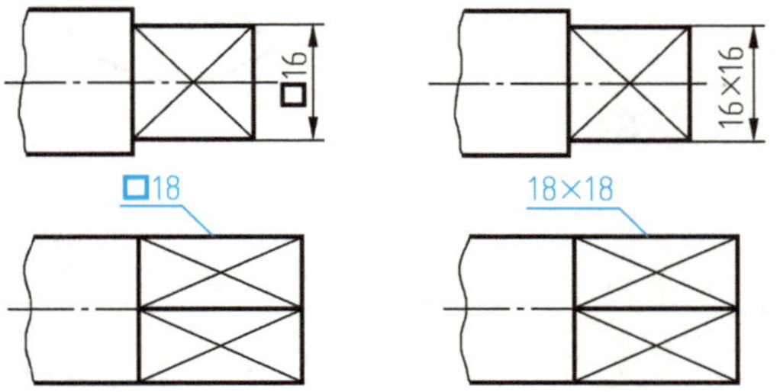	标注剖面为正方形结构的尺寸时，可在正方形边长尺寸数字前加注符号"□"或用"$B \times B$"（B 为正方形的对边距离）注出
板状零件的厚度	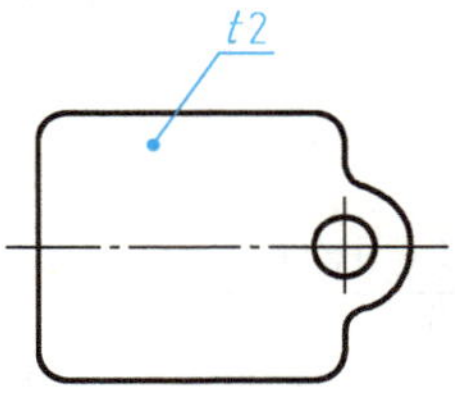	标注板状零件的厚度时，可在尺寸数字前加注符号"t"

（续）

尺寸类型	注法示例	说明
倒角		45°的倒角可按图 i 的形式标注，非 45°的倒角应按图 j 的形式标注

二、平面图形的尺寸标注

平面图形尺寸标注的基本要求是：正确、完整（不重复或遗漏）、清晰和合理。因此，在标注尺寸时应注意以下几点。

1）尺寸注法遵守国家标准的基本规定，且标注尺寸时应注意布局清晰，按照从小到大、从内到外的顺序排列尺寸，如图 1-3-4a 所示。

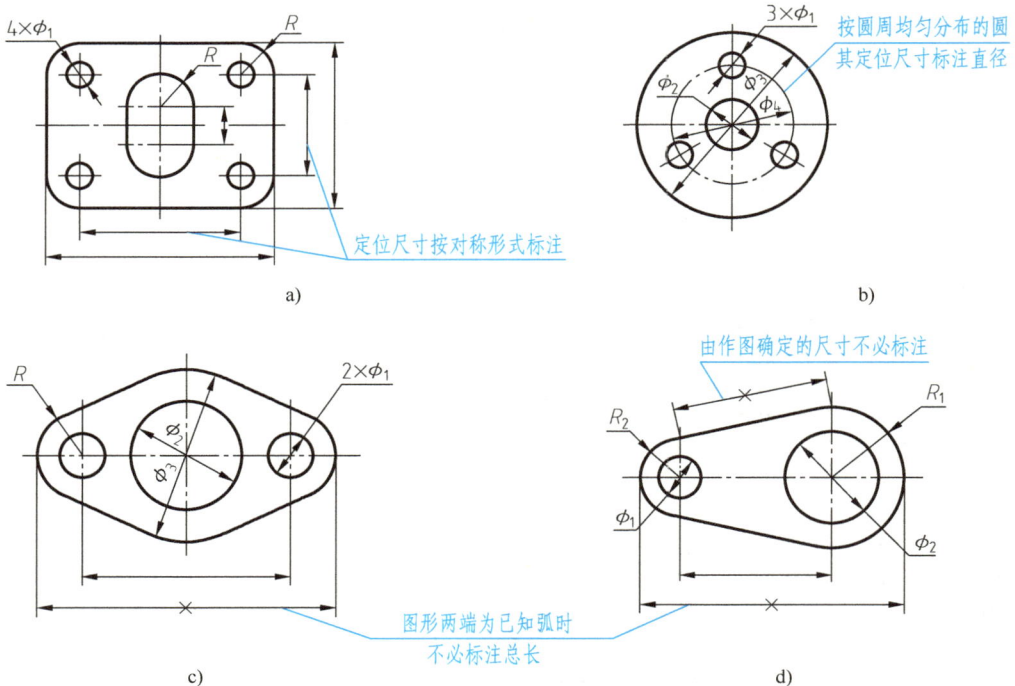

图 1-3-4 平面图形的尺寸标注示例

2）按圆周均匀分布的要素，其定位尺寸应标注直径，如图 1-3-4b 所示。

3）当平面图形的两端是圆弧且是已知弧时，不必再标注总长，如图 1-3-4c、d 所示。

4）图中通过几何作图确定的线段不必标注尺寸，如图 1-3-4d 所示。

【任务分组】

任务名称：_____

班级：_____ 姓名：_____ 日期：_____

学生任务分配表

组号		指导教师	
组长		学号	
组员	姓名	学号	姓名	学号

任务分工

任务工作单 尺寸标注

组号：_____　　姓名：_____　　学号：_____　　检索号：__1-3-1__

1. 根据《机械制图》国家标准中有关尺寸的注法，完成选择和填空

（1）图样中的尺寸一般以（　　　　）为单位时，不需要标注其计量单位符号，但采用其他计量单位时必须标明

A．km　　　　　B．dm　　　　　C．cm　　　　　D．mm

（2）机件的真实大小应以图样上（　　　　）为依据

A．所注尺寸数值　　B．所画图形大小　　C．所标绘图比例　　D．所加文字说明

（3）尺寸标注是一项极为重要的工作，应符合国家标准的规定，做到_____、_____、_____和_____

2. 查阅相关资料，根据尺寸标注的注意事项，找出左图中尺寸标注的错误，并在右图中正确注出。自主标注完成后，在小组内讨论错误尺寸标注的原因以及正确标注的理由

3. 按 1∶1 的比例标注下图尺寸（数值从图中量取，取整数）

4. 参照图 1-1-1 所示扳手平面图形，完成尺寸标注

（1）图中尺寸 36 的作用是什么？将答案规范地填写在下面的方格内

（2）请同学们在画好图框、标题栏、扳手平面图形的任务工作单 1-2-1 的图纸上，分组完成扳手平面图形的尺寸标注

5. 根据项目一的所有任务工作单，请同学们分组讨论，总结出平面图形的绘制方法和步骤

（1）绘图前的准备工作

1）准备 _____

_____。

2）根据所画图形的大小、数量选取 _____，确定 _____，用丁字尺找正后，再用胶带纸把 _____ 固定在 _____ 上。

3）分析图形的 _____，确定 _____。

（2）画底稿 底稿要求位置适当，所有图线粗细一致，准确清晰，整洁干净。其步骤为：

1）用细实线画出 _____ 和标题栏。

2）画出 _____，确定画图位置。

3）按已知线段、_____、_____ 的顺序画出图形。

4）画出尺寸界线和 _____。

（3）检查底稿，加粗图线

1）检查底稿，修改已画出的图形，并清理作图线。

2）加粗图线。描深不同类型的图线应使用不同型号的铅笔。尽可能将同一类型、同一粗细的图线一起描深。尽量保持双手和三角板及丁字尺的清洁。尽量避免画错，因为描深后的图线不容易擦净。描深底稿的步骤为：

① _____。这样既可提高绘图效率又可保证同一线型在全图中粗细一致。

② _____。描多个同心圆或大、小圆弧连接时要先小后大。在描深同一线型时先描圆和圆弧，然后描直线，以确保连接光滑。

③ _____。首先自上而下画出相同线型的水平线，其次自左向右画出相同线型的垂直线，最后画出倾斜的直线。

（4）标注 画箭头，注写 _____，书写文字、符号，最后填写 _____。

（5）全面检查 全面检查，修改错误，清除污迹，完成全图。

【评价反馈】

学生个人自评表

班级		组名		日期	年　月　日	
姓名		学号				
评价指标	评价内容			分值	得　　　分	
信息检索	能有效利用网络、图书资料、机械制图手册查找有用的相关信息;能有条理地解释、表述所学知识;能将查到的信息有效地应用到学习中			10分		
感知课堂	熟悉绘图岗位,认同岗位工作价值;在学习中能获得满足感,认同课堂文化			10分		
参与态度	积极主动参与学习,能吃苦耐劳,崇尚劳动光荣、技能宝贵;与教师、同学之间相互尊重、理解,能够保持多向、丰富、适宜的信息交流			10分		
	能处理好合作学习和独立思考的关系,做到有效学习;能提出有意义的问题或发表个人见解;能按要求正确绘图;能够倾听别人的意见、协作共享			10分		
学习过程	①正确理解和使用《机械制图》国家标准中有关尺寸的注法,能找出图中尺寸标注的错误,并正确标注			5分		
	②会使用尺规量取图中尺寸数值,并按1∶1的比例完成尺寸标注			10分		
	③能够按任务要求正确地标注尺寸			10分		
	④根据任务工作单,总结平面图形的绘制方法和步骤			5分		
思维态度	能发现问题、提出问题、分析问题、解决问题、创新问题			10分		
自评反馈	按时、按质完成工作任务;较好地掌握专业知识点;具有较强的信息分析能力和理解能力;具有较为全面、严谨的思维能力,并能条理清楚、明晰地表达成文			20分		
自评分数						
有益的经验和做法						
总结反馈建议						

组内互评表

班级		组名		日期		年 月 日	
验收组长		组员		学号			
组内验收成员							
任务要求							
验收文档清单		任务工作单： 文献检索清单：					

验收评分	评分标准	分值	得分
	①正确理解和使用《机械制图》国家标准中有关尺寸的注法,能找出图中尺寸标注的错误,并正确标注,正确 1 处加 2 分,最高分 20 分	20 分	
	②会使用尺规量取图中尺寸数值,并按 1∶1 的比例完成尺寸标注,错误 1 处扣 2 分	20 分	
	③能够按任务要求正确地标注尺寸,错误 1 处扣 3 分	30 分	
	④根据任务工作单,总结平面图形的绘制方法和步骤,错误 1 处扣 1 分	10 分	
	⑤提供文献检索清单,不少于 4 项,缺 1 项扣 3 分	20 分	
	组内评价分数		
不足之处			

组间互评表

班级		被评组名		日期		年 月 日	
验收组名 （成员签字）							

评价指标	评价内容	分值	得分
汇报表述	表述准确	15 分	
	语言流畅	10 分	
	准确反映该组完成情况	15 分	
内容正确度	内容正确	30 分	
	阐述表达到位	30 分	
	组间评价分数		
简要评述			

任务完成情况评价表

班级			组名		
姓名			学号		

序号	任务内容及要求		配分	教师评价	
				结论	得分
1	正确理解和使用《机械制图》国家标准中有关尺寸的注法,能找出图中尺寸标注的错误,并正确标注	标注正确	15 分		
2	会使用尺规量取图中尺寸数值,并按 1∶1 的比例完成尺寸标注	操作规范	15 分		
3	能够按任务要求,正确地标注尺寸	标注正确	30 分		
4	根据任务工作单,总结平面图形的绘制方法和步骤	描述正确	15 分		
5	至少提供 4 项文献检索清单	数量	10 分		
		参考的主要内容要点	5 分		
6	素质素养评价	沟通交流能力	10 分		
		团队合作			
		课堂纪律			
		自主探学			
		合作研学			
		精益求精、专心细致的工作作风			
		诚实守信的意识			
		严谨负责的职业道德观			
总分					

项目二 组合体视图的绘制与识读

任务一 绘制点、直线、平面的投影

工作任务	绘制点、直线、平面的投影	建议学时	6 学时
任务描述	正确理解投影规律，绘制三视图来准确表达组合体的结构与形状。		
学习目标	◆能理解正投影的基本原理与投影特性。 ◆会绘制点、直线、平面的投影。 ◆能理解三视图的形成及投影规律。 ◆会绘制组合体的三视图。 ◆能够主动参与学习活动，获取信息，展示学习成果，并相互评价，对绘图过程进行总结与反思，与他人进行有效沟通，团结协作。		
任务分析	要绘制组合体的三视图，首先要正确理解正投影的基本原理与投影特性，正投影法能够反映物体的真实大小和形状，常用于绘制机械图样；其次，要会绘制点、直线及平面的投影，能正确理解三视图的形成及投影规律；最后，绘制组合体的三视图。		

【知识链接】

一、投影法的基本知识

（一）投影法的概念

在光源照射下，不同的物体都会在投影面上产生不同的影子。投影法就是投射线通过物体，投向选定的平面，在该平面上得到图形的方法。用投影法得到的图形称为投影。投影所在的平面称为投影面。

（二）投影法的种类

根据投射线的类型，投影法分为中心投影法和平行投影法两类。

1. 中心投影法

要得到投影，必须具备投射线、物体和投影面这 3 个基本条件。如图 2-1-1 所示，有一薄板 $ABCD$（物体）在平面 H（投影面）和光源 S 之间。从光源 S 分别向 A、B、C、D 引投射线，并将其延长，与投影面 H 交于 a、b、c、d 4 点，$abcd$ 就是 $ABCD$ 在投影面 H 上的投影。这种投射线集中从一点出发的投影法称为中心投影法。

中心投影法所得投影不能反映物体的真实大小和形状，它随投影面、物体和投射中心三者之间距离的变化而变化，在工程图中几乎不采用。

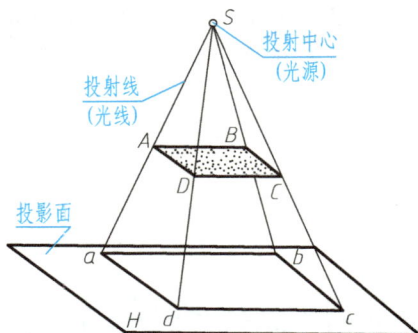

图 2-1-1 中心投影法

2. 平行投影法

平行投影法就是用相互平行的投射线对物体进行投影的方法。根据投射线是否垂直于投影面，平行投影法又可分为斜投影法和正投影法。

（1）斜投影法 斜投影法指投射线倾斜于投影面的平行投影法。斜投影法所得到的图形称为斜投影，如图 2-1-2a 所示。

（2）正投影法 正投影法指投射线垂直于投影面的平行投影法。正投影法所得到的图形称为正投影，如图 2-1-2b 所示。

正投影法所得正投影能够反映物体的真实大小和形状，适合机械制图，所以在绘制机械图样中普遍采用。为了叙述简便，本书将正投影简称投影。

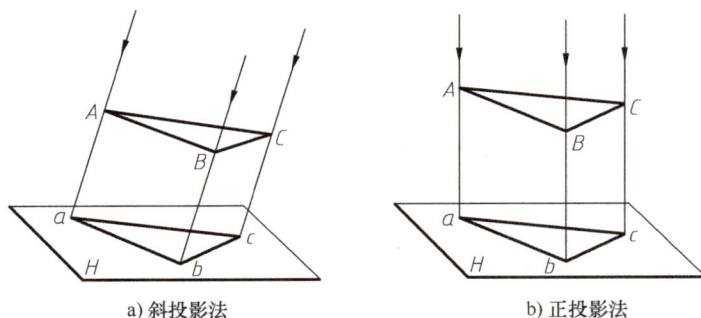

a) 斜投影法　　　　　　b) 正投影法

图 2-1-2 平行投影法的两种类型

（三）投影的基本特性

1. 真实性

当平面图形或直线平行于投影面时，其投影反映平面图形的实形或直线的实长，如图 2-1-3a 所示。

2. 积聚性

当平面图形或直线垂直于投影面时，平面图形或直线的投影积聚成一直线或一点，如图 2-1-3b 所示。

3. 类似性

当平面图形或直线倾斜于投影面时，直线的投影仍为直线且比实长短；平面图形的投影类似于平面图形，并且小于真实形状，平面图形的基本特征不变，如图 2-1-3c 所示。

4. 定比性

点分线段的比与其投影之比相等；两平行线段之比与其投影之比相等，如图 2-1-3d 所示。

5. 平行性

相互平行的直线，其投影必定相互平行；相互平行的平面，其积聚性的投影必定相互平行，如图 2-1-3e 所示。

6. 从属性

直线或曲线上的点，其投影必在该直线或曲线的投影上；平面或曲面上的点、线，其投影必在该平面或曲面的投影上，如图 2-1-3f 所示。

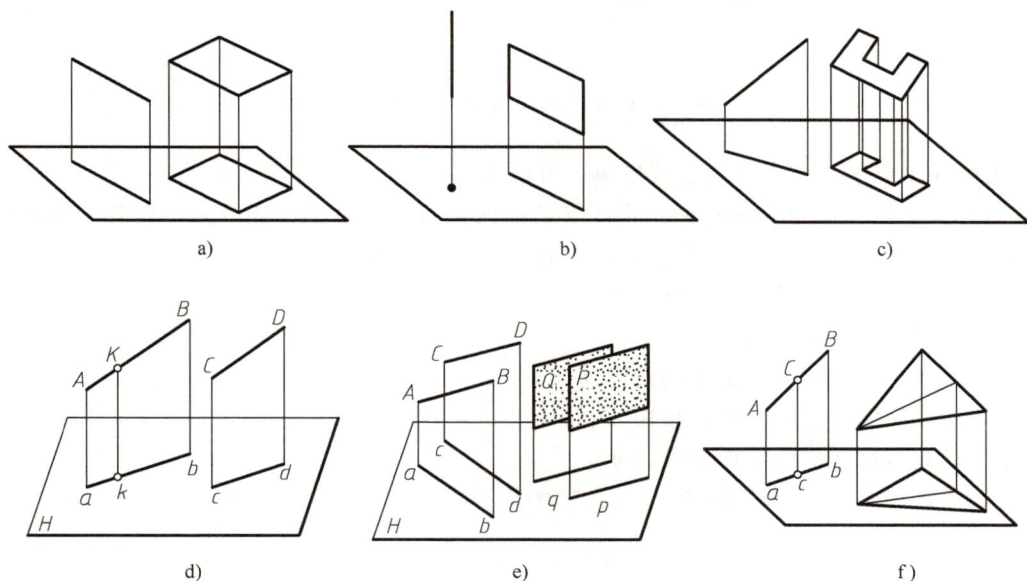

图 2-1-3 投影的基本特性

二、点的投影

点、直线和平面是构成物体的基本元素，对这些元素的投影进行分析，研究点、线、面的投影规律和投影特性，可为准确画出物体的视图或解决空间几何问题奠定基础。

三投影面体系可以看成一个空间直角坐标系，因此可用直角坐标确定点的空间位置。将投影面 H、V、W 作为坐标面，3 条投影轴 OX、OY、OZ 作为坐标轴，3 条轴的交点 O 作为坐标原点，如图 2-1-4a 所示。

（一）点的坐标

将空间点 A 分别向 H、V、W 面进行投射，得投影 a、a'、a''。

由图 2-1-4 可以看出，点 A 的直角坐标与其 3 个投影的关系为：

点 A 到 W 面的距离 $Aa'' = Oa_X = a'a_Z = aa_{YH} = x$ 坐标；

点 A 到 V 面的距离 $Aa' = Oa_Y = aa_X = a''a_Z = y$ 坐标；

点 A 到 H 面的距离 $Aa = Oa_Z = a'a_X = a''a_{YW} = z$ 坐标。

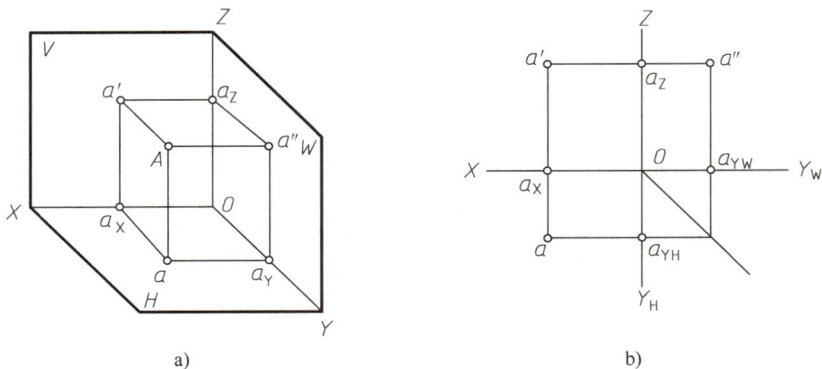

图 2-1-4 点的空间位置与直角坐标

用坐标来表示空间点位置比较简单，可以写成 $A(x, y, z)$ 的形式。

因此，已知一点的三面投影，就可以量出该点的三个坐标；相反地，已知一点的三个坐标，就可以作出该点的三面投影，并能作出点的立体图。

[例 2-1-1] 已知点 A 的坐标（20，10，18），作出点 A 的立体图。

作图步骤如图 2-1-5 所示。

1）根据坐标在水平面上作出投影 a。

2）根据坐标在正面上作出投影 a'。

3）根据坐标在侧面上作出投影 a''。

4）过点 a、a'、a'' 分别作 Z、Y、X 轴的平行线，交点就是所求的点 A。

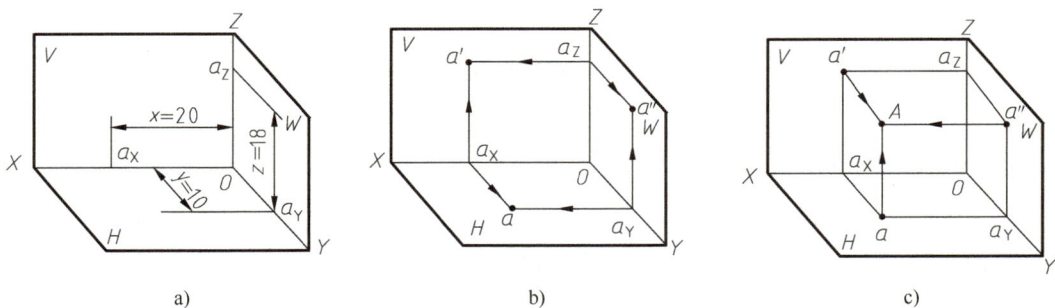

图 2-1-5 由点的坐标作立体图

注意：空间点必须用大写字母标记，投影只能用小写字母标记。

[例 2-1-2] 已知点 A 的坐标（15，10，20），作出点 A 的三面投影。

三面投影的作图步骤如图 2-1-6 所示。

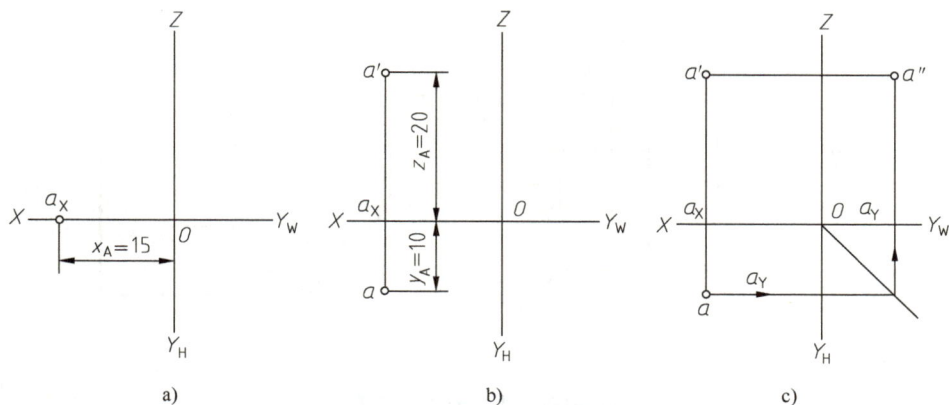

图 2-1-6　由点的坐标作点的三面投影

（二）点的三面投影规律

由图 2-1-4 还可以看出：A 与 a、a'、a''、O 构成一个长方体，这说明点的三个投影不是孤立的，而是彼此之间有一定的位置关系，而且这个关系不因空间点的位置改变而改变，因此可以把它概括为普遍性的投影规律。

1）点的正面投影和水平投影的连线垂直于 OX 轴，即 $a'a \perp OX$。

2）点的正面投影和侧面投影的连线垂直于 OZ 轴，即 $a'a'' \perp OZ$。

3）点的水平投影 a 到 OX 轴的距离等于侧面投影 a'' 到 OZ 轴的距离，即 $aa_X = a''a_Z$（可以用 45°辅助线或以原点为圆心作弧线来反映这一投影关系）。

根据上述投影规律，若已知点的任何两个投影，就可求出它的第三个投影。

[**例 2-1-3**]　已知点 A 的正面投影 a' 和侧面投影 a''（图 2-1-7），求作其水平投影 a。解题过程略。

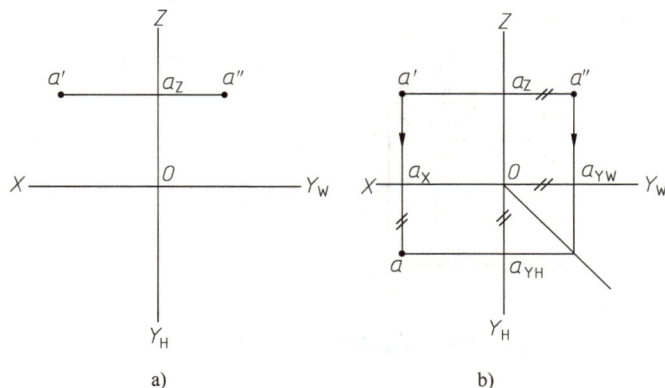

图 2-1-7　已知点的两个投影求第三个投影

在作图过程中，一般从原点 O 作与水平方向成 45°的辅助线，以表明"宽相等"的关系。

（三）两点的相对位置和重影点

1. 两点的相对位置

两点的相对位置是指以其中一点为基准点，确定另一点对基准点的相对位置。两点在空间的相对位置，可以由两点的坐标差来确定，如图 2-1-8 所示。

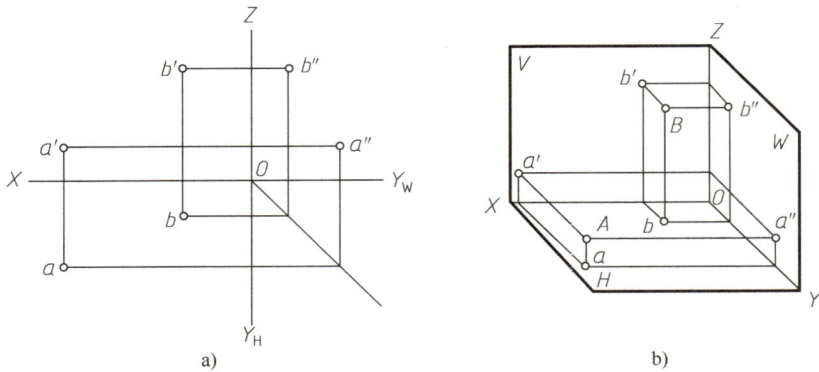

图 2-1-8　两点的相对位置

1）两点的左、右相对位置由 x 坐标确定，x 大者在左，故点 A 在点 B 的左方。

2）两点的前、后相对位置由 y 坐标确定，y 大者在前，故点 A 在点 B 的前方。

3）两点的上、下相对位置由 z 坐标确定，z 大者在上，故点 A 在点 B 的下方。

2. 重影点及其可见性

在图 2-1-9 中，A、B 两点的水平投影 a、b 重合（重影点）。由图可见，A、B 两点的 x、y 坐标相同，即 A、B 两点处于水平面的同一条投影线上。

产生重影点的前提：肯定有两个坐标值相等。

重影点的可见性，需根据这两点的坐标大小来判断。

1）当两点在 V 面的投影重合时，y 坐标大者可见。

2）当两点在 H 面的投影重合时，z 坐标大者可见。

3）当两点在 W 面的投影重合时，x 坐标大者可见。

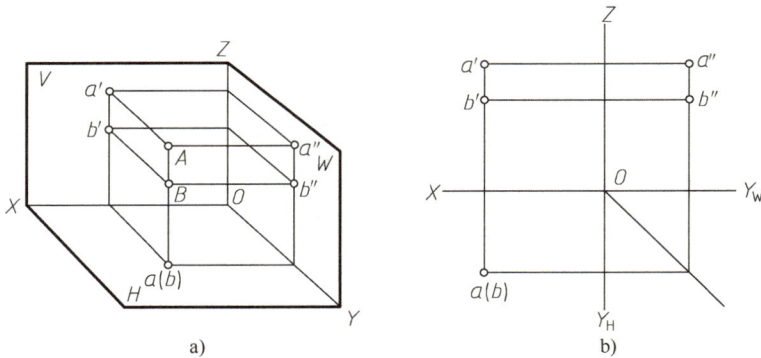

图 2-1-9　重影点及其可见性的判断

在图 2-1-9 中，水平投影 a、b 重合，但正面、侧面投影不重合，且 a 在上 b 在下，即 $z_A > z_B$，a 可见，b 不可见。为区别可见点与不可见点，规定对不可见的投影加括号表示，如图 2-1-9 中的 (b)。

三、直线的投影

（一）直线的三面投影

一般来说，直线的投影仍为直线。直线可以由线上的任意两点确定，所以直线的投影就是任意两点的投影，然后将点的同面投影连接，即为直线的投影，如图 2-1-10 所示。

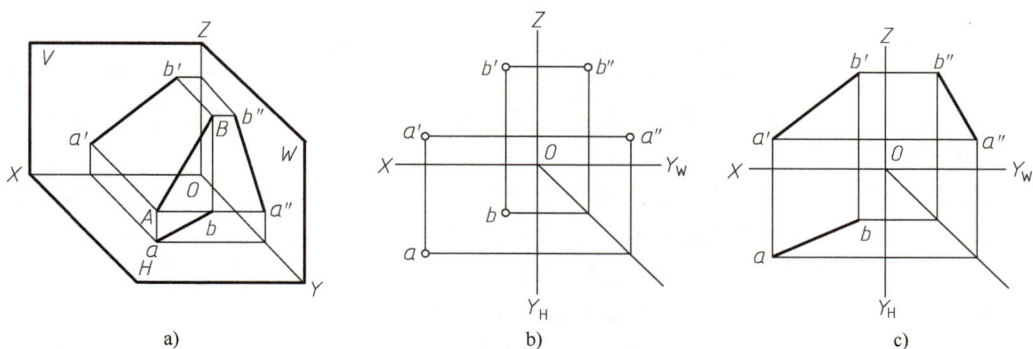

| a) | b) | c) |

图 2-1-10 直线的三面投影

（二）各种位置直线的投影特性

根据直线在三投影面体系中的位置，直线可分为投影面倾斜线、投影面平行线、投影面垂直线三类。前一类直线称为一般位置直线，后两类直线称为特殊位置直线。

1. 投影面平行线

平行于一个投影面且同时倾斜于另外两个投影面的直线称为投影面平行线。投影面平行线又分为三种：平行于 V 面的称为正平线；平行于 H 面的称为水平线；平行于 W 面的称为侧平线。投影面平行线的投影图及投影特性见表 2-1-1。

表 2-1-1 投影面平行线的投影图及投影特性

名称	水平线 （//H,对 V、W 倾斜）	正平线 （//V,对 H、W 倾斜）	侧平线 （//W,对 H、V 倾斜）
轴测图			
投影图			
投影特性	1）水平投影 $ab=AB$ 2）正面投影 $a'b'//OX$，侧面投影 $a''b''//OY_W$，都不反映实长 3）ab 与 OX 和 OY_H 的夹角 β、γ 等于 AB 对 V、W 面的倾角	1）正面投影 $c'd'=CD$ 2）水平投影 $cd//OX$，侧面投影 $c''d''//OZ$，都不反映实长 3）$c'd'$ 与 OX 和 OZ 的夹角 α、γ 等于 CD 对 H、W 面的倾角	1）侧面投影 $e''f''=EF$ 2）水平投影 $ef//OY_H$，正面投影 $e'f'//OZ$，都不反映实长 3）$e''f''$ 与 OY_W 和 OZ 的夹角 α、β 等于 EF 对 H、V 的倾角

（续）

小结	1）在所平行的投影面上的投影反映实长 2）其他两面投影平行于相应的投影轴 3）反映实长的投影与坐标轴所夹的角度，等于空间直线对相应投影面的倾角

直线与投影面所夹的角称为直线对投影面的倾角。α、β、γ 分别表示直线对 H 面、V 面、W 面的倾角。

投影面平行线的特点：两个投影平行于投影轴，另一投影与投影轴倾斜且反映实长。

投影面平行线与投影面的夹角有一个为 $0°$，另两个在投影中反映。

[例 2-1-4]　如图 2-1-11 所示，已知空间点 A，试作线段 AB 的三面投影，线段长度为 15mm，并使其平行于 V 面，与 H 面的倾角 $\alpha = 30°$（只需一解）。

分析：由于 AB 平行于 V 面，说明 AB 是正平线，其正面投影能反映实长，并能反映与水平面的倾角 α，可以在 V 面上过点 a' 作一与水平线成 $30°$ 且长为 15mm 的直线段，得出点 b'，这一直线段就能满足空间直线 AB 的要求。正平线水平投影平行于 OX 轴，侧面投影平行于 OZ 轴，可按照投影规律画出点 B 的水平投影与侧面投影。

解题过程略。

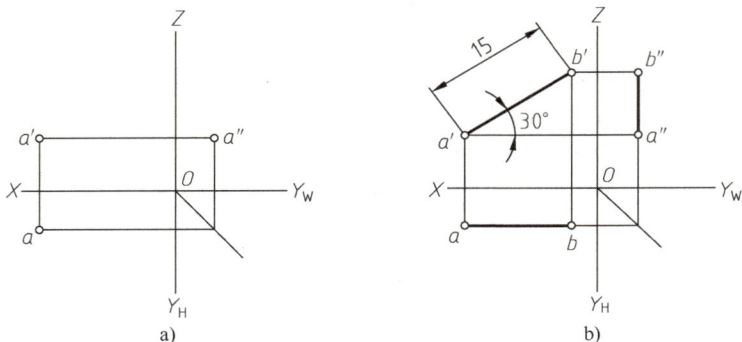

图 2-1-11　作正平线 AB 的三面投影

2. 投影面垂直线

垂直于一个投影面且同时平行于另外两个投影面的直线称为投影面垂直线。投影面垂直线又分为三种：垂直于 V 面的称为正垂线；垂直于 H 面的称为铅垂线；垂直于 W 面的称为侧垂线。投影面垂直线的投影图及投影特性见表 2-1-2。

表 2-1-2　投影面垂直线的投影图及投影特性

名称	铅垂线 （$\perp H$, $//V$ 和 W）	正垂线 （$\perp V$, $//H$ 和 W）	侧垂线 （$\perp W$, $//H$ 和 V）
轴测图			

（续）

名称	铅垂线 （⊥H，//V 和 W）	正垂线 （⊥V，//H 和 W）	侧垂线 （⊥W，//H 和 V）
投影图			
投影特性	1）水平投影 $a(b)$ 成一点，有积聚性 2）$a'b' = a''b'' = AB$，且 $a'b' \perp OX$，$a''b'' \perp OY_W$	1）正面投影 $c'(d')$ 成一点，有积聚性 2）$cd = c''d'' = CD$，且 $cd \perp OX$，$c''d'' \perp OZ$	1）侧面投影 $e''(f'')$ 成一点，有积聚性 2）$ef = e'f' = EF$，且 $ef \perp OY_H$，$e'f' \perp OZ$
小结	1）在所垂直的投影面上的投影有积聚性 2）其他两面投影反映线段的实长，且垂直于相应的投影轴		

投影面垂直线的特点：有一个投影积聚为一点，另两个投影垂直于坐标轴且反映实长。

投影面垂直线与投影面的夹角有一个为 90°，另两个为 0°。

[**例 2-1-5**]　如图 2-1-12 所示，已知正垂线 AB 的端点 A 的投影，直线 AB 长度为 10mm，试作直线 AB 的三面投影（只需一解）。

解题过程略。

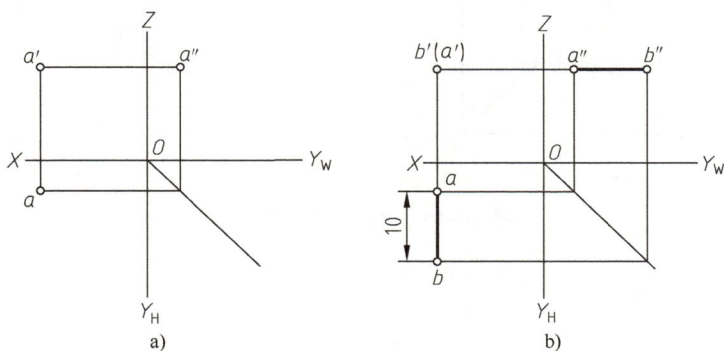

图 2-1-12　作正垂线 AB 的三面投影

3. 一般位置直线

与三个投影面都处于倾斜位置的直线称为一般位置直线。

一般位置直线的特点：三个投影均与坐标轴倾斜，且都不反映实长与倾角。

如图 2-1-13a 所示，直线 AB 与 H、V、W 面都处于倾斜位置。其投影如图 2-1-13b 所示。

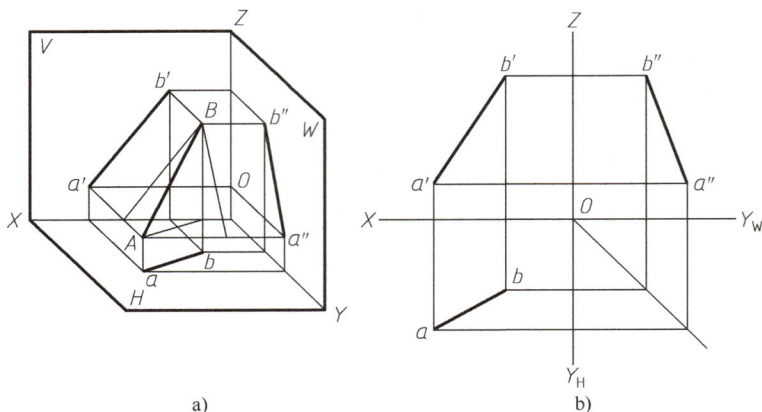

图 2-1-13　一般位置直线

（三）直线上的点

点在直线上，则点的各个投影必定在该直线的同面投影上，并将直线的各个投影分割成与空间相同的比例。反之，若一个点的各个投影都在直线的同面投影上，且符合投影规律，则该点必定在直线上，并将空间直线分割成与各个投影相同的比例。

图 2-1-14 所示直线 AB 上有一点 C，则 C 点的三面投影 c、c'、c'' 必定分别在该直线 AB 的同面投影 ab、$a'b'$、$a''b''$ 上，并且 $AC:CB=ac:cb=a'c':c'b'=a''c'':c''b''$。

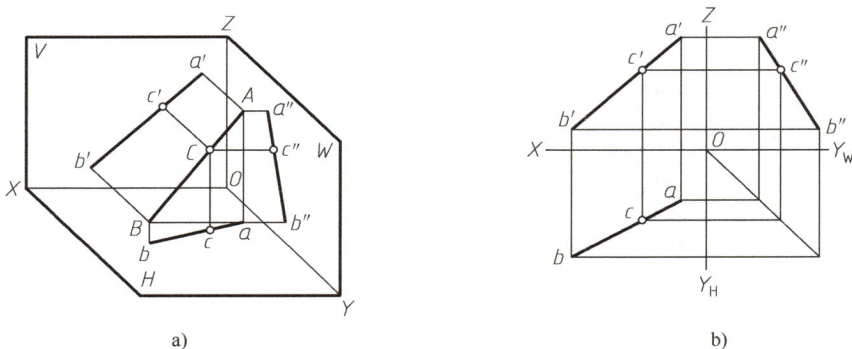

图 2-1-14　直线上点的投影

四、平面的投影

（一）平面的表示法

不在同一直线上的三点可确定一个平面。因此，平面可以用任何一组几何要素的投影来表示。在投影图中，常用平面图形（如三角形、四边形、圆等）来表示空间的平面。

画平面的投影是先画出平面图形各顶点的投影，然后将各点的同面投影依次连接，即为平面图形的投影。

平面在投影图上可用下列任何一组几何元素的投影来表示。

1）不在同一直线上的三点，如图 2-1-15a 所示。

2）一直线和直线外一点，如图 2-1-15b 所示。

3）相交两直线，如图 2-1-15c 所示。

4）平行两直线，如图 2-1-15d 所示。

5）任意平面图形，如图 2-1-15e 所示。

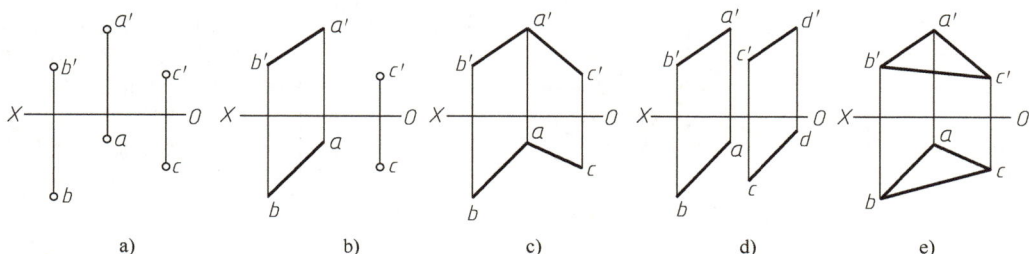

图 2-1-15 用几何元素表示平面

（二）各种位置平面的投影特性

根据平面在三投影面体系中的位置，平面可分为投影面倾斜面、投影面平行面和投影面垂直面三类。前一类平面称为一般位置平面，后两类平面称为特殊位置平面。

1. 投影面垂直面

垂直于一个投影面且同时倾斜于另外两个投影面的平面称为投影面垂直面。投影面垂直面又分为三种：垂直于 V 面的称为正垂面；垂直于 H 面的称为铅垂面；垂直于 W 面的称为侧垂面。投影面垂直面的三视图、投影图及投影特性见表 2-1-3。平面与投影面所夹的角度称为平面对投影面的倾角。α、β、γ 分别表示平面对 H 面、V 面、W 面的倾角。

投影面垂直面的特点：有一个投影积聚为一条直线，且反映与两个投影面的倾角。

表 2-1-3 投影面垂直面的三视图、投影图及投影特性

	三视图	投影图	投影特性
铅垂面			1）水平投影积聚成直线，β、γ 反映平面对 V 面、W 面倾角的真实大小，$\alpha = 90°$ 2）正面和侧面投影为平面的类似形
正垂面			1）正面投影积聚成直线；α、γ 反映平面对 H 面、W 面倾角的真实大小，$\beta = 90°$ 2）水平和侧面投影为平面的类似形

（续）

	三视图	投影图	投影特性
侧垂面			1）侧面投影积聚成直线；α、β 反映平面对 H 面、V 面倾角的真实大小，$\gamma = 90°$ 2）水平和正面投影为平面的类似形

[例 2-1-6]　如图 2-1-16a 所示，四边形 $ABCD$ 垂直于 V 面，已知其 H 面的投影 $abcd$ 及 B 点的 V 面投影 b'，且其与 H 面的倾角 $\alpha = 45°$，求作其 V 面和 W 面投影。

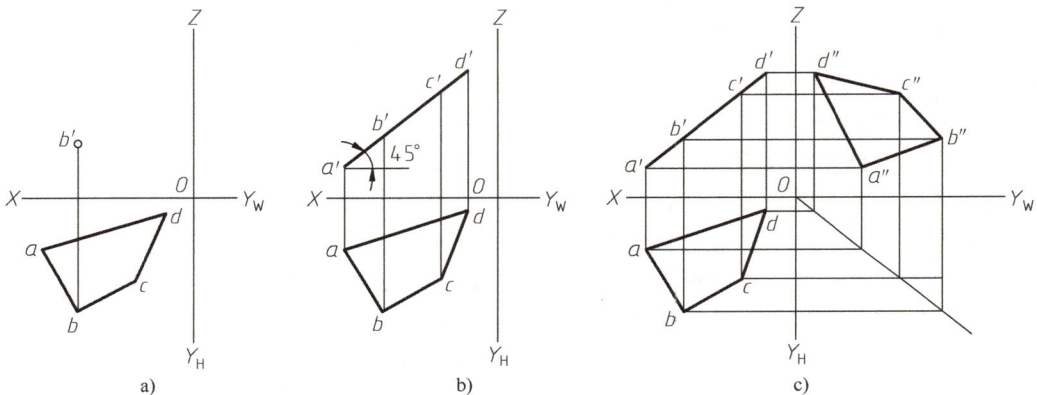

图 2-1-16　求作四边形 $ABCD$ 的投影

分析：由于四边形 $ABCD$ 为正垂面，其正面投影积聚为一条直线，且该直线与 OX 的夹角为 α。解题步骤如下。

① 过 b' 作 45° 斜线。

② 根据长对正关系，在 V 面中作出 a'、c'、d'，连接 a'、b'、c'、d'。

③ 根据高平齐、宽相等的关系，完成 W 面投影。

2. 投影面平行面

平行于一个投影面且同时垂直于另外两个投影面的平面称为投影面平行面。投影面平行面又分为三种：平行于 V 面的称为正平面；平行于 H 面的称为水平面；平行于 W 面的称为侧平面。投影面平行面的三视图、投影图及投影特性见表 2-1-4。

投影面平行面的特点：两个投影积聚为一条平行于坐标轴的直线，另一个投影反映实形，则此平面平行于该投影面。

3. 一般位置平面

与三个投影面都处于倾斜位置的平面称为一般位置平面。其三面投影既不反映实形也无积聚性，都是比原形小的类似形。如图 2-1-17 所示，平面 $\triangle ABC$ 与 H、V、W 面都处于倾斜位置，其投影都是比原形小的类似形。

表 2-1-4　投影面平行面的三视图、投影图及投影特性

三视图	投影图	投影特性
水平面		1)水平投影反映实形 2)正面投影积聚成直线且平行于 OX,侧面投影积聚成直线且平行于 OY_W
正平面		1)正面投影反映实形 2)水平投影积聚成直线且平行于 OX,侧面投影积聚成直线且平行于 OZ
侧平面		1)侧面投影反映实形 2)水平投影积聚成直线且平行于 OY_H,正面投影积聚成直线且平行于 OZ

　　对于一般位置平面的辨认：如果平面的三面投影都是类似的几何图形，即投影为无积聚性的平面，则其一定是一般位置平面。

（三）平面上的直线和点

1. 直线在平面上

　　直线在平面上的几何条件是：①若一直线通过平面上的两个点，则此直线必定在该平面上；②若一直线通过平面上的一点并平行于平面上的另一直线，则此直线必定在该平面上。

2. 点在平面上

　　点在平面上的几何条件是：点在平面内的一直线上，则该点必在此平面上。因此，在平面上取点，必须先在平面上取一直线，然后再在该直线上取点。

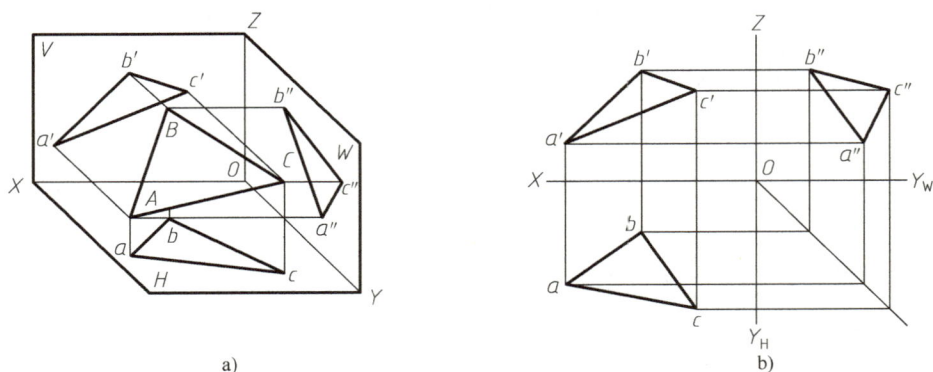

a)

b)

图 2-1-17　一般位置平面

[例 2-1-7]　如图 2-1-18a 所示，已知△ABC 及点 K 的两面投影，试判断点 K 是否在△ABC 所决定的平面内。

解：判断点是否在平面内，可利用点在平面内的几何条件来判定。

方法 1

假设 K 点在△ABC 内。过 k 作直线 ak 交 bc 于点 1，根据直线上点的投影特性，求得正面投影 1′，如图 2-1-18b 所示。

连接 a′1′，如果 k′在 a′1′上，则原假设成立，可判断点 K 在△ABC 所决定的平面内，否则点 K 就不在△ABC 所决定的平面内。从图中看出，k′在 a′1′上，所以点 K 在△ABC 所决定的平面内。

方法 2

假设点 K 在△ABC 内。在△ABC 内过点 K 作直线平行于 AC，如果点 K 在△ABC 内，则点 K 的投影必定在该直线的同面投影上，则可判断点 K 在△ABC 内。反之，如果点 K 的投影不在该直线的同面投影上，则可判断点 K 不在△ABC 内。作图过程如图 2-1-18c 所示。

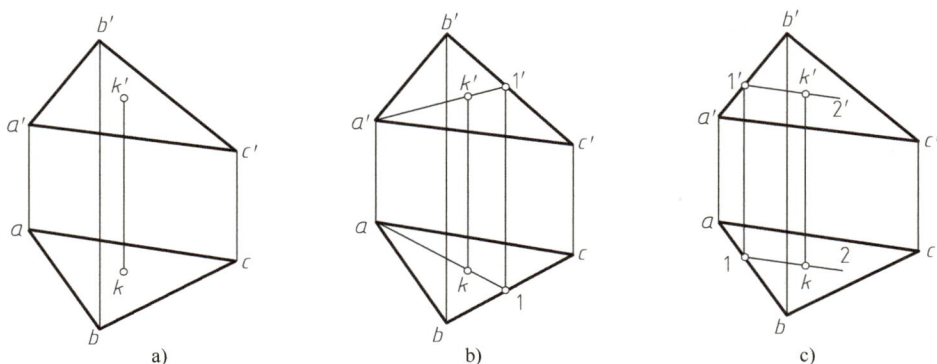

a)

b)

c)

图 2-1-18　判断点 K 是否在△ABC 平面内

[例 2-1-8]　如图 2-1-19a、d 所示，已知直线 DE 在△ABC 所决定的平面内，求作其水平投影。

解：① 延长 d′e′与 a′b′和 a′c′分别交于 1′和 2′，根据直线上点的投影特性，求得Ⅰ、Ⅱ两点的水平投影 1 和 2，如图 2-1-19b 所示。

② 连接 1、2 两点，再根据直线上点的投影特性 $d'e'$ 求得 de，如图 2-1-19c 所示。

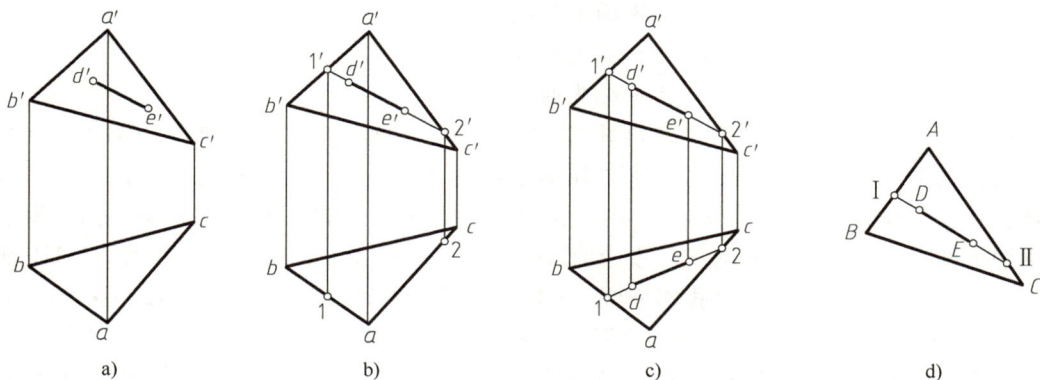

图 2-1-19　在平面内取直线的作图方法

五、物体的三视图

用正投影法画出的物体图形称为视图。一般情况下，物体的一个视图不能确定物体的形状，如图 2-1-20 所示。因此，必须增加几个由不同投射方向所得到的视图，互相补充，才能准确、清楚地表达物体的形状。工程上常用的是三面视图即三视图。

三视图是工程图的基础，是表达零件形状的基本方法。零件形状按功能不同而千差万别，学习组合体三视图就是为了表达各种复杂形体的结构形状。

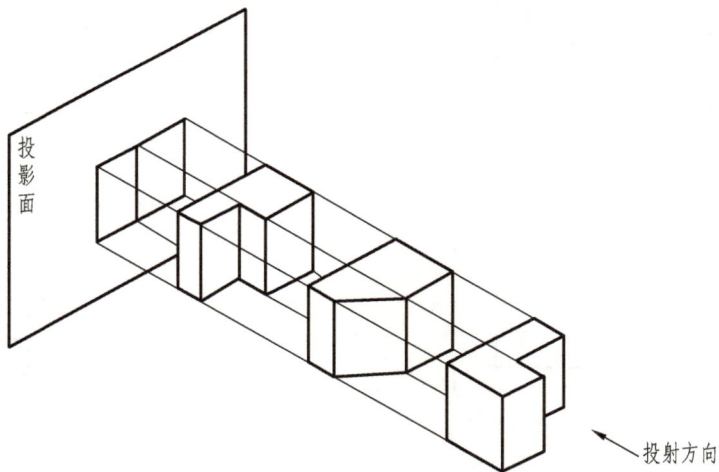

图 2-1-20　一个视图不能确定物体形状

（一）三视图的形成

由三个相互垂直相交的投影面构成的投影体系称为三投影面体系，如图 2-1-21 所示。

正立投影面（简称正面），用 V 表示。

水平投影面（简称水平面），用 H 表示。

侧立投影面（简称侧面），用 W 表示。

投影面之间的交线称为投影轴，它们分别是 OX 轴、OY 轴和 OZ 轴。

OX 轴（简称 X 轴）是 V 面与 H 面的交线，它代表长度方向。

OY 轴（简称 Y 轴）是 H 面与 W 面的交线，它代表宽度方向。

OZ 轴（简称 Z 轴）是 V 面与 W 面的交线，它代表高度方向。

三条投影轴相互垂直，其交点 O 称为原点。

把物体放在三投影面体系中，如图 2-1-21a 所示，物体在 V 面上的投影，为由前向后投射所得的视图，称为主视图；物体在 H 面上的投影，为由上向下投射所得的视图，称为俯视图；物体在 W 面上的投影，为由左向右投射所得的视图，称为左视图。为了看图和画图方便，需将互相垂直的三个投影面展平在同一个平面上，展开方法如图 2-1-21b 所示：正立投影面不动，将水平投影面绕 OX 轴向下旋转 90°，将侧立投影面绕 OZ 轴向右旋转 90°，就得到如图 2-1-21c 所示在同一平面上的三视图。特别提醒：水平投影面和侧立投影面旋转时，OY 轴被分为两处，分别用 OY_{H}（在 H 面上）和 OY_{W}（在 W 面上）表示。由于画图时投影面边框的大小与视图无关，所以，去掉边框就得到如图 2-1-21d 所示的三视图。

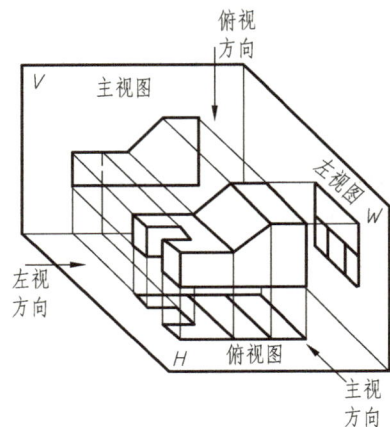

a) 物体在三投影面体系中的投影

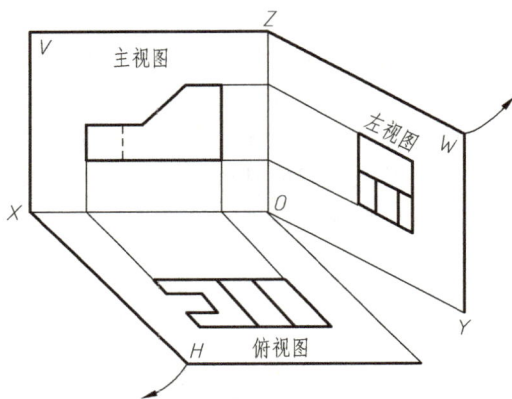

b) 投影面的展开方法

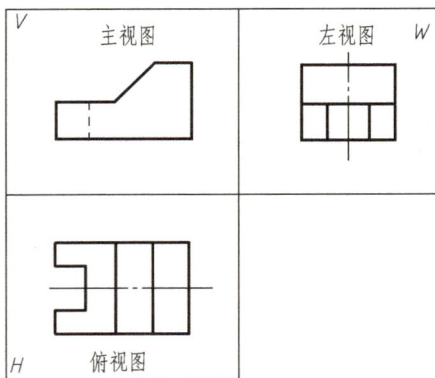

c) 展开后的三视图

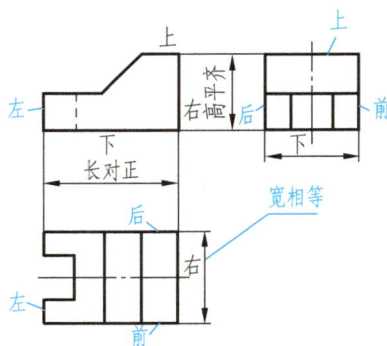

d) 三视图的投影规律

图 2-1-21　三视图的形成及投影规律

（二）　三视图之间的对应关系

把互相垂直的三个投影面上的视图展平在同一个平面上后，各视图有规则地配置着，并且相互之间形成了一定的对应关系，如图 2-1-21d 所示。

1. 视图位置关系

以主视图为中心，俯视图在主视图的正下方，左视图在主视图的正右方，如图 2-1-21c 所示。画三视图时必须按照此位置关系配置视图。

2. 视图尺寸关系

物体都有长、宽、高三个方向的尺寸。通常物体左右之间的距离为长；前后之间的距离为宽；上下之间的距离为高。每个视图只能反映物体两个方向的尺寸。主视图反映物体的长度和高度，俯视图反映物体的长度和宽度，左视图反映物体的宽度和高度。由此得出，主、俯视图共同反映物体的长度尺寸；主、左视图共同反映物体的高度尺寸；俯、左视图共同反映物体的宽度尺寸。所以，主、俯视图长度相等并且对正；主、左视图高度相等并且平齐；俯、左视图宽度相等。简称"长对正、高平齐、宽相等"的"三等"投影关系，如图 2-1-21d 所示。这是三视图的投影规律，也是画图和读图的依据，必须严格遵守。

3. 视图方位关系

物体在空间上有上、下、左、右、前、后 6 个方位，如图 2-1-21d 所示。主视图反映物体的上下、左右相对位置关系；俯视图反映物体的前后、左右相对位置关系；左视图反映物体的前后、上下相对位置关系。由此可知，至少将两个视图联系起来，才能表明物体 6 个方位的位置关系。由于 H 投影面和 W 投影面在展平时各向下、向右旋转了 90°，所以，在画图和读图时应特别注意俯视图和左视图之间的前后对应关系：俯视图和左视图靠近主视图的一侧反映物体的后面，远离主视图的一侧反映物体的前面。

（三）绘制三视图

1. 确定画物体三视图的方案

对给出的立体，不要急于画图，应先弄清物体的形状、结构特征、各部分尺寸，然后拿出多种三视图表达方案，从中选择最好的表达方案，再正式画三视图。

1）确定表达方案的原则。先把物体摆平放正，比较不同的观察方位，把物体上最能反映形状、结构特征的那一个方向作为画主视图的方向，同时也要尽可能地减少俯、左视图中的虚线，使图线清晰、合理。

2）画线原则。可见轮廓线与可见极限轮廓素线画为粗实线，不可见轮廓线与不可见极限轮廓素线画为细虚线，对称图形应画出对称中心线，轴与孔应画出轴线。

3）确定各视图的位置。根据图纸的大小和视图的尺寸大小定出各视图的位置，画出主要基准线，要注意各视图之间必须留有适当的距离。

4）根据物体的三面投影规律，一般宜先画出投影具有真实性或积聚性的表面。

5）画图时一般先从主视图开始绘制三视图。

2. 画三视图的步骤

1）画定位线（物体的对称中心线或某些边界线）。

2）画主要轮廓线。

3）画细节。虚线不能漏画。

4）检查、描深，完成三视图。

具体绘图步骤如图 2-1-22 所示。

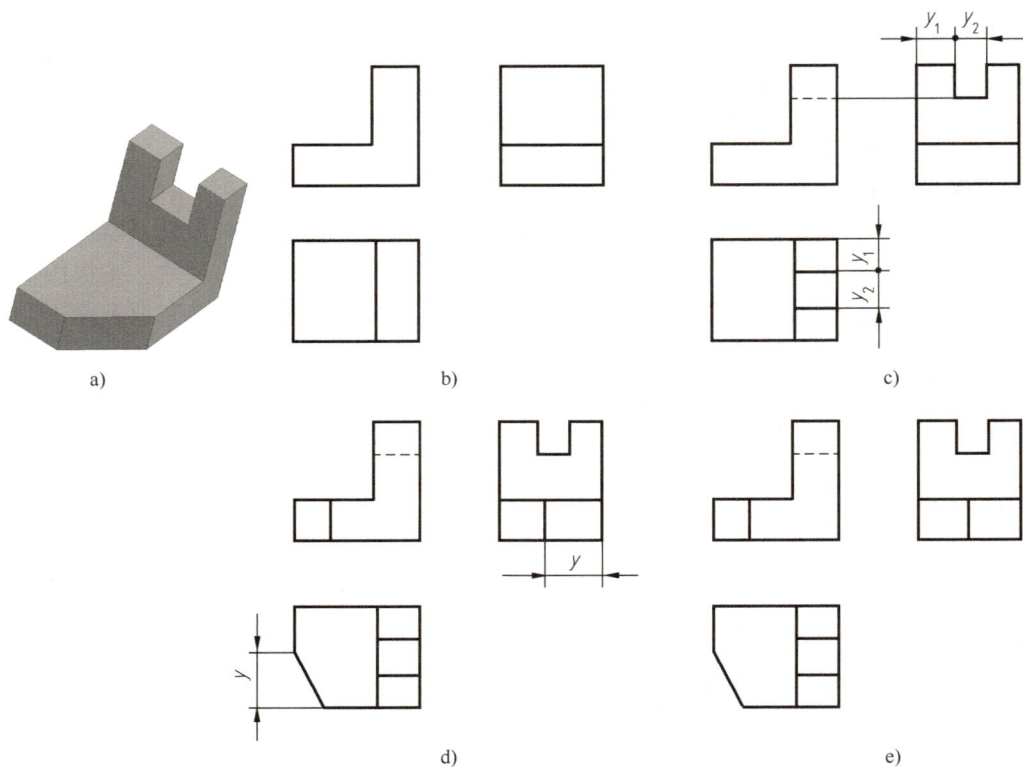

a) b) c) d) e)

图 2-1-22　三视图的画图步骤

【任务分组】

任务名称：_____

班级：_____ 姓名：_____ 日期：_____

学生任务分配表				
组号		指导教师		
组长		学号		
组员	姓名	学号	姓名	学号
任务分工				

任务工作单 1　绘制点的投影

组号：_____　　姓名：_____　　学号：_____　　检索号：___2-1-1___

---

1. 空间点的位置可以用_____来表示，写成 $A(x，y，z)$ 的形式。需要注意的是，空间点必须用_____字母标记，投影只能用_____字母标记

已知点 A 的坐标（25，18，30），请问，点 A 到 H 面的距离 Aa 为_____坐标 =_____，点 A 到 V 面的距离 Aa' 为_____坐标 =_____，点 A 到 W 面的距离 Aa'' 为_____坐标 =_____，在下方作出点 A 的三面投影

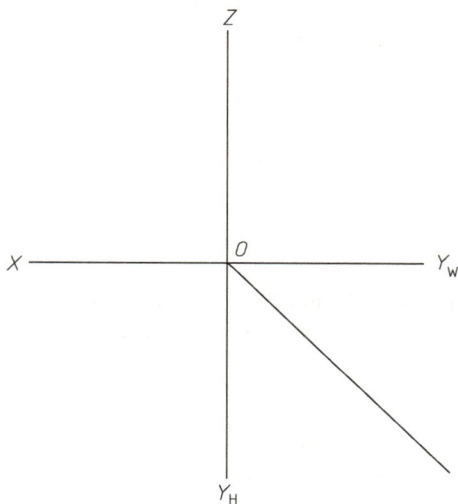

2. 已知点 A 距离 V 面为 15mm，距离 H 面为 10mm，距离 W 面为 0mm，求点 A 的坐标（_____，_____，_____），并在下方作出点 A 的三面投影

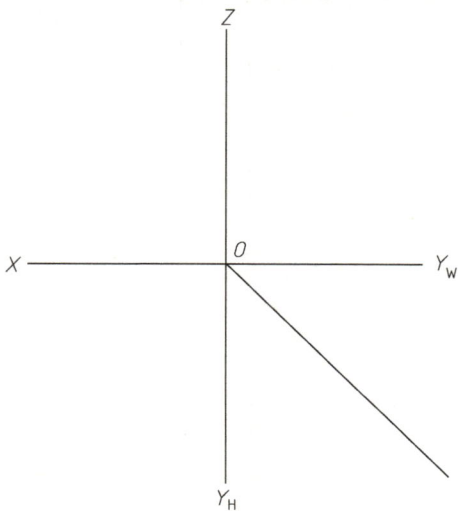

3. 已知点 A 的投影，点 B 在点 A 左方 15mm、前方 25mm、上方 13mm 处，求作点 B 的三面投影

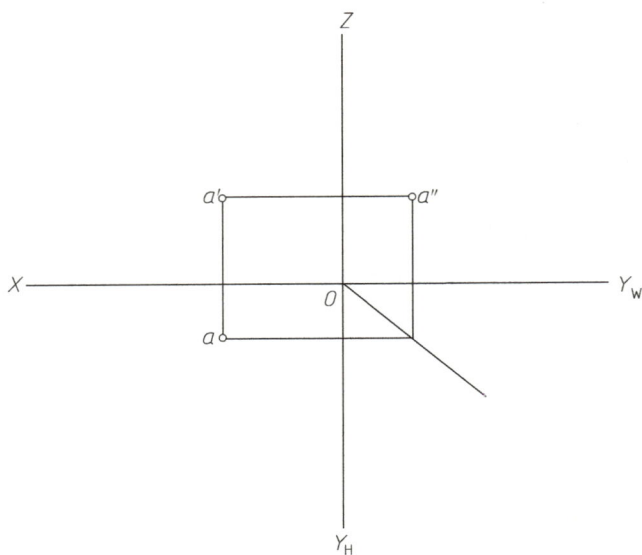

4. 已知点 B 在点 A 的正左方 15mm 处，点 C 与点 A 是对 V 面的重影点，点 D 在点 A 的正下方 20mm 处，补全各点的三面投影，并标明可见性

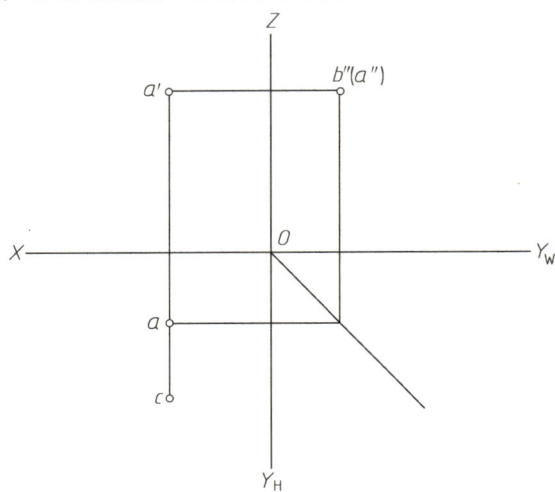

任务工作单 2 绘制直线的投影

组号：_____ 姓名：_____ 学号：_____ 检索号： 2-1-2

1. 作出直线 AB 的三面投影，已知端点 A（28，8，5），B（6，18，20）

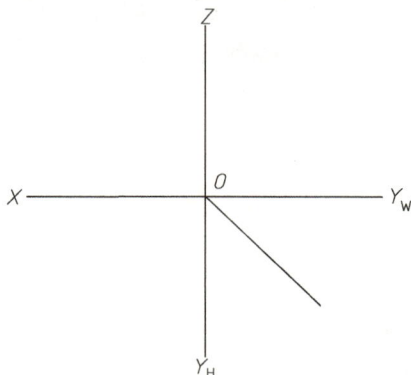

2. 根据直线的两面投影求第三投影，判断直线对投影面的相对位置，并填写直线的类型

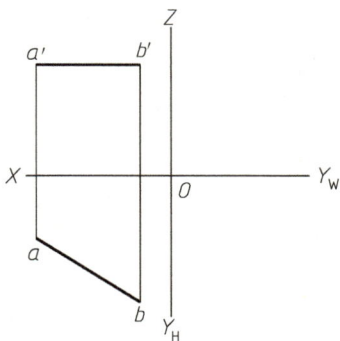

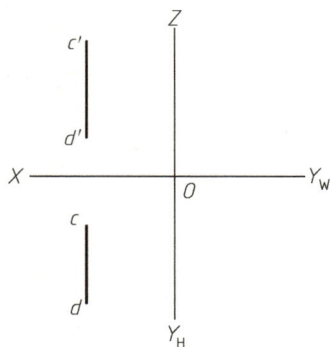

_____ 线   _____ 线

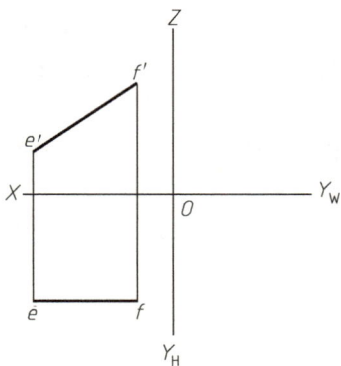

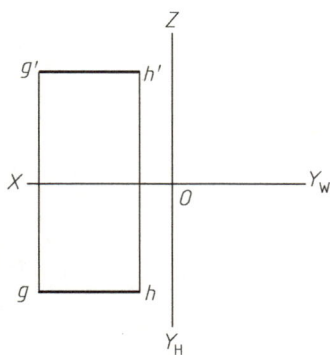

_____ 线   _____ 线

3. 根据直线投影规律填空

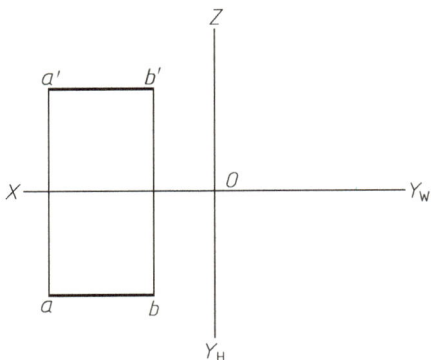

（1）直线段 AB 与三投影面的位置关系是：与正面_____，与水平面_____，与侧面_____

（2）判断直线段 AB 的种类：直线段 AB 为_____线

（3）反映直线段 AB 实长的投影是_____投影和_____投影

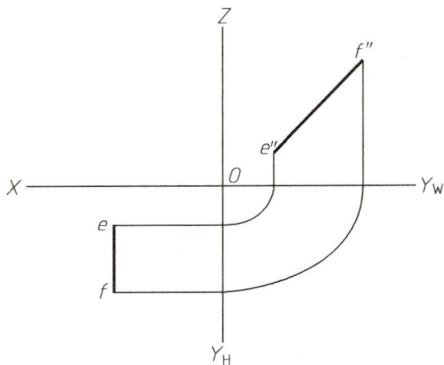

（1）直线段 EF 与三投影面的位置关系是：与正面_____，与水平面_____，与侧面_____

（2）判断直线段 EF 的种类：直线段 EF 为_____线

（3）反映直线段 EF 实长的投影是_____投影

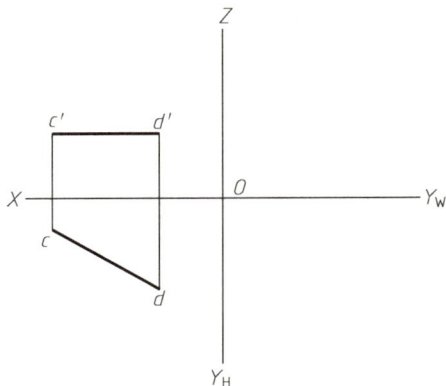

（1）直线段 CD 与三投影面的位置关系是：与正面_____，与水平面_____，与侧面_____

（2）判断直线段 CD 的种类：直线段 CD 为_____线

（3）反映直线段 CD 实长的投影是_____投影

任务工作单 3　绘制平面的投影

组号：＿＿＿＿＿＿　　姓名：＿＿＿＿＿＿　　学号：＿＿＿＿＿＿　　检索号：＿2-1-3＿

1. 已知正平面 ABC 的正面投影及点 A 的水平投影，求作该平面的水平及侧面投影

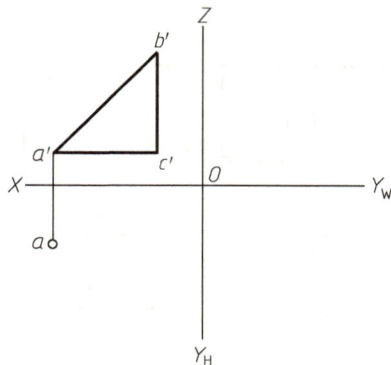

2. 在 $\triangle ABC$ 内确定点 K，使点 K 距 H 面为 15mm，距 V 面为 10mm

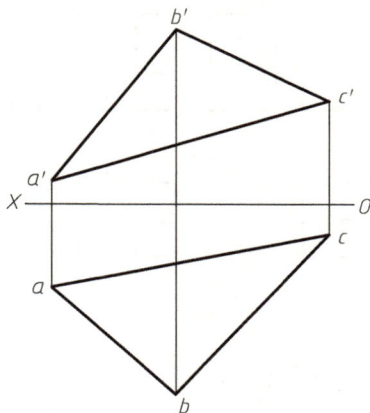

3. 已知 AB 为正平线、DE 为水平线，完成五边形 $ABCDE$ 的水平投影

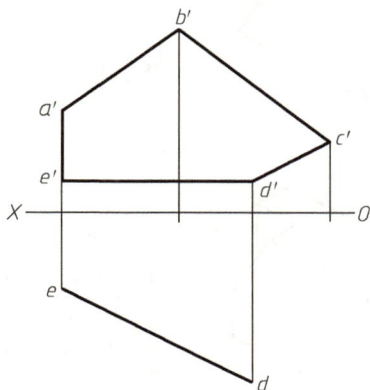

任务工作单 4　绘制三视图

组号：＿＿＿＿＿＿　　姓名：＿＿＿＿＿＿　　学号：＿＿＿＿＿＿　　检索号：＿2-1-4＿

1. 找出与三视图相对应的轴测图，在每题的括号内填写轴测图的序号

（1）

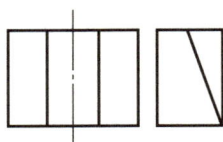

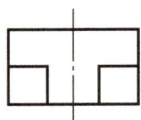

（　）

（2）

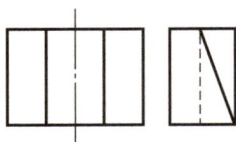

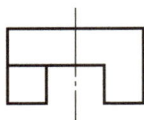

（　）

（3）

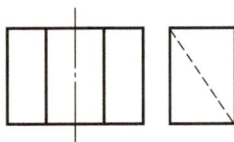

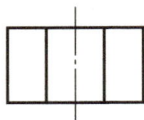

（　）

（4）

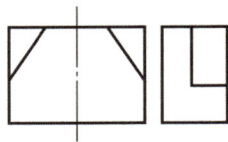

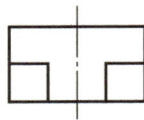

（　）

（5）

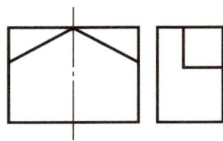

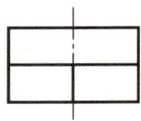

（　）

（6）

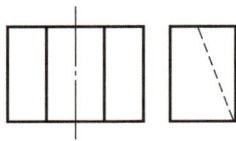

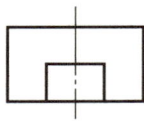

（　）

（7）

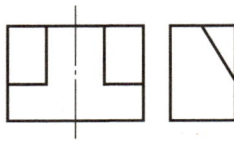

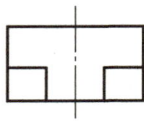

（　）

（8）

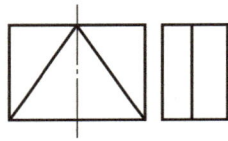

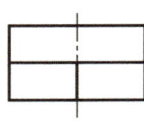

（　）

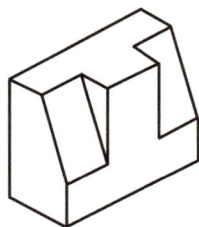

1

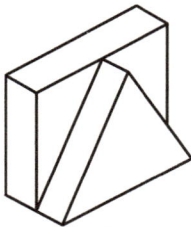

2

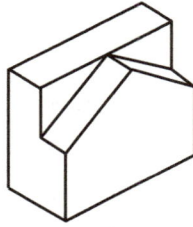

3

4

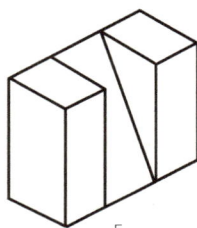

5

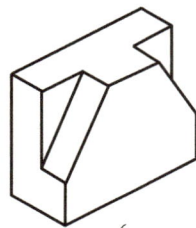

6

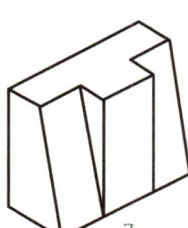

7

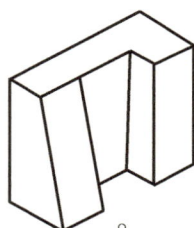

8

2. 补全视图中的漏线

（1）

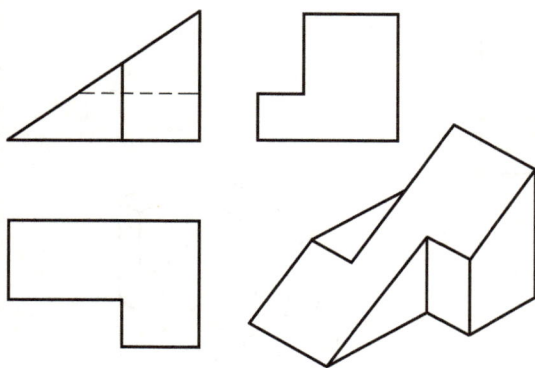

（2）

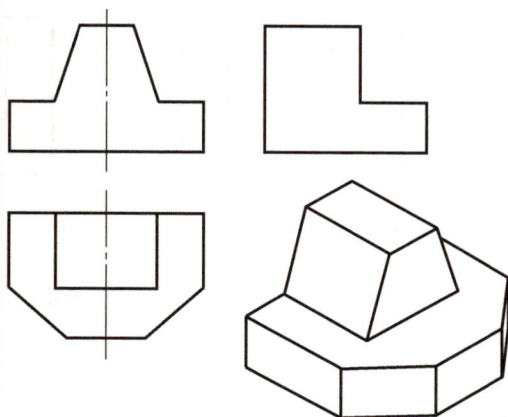

（3）

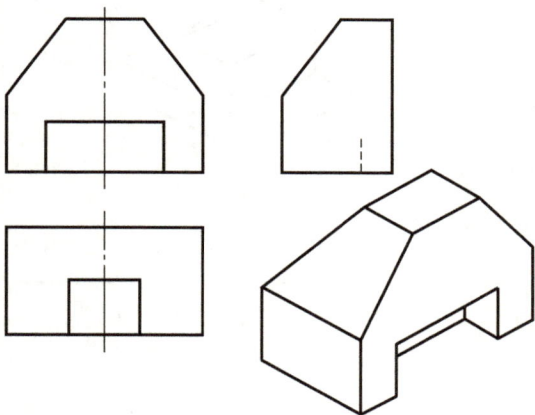

（4）

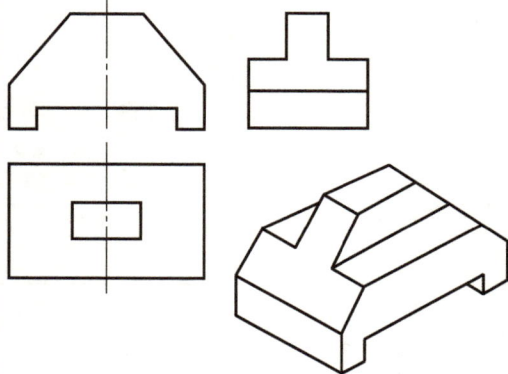

3. 根据两视图，参照轴测图补画第三视图

（1）

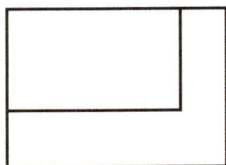  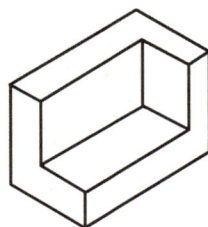

（2）

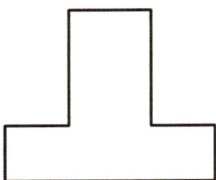  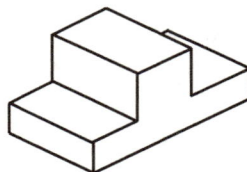

（3）

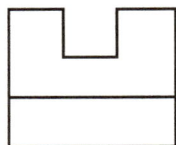 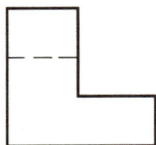 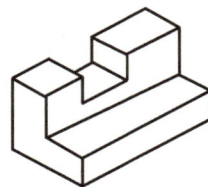

4. 已知物体立体图，根据量取的实际尺寸画出三视图

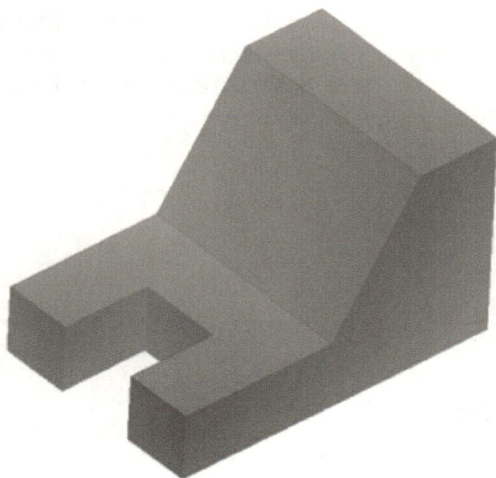

【评价反馈】

学生个人自评表

班级		组名		日期	年　　月　　日
姓名		学号			
评价指标	评价内容			分值	得　　分
信息检索	能有效利用网络、图书资料、机械制图手册查找有用的相关信息;能有条理地解释、表述所学知识;能将查到的信息有效地应用到学习中			5分	
感知课堂	熟悉绘图岗位,认同岗位工作价值;在学习中能获得满足感,认同课堂文化			5分	
参与态度	积极主动参与学习,能吃苦耐劳,崇尚劳动光荣、技能宝贵;与教师、同学之间相互尊重、理解,能够保持多向、丰富、适宜的信息交流			10分	
	能处理好合作学习和独立思考的关系,做到有效学习;能提出有意义的问题或发表个人见解;能按要求正确绘图;能够倾听别人的意见、协作共享			10分	
学习过程	①能正确理解投影规律			10分	
	②会按照投影规律绘制点的投影			10分	
	③会按照投影规律绘制直线的投影			10分	
	④会按照投影规律绘制平面的投影			10分	
	⑤能根据绘图步骤绘制组合体三视图			20分	
思维态度	能发现问题、提出问题、分析问题、解决问题、创新问题			5分	
自评反馈	按时、按质完成工作任务;较好地掌握专业知识点;具有较强的信息分析能力和理解能力;具有较为全面、严谨的思维能力,并能条理清楚、明晰地表达成文			5分	
	自评分数				
有益的经验和做法					
总结反馈建议					

组内互评表

班级		组名		日期		年　　月　　日	
验收组长		组员		学号			
组内验收成员							
任务要求							
验收文档清单	任务工作单： 文献检索清单：						

验收评分	评分标准			分值		得分	
	①会按照投影规律绘制点的投影,错误1处扣5分			15分			
	②会按照投影规律绘制直线的投影,错误1处扣5分			15分			
	③会按照投影规律绘制平面的投影,错误1处扣5分			15分			
	④能根据绘图步骤绘制组合体三视图,错误1处扣5分			35分			
	⑤提供文献检索清单,不少于4项,缺1项扣5分			20分			
	组内评价分数						
不足之处							

组间互评表

班级		被评组名		日期		年　　月　　日	
验收组名 （成员签字）							

评价指标	评价内容	分值	得分
汇报表述	表述准确	15分	
	语言流畅	10分	
	准确反映该组完成情况	15分	
内容正确度	内容正确	30分	
	阐述表达到位	30分	
	组间评价分数		
简要评述			

任务完成情况评价表

班级			组名		
姓名			学号		

序号	任务内容及要求		配分	教师评价	
				结论	得分
1	会按照投影规律绘制点的投影	绘图准确	10分		
2	会按照投影规律绘制直线的投影	绘图准确	10分		
3	会按照投影规律绘制平面的投影	绘图准确	20分		
4	能根据绘图步骤绘制三视图	绘图准确	30分		
5	至少提供4项文献检索清单	数量	10分		
		参考的主要内容要点	10分		
6	素质素养评价	沟通交流能力	10分		
		团队合作			
		课堂纪律			
		自主探学			
		合作研学			
		精益求精、专心细致的工作作风			
		诚实守信的意识			
		讲原则、守规矩的意识			
		规范意识			
总分					

任务二　绘制基本体的投影

工作任务	绘制基本体的投影	建议学时	4 学时
任务描述	根据基本体的几何特征，绘制基本体的投影。		
学习目标	◆能根据基本体中平面体的几何特征绘制平面体的三视图，并能绘制其表面上点的投影。 ◆能根据基本体中回转体的几何特征绘制回转体的三视图，并能绘制其表面上点的投影。 ◆能够主动参与学习活动，获取信息，展示学习成果，并相互评价，对绘图过程进行总结与反思，与他人进行有效沟通、团结协作。		
任务分析	要绘制基本体（平面体、回转体）的投影，首先要知道基本体的几何特征，会正确绘制基本体的三视图；其次根据基本体的表面投影特征，能够绘制基本体表面上点的投影。		

【知识链接】

一般机件均由若干简单的几何体组成。这些简单的几何体统称基本几何体，简称基本体。要研究机件的投影，首先得研究这些基本体的投影。

根据基本体表面的几何特性，可以将它们分为平面体和曲面体两类。平面体是表面全部由平面所围成的立体；曲面体是表面全部由曲面或曲面和平面所围成的立体。

求作形体表面上点的投影的方法是：先分析立体的投影，特别要搞清各表面的投影，然后在围成立体的表面上作辅助线，再在辅助线上求作点的投影。

一、平面体

常见的平面体有棱柱和棱锥，平面体的表面由平面多边形组成。绘制平面体的投影就是绘制围成平面体的各个多边形的投影。

（一）棱柱

棱柱由两个底面和棱面组成，棱面为矩形，棱面与棱面的交线称为棱线，底面与棱面的交线称为底边，棱线互相平行。底面为正多边形且棱线与底面垂直的棱柱称为正棱柱。常见的正棱柱有正三棱柱、正四棱柱、正五棱柱和正六棱柱。下面以图 2-2-1a 所示的正五棱柱为例说明棱柱的投影。

1. 形体特征

如图 2-2-1a 所示，正五棱柱的底面和顶面为两个形状、大小完全相同的互相平行的正五边形，五个棱面均为垂直于底面的矩形。

2. 投影分析

如图 2-2-1 所示，在俯视图中，正五棱柱的底面和顶面投影重合，为正五边形，反映

a)   b)

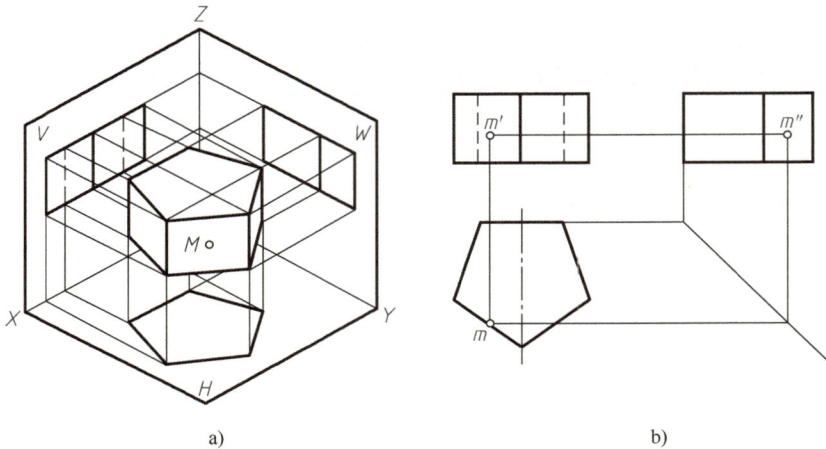

图 2-2-1 正五棱柱的投影及表面上求点

实形；正面及侧面投影为大小不等的矩形，不可见的棱线画虚线。五个棱面的水平投影均积聚为直线。

棱柱表面上的点有两种情况：在平面上和在棱线上。对于在平面上的点，先找出点所在平面的积聚性投影，则点必定位于该投影上，进而求出点的各面投影。对于在棱线上的点，找出点所在棱线的三面投影，根据从属性就可以求出点的各面投影。如图 2-2-1b 所示，已知棱柱表面上点 M 的正面投影 m'，求作它的其他两面投影 m、m''。因为 m' 可见，所以点 M 必在前面的棱面上。此棱面是铅垂面，其水平投影积聚成一条直线，故点 M 的水平投影 m 必在此直线上，再根据 m、m' 可求出 m''。

注意：作图时要正确判断点在各视图上的可见性。

常见棱柱的三视图及其立体图见表 2-2-1。

表 2-2-1 常见棱柱的三视图及其立体图

类别	三视图及其立体图
三棱柱	
四棱柱	

（续）

类别	三视图及其立体图
五棱柱	
六棱柱	
斜棱柱	
斜槽柱	

（二）棱锥

棱锥的底面为多边形，各侧面为若干具有公共顶点的三角形。棱锥顶点到底面的距离称为锥高。当棱锥底面为正多边形，各侧面是全等的等腰三角形时，称为正棱锥。常见的棱锥有三棱锥、四棱锥和六棱锥。下面以图 2-2-2 所示的正三棱锥为例说明棱锥的投影。

1. 形体分析

正三棱锥的底面为等边三角形，各侧面均为过锥顶的全等的等腰三角形。

2. 投影分析

正三棱锥底面 $\triangle ABC$ 为水平面，其水平投影 $\triangle abc$ 为等边三角形，反映实形，正面投影和侧面投影分别积聚为直线段 $a'b'c'$ 和 $a''(c'')b''$。棱面 $\triangle SAC$ 为侧垂面，它的侧面投

影积聚为一段斜线 $s''a''(c'')$，正面投影和水平投影为类似形 $\triangle s'a'c'$ 和 $\triangle sac$，前者不可见，后者可见。棱面 $\triangle SAB$ 和 $\triangle SBC$ 均为一般位置平面，它们的三面投影均为类似形。

3. 表面取点

首先确定点位于棱锥的哪个平面上，再分析该平面的投影特性。若该平面为特殊位置平面，可利用投影的积聚性直接求得点的投影；若该平面为一般位置平面，可通过辅助线法求得。如图 2-2-3 所示，已知正三棱锥表面上点 K 的正面投影 k'，求作 K 的其余投影。

图 2-2-2　正三棱锥的三视图

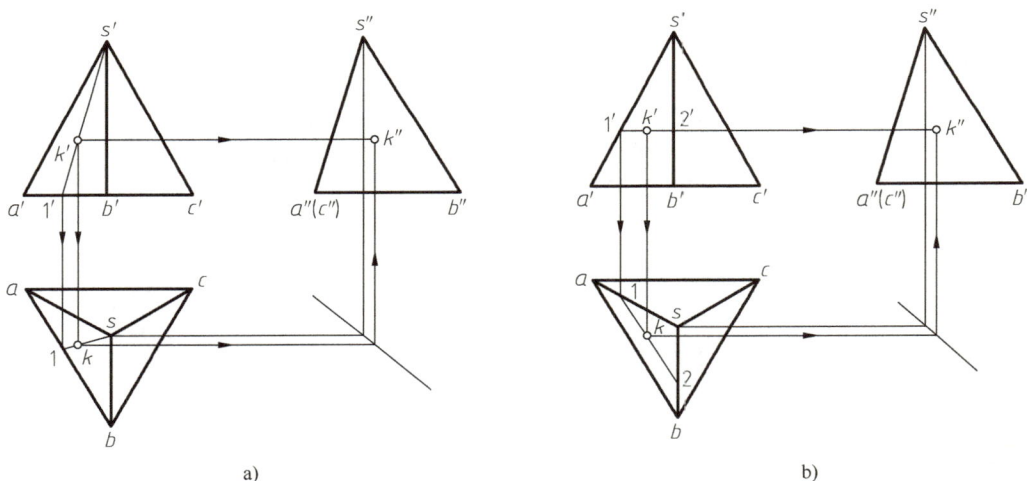

因为 k' 可见，因此点 K 必定在 $\triangle SAB$ 上。$\triangle SAB$ 是一般位置平面，采用辅助线法，过点 K 及锥顶点 S 作一条直线 S Ⅰ（图中为 $s'1'$），与底边 AB 交于点 1，再作出其水平投影 $s1$。由于点 K 属于直线 S Ⅰ，根据点在直线上的投影特性，求出水平投影 k 及侧面投影 k''，如图 2-2-3a 所示。还可过点 K 作平行于 AB 的辅助线，如图 2-2-3b 所示。

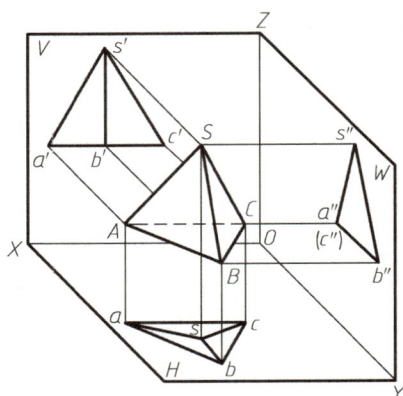

a)

b)

图 2-2-3　正三棱锥表面上点的求法

棱台的投影及表面上求点由读者自行分析。

（三）平面体的尺寸标注

平面立体的大小通常由长、宽、高三个方向的尺寸来确定。对棱柱、棱锥及棱台，除了标注确定其底面形状大小的尺寸外，还要标注高度尺寸。为了便于看图，确定其底面形状大小的尺寸，宜标注在反映实形的视图上，如图 2-2-4 所示。

（四）带有切口或穿孔的平面体

图 2-2-5a 为三棱柱开槽的轴测图，从图 2-2-5b 中可以看出，切口的控制点 A、B、C、D 均为棱线上的点或棱面上的点，切口的形状就是求棱柱上的点 A、B、C、D 的投影，然后连接各点的投影。平面体上的切口与开槽问题均可以照此办法处理。

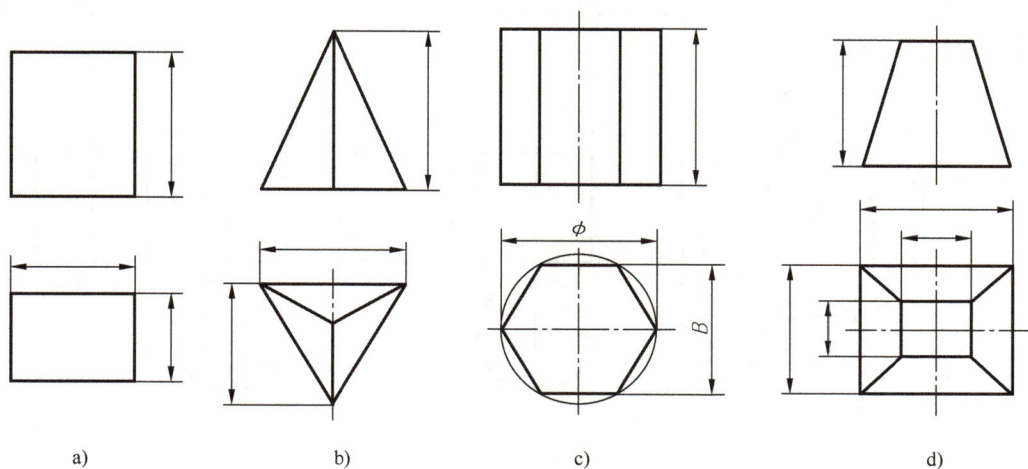

a)　　　　b)　　　　c)　　　　d)

图 2-2-4　平面体的尺寸标注

二、回转体

回转体是最常见的曲面体，它们均由一条直线或曲线绕一根轴线旋转而成。由直线或曲线运动形成的曲面，其中的直线或曲线称为该曲面的母线，母线在曲面上的任何一个位置称为素线。画曲面体的投影时，一般应画出各方向转向轮廓线（曲面体向某一投影面投射时，可见面与不可见面的分界线）的投影和回转轴线的三面投影。常见的曲面体有圆柱、圆锥、圆球和圆环等。

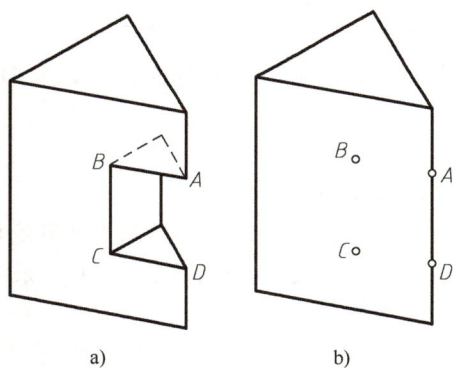

a)　　　　　　b)

图 2-2-5　平面体上的切口

（一）圆柱

1. 圆柱面的形成

如图 2-2-6 所示，圆柱面可以看成是一条直线绕与它平行的轴线回转而成的。回转中心线称为轴线，运动直线称为母线，任意位置的母线称为素线。圆柱面上特殊位置的素线（即最左、最右、最前、最后等素线）又称为转向轮廓素线。

2. 投影分析

如图 2-2-7a 所示，圆柱的轴线垂直于水平面，圆柱面上所有素线都是铅垂线，因此圆柱面的水平投影积聚成一个圆。圆柱上、下两个底面的水平投影反映实形并与该圆重合。两条相互垂直的点画线表示确定圆心的对称中心线。圆柱面的正面投影是一个矩形，是圆柱前半部分与后半部分的重合投影，其上、下两边分别为上、下两底面的积聚性投影，左、右两边分别是圆柱最左、最右素线的投影，如图 2-2-7b 所示。最左、最右两条素线是前半圆柱面和不可见

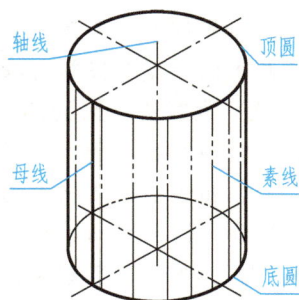

图 2-2-6　圆柱面的形成

的后半圆柱面的分界线，也称为正面投影的转向轮廓素线。同理，可对侧面投影中的矩形进行类似的分析。

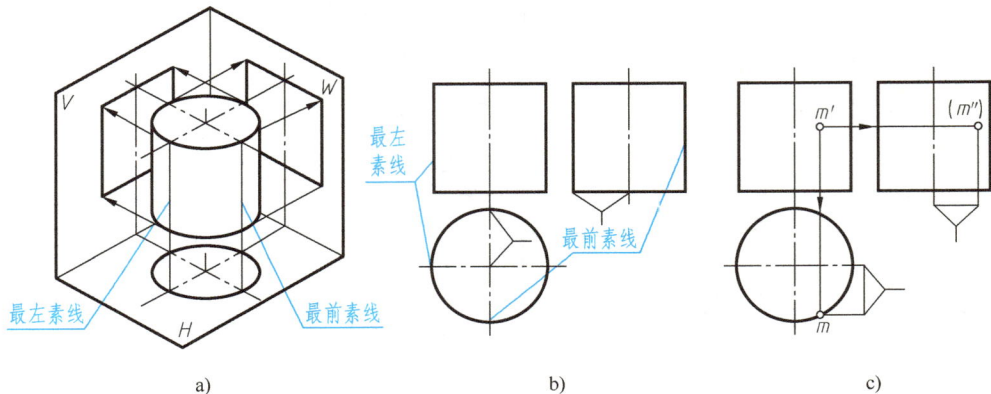

图 2-2-7　圆柱的投影和表面取点

3. 表面取点

圆柱表面上的点有两种情况：在转向轮廓线上和在面上，均可先在有积聚性投影中作出，进而求出点的各面投影，如图 2-2-7c 所示。若点在转向轮廓线上，还可直接画出。

（二）圆锥和圆台

1. 锥面的形成

圆锥（圆台）的表面由圆锥面和底圆平面组成。圆锥面是由一条直母线绕与它相交的轴线回转而成的。圆锥面上任何一条素线均汇交于锥顶，如图 2-2-8a 所示。

2. 投影分析

图 2-2-8b 所示圆锥的轴线是铅垂线，圆锥的水平投影为一个圆，反映底面的实形，同时也表示圆锥面的投影。圆锥的正面、侧面投影均为等腰三角形，其底边均为底面的积聚性投影。正面投影中三角形的两腰 $s'a'$、$s'c'$ 分别表示圆锥面最左、最右转向轮廓素线 SA、SC 的投影，它们是圆锥面正面投影可见与不可见的分界线。SA、SC 的水平投影 sa、sc 和横向中心线重合，侧面投影 $s''a''$、$s''(c'')$ 与轴线重合。同理，可对侧面投影中三角形的两腰进行类似的分析。

3. 表面取点

圆锥表面上的点有两种情况：在转向轮廓线上和在圆锥面上。对于在转向轮廓线上的点，可先找出点所在轮廓线的三面投影，根据从属性就可以直接求出点的各个投影。求作圆锥面上点的投影有以下两种作辅助线的方法。

（1）素线法　因为圆锥面由直母线形成，素线都是过锥顶的直线。如图 2-2-8b 所示，过锥顶 S 和点 M 作一直线 SⅠ，与底面交于点Ⅰ，即过 m' 作 $s'1'$，然后求出其水平投影 $s1$。根据点在直线上的从属性可知，m 必在 $s1$ 的水平投影上，由 m' 向下引垂线与 $s1$ 相交得 m，再根据 m、m' 可求出 m''。

（2）纬圆法　过已知点作辅助线——纬圆，由于纬圆所在平面垂直于轴线，其半径是转向轮廓线上的点到轴线的距离，确定出纬圆的半径和圆心，可在俯视图上画出纬圆，按投影关系找出已知点在纬圆上的位置，最后作出已知点的另一投影。如图 2-2-8c 所示，

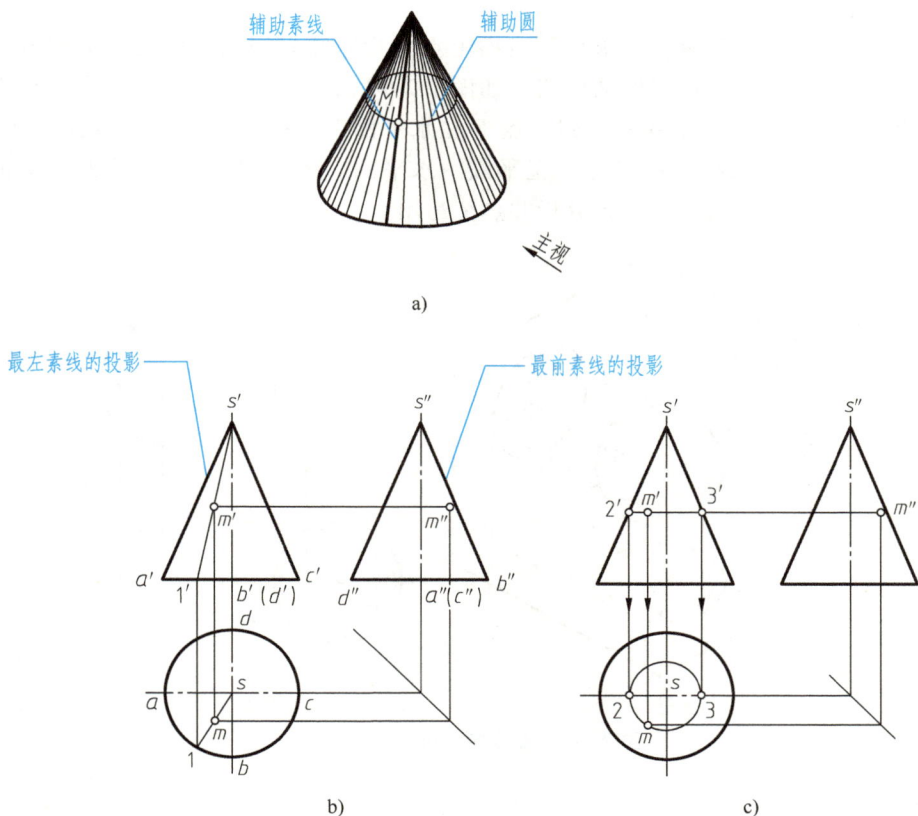

图 2-2-8　用辅助线法在圆锥面上取点

过 m' 作水平线 $2'3'$，此为辅助圆的正面投影积聚线。辅助圆的水平投影为直径等于 23 线段的圆，圆心为 s，由 m' 向下引垂线与辅助圆相交，根据点 M 的可见性，即可求出 m，再由 m' 和 m 就可求出 m''。

圆台表面上点的求作方法与圆锥表面上求作点的方法相同。

（三）圆球

1. 圆球的形成

圆球的表面可以看成是由一条圆母线绕其直径旋转一周形成的。

2. 投影分析

图 2-2-9a 所示为圆球的投影。圆球在三个投影面上的投影都是直径相等的圆，但这三个圆分别表示三个不同方向的圆球面轮廓素线的投影。正面投影的圆 $1'$ 是平行于正面的前后方向转向轮廓素线圆的投影（它是前面可见半球与后面不可见半球的分界线），它在 H 面和 W 面上的投影与圆球的前后对称中心线 1、$1''$ 重合。同理，侧面投影的圆是平行于侧面的左右方向转向轮廓素线圆的投影（它是左面可见半球与右面不可见半球的分界线）；水平投影的圆是平行于水平面的上下方向转向轮廓素线圆的投影（它是上面可见半球与下面不可见半球的分界线）。这三条圆素线的其他两面投影都与相应圆的中心线重合，不应画出。

3. 表面取点

圆球面的投影没有积聚性，求作其表面上点的投影需采用辅助圆法，即过该点在球面上作一个平行于任一投影面的辅助圆。如图 2-2-9b 所示，在主视图中过点 e' 作水平线（水平辅助圆），水平线的俯视图为圆，点 E 在水平圆上，按长对正的关系就得到 e。通常在球表面上作辅助圆有三种情况（正平圆、水平圆、侧平圆），三种辅助圆求出的点的投影结果是一样的，请读者自行分析并熟练运用。

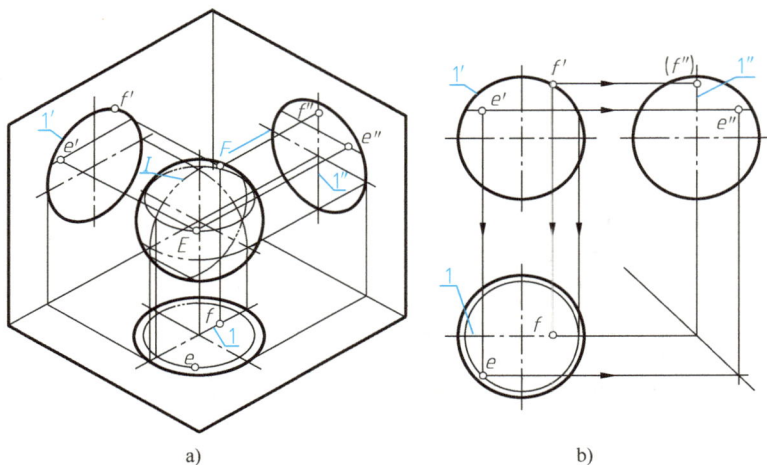

图 2-2-9　圆球的投影及表面取点

（四）回转体的尺寸标注

因圆柱、圆锥、圆球标注直径（或半径）后，已经说明是一个圆形（或球形）物体，故一般只用一个标注了相关尺寸的图形即可表达清楚，不必画出三视图，如图 2-2-10 所示。

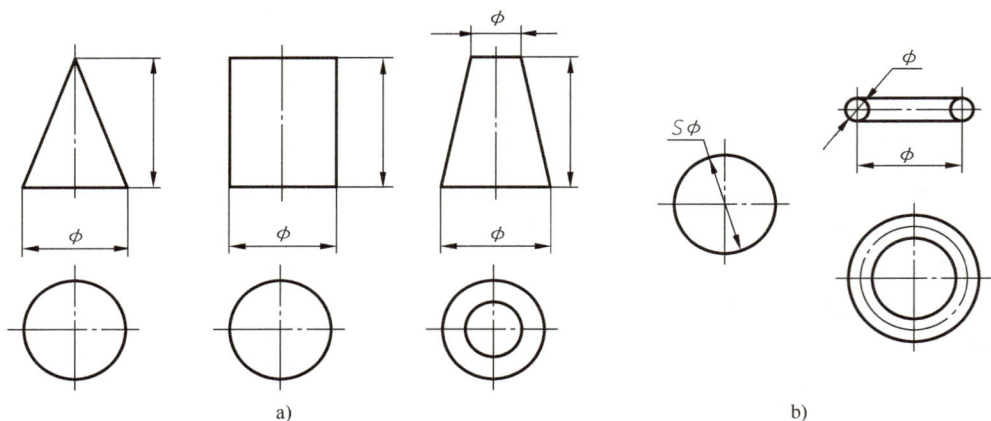

图 2-2-10　常见回转体的尺寸标注

小窍门：在回转体三视图中，转向轮廓素线的投影有这样的规律，即要么在视图的外框边缘，要么在中间（即对称中心线位置）。这对求转向轮廓线上的特殊点很有帮助。

【任务分组】

任务名称：＿＿＿＿＿＿＿＿＿＿＿＿＿＿＿＿＿＿＿＿＿＿＿＿＿＿＿

班级：＿＿＿＿＿＿＿＿ 姓名：＿＿＿＿＿＿＿＿＿ 日期：＿＿＿＿＿＿＿＿＿

学生任务分配表				
组号		指导教师		
组长		学号		
组员	姓名	学号	姓名	学号
任务分工				

任务工作单 1　绘制平面体

组号：＿＿＿＿＿＿＿　姓名：＿＿＿＿＿＿＿　学号：＿＿＿＿＿＿＿　检索号：＿2-2-1＿

1. 补画基本体的第三视图，并作出表面上点的三面投影

（1）

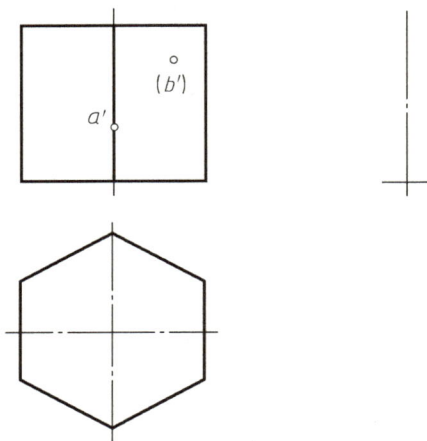

（2）

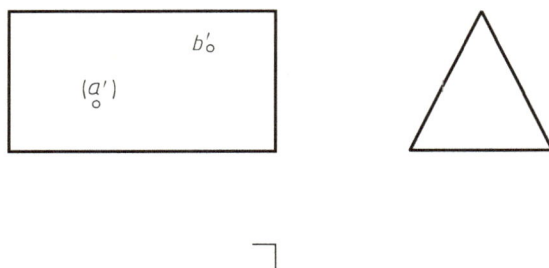

（3）

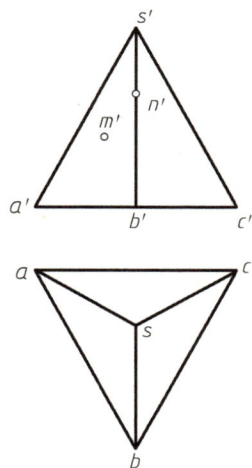

2. 根据基本体的特征和量取的实际尺寸，绘制其三视图，并求其表面上点的投影

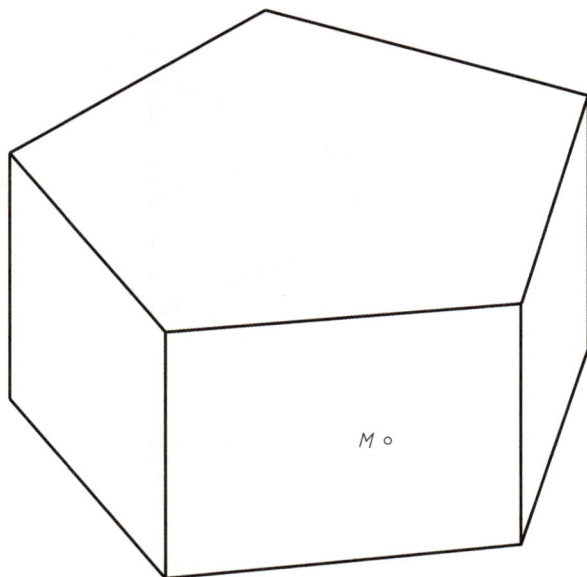

任务工作单 2 绘制回转体

组号：＿＿＿＿＿＿＿ 姓名：＿＿＿＿＿＿＿ 学号：＿＿＿＿＿＿＿ 检索号：＿2-2-2＿

1. 补画立体的第三个投影，求作点的另两个投影

（1）

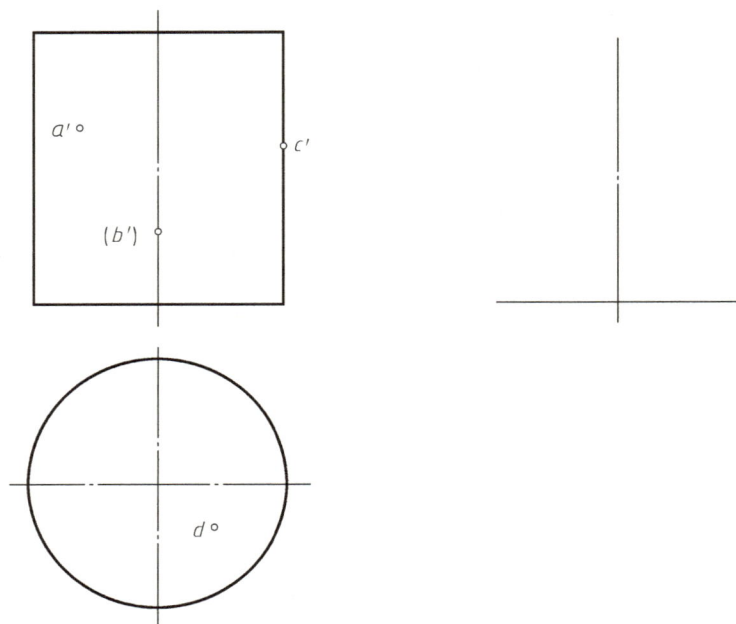

（2）

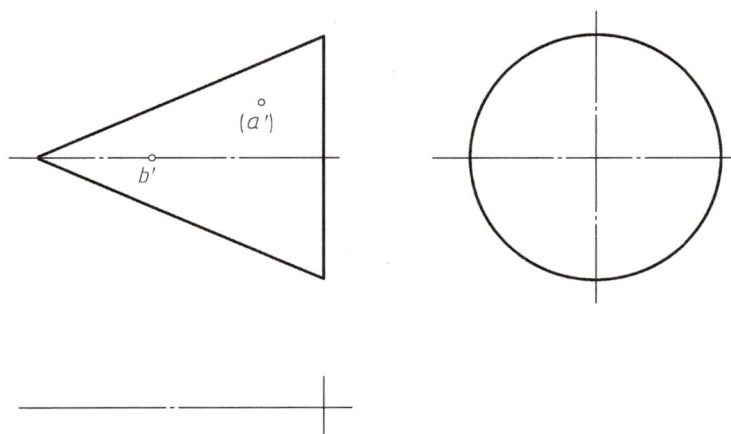

2. 求作球体表面上点的另两个投影

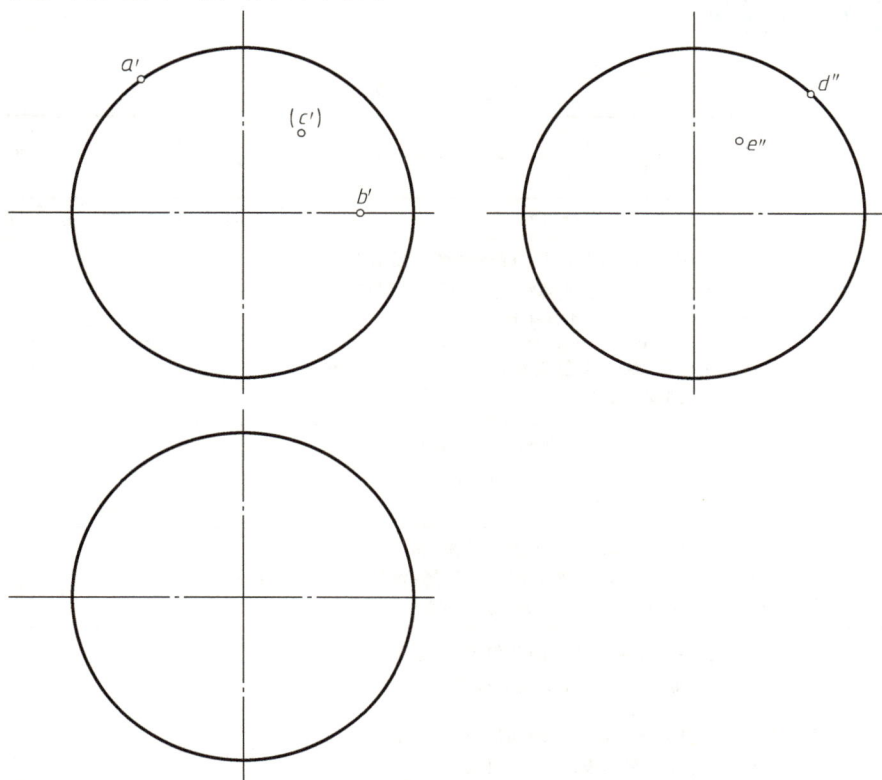

3. 补画第三视图，求作球体表面上点的另两个投影

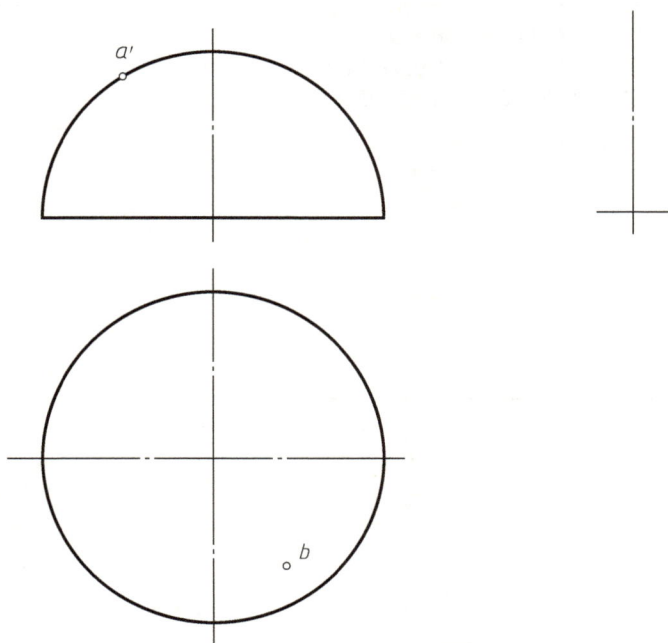

【评价反馈】

学生个人自评表

班级		组名		日期	年　月　日
姓名		学号			
评价指标	评价内容			分值	得　分
信息检索	能有效利用网络、图书资料、机械制图手册查找有用的相关信息;能有条理地解释、表述所学知识;能将查到的信息有效地应用到学习中			10分	
感知课堂	熟悉绘图岗位,认同岗位工作价值;在学习中能获得满足感,认同课堂文化			10分	
参与态度	积极主动参与学习,能吃苦耐劳,崇尚劳动光荣、技能宝贵;与教师、同学之间相互尊重、理解,能够保持多向、丰富、适宜的信息交流			10分	
	能处理好合作学习和独立思考的关系,做到有效学习;能提出有意义的问题或发表个人见解;能按要求正确绘图;能够倾听别人的意见,协作共享			10分	
学习过程	①能根据基本体中平面体的几何特征,绘制平面体的三视图,并能绘制其表面上点的投影			15分	
	②能根据基本体中回转体的几何特征,绘制回转体的三视图,并能绘制其表面上点的投影			15分	
思维态度	能发现问题、提出问题、分析问题、解决问题、创新问题			10分	
自评反馈	按时、按质完成工作任务;较好地掌握专业知识点;具有较强的信息分析能力和理解能力;具有较为全面、严谨的思维能力,并能条理清楚、明晰地表达成文			20分	
自评分数					
有益的经验和做法					
总结反馈建议					

组内互评表

班级		组名		日期		年 月 日	
验收组长		组员		学号			
组内验收成员							
任务要求							
验收文档清单	任务工作单:						
	文献检索清单:						

验收评分	评分标准				分值	得分	
	①能根据基本体中平面体的几何特征,绘制平面体的三视图,并能绘制其表面上点的投影,错误 1 处扣 5 分				40 分		
	②能根据基本体中回转体的几何特征,绘制回转体的三视图,并能绘制其表面上点的投影,错误 1 处扣 5 分				40 分		
	③提供文献检索清单,不少于 4 项,缺 1 项扣 5 分				20 分		
	组内评价分数						
不足之处							

组间互评表

班级		被评组名		日期		年 月 日	
验收组名 (成员签字)							

评价指标	评价内容			分值	得分	
汇报表述	表述准确			15 分		
	语言流畅			10 分		
	准确反映该组完成情况			15 分		
内容正确度	内容正确			30 分		
	阐述表达到位			30 分		
	组间评价分数					
简要评述						

任务完成情况评价表

班级			组名		
姓名			学号		

序号	任务内容及要求		配分	教师评价	
				结论	得分
1	能根据基本体中平面体的几何特征,绘制平面体的三视图,并能绘制其表面上点的投影	绘图准确	40 分		
2	能根据基本体中回转体的几何特征,绘制回转体的三视图,并能绘制其表面上点的投影	绘图准确	40 分		
3	至少提供 4 项文献检索清单	数量	5 分		
		参考的主要内容要点	5 分		
4	素质素养评价	沟通交流能力	10 分		
		团队合作			
		课堂纪律			
		自主探学			
		合作研学			
		精益求精、专心细致的工作作风			
		诚实守信的意识			
		讲原则、守规矩的意识			
		规范意识			
总分					

任务三 绘制立体表面的交线

工作任务	绘制立体表面的交线	建议学时	8 学时
任务描述	图 2-3-1 所示的顶尖，由大圆柱、小圆柱和圆锥三部分叠加后经切割而成，其轮廓线既包括基本体形状图线，也包括截交线。图 2-3-2 所示为三通管立体图，由横、竖两圆管相交组成，其轮廓线既包括圆筒轮廓图线，也包括相贯线。那么，怎么把这些线绘制出来呢？ 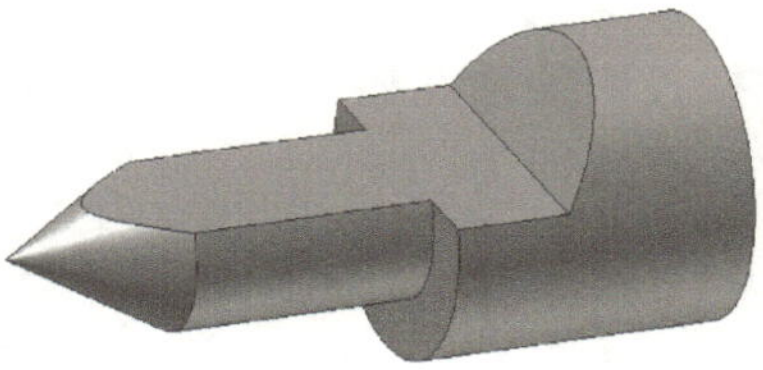 图 2-3-1　顶尖立体图 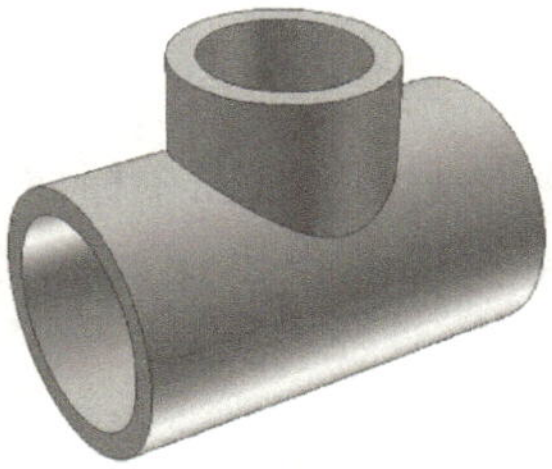　　　　图 2-3-2　三通管立体图		
学习目标	◆能够正确地绘制平面与立体相交的截交线。 ◆能够正确地绘制立体与立体相交的相贯线。 ◆能够主动获取信息，展示学习成果并相互评价，对绘图过程进行总结与反思，与他人进行有效沟通、团结协作。		
任务分析	这类立体在现实生活中很多，要绘制其三视图，除了具备前面所学的三视图知识，还得学会截交线与相贯线的求作方法并综合运用。		

【知识链接】

一、截交线

被截断后的基本几何体称为截断体，用来截断几何体的平面称为截平面，截平面与立体表面的交线称为截交线。截交线是封闭的曲线，由截交线围成的平面图形称为截面。

（一）平面体的截交线

平面与平面体相交（平面体被截断），所得的交线是由直线组成的封闭多边形，该多边形的边就是平面体表面与截平面的交线，其顶点是棱线与截平面的交点。

求平面体的截交线，关键是找到截平面与立体棱线的共有点（截平面与立体各棱线的交点），然后将各点连接即为所求。

[例 2-3-1] 图 2-3-3 所示为一个四棱柱被一个正垂面截切，求截交线。

分析：四棱柱被截切，上底有两条边被截切，侧面有三条棱线被截切，共有五条棱线被截切，产生五个交点，截面为五边形。此题的关键就是求作 A、B、C、D、E 五个顶

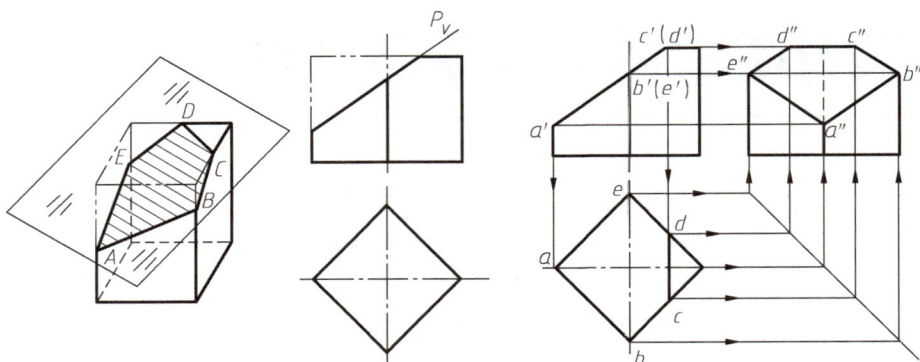

图 2-3-3 四棱柱的截交线

点的投影。先在主视图中标注出这些点，按投影关系在俯视图中找到对应的点，再按投影规律在左视图作出这些点的投影，然后连接即为所求。

注意：

① 要判别图线的可见性。

② 若立体被两相交平面截断，两截平面相交处有交线（交点在立体表面上），切记不可漏画，如图 2-3-4 所示。

图 2-3-4 截切后的三棱柱

（二）回转体的截交线

1. 圆柱的截断

圆柱被截切后产生的截交线，因平面与圆柱轴线的相对位置不同而不同，可以分为三种情况，见表 2-3-1。

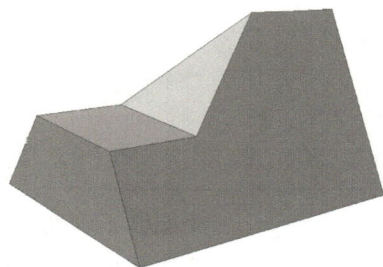

表 2-3-1 平面截切圆柱的截交线

截平面位置	平行于轴线	垂直于轴线	倾斜于轴线
截交线	矩形	圆	椭圆
轴测图			
投影图			

[例 2-3-2] 求圆柱被一正垂面截切后的截交线,如图 2-3-5 所示。

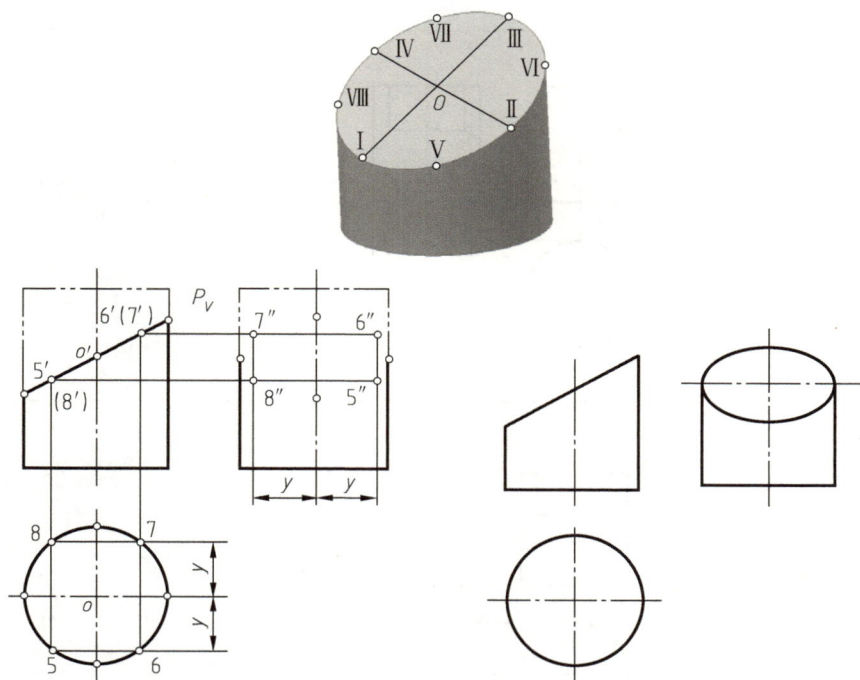

图 2-3-5 圆柱被斜截后的截交线

分析:圆柱被正垂面斜切,截交线为椭圆,因截平面为正垂面,所以截交线的正面投影具有积聚性,水平投影与圆柱面的水平投影重合为一个圆,侧面投影为一个椭圆。

作图:利用表面取点的方法,作出一系列点(特殊点Ⅰ、Ⅱ、Ⅲ、Ⅳ和一般点Ⅴ、Ⅵ、Ⅶ、Ⅷ)的投影,再将这些点的同面投影连接起来,就是所求的截交线,如图 2-3-5 所示,图中只画出了一般点的投影,特殊点的投影由读者自己作。

以上方法,对圆柱体上挖孔、开槽也适用。例如,在圆柱(圆筒)上挖方孔,其作图方法就是求出方孔的四个特殊点的投影,如图 2-3-6 中的 A、B、C、D 四个点,其作图过程请读者自行分析。

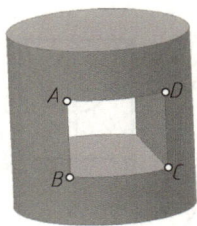

图 2-3-6 圆柱挖孔

常见圆柱、圆筒的截断三视图及其立体图见表 2-3-2 和表 2-3-3。

表 2-3-2 常见圆柱的截断三视图及其立体图

类别	三视图及其立体图
圆柱两边切割	
圆柱中间切槽	
圆柱中部挖方孔	
圆柱两边斜切	

表 2-3-3 常见圆筒的截断三视图及其立体图

类别	三视图及其立体图
圆筒两边切割	
圆筒中间开槽	
圆筒中间挖方孔	
圆筒两边斜切	

2. 圆锥的截断

平面与圆锥相交的截交线，根据截平面与圆锥轴线的相对位置不同，有五种情况，见表 2-3-4。

表 2-3-4　平面截切圆锥的截交线

截平面位置	垂直于轴线	与轴线倾斜（不平行任一素线）	平行于一条素线	平行于轴线	过锥顶
截交线	圆	椭圆	抛物线	双曲线	两相交直线
立体图					
投影图					

[例 2-3-3]　求作正平面截切圆锥的截交线，如图 2-3-7 所示。

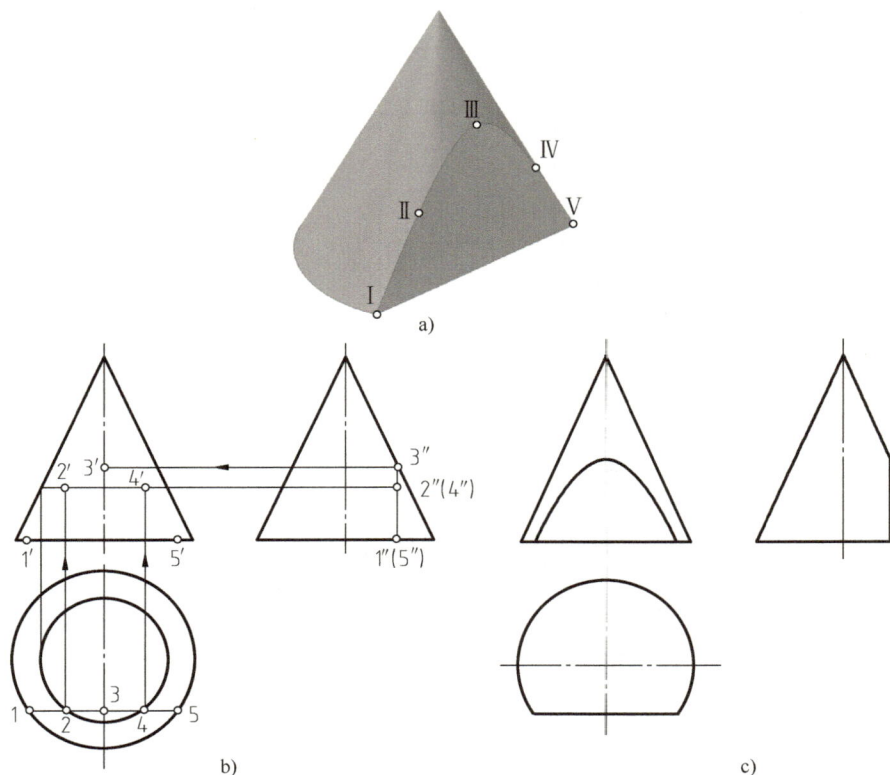

a)

b)　　　　　　　　　　　　　　　　c)

图 2-3-7　平面截切圆锥

分析：用正平面截切，截交线是双曲线。特殊点为Ⅰ、Ⅲ、Ⅴ，其中Ⅰ、Ⅴ在底面上，Ⅲ在最前的极限轮廓素线上。

作图：

① 用"高平齐"得出最高点Ⅲ的正面投影，用"长对正"得出最低点Ⅰ、Ⅴ的正面投影，再用投影规律完成其他投影。

② 利用素线法（或纬圆法）求一般点Ⅱ、Ⅳ。

③ 在正面投影上光滑连接各点，如图 2-3-7c 所示。

以上方法对圆锥或圆台的挖孔、开槽等截交线的作法一样适用。如图 2-3-8 所示，该圆台被截割了一个通槽，槽底为水平圆弧 *CD*，槽侧面为双曲线 *ABC*、*DEF*，作图过程由读者自行分析。

3. 圆球的截切

从任意位置截切圆球，其截面均是圆形。圆球常见的截切方式如图 2-3-9 所示。

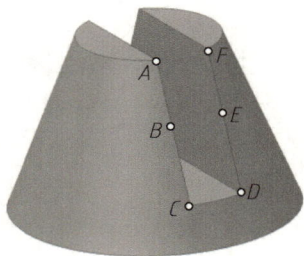

图 2-3-8　圆台的截割

图 2-3-9　圆球常见的截切方式

二、相贯线

两基本体相交称为相贯体，其表面的交线称为相贯线。相贯线既是两曲面立体的共有线，也是两立体的分界线。

（一）平面立体相交

两平面立体相交所产生的相贯线，一般是闭合的空间折线，转折点为一个立体上的棱线（或棱边）与另一个立体表面的交点。

[例 2-3-4]　已知竖直三棱柱与水平三棱柱相交，试完成其三视图，如图 2-3-10 所示。

分析：从图 2-3-10 中可以看出，这两个三棱柱垂直互贯（两个几何体相贯，如甲立体表面全部贯穿乙立体称为全贯；如甲、乙两立体均有一部分表面参与相互贯穿称为互贯），它们的相贯线是一闭合的空间折线，折线上的每个端点是一个棱柱上的棱线与另一个棱柱表面的交点。

竖直三棱柱各棱面的水平投影有积聚性；水平三棱柱各棱面的侧面投影有积聚性，所以相贯线的水平投影和侧面投影为已知，只要求出相贯线的正面投影即可。

从图 2-3-10 中可以看出，水平棱线左视图上的积聚点 *a″*、*c″*、*d″*、*f″* 为相贯线转折点，竖直棱线俯视图上的积聚点 *b*、*e* 也是相贯线转折点。根据投影规律的三等关系，求出转折点的各面投影，再依次连接，判别其可见性，即可得相贯线的投影。

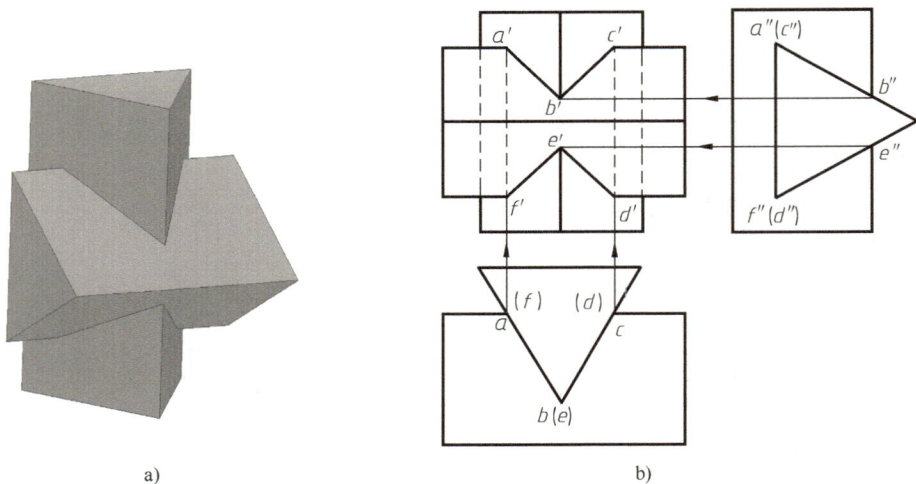

a)
b)

图 2-3-10 求两平面立体相交的相贯线

作图步骤如图 2-3-10b 所示。

（二）平面立体与曲面立体相交

平面立体与曲面立体相交产生的相贯线，与曲面立体的截交线作法类似。

（三）两曲面立体相交

两曲面立体根据两立体的形状、大小和相对位置的不同，相贯线的形状也不相同，但是所有相贯线都具有以下性质。

1）相贯线是相交两立体表面共有的线，相贯线上的点是两相交立体表面的公共点。

2）由于立体具有一定的空间范围，所以相贯线一般情况下是封闭的空间曲线，特殊情况下是平面曲线或直线。

因此，相贯线的画法实质就是求两相贯体表面的公共点。两曲面立体的相贯线的作法一般情况下有以下两种。

1．表面取点法

两个回转体相交，如果其中一个回转体的轴线是垂直于投影面的圆柱，则圆柱在该投影面上的投影积聚为一个圆，而相贯线的投影也就重合在该圆上，利用表面上取点的方法就能求出相贯线的其他投影。

[**例 2-3-5**] 已知两圆柱的三面投影，求作它们的相贯线，如图 2-3-11 所示。

分析：两圆柱轴线垂直相交，一轴线垂直于 H 面，一轴线垂直于 W 面，相贯线的水平投影就是有积聚性的圆，侧面投影是一段两圆柱重合的圆弧，因此只求正面投影。

作图过程如图 2-3-11b 所示，步骤如下。

① 求特殊点：最高点和最低点。

② 求一般点。定出水平投影上的点，再找出侧面投影上对应的点，根据水平面和侧面上的点找出正面投影的点。

③ 将各点光滑地连接起来。

常见圆柱、圆筒相贯后的立体图如图 2-3-12 所示。

a)　　　　　　　　　　　　　　　　　　　b)

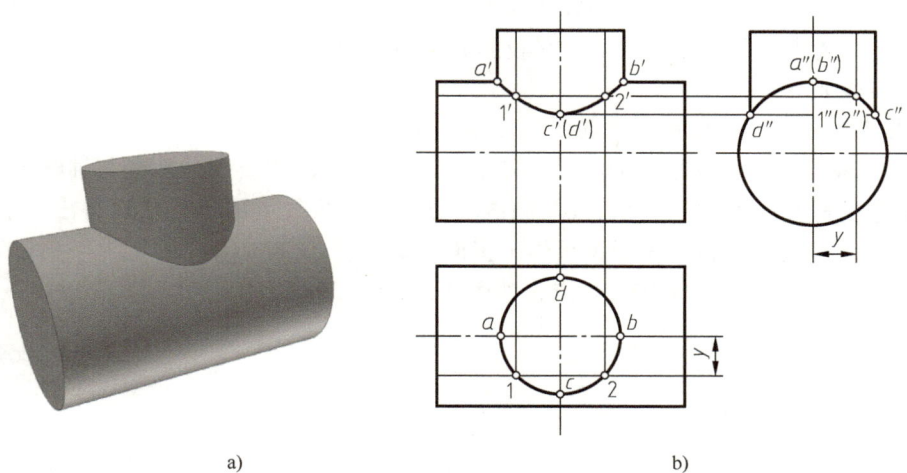

图 2-3-11　两圆柱相贯

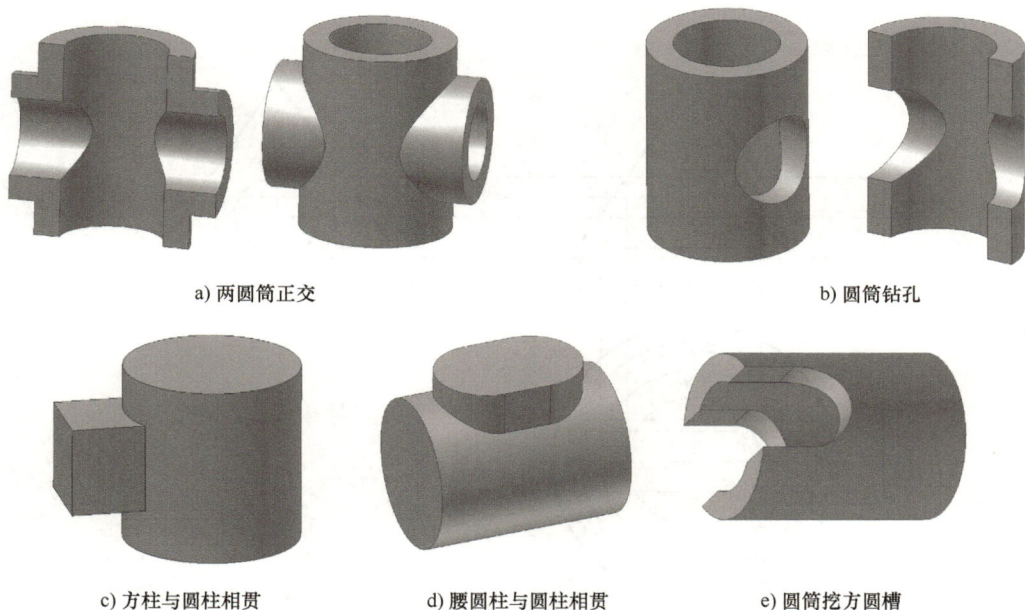

a) 两圆筒正交　　　　　　　　　　　　　　　　b) 圆筒钻孔

c) 方柱与圆柱相贯　　　　　　d) 腰圆柱与圆柱相贯　　　　　　e) 圆筒挖方圆槽

图 2-3-12　常见圆柱、圆筒相贯

2. 辅助平面法

利用辅助平面同时截切相贯的两基本体，作出两立体的截交线的交点，该点即为相贯线上的点。这些点既是回转体表面上的点，又是辅助平面上的点，因此辅助平面法就是利用的三面共点原理。

利用辅助平面法求相贯线时，选辅助平面的原则是使辅助平面与曲面立体的截交线的投影最简单，如直线或圆。

[**例 2-3-6**]　求圆锥与圆柱正交的相贯线，如图 2-3-13 所示。

分析：两立体轴线垂直相交，具有前后对称平面，因此相贯线是前后对称的闭合空间曲线，并且前、后两部分的正面投影重合，相贯线的侧面投影重合在圆柱具有积聚性的投影圆上，要求作的是相贯线的水平投影和正面投影。

作图步骤如下。

① 求特殊点：最高点和最低点 A、C，最前点和最后点 B、D。

② 求一般点：作辅助平面 Q_{V1}、Q_{V2}，分别得到圆柱的截交线（两条与轴线平行的直线）和圆锥的截交线（圆），平行线与圆的交点就是相贯线上的点，从而得出一般点 E、F、G、H 的水平投影，再按投影关系作出正面投影。

③ 判别可见性，并光滑连接各点，如图 2-3-13b 所示。

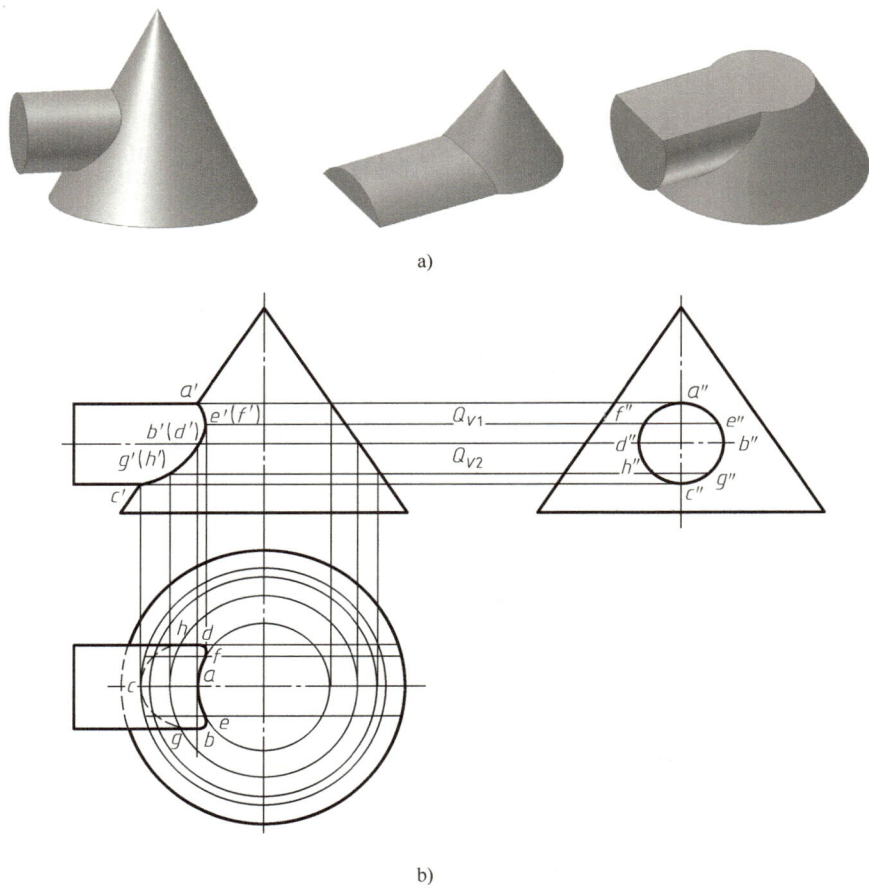

a)

b)

图 2-3-13　圆锥与圆柱的相贯线

用辅助平面法可以求解比较复杂的相贯线，如图 2-3-14 所示的两圆柱轴线斜交、图 2-3-15 所示的两圆柱垂直偏交等。

分析：只有在圆柱上作平行于轴或垂直于轴的辅助平面，截交线（矩形或圆）才最简单。在圆柱斜交相贯体中，只有辅助平面为正平面时，才能保证两个圆柱的截交线为矩形；在偏交相贯体中，用水平面或正平面作辅助平面均可。

方法：在左视图中，过两圆柱作几个辅助平面，依次作出两圆柱的截交线，求出交点，再连接即得。

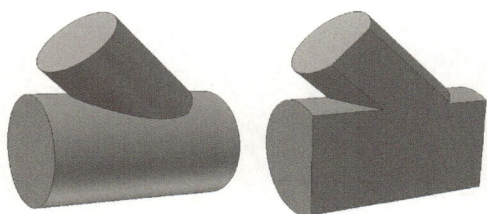

图 2-3-14　作两圆柱轴线斜交的辅助平面　　　　图 2-3-15　作两圆柱垂直偏交的辅助平面

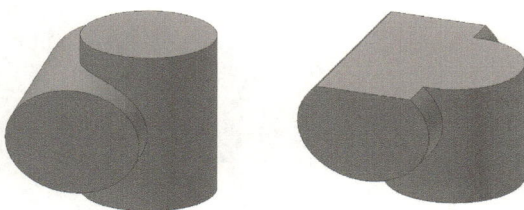

3. 相贯线的特殊情况

1）具有同轴的两回转体相交时，其表面交线为垂直于该轴线的圆，如图 2-3-16 所示。

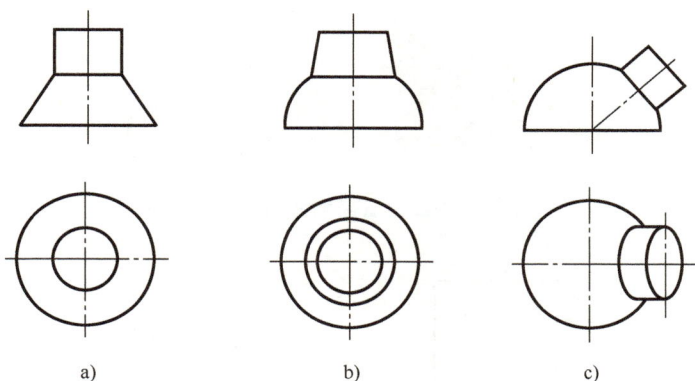

a)　　　　　　　　　　b)　　　　　　　　　　c)

图 2-3-16　同轴回转体的表面交线

2）当两回转体轴线相交且具有公共内切球时，其表面交线为平面曲线。如两等直径圆柱正交时，交线为两个大小相等的椭圆（图 2-3-17a）；当两等径圆柱斜交时，表面交线为两个长轴不等、短轴相等的椭圆（图 2-3-17b）；当圆柱与圆锥轴线相交且具有公共内切球时，表面交线也是一对椭圆（图 2-3-17c）。

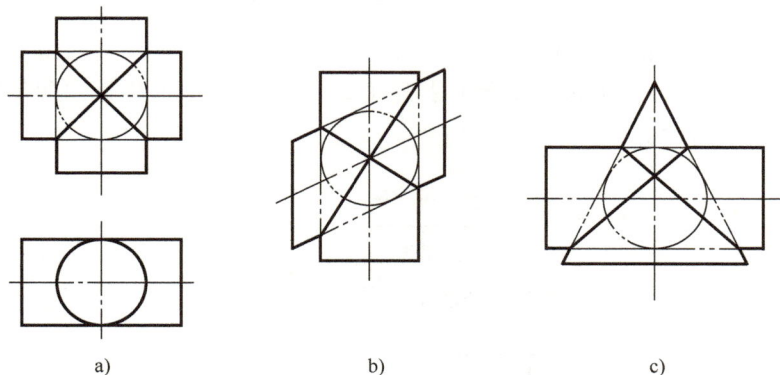

a)　　　　　　　　　　b)　　　　　　　　　　c)

图 2-3-17　具有公共内切球两回转体表面的交线

等直径两圆筒正交立体图如图 2-3-18 所示。

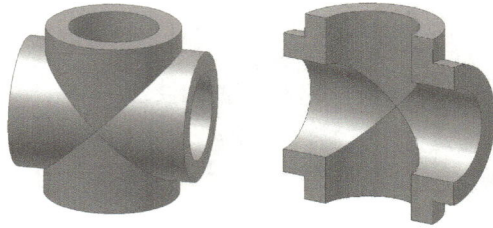

图 2-3-18　等直径两圆筒正交立体图

3）当两圆柱面的轴线平行或两圆锥面共锥顶时，表面交线为直线，如图 2-3-19 和图 2-3-20 所示。

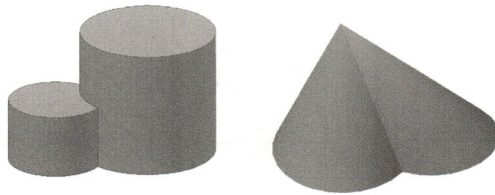

图 2-3-19　交线为直线的两回转体立体图

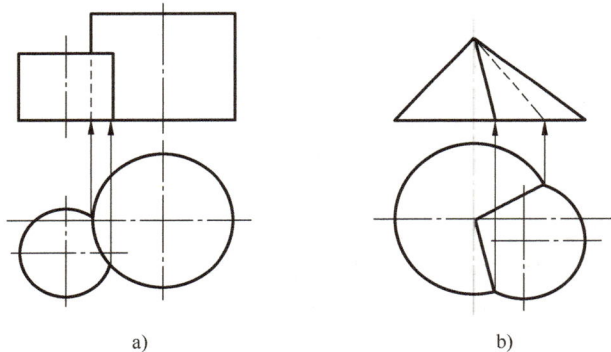

a)　　　　　　　　　　　　　　　b)

图 2-3-20　交线为直线的两回转体

4. 圆柱正交相贯线的近似画法

先以 $R = D/2$ 为半径（大圆柱半径）找圆心，再以 R 为半径画弧，就得到近似的相贯线，如图 2-3-21 所示。

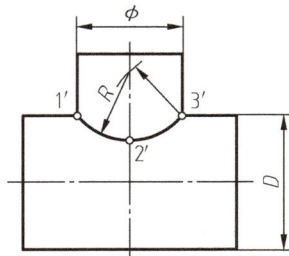

图 2-3-21　近似相贯线的画法

【任务分组】

任务名称： _____

班级： _____ 姓名： _____ 日期： _____

学生任务分配表				
组号		指导教师		
组长		学号		
组员	姓名	学号	姓名	学号
任务分工				

任务工作单 1　绘制截交线

组号：_____　　姓名：_____　　学号：_____　　检索号：___2-3-1___

1. 请同学们查找资料，完成填空

（1）用_____与_____相交，截去立体的一部分，称为截切

（2）被截断后的基本几何体，称为_____

（3）用于截切立体的表面，称为_____

（4）_____与立体表面的交线，称为截交线

（5）由截交线围成的平面图形，称为_____

（6）在下图的括号中填空，写出各部分的名称

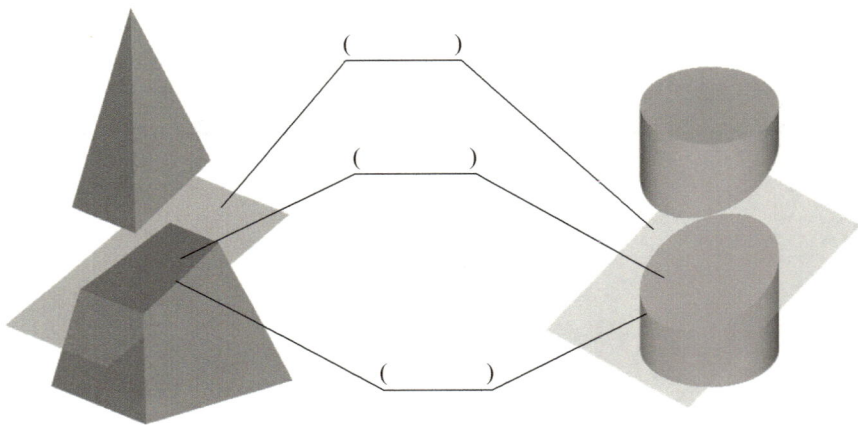

2. 求四棱锥被截切后的俯视图和左视图（保留作图痕迹）

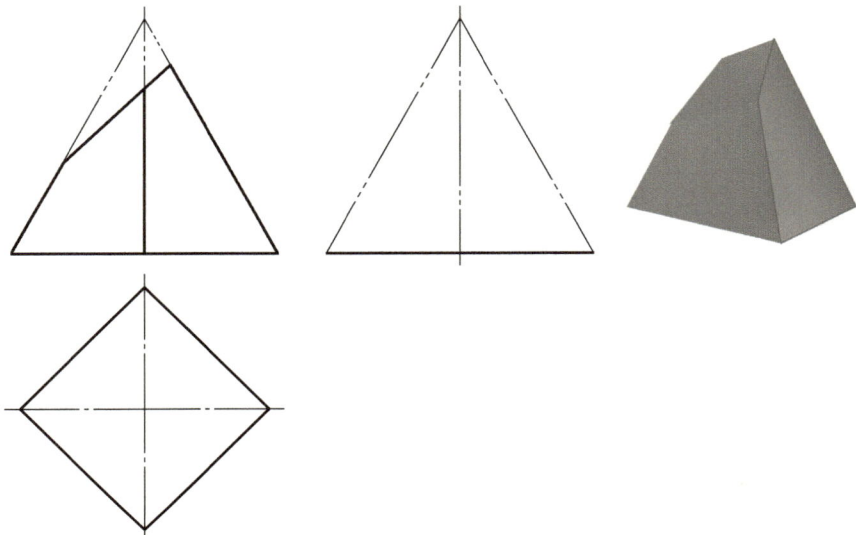

3. 补画平面立体被截切后的第三视图（保留作图痕迹）

（1）

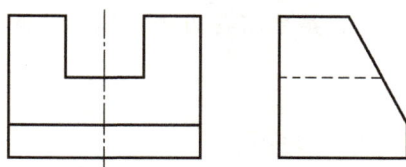

（2）

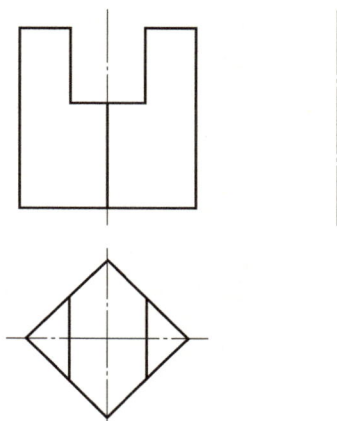

（3）

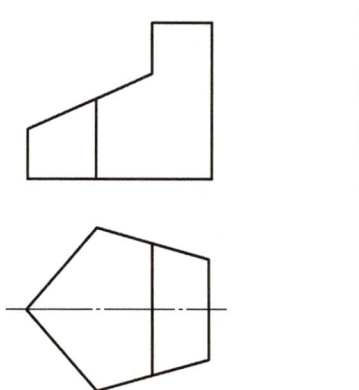

4. 作出斜切圆柱体的截交线（保留作图痕迹）

根据下图进行空间分析与投影分析，当截交线的投影为非圆曲线时，应先找_____，再补充_____，最后将各点光滑地连接起来，并判断截交线的可见性。因此，具体的作图步骤如下：

1）作圆柱体的三视图。

2）找特殊点 I、II、III、IV 的投影。

3）作一般点 V、VI、VII、VIII 的投影。

4）光滑连线。

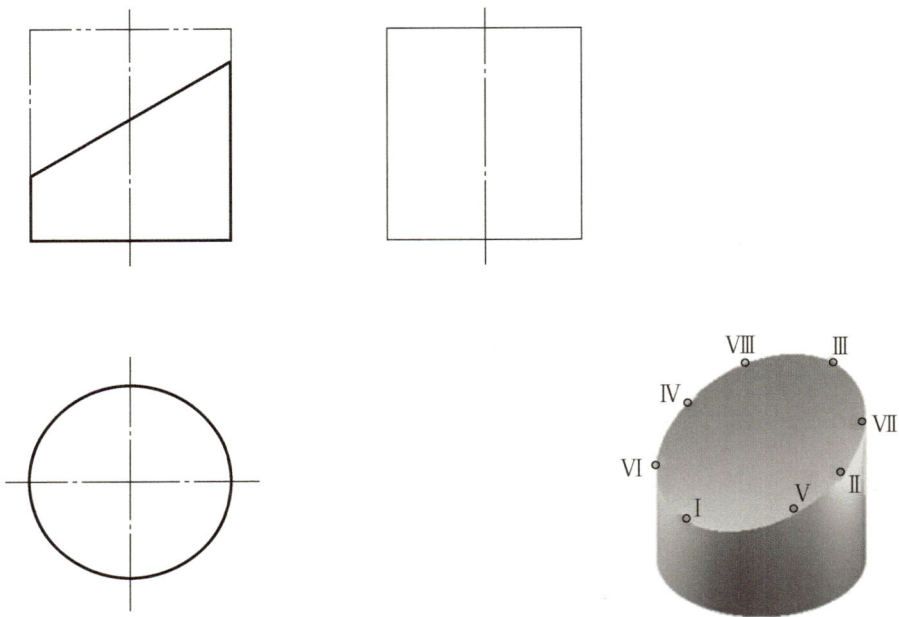

5. 补画回转体被截切后的第三视图（保留作图痕迹）

（1）

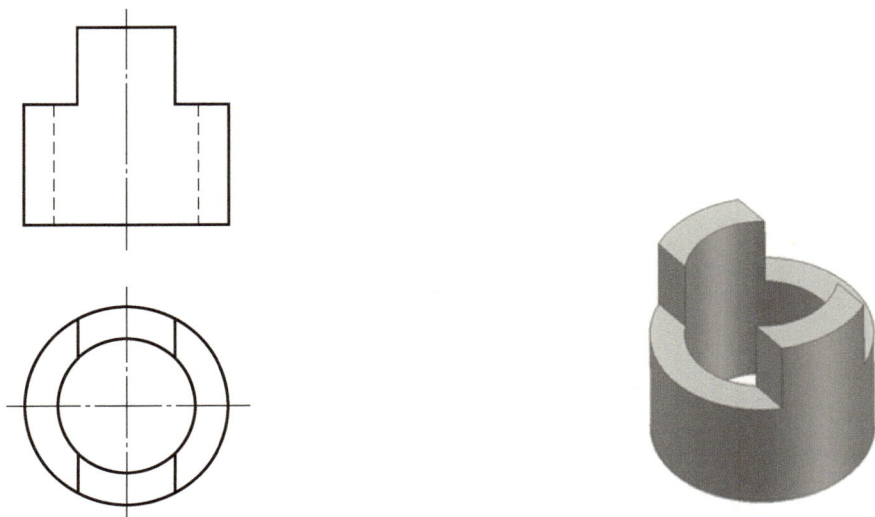

（2）

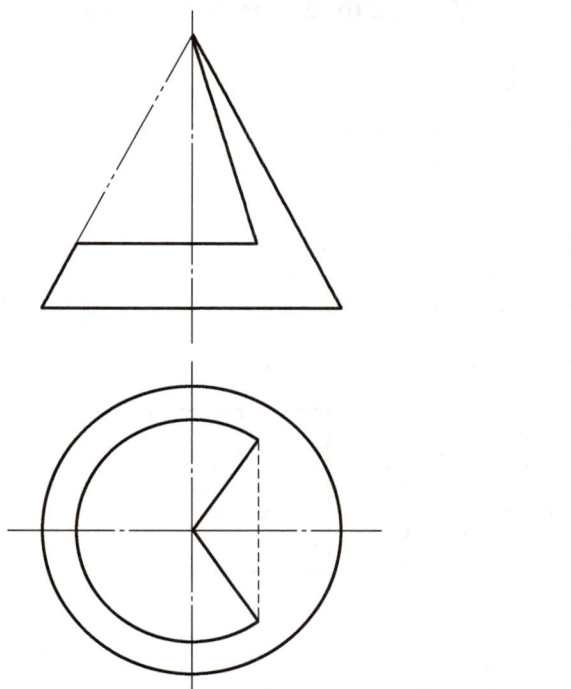

（3）

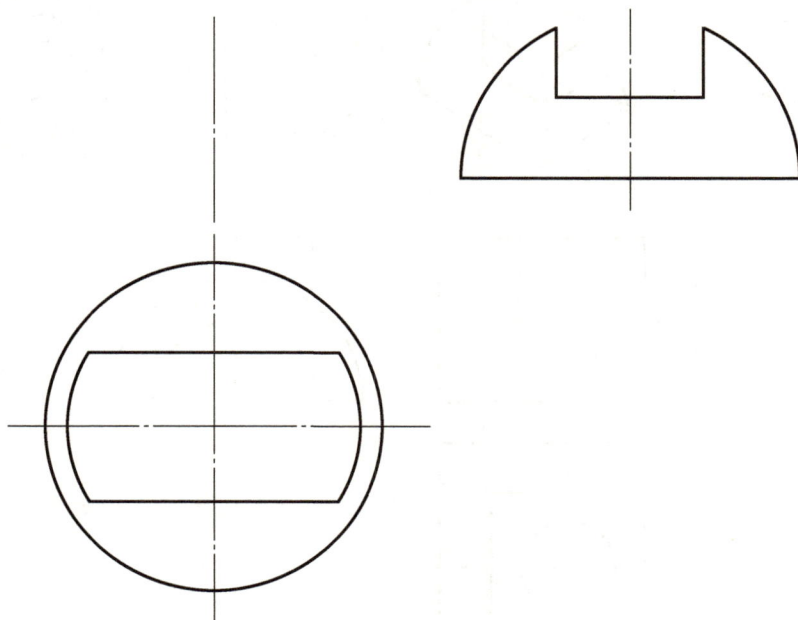

任务工作单 2　绘制相贯线

组号：_____　姓名：_____　学号：_____　检索号：<u>2-3-2</u>

1. 补画视图中相贯线的投影

（1）

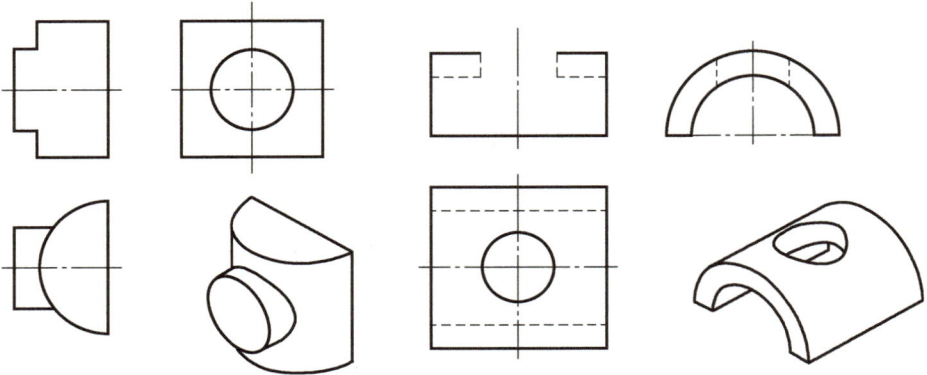

（2）

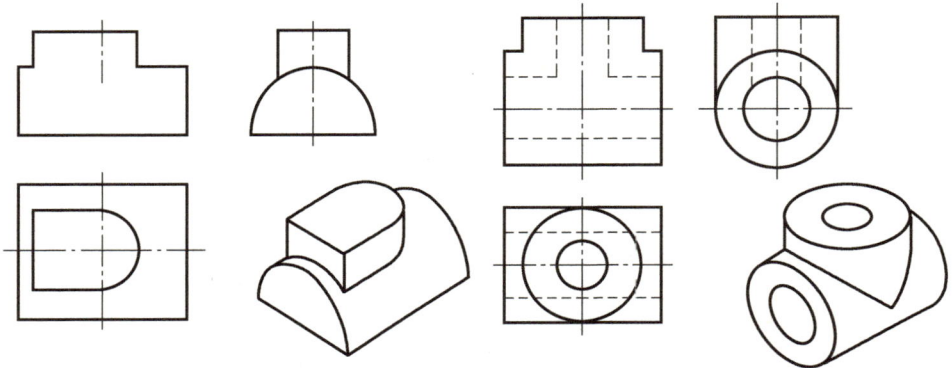

（3）

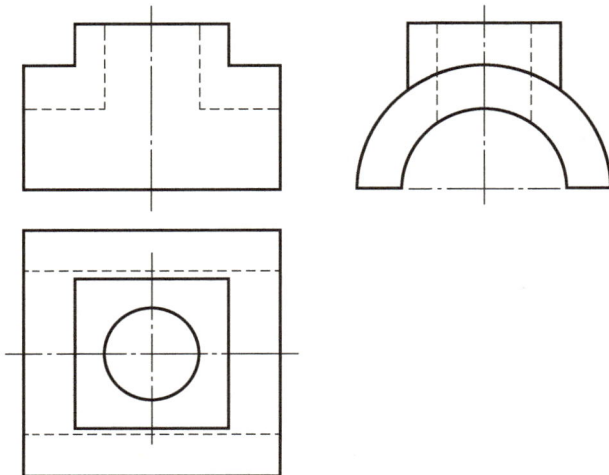

2. 求相贯线的投影（保留作图痕迹）

（1）

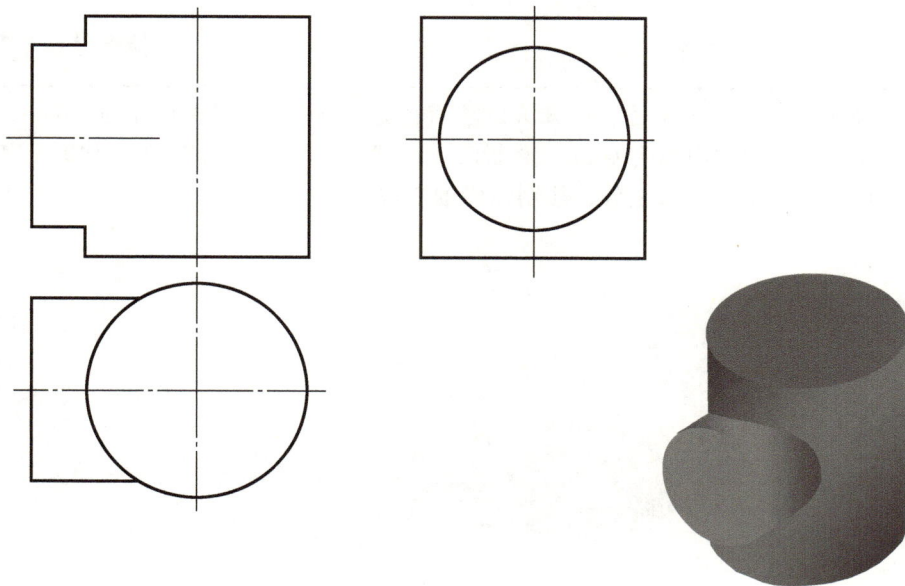

（2）

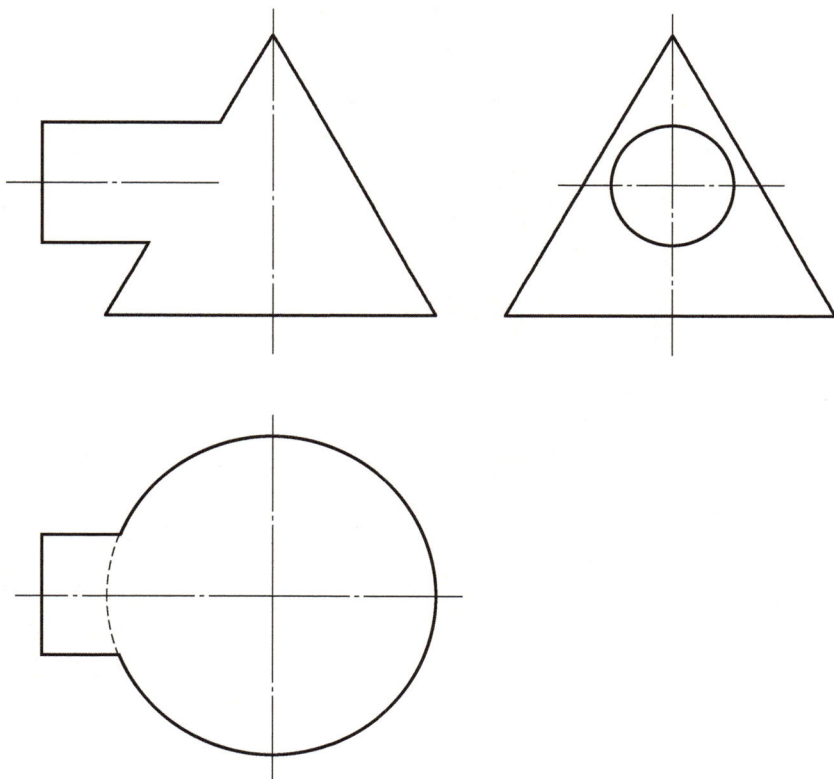

任务工作单 3 绘制立体三视图

组号：_____ 姓名：_____ 学号：_____ 检索号：___2-3-3___

1. 下图所示为顶尖轴测图，已知大圆柱直径为 31mm，小圆柱直径为 18mm，截断面 1 与圆柱中心轴线的距离为 6mm，截断面 2 与截断面 1 之间的夹角为 140°，其余尺寸直接从轴测图中量取，取整数，绘制顶尖的三视图

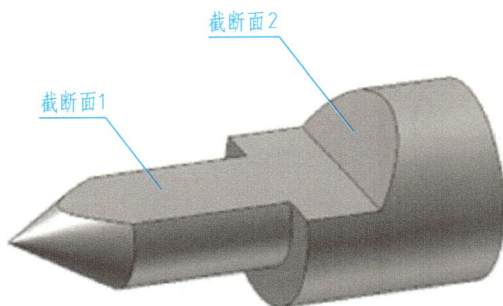

2. 根据三通管立体图，补全其三视图中遗漏的图线（三通管壁后均为 3mm）

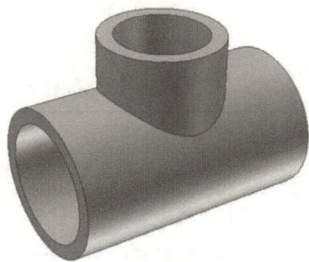

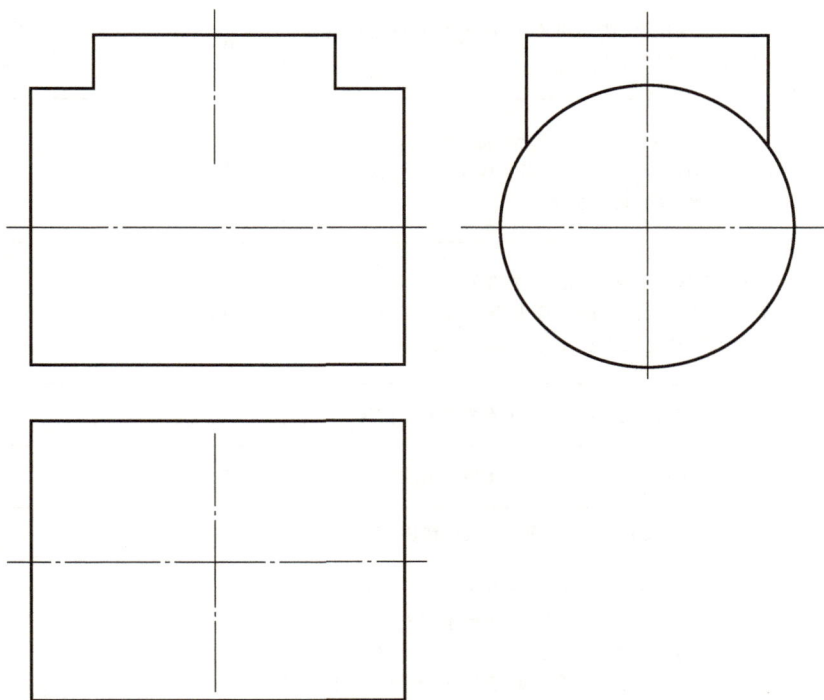

【评价反馈】

学生个人自评表

班级		组名		日期	年 月 日	
姓名		学号				
评价指标	评价内容			分值	得　分	
信息检索	能有效利用网络、图书资料、机械制图手册查找有用的相关信息;能有条理地解释、表述所学知识;能将查到的信息有效地应用到学习中			10分		
感知课堂	熟悉绘图岗位,认同岗位工作价值;在学习中能获得满足感,认同课堂文化			10分		
参与态度	积极主动参与学习,能吃苦耐劳,崇尚劳动光荣、技能宝贵;与教师、同学之间相互尊重、理解,能够保持多向、丰富、适宜的信息交流			10分		
	能处理好合作学习和独立思考的关系,做到有效学习;能提出有意义的问题或发表个人见解;能按要求正确绘图;能够倾听别人的意见,协作共享			10分		
学习过程	①能够正确地绘制平面与立体相交的截交线			15分		
	②能够正确地绘制立体与立体相交的相贯线			15分		
思维态度	能发现问题、提出问题、分析问题、解决问题、创新问题			10分		
自评反馈	按时、按质完成工作任务;较好地掌握专业知识点;具有较强的信息分析能力和理解能力;具有较为全面、严谨的思维能力,并能条理清楚、明晰地表达成文			20分		
自评分数						
有益的经验和做法						
总结反馈建议						

组内互评表

班级		组名		日期		年 月 日	
验收组长		组员		学号			
组内验收成员							
任务要求							
验收文档清单	任务工作单: 文献检索清单:						

验收评分	评分标准	分值	得分
	① 能够正确地绘制平面与立体相交的截交线,错误 1 处扣 5 分	40 分	
	② 能够正确地绘制立体与立体相交的相贯线,错误 1 处扣 5 分	40 分	
	③ 提供文献检索清单,不少于 4 项,缺 1 项扣 5 分	20 分	
	组内评价分数		
不足之处			

组间互评表

班级		被评组名		日期		年 月 日	
验收组名 (成员签字)							

评价指标	评价内容	分值	得分
汇报表述	表述准确	15 分	
	语言流畅	10 分	
	准确反映该组完成情况	15 分	
内容正确度	内容正确	30 分	
	阐述表达到位	30 分	
	组间评价分数		
简要评述			

任务完成情况评价表

班级				组名		
姓名				学号		

序号	任务内容及要求		配分	教师评价	
				结论	得分
1	能够正确地绘制平面与立体相交的截交线	绘图准确	35 分		
2	能够正确地绘制立体与立体相交的相贯线	绘图准确	35 分		
3	至少提供 4 项文献检索清单	数量	10 分		
		参考的主要内容要点	10 分		
4	素质素养评价	沟通交流能力	10 分		
		团队合作			
		课堂纪律			
		自主探学			
		合作研学			
		精益求精、专心细致的工作作风			
		诚实守信的意识			
		讲原则、守规矩的意识			
		规范意识			
总分					

任务四 绘制组合体视图

工作任务	绘制组合体视图	建议学时	4 学时
任务描述	图 2-4-1 所示为轴承座，主要作用是固定和支承轴承，其结构较为复杂，用分析基本体的方法来分析轴承座不太适用。那么，应当选择什么方法来绘制轴承座的视图呢？ 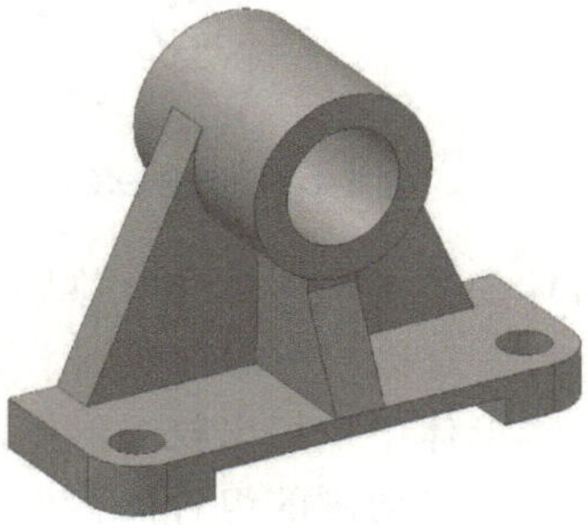 **图 2-4-1 轴承座立体图**		
学习目标	◆学会用形体分析法分析组合体，认清形体特征，分析组合特点。 ◆按照结构特征正确选择视图方案。 ◆能正确绘制组合体视图。 ◆按《机械制图》国家标准中有关尺寸注法的内容合理标注组合体视图尺寸。 ◆能够主动获取信息，展示学习成果，并相互评价，对绘图过程进行总结与反思，与他人进行有效沟通、团结协作。		
任务分析	对较复杂的形体，可以采用合适的方法，弄清各部分结构形状，确定最佳表达方案，绘制出组合体视图。通过绘制组合体视图，可以提高绘图与读图能力，为绘制零件图打下坚实的基础。		

【知识链接】

由一些基本形体组合而成的物体，称为组合体。本任务将介绍如何画组合体三视图，及通过三视图想象出立体形状。

一、形体分析法

假想将一个复杂的组合体分解成若干个基本形体，分析这些基本形体的形状、组合形式以及它们的相对位置关系，以便进行画图、看图和标注尺寸，这种分析组合体的方法称为形体分析法。

（一）组合形式

按组合体中各基本形体组合时的相对位置关系以及形状特征，组合体的组合形式可分为叠加、切割和综合 3 种形式，如图 2-4-2 所示。

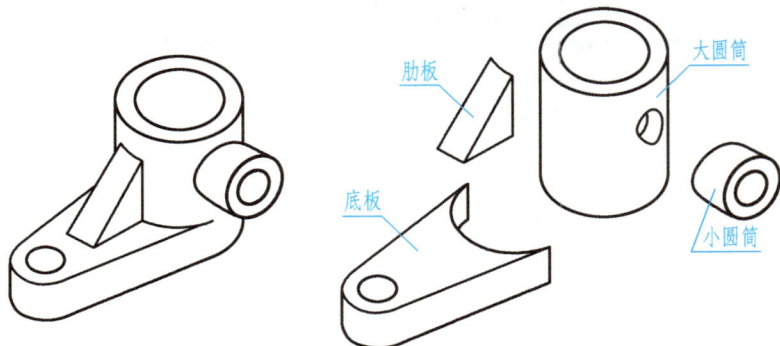

图 2-4-2　组合体的组合形式

（1）叠加　构成组合体的各基本形体相互堆积、叠加。按叠加方式不同，可分为同轴与不同轴叠加（图 2-4-3）、对称与不对称叠加、平齐与不平齐叠加。

（2）切割　从较大基本形体中挖切出较小形体而形成的组合体。

（3）综合　既有叠加、又有切割的组合体称为综合型的组合体。

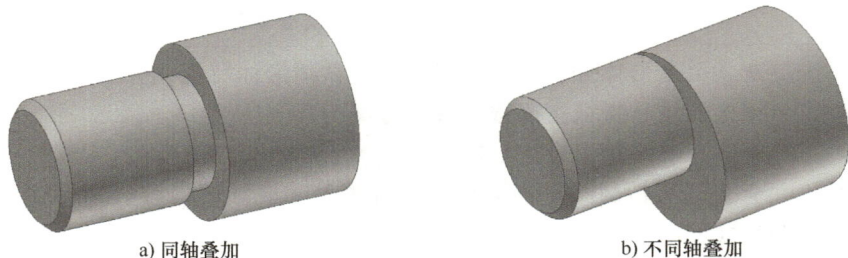

a) 同轴叠加　　　　　　　　　　　　b) 不同轴叠加

图 2-4-3　同轴叠加与不同轴叠加

（二）相邻表面的连接关系

组合体各形体相邻表面之间按其表面形状和相对位置不同，连接关系可分为不平齐、平齐、相交和相切 4 种情况。连接关系不同，连接处的投影的画法也不相同。

（1）不平齐　相邻两形体的表面不平齐，即两表面不在同一平面上，它们之间有线隔开，如图 2-4-4 所示。

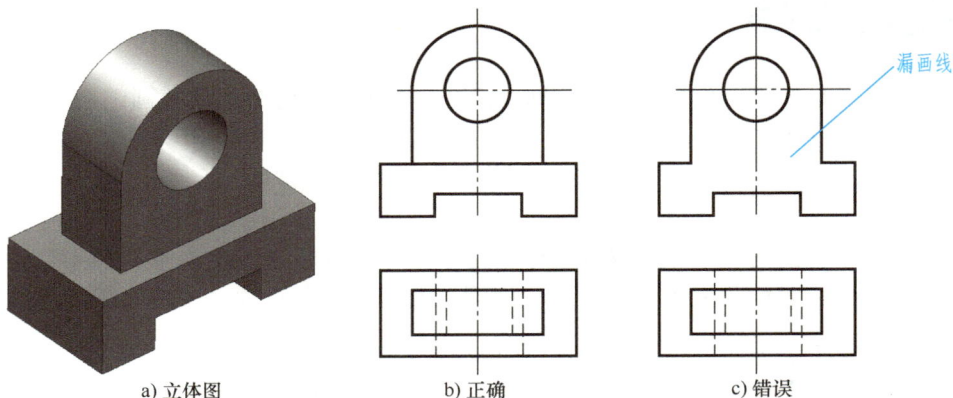

a) 立体图　　　　　　　　b) 正确　　　　　　　　c) 错误

图 2-4-4　两表面不平齐

（2）平齐　相邻两形体的表面平齐，即两表面在同一平面上，它们之间不应有线隔开，如图 2-4-5 所示。

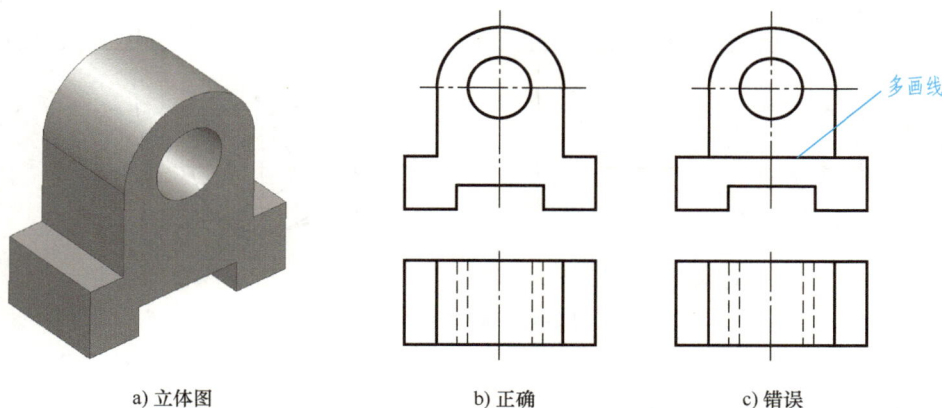

a) 立体图　　　　　　　　b) 正确　　　　　　　　c) 错误

图 2-4-5　两表面平齐

（3）相交　当相邻两形体的表面相交时，在相交处应该画出交线，如图 2-4-6a、图 2-4-7 所示。

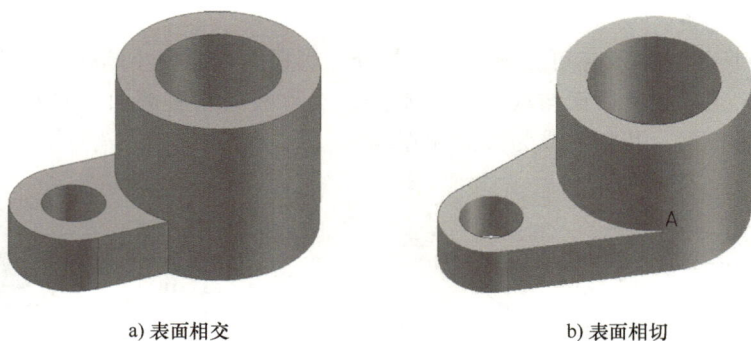

a) 表面相交　　　　　　　　　　　　b) 表面相切

图 2-4-6　组合体表面相交与相切

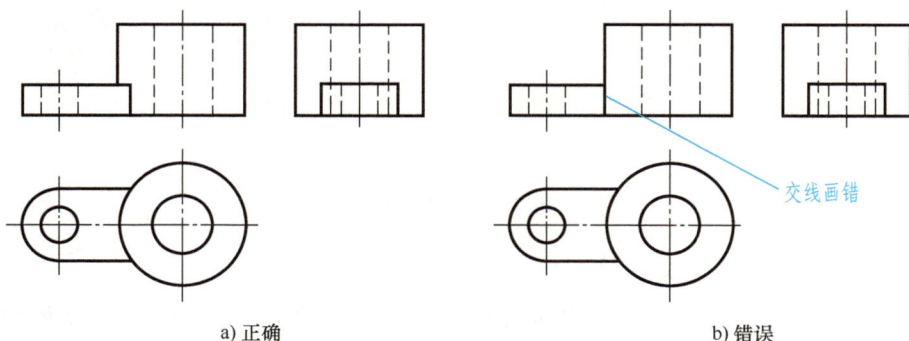

a) 正确　　　　　　　　　　　　b) 错误

图 2-4-7　两表面相交

（4）相切　当相邻两形体的表面相切时，由于在相切处两表面是光滑过渡的，不存在轮廓线，故在相切处不应该画分界线，如图 2-4-6b、图 2-4-8 所示，耳板的水平投影应画到切点处。

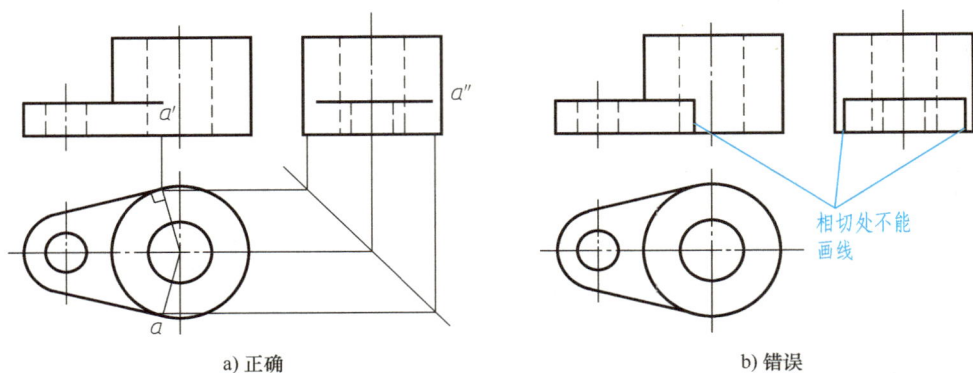

a) 正确　　　　　　　　　　　　　　b) 错误

相切处不能画线

图 2-4-8　两表面相切

二、组合体的三视图画法

（一）形体分析

画图之前，首先应对组合体进行形体分析，将其分解成几个组成部分，明确各基本体的形状、组合形式、相对位置以及表面连接关系，以便对组合体的整体形状有个总体了解，为画图做准备。

如图 2-4-9 所示，轴承座可分解为 4 个部分，底板上有两个小圆孔；底板上面叠加有支承板和肋板，支承板的后面与底板后面平齐，支承板的左右侧面与水平圆筒外表面相切；肋板和圆筒相贯，其相贯线为圆弧和直线。

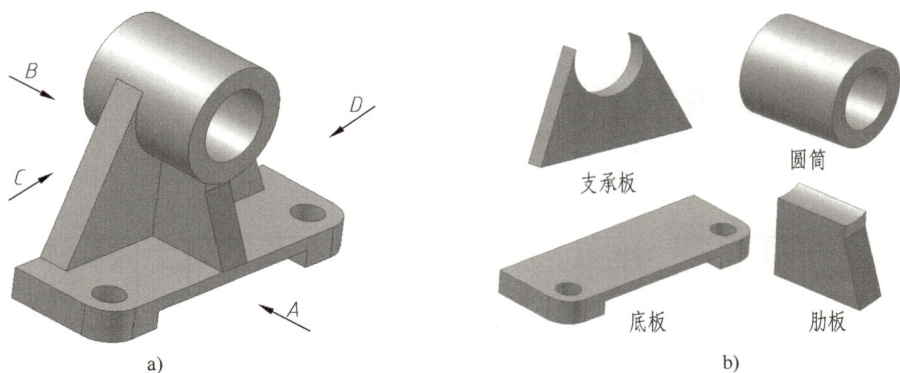

支承板　　　　圆筒

底板　　　　肋板

a)　　　　　　　　　　　　b)

图 2-4-9　轴承座

（二）确定表达方案，选择主视图

主视图是视图中最主要、最基本的视图。所以，主视图的选择应符合以下原则。

1）应选择物体形状特征明显的方向来画主视图。

2）为了便于绘图和读图，应选择符合物体工作位置、自然平稳位置的方向。

3）应兼顾其他视图表达的清晰性，选择使物体左视图、俯视图虚线比较少的方向来画主视图。

主视图选定以后，俯视图和左视图也随之而定。但并不是所有物体都需要画 3 个视图，应根据具体情况而定。

根据以上主视图的选择原则，轴承座的主视图方向选择有 4 个方案，如图 2-4-9a 中箭头所示，经综合比较，以方案一作主视图为最佳方案，如图 2-4-10 所示。

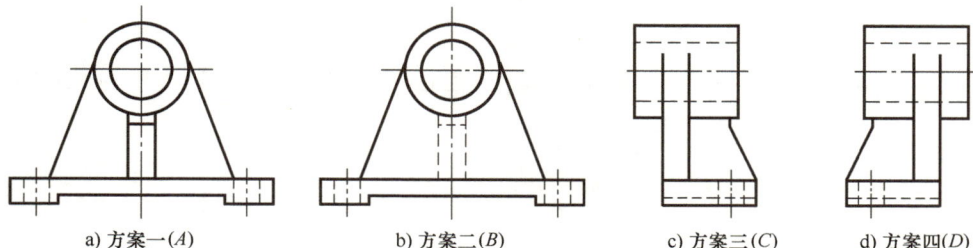

a) 方案一(*A*)　　b) 方案二(*B*)　　c) 方案三(*C*)　　d) 方案四(*D*)

图 2-4-10　组合体主视图方案比较

（三）选比例、定图幅

视图确定以后，要根据其大小和复杂程度，按国家标准规定选定作图比例和图幅。选择图幅时应有足够的地方画图、标注尺寸和画标题栏。一般情况下尽量选用 1∶1 的比例。

（四）画底稿

为了迅速而正确地画出组合体的三视图，画底稿时，应注意以下两点。

1）按形体分析法逐个画出各形体，画每一形体时，应先从反映形状特征明显的视图入手，后画其他两个视图，三个视图同时配合进行。也就是说，不要先把一个视图画完后再画另一个视图。这样不但可以提高绘图速度，还能避免漏线、多线。

2）画图的先后顺序是：先主后次、先叠加后切割、先大后小、先画圆弧后画直线、先画可见部分后画不可见部分。

（五）检查描深

底稿画完以后，应认真进行检查：在三视图中依次核对各组成部分的投影对应关系，分析有无漏线、多线，再以模型或轴测图与三视图对照。经认真修改并确定无误后，擦去辅助图线，按规定线型描深。轴承座三视图的绘图步骤如图 2-4-11 所示。

三、组合体视图的尺寸注法

根据投影原理画的视图可以反映物体的形状，但不能反映物体的大小。为了使图样能够成为指导零件加工的依据，必须在视图上标注尺寸。

（一）尺寸基准的确定

尺寸标注的起始位置称为尺寸基准。一般组合体有长、宽、高三个方向的尺寸，每个方向至少应有一个尺寸基准，可选择物体的对称平面、经过机械加工的底面、重要端面以及回转体的轴线等作为尺寸基准。

基准选定后，各方向的主要尺寸就应从相应的尺寸基准出发进行标注。有时，某个方向上除确定一个主要基准外，还需要选择一两个辅助基准。

标注的尺寸主要有三种：定形尺寸、定位尺寸和总体尺寸。

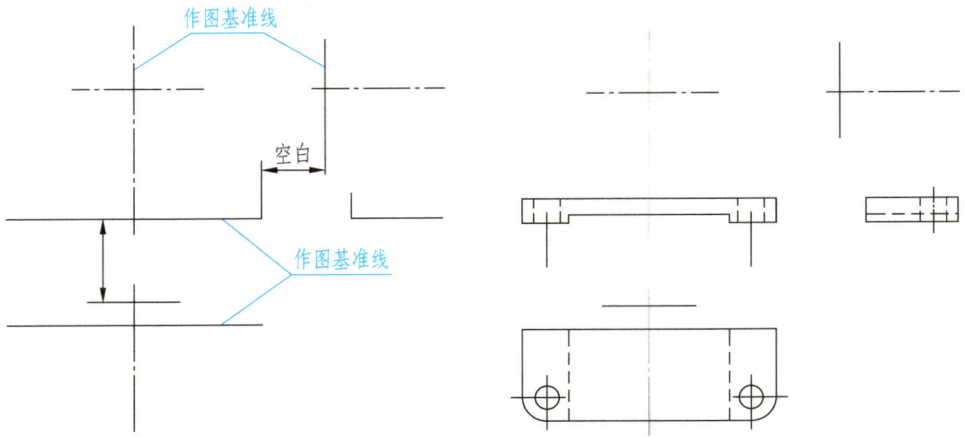

作图基准线

空白

作图基准线

a) 布局，画基准线、对称线、轴线

b) 画底板

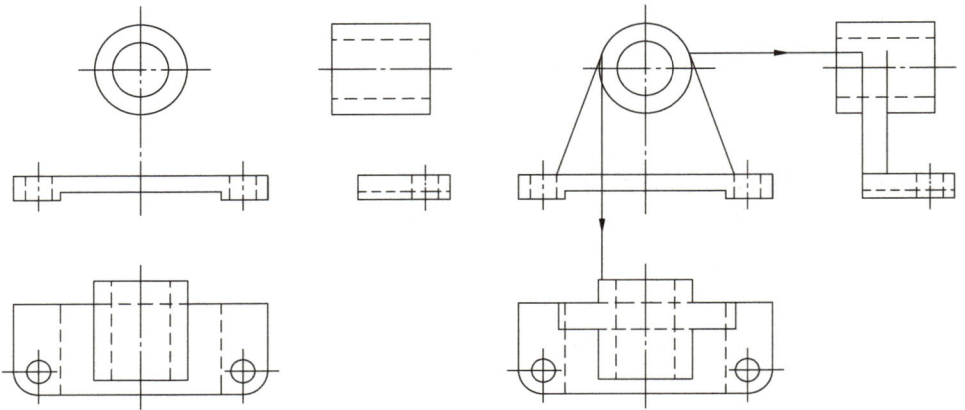

c) 画圆筒

d) 画支承板

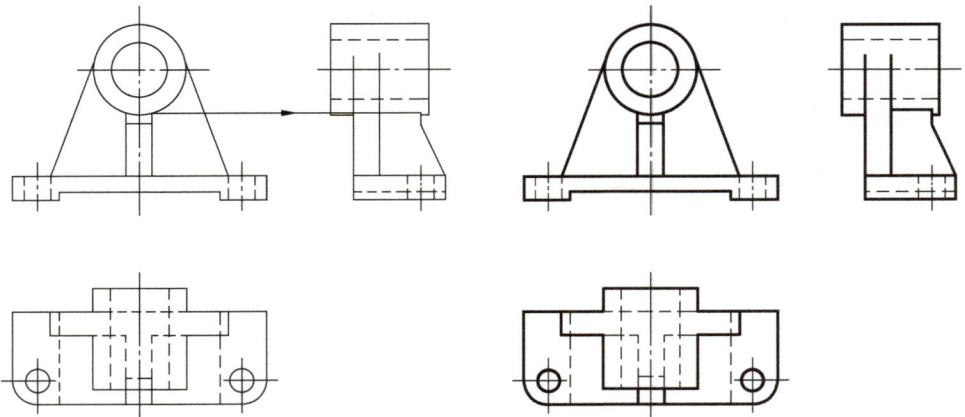

e) 画肋板

f) 描深

图 2-4-11　轴承座三视图的绘图步骤

（二）尺寸布置的要求

1）尺寸应尽量标注在反映各形体形状特征明显、位置特征清楚的视图上。

2）虚线上尽量不标注尺寸。

3）同轴回转体的各径向尺寸一般标注在非圆视图上。

4）尺寸应尽量标注在视图的外部，与两个视图有关的尺寸应尽量标注在有关视图之间。高度方向的尺寸尽量标注在主、左视图之间；长度方向的尺寸尽量标注在主、俯视图之间；宽度方向的尺寸尽量标注在俯、左视图之间。

（三）截切、相贯立体的尺寸标注

基本几何体被截切后的尺寸注法和两立体相贯后的尺寸注法如图 2-4-12 所示。截交线是立体被截切后自然形成的，其形状与大小取决于截平面的位置及立体的形状大小；相贯线是立体相交后自然形成的，其形状与大小取决于相交两立体的形状、大小、位置等。故截交线和相贯线上均不能标注任何尺寸，截断体只标注基本体的尺寸和截平面的位置尺寸，相贯线只需标注参与相贯的各基本体的尺寸及其相对位置尺寸。

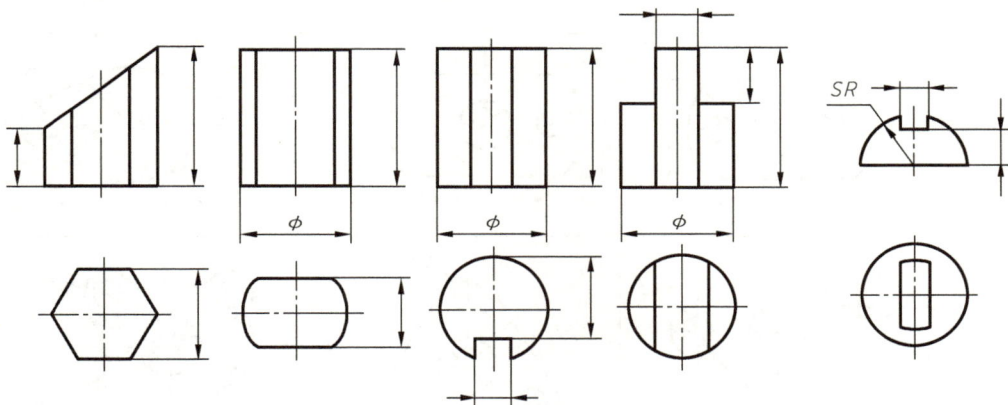

a) 基本体被截切后的尺寸标注

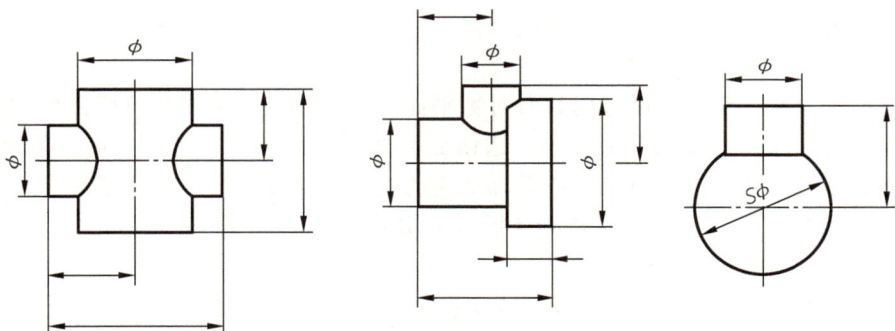

b) 相贯体的尺寸标注

图 2-4-12　截切、相贯立体的尺寸标注

（四）常见平板件的尺寸标注

常见平板件的尺寸标注见表 2-4-1。

表 2-4-1　常见平板件的尺寸标注

项目	尺寸注法
需标注总体尺寸	
不必标注总体尺寸	

（五）尺寸标注举例

下面仍以轴承座为例，来分析组合体尺寸标注的方法及应注意的问题。

1. 组合体尺寸基准的选择

轴承座左右对称，长度方向具有对称平面，应选取该对称面为长度方向的尺寸基准；支承板的后端面是比较大的平面，应选该面为宽度方向的尺寸基准；因为轴承座的底面一般都要经过机械加工，所以应选取轴承座的底面为高度方向的尺寸基准。

2. 组合体尺寸标注的基本步骤（图 2-4-13）

1）对组合体进行形体分析。

2）标注组合体各基本形体的定形尺寸（逐个形体标注）。

3）标注组合体各基本形体的定位尺寸。

4）标注组合体的总体尺寸。

5）检查尺寸。

注意：截交线、相贯线上不能标注尺寸（肋板、支承板不能标高度尺寸），只标截切与相贯位置、物体大小尺寸（标注了相贯的圆筒直径、肋板厚度）等。

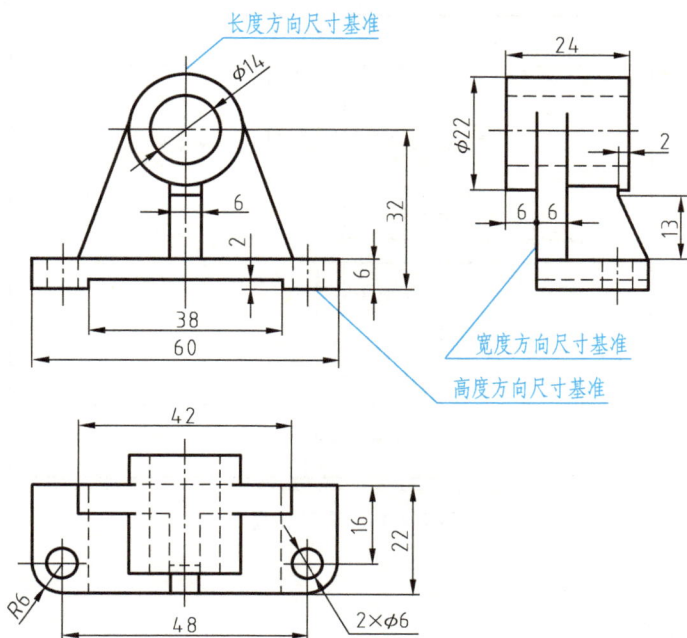

图 2-4-13　轴承座的尺寸标注

四、绘制组合体视图的一般步骤

画图前，先定出主视图的方向。方案选择可以讨论，也可以独立思考。完成底图后，同学间相互检查，发现问题及时修改，促进共同进步。

（一）确定绘图比例

按照物体的大小，确定适当的绘图比例。若物体不是太大或太小，尽量使用 1∶1 的比例。若物体过大或过小，则要缩小或放大绘出，比例的大小以画出的图能清晰反映物体的形状大小为宜，切不可把物体画得太小或太大，以免造成看图困难或浪费图纸。

（二）图纸幅面的选择

三视图共有三个图，横向有主视图与左视图，占据横向图幅的主要是主视图的总长与左视图的总宽。考虑标注尺寸等因素，图纸长必须大于物体的总长与总宽之和，一般图纸长取为物体总长与总宽之和的 1.5 倍以上，以保证有足够的空间标注尺寸。同样，图纸宽一般取为物体总高与总宽之和的 1.5 倍以上。

（三）布置视图

三视图在图纸中的位置要布置均匀，三个视图间不能太散也不能太挤，更不能将三个视图集中画在某一区域。画图前要仔细计算图形区域、空白区域的大小，基本做到上、中、下的空白间距一致，左、中、右的空白间距一致，如图 2-4-14 所示。

（四）正式作图

在经过形体分析的基础上，按照基准线、主要结构、细部结构的顺序画底图，经检查无误后再标注尺寸、描深，完成全图。

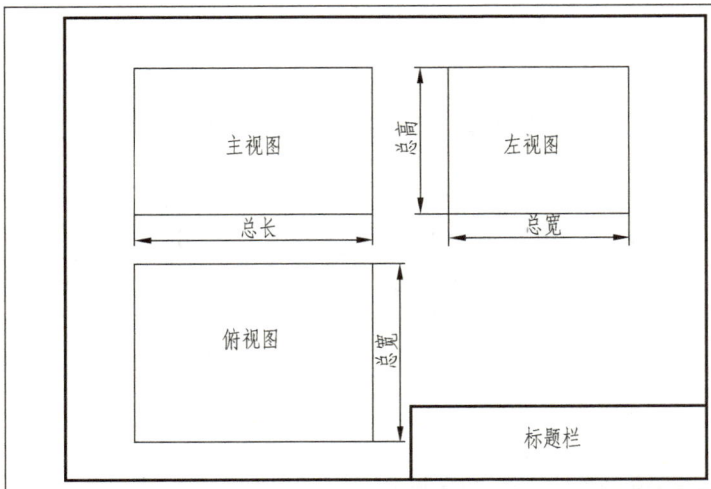

图 2-4-14　图纸布局

【任务分组】

任务名称：_____

班级：_____　姓名：_____　日期：_____

学生任务分配表					
组号		指导教师			
组长		学号			
组员	姓名	学号		姓名	学号
任务分工					

任务工作单 1　补　画　漏　线

组号：＿＿＿＿＿＿　　姓名：＿＿＿＿＿＿　　学号：＿＿＿＿＿＿　　检索号：＿2-4-1＿

1. 参照轴测图，补画视图中所缺的图线

（1）

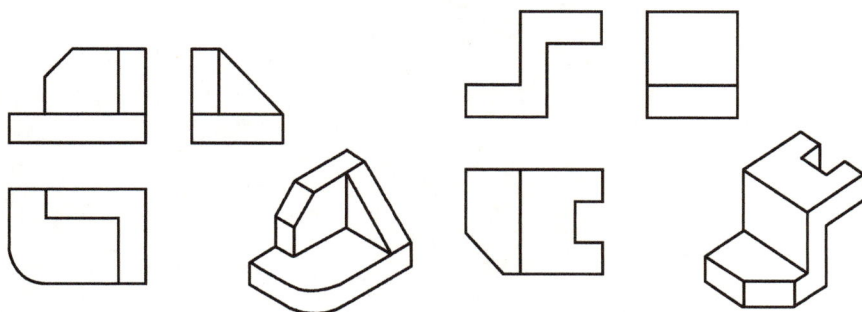

（2）

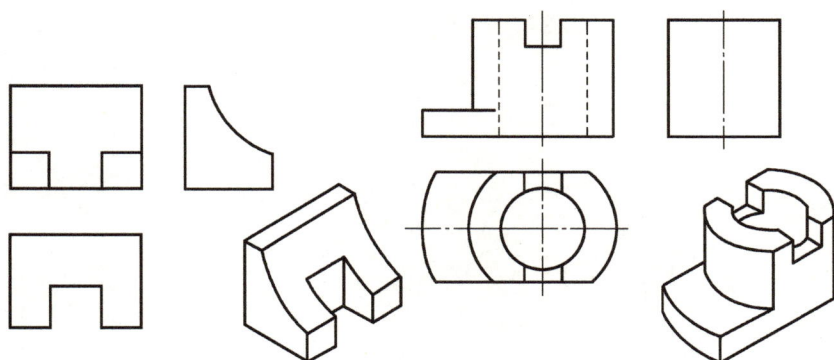

2. 补画视图中所缺的图线

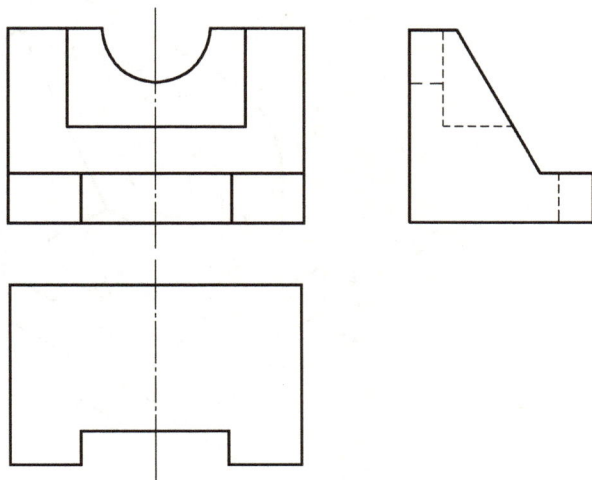

任务工作单 2　绘制组合体视图

组号：＿＿＿＿＿＿　　姓名：＿＿＿＿＿＿　　学号：＿＿＿＿＿＿　　检索号：＿2-4-2＿

1. 根据轴测图及图上所注尺寸，用 1：1 的比例画出组合体的三视图，并标注尺寸

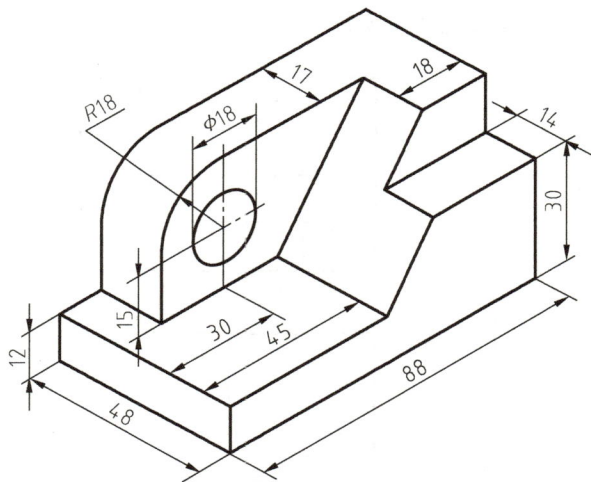

2. 绘制轴承座组合体视图

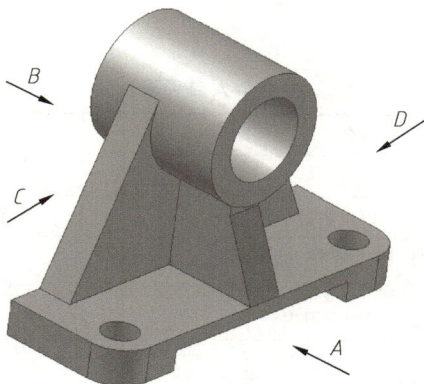

1）查阅资料，采用＿＿＿＿＿＿＿＿（方法）来绘制轴承座的视图。

2）如上图所示，轴承座可以分解成几个组成部分？它们之间分别有什么关系？

_____

_____

_____

_____

3）根据主视图的选择原则，此轴承座的主视图方向选择有 4 个方案，如下图所示，小组讨论，选择方案＿＿＿＿＿作为主视图为最佳方案。

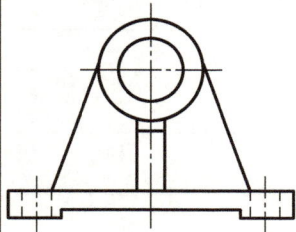

方案一(A)

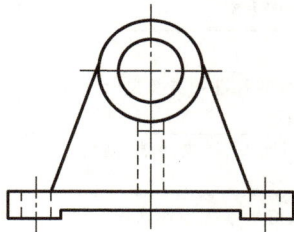

方案二(B)

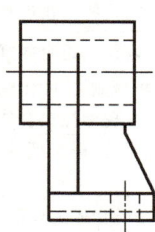

方案三(C)

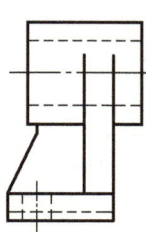

方案四(D)

4）经小组讨论，最终选择＿＿＿＿＿比例、＿＿＿＿＿图纸进行绘图。

5）在选择的图纸上，按照基准线、主要结构、细部结构的顺序画底图，经检查无误后再标注尺寸（参照图 2-4-13）、描深，完成全图。

【评价反馈】

学生个人自评表

班级		组名		日期	年　月　日	
姓名		学号				
评价指标	评价内容			分值	得　分	
信息检索	能有效利用网络、图书资料、机械制图手册查找有用的相关信息;能有条理地解释、表述所学知识;能将查到的信息有效地应用到学习中			10分		
感知课堂	熟悉绘图岗位,认同岗位工作价值;在学习中能获得满足感,认同课堂文化			10分		
参与态度	积极主动参与学习,能吃苦耐劳,崇尚劳动光荣、技能宝贵;与教师、同学之间相互尊重、理解,能够保持多向、丰富、适宜的信息交流			10分		
	能处理好合作学习和独立思考的关系,做到有效学习;能提出有意义的问题或发表个人见解;能按要求正确绘图;能够倾听别人的意见,协作共享			10分		
学习过程	①学会用形体分析法分析组合体,认清形体特征,分析组合特点			10分		
	②按照结构特征正确选择视图方案			10分		
	③能正确绘制组合体视图			10分		
	④按《机械制图 尺寸注法》国家标准中有关尺寸注法的内容合理标注组合体视图尺寸			10分		
思维态度	能发现问题、提出问题、分析问题、解决问题、创新问题			10分		
自评反馈	按时、按质完成工作任务;较好地掌握专业知识点;具有较强的信息分析能力和理解能力;具有较为全面、严谨的思维能力,并能条理清楚、明晰地表达成文			10分		
	自评分数					

有益的经验和做法	
总结反馈建议	

组内互评表

班级		组名		日期		年　　月　　日	
验收组长		组员		学号			
组内验收成员							
任务要求							
验收文档清单	任务工作单： 文献检索清单：						

验收评分	评分标准		分值	得分
	①学会用形体分析法分析组合体，认清形体特征，分析组合特点，错误1处扣3分		15分	
	②按照结构特征正确选择视图方案，错误1处扣3分		15分	
	③能正确绘制组合体视图，错误1处扣3分		30分	
	④按《机械制图 尺寸注法》国家标准中有关尺寸注法的内容合理标注组合体视图尺寸，错误1处扣2分		20分	
	⑤提供文献检索清单，不少于4项，缺1项扣5分		20分	
	组内评价分数			
不足之处				

组间互评表

班级		被评组名		日期		年　　月　　日	
验收组名 （成员签字）							

评价指标	评价内容	分值	得分
汇报表述	表述准确	15分	
	语言流畅	10分	
	准确反映该组完成情况	15分	
内容正确度	内容正确	30分	
	阐述表达到位	30分	
	组间评价分数		
简要评述			

任务完成情况评价表

班级				组名		
姓名				学号		

序号	任务内容及要求		配分	教师评价	
				结论	得分
1	学会用形体分析法分析组合体,认清形体特征,分析组合特点	描述正确	15分		
2	按照结构特征正确选择视图方案	方案合理	15分		
3	能正确绘制组合体视图	绘图准确	25分		
4	按《机械制图 尺寸注法》国家标准中有关尺寸注法的内容合理标注组合体视图尺寸	标注正确	15分		
5	至少提供4项文献检索清单	数量	10分		
		参考的主要内容要点	10分		
6	素质素养评价	沟通交流能力	10分		
		团队合作			
		课堂纪律			
		自主探学			
		合作研学			
		精益求精、专心细致的工作作风			
		诚实守信的意识			
		讲原则、守规矩的意识			
		规范意识			
总分					

任务五　识读组合体视图

工作任务	识读组合体视图	建议学时	4 学时
任务描述	图 2-5-1 所示为某物体的主、俯视图，该图表达的是某一具体形状的立体，因视图采用正投影法作图，立体感不强，看不出立体形状。面对这种情况，该如何分析呢？又该如何画出该物体的左视图呢？ 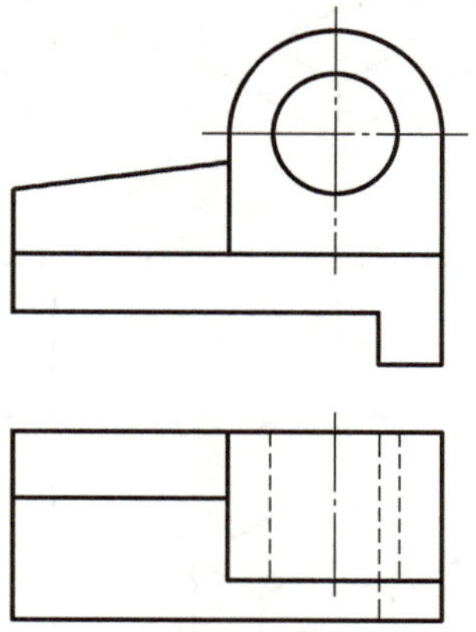 图 2-5-1　某物体的主、俯视图		
学习目标	◆学会用形体分析法分解视图的各部分，用投影规律区分各部分，想象每部分的形状，综合构思出整体形状。 ◆学会用线面分析法分析各切割面，综合想象出立体。 ◆在识读视图的基础上学会补全三视图，以提高识图水平。 ◆能够主动获取信息，展示学习成果并相互评价，对绘图过程进行总结与反思，与他人进行有效沟通、团结协作。		
任务分析	要根据已知两视图补画第三视图，首先要看懂组合体的视图，并想象出物体的形状。为了能顺利看懂组合体的视图，必须掌握读图的相关要领和方法。可以用所学的投影知识和投影规律，找出空间形状与投影图线的关系，由图线逆向构思出空间形状。		

【知识链接】

读图是根据平面图形，运用正投影规律，根据图中的图线、线框及投影之间的对应关系，想象出物体的空间形状。

一、看图时应注意的几个问题

（一）将几个视图联系起来看

一般一个视图不能完全确定物体的空间形状。如图 2-5-2 所示，它们的主视图都相同，而俯视图、左视图不同，则物体的形状也就完全不同。

有时两个视图也不能完全确定形体的空间形状，如图 2-5-3 所示，两个物体的主视图

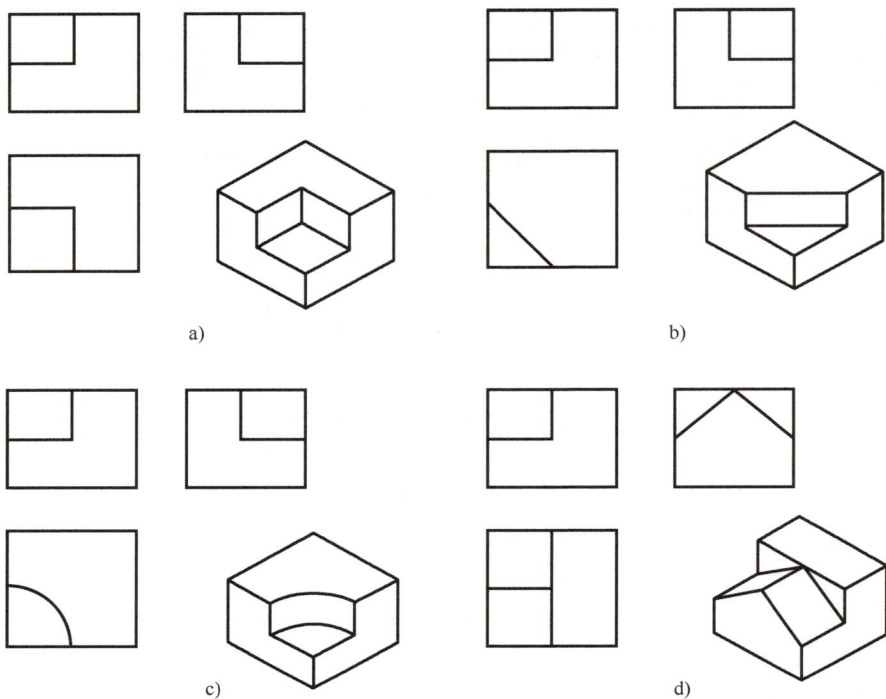

a)

b)

c)

d)

图 2-5-2　一个视图不能完全确定物体的形状

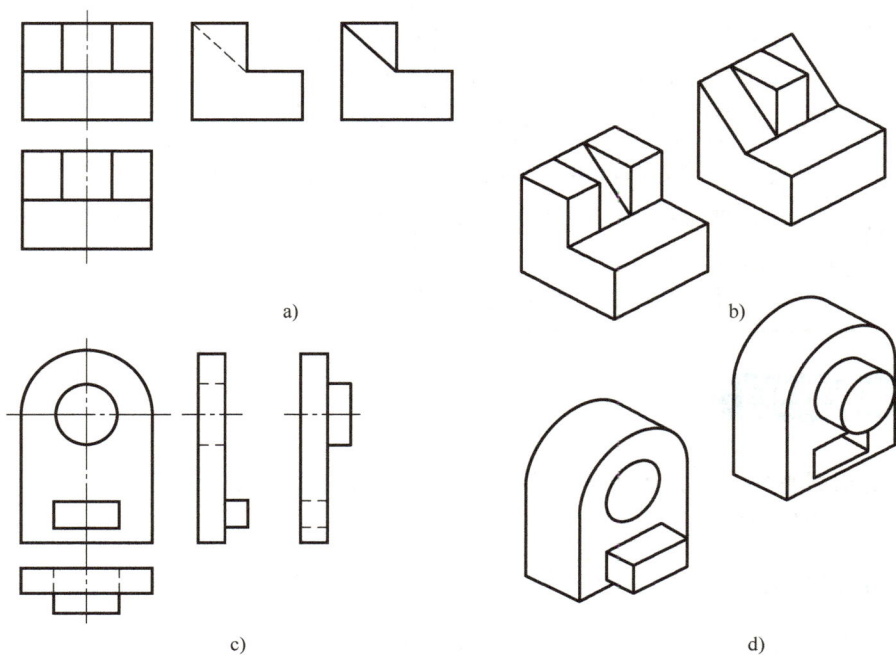

a)

b)

c)

d)

图 2-5-3　两个视图不能完全确定物体的形状

和俯视图相同，但它们是不同形状物体的投影，必须由左视图确定形体的形状。因此，在读图过程中切忌看了一两个视图就下结论，各视图要反复对照，直至都符合投影规律时，才能最后下结论。读图的过程是不断地把空间形状与各视图的投影反复对照、反复修改的思维过程。只有不断修正，才能想象出正确的形体。

（二）要从反映形状特征的视图读起

如图 2-5-2a、b、c 所示，其俯视图最能代表形体的结构特点，为特征视图；图 2-5-2d 和图 2-5-3 的特征视图是左视图。看图时应抓住特征视图，确定立体基本形状。

（三）读懂视图中线条、线框的含义

1. 视图上线条（直线、曲线）的含义

1）具有积聚性表面的投影。

2）两表面交线的投影，如棱线、交线等。

3）曲面极限轮廓素线的投影，如圆柱面的投影。

注意：图线中的实线与虚线有着深刻的含义，实线代表没遮挡的投影，虚线代表被遮挡住的投影。在图 2-5-3a 中，实线表示中间凸出，在左视图中没被遮挡，而虚线表示中间是凹陷的槽。

2. 视图中线框的含义

（1）平面的投影　平面不论处于平行于投影面位置、垂直于投影面位置还是倾斜于投影面位置，在投影图中至少有一个投影是以线框形式出现的，并且仍保持着类似性，如图 2-5-2 所示。

（2）曲面的投影　图 2-5-4 所示为曲面投影。

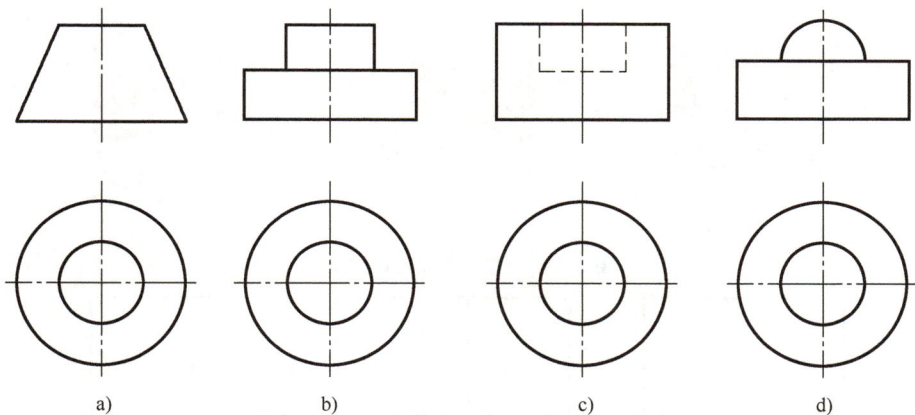

图 2-5-4　曲面投影

规律：封闭线框表示的形状不是凸出来的就是凹陷的。

3. 利用线框分析表面间相对位置

视图中一个封闭线框一般表示一个面（平面或曲面）的投影。线框套线框，则表示两个面凹凸不平，或在一个面上有孔洞，如图 2-5-5 所示。

线框里套共边线框有开口与闭口之分，开口表示在形体上开有通槽，闭口表示在形体上开有不通槽、切口或有凸出形状，见表 2-3-2。

如果两个线框相连，则可能表示两个面相交或前后高低不平等情况，如图 2-5-6 所示。

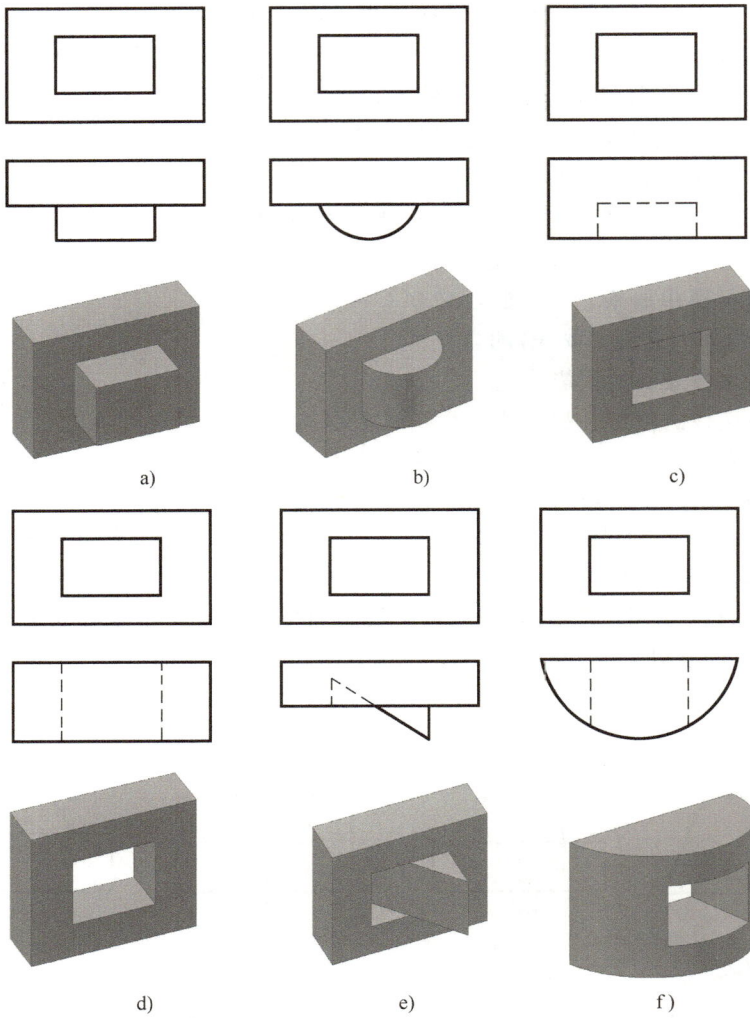

图 2-5-5　线框套线框的含义

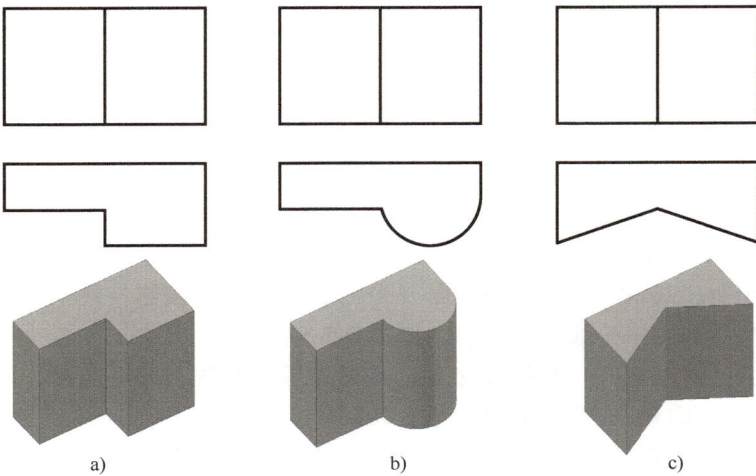

图 2-5-6　两线框相连的含义

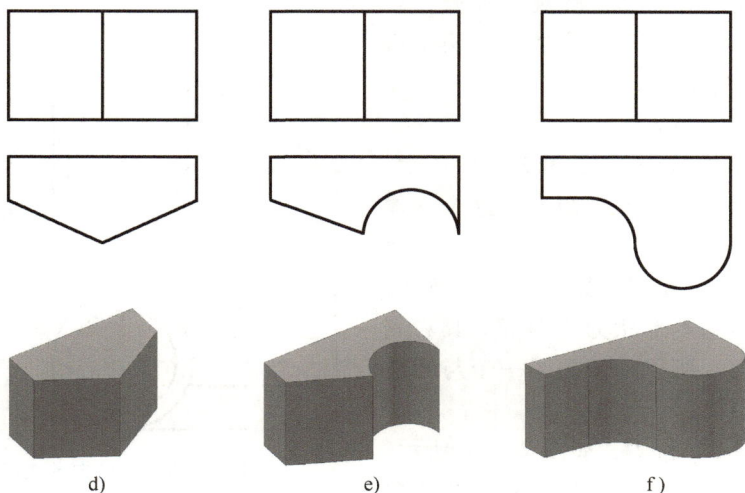

d)　　　　　　　　　e)　　　　　　　　　f)

图 2-5-6　两线框相连的含义（续）

（四）要认真分析相邻表面间的相互位置和交线

读图时，要注意分析相邻面的前后、高低和相交等相互位置。图 2-5-7a 中圆柱直径小于底板的宽度，因而交线为圆；图 2-5-7b 中圆柱直径与底板宽度相同（俯视图相切），交线也是圆；图 2-5-7c 中圆柱直径大于底板宽度，产生的交线为圆与直线的组合；图 2-5-7d 中圆柱与底板一同被平面所截，产生的交线也是圆与直线的组合。

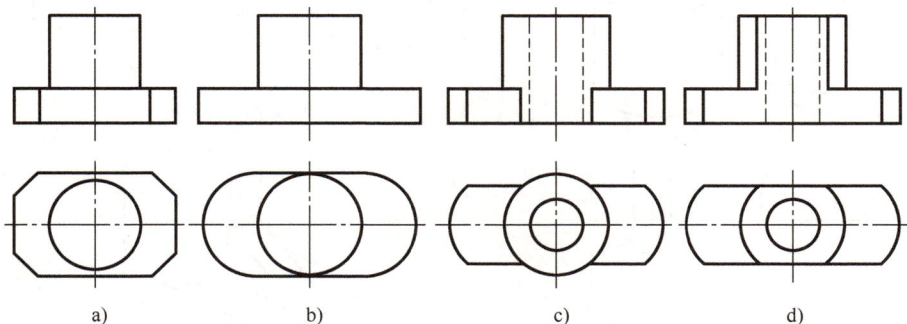

a)　　　　　　　　b)　　　　　　　　c)　　　　　　　　d)

图 2-5-7　相邻表面间交线

二、看图的基本方法

（一）形体分析法

把比较复杂的视图按线框分成几个部分，运用投影规律，先分别想象出各组成部分的形状和位置，再综合起来想象出整体的结构形状，即分部分，想形状；合起来，想整体。用形体分析法看图的一般顺序是：先看主要部分，后看次要部分；先看容易确定的部分，后看难于确定的部分；先看某一组成部分的整体形状，后看其细节部分形状。下面以图 2-5-8 为例，说明形体分析法看图的具体步骤。

1）分线框。一般从主视图上分，该图可分成三个线框 $1'$、$2'$、$3'$。

2) 对投影。用直尺和圆规，根据投影关系，找到三个线框所对应形体的另两个投影 1、2、3 和 1″、2″、3″。

3) 看线框，识形体。

一看线框 3、3′和 3″。如图 2-5-9a 所示，三个视图分别为圆、矩形和矩形，这个立体是一个圆筒。

二看线框 1、1′和 1″。如图 2-5-9b 所示，从三个视图看，基本形状为矩形板。其右侧为了与圆柱相切，所以，切去了一个与圆柱尺寸相同的半圆柱。

三看线框 2、2′和 2″，如图 2-5-9c 所示，它的三视图表示一个平面立体，是一个三棱柱。从俯视图看，三棱柱右侧切去一部分而成了圆柱面，因为这部分要贴在圆柱上。

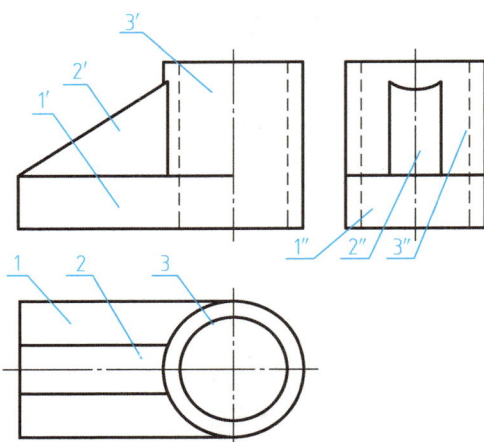

图 2-5-8　简易支承三视图

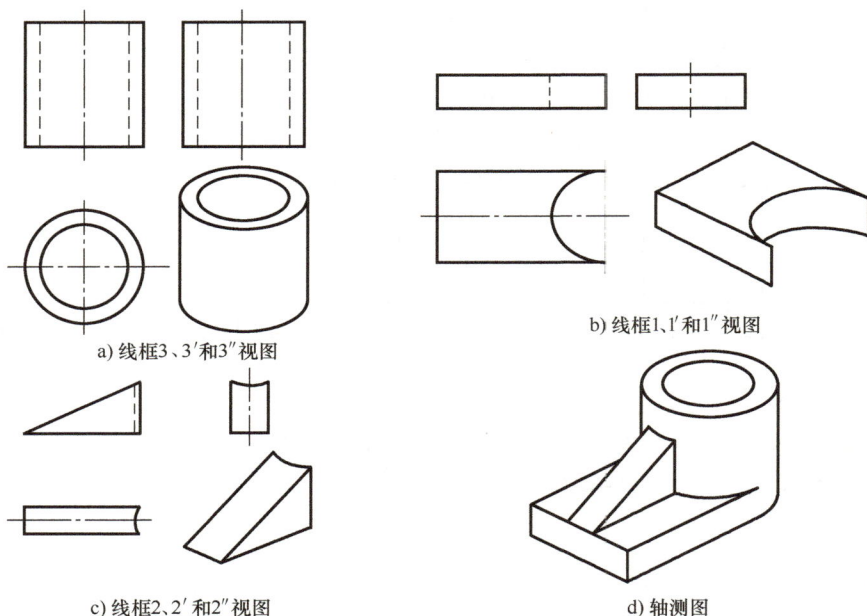

a) 线框3、3′和3″视图

b) 线框1、1′和1″视图

c) 线框2、2′和2″视图

d) 轴测图

图 2-5-9　简易支承的读图过程

4) 通过综合以上分析，可知各部分的形状。按各部分的相对位置关系把三棱柱放在矩形板的上方、圆筒的左方、前后对称分布，圆筒叠加在三棱柱之右，前后表面与柱面相切。到此，组合体的形状就可以想象出来了，如图 2-5-9d 所示。

（二）线面分析法

前面介绍的形体分析法，是从"体"的角度出发，分析组合体的视图，想象出组合体形状。但对于组合方式比较复杂的部分（如立体被多次切割或多个立体相贯），常需要从"线和面"的角度出发，去分析组合体视图中某些线段、线框的意义及其相对位置，从而深入细致地想象出组合体各个表面的相互位置关系。这就是线面分析法。

用线面分析法读图，一般都是在形体分析的基础上进行的。读图时，先在视图中确定要分析的线框或线条，按视图间的投影关系找出它们在各视图中的投影，然后再根据线和面的投影特性逐一想象并判定其位置和形状，最后想象出该立体部分的结构形状和线、面的构成。下面以图 2-5-10 所示立体为例，说明用线面分析法读图的具体步骤和方法。

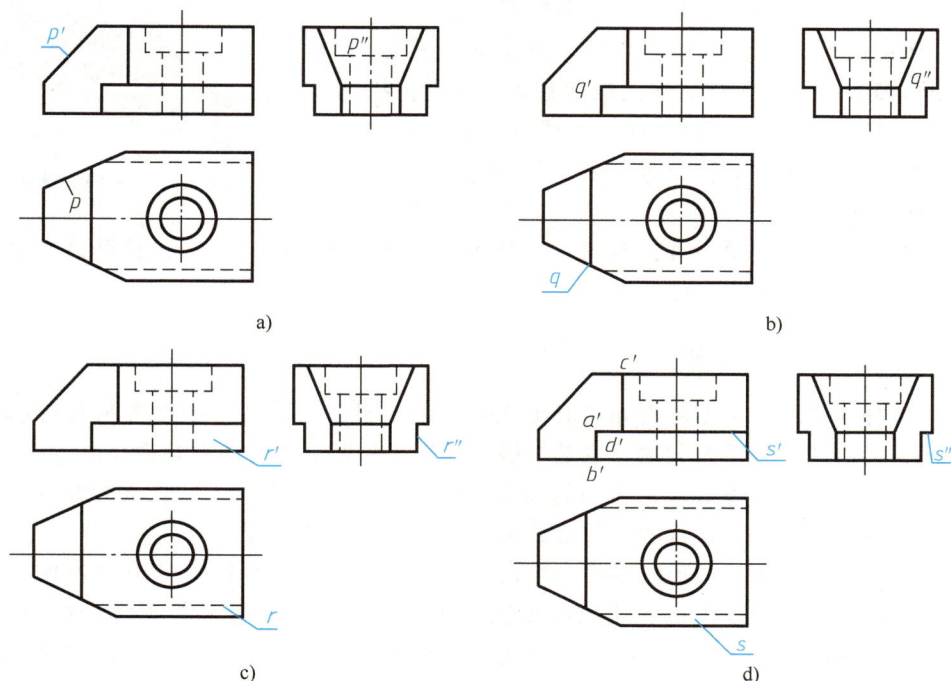

图 2-5-10　压块的读图举例

1）初步判断原形体形状。

2）抓住特征分清线、面，看懂物体上各被切线、面的空间位置。

3）逐个想象出各切割面的几何形状。

4）综合起来想整体。在看懂物体各表面的空间位置和形状后，还必须根据视图弄清面与面的相对位置，进而想象出物体的整体形状。

第一步，分析整体形状。由于压块的三个视图的轮廓基本上都是长方形（只切去了几个角），所以它的基本形体是一个长方块。

第二步，分析细节形状。从主、俯视图可以看出，压块右方从上到下有一阶梯孔。主视图的长方形缺个角，说明在长方块的左上方切掉一角。俯视图的长方形缺两个角，说明长方块左端切掉前、后两角。左视图也缺两个角，说明前后两边各切去一块。

通过形体分析，压块的基本形状就大致确定了。但是，究竟是被什么样的平面切的，截切以后的投影为什么会是这个样子，还需要用线面分析法进行分析。

下面应用三视图的投影规律，找出每个表面的三个投影。

1）先看图 2-5-10a，从俯视图中的梯形线框出发，在主视图中找出与它对应的斜线 p'，可知 P 面是垂直于正面的梯形平面，长方块的左上角就是由这个平面切割而成的。

平面 P 对侧面和水平面都处于倾斜位置，所以它的侧面投影 p'' 和水平投影 p 是类似图形，不反映 P 面的真实形状。

2）再看图 2-5-10b。由主视图的 q' 线框出发，在俯视图上找出与它对应的斜线 q，可知 Q 面是垂直于水平面的铅垂面。长方块的左端就是由这样的两个平面切割而成的。平面 Q 对正面和侧面都处于倾斜位置，因而侧面投影 q'' 也是一个类似的多边形。

3）从主视图上的长方形 r' 入手，找出 R 面的三个投影，如图 2-5-10c 所示；从俯视图的四边形 s 出发，找到 S 面的三个投影，如图 2-5-10d 所示。不难看出，R 面平行于正面，S 面平行于水平面，长方块的前后两边就是这两个平面切割而成的。

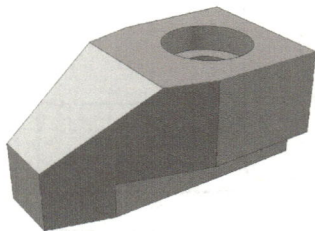

图 2-5-11 压块立体图

其余的表面比较简单易看，不需一一分析。通过这样的线面分析，就可以想象出压块的空间形状了，如图 2-5-11 所示。

三、补全三视图举例

补图、补线是培养读图能力和检验读图效果的一种重要手段，是培养形体分析能力和解决问题能力的一种重要方法，也是发展空间想象和思维能力的有效途径。

补画三视图前，首先必须把已知的视图看懂，想出物体的空间形状，再准确无误地画出第三视图。已知主、左视图，补画俯视图，如图 2-5-12a 所示。

由于左视图反映物体的形状特征，主视图反映物体的位置特征，可用"拉伸"左视图的方法，即根据左视图上的特征线框所表示的平面位置，沿着其投射方向的反方向，向左拉伸到主视图给定的距离，想象特征线框在空间运动的轨迹，得出物体的空间形状，如图 2-5-12b 所示，分两块补画出俯视图，由于两块中的斜面为同一平面，所以中间无线分开，如图 2-5-12c 所示。

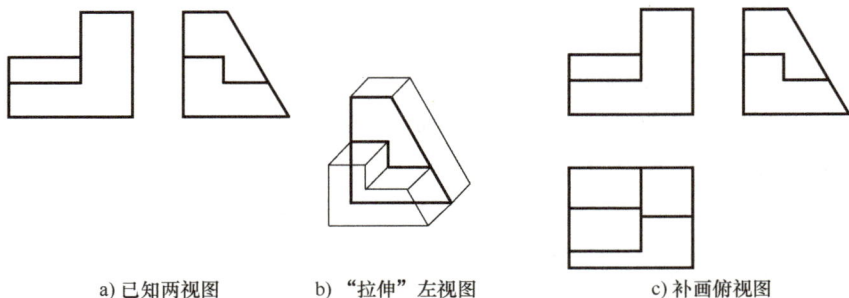

a) 已知两视图　　　　　b) "拉伸"左视图　　　　　c) 补画俯视图

图 2-5-12 补画俯视图

（一）补画视图

补画视图一般可分两步进行：首先根据已给出的两视图，利用形体分析法及线面分析法想象出物体的形状；然后在看懂图的基础上补画第三视图。

[**例 2-5-1**]　如图 2-5-13 所示，已知组合体的主、俯视图，补画其左视图。

补图步骤如下：

（1）形体分析、分线框、对投影 通过对两视图进行形体分析，分线框。从主视图可以看出物体分上、下两部分，从俯视图可看出物体分前、后两部分。由于俯视图线框容易划分，因此从俯视图入手，把视图分为 3 个线框，根据投影关系在主视图上找出它们的对应投影，如图 2-5-14a 所示。初步判断该物体是由 3 个部分组成的，其相对位置是 B 部分在底部，其上钻有一个通孔；A、C 两部分在上部，A 部分在 C 部分的后面。

（2）逐个想象各形体形状，补画左视图 B 线框：由于主、俯视图的形状均为矩形，可以判定 B 部分形体为四棱柱；由于俯视图中心有一个圆，根据主、俯视图长对正，判定其中间挖孔。根据主、俯视图中 B 线框的尺寸，补画出底板 B 的左视图，如图 2-5-14b 所示。

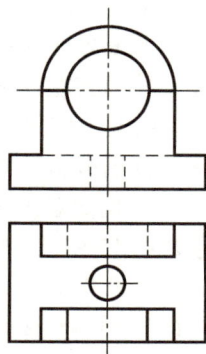

图 2-5-13 补画三视图

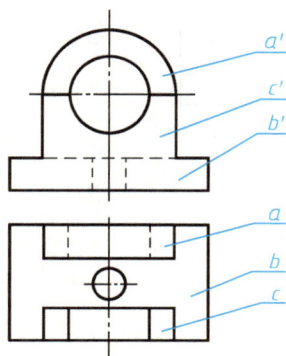

a) 形体分析图

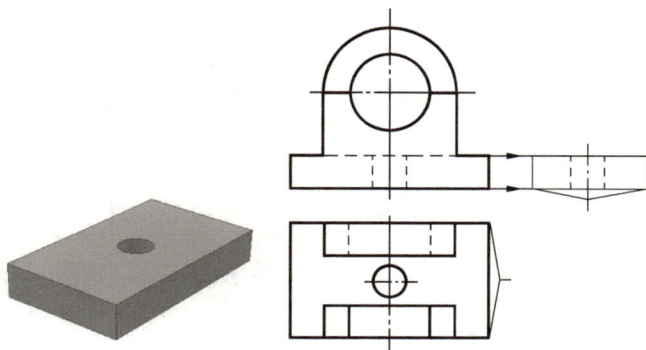

b) 绘制底板B的左视图

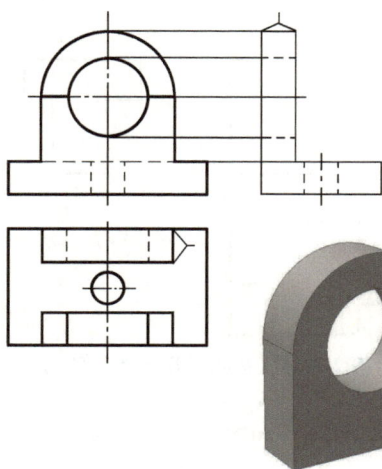

c) 绘制立板A的左视图

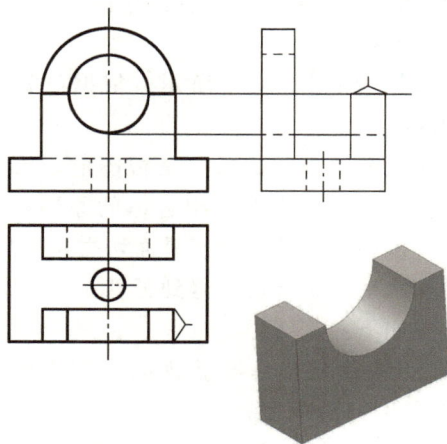

d) 绘制立板C的左视图

图 2-5-14 分部分构思立体形状

　　A 线框：俯视图为矩形，中间有虚线，主视图外轮廓对应两个线框。根据主视图中两线框的分界线为粗实线和俯视图中的虚线，可以判定 A 线框的形状为图 2-5-14c 所示的立板，补画其左视图。

　　C 线框：俯视图为矩形，中间有粗实线，其主视图外轮廓对应两个线框。根据上面对 A 线框的分析，可以判定 C 线框的形状为图 2-5-14d 所示的立板，补画其左视图。

　　（3）确定各形体间的相互位置　初步想象物体的整体形状。从俯视图可以确定形体 A 与 B 后面平齐，左右对称，C 与 B 前面平齐，左右对称，从主视图可以确定，形体 A、C 在形体 B 之上。

　　（4）综合想象整体形状　把想象的组合体与三视图进行对照，确定物体的形状，最后检查、描深，完成全图，如图 2-5-15 所示。

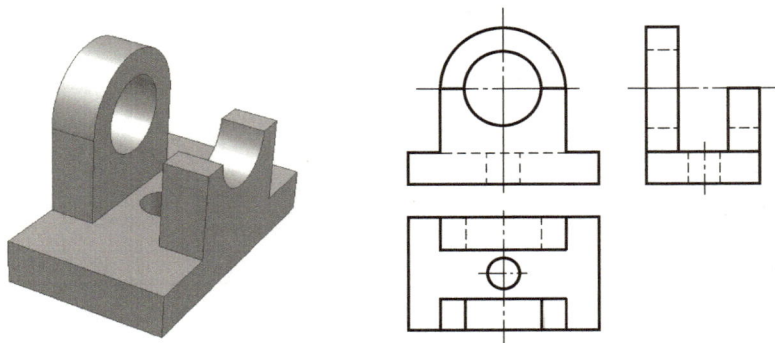

图 2-5-15　补全后的三视图

（二）补画漏线

　　补画漏线时，视图虽然缺线，但表达的物体形状通常是确定的。因此，补画漏线通常可分以下两步进行。

　　1）根据视图中的已知图线，利用看图方法想象出物体的形状。

　　2）在看懂图的基础上，从视图中的特征明显之处出发，依据投影规律，找出漏线所在位置，缺一处补一处。

　　[例 2-5-2]　如图 2-5-16 所示，根据已知条件补画视图中的漏线。

　　分析：从视图的外轮廓看，三视图的外形都可以看作矩形切去某部分。因此，组合体的原形物体可看作是四棱柱。该四棱柱被一个正垂面切去左上角，前、后被正平面和水平面组合切割得到了现在这个组合体。

　　补线步骤如下：

　　1）补画正垂面切角后在俯视图和左视图中产生的交线，如图 2-5-17a 所示。

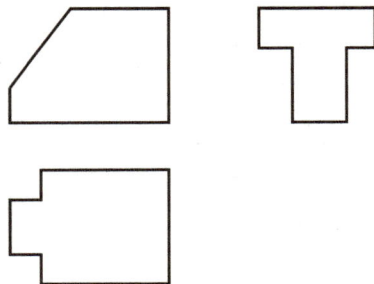

图 2-5-16　补画三视图漏线练习

　　2）根据主、左视图高平齐，补画主视图中水平面的投影线，如图 2-5-17b 所示。

　　3）根据俯、左视图宽相等，补画俯视图中正平面的投影线，如图 2-5-17c 所示。

　　4）综合想出组合体形状，如图 2-5-17d 所示。

补画完漏线之后，还应进行全面的检查，即根据三视图重新想象物体的形状，查漏补缺，去掉多余的图线，确认无误后描深完成全图。

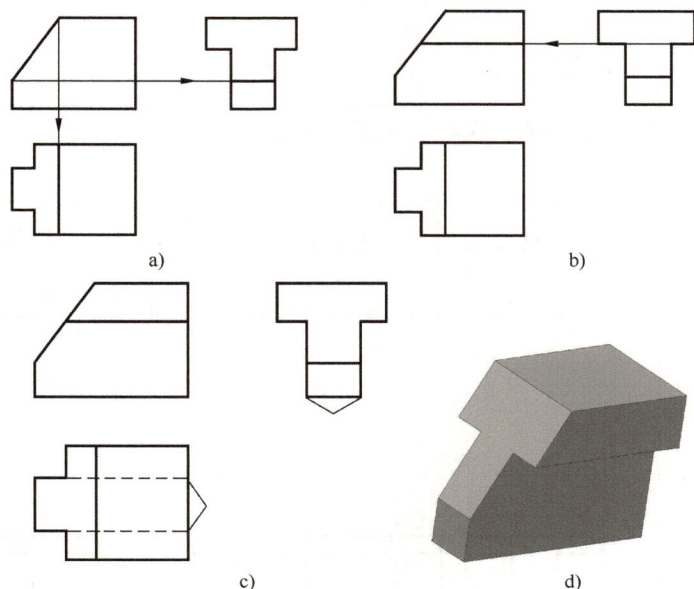

图 2-5-17　补画三视图作图过程

【任务分组】

任务名称：_____

班级：_____　　姓名：_____　　日期：_____

<table>
<tr><td colspan="5" align="center">学生任务分配表</td></tr>
<tr><td align="center">组号</td><td></td><td align="center">指导教师</td><td></td><td></td></tr>
<tr><td align="center">组长</td><td></td><td colspan="2" align="center">学号</td><td></td></tr>
<tr><td rowspan="6" align="center">组员</td><td align="center">姓名</td><td align="center">学号</td><td align="center">姓名</td><td align="center">学号</td></tr>
<tr><td></td><td></td><td></td><td></td></tr>
<tr><td></td><td></td><td></td><td></td></tr>
<tr><td></td><td></td><td></td><td></td></tr>
<tr><td></td><td></td><td></td><td></td></tr>
<tr><td></td><td></td><td></td><td></td></tr>
<tr><td colspan="5" align="center">任务分工</td></tr>
<tr><td colspan="5"></td></tr>
</table>

任务工作单　补全视图

组号：_____　　姓名：_____　　学号：_____　　检索号：<u>2-5-1</u>

1. 根据物体的主、俯视图，选择正确的左视图

（1）　　　　　　　　　　　　　　　　　　　　　　　　　　　（　　）

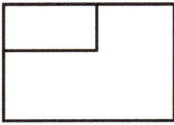 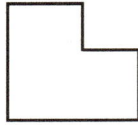 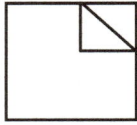 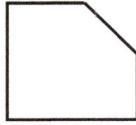 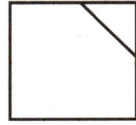
A　　　　　B　　　　　C　　　　　D

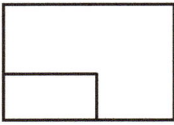

（2）　　　　　　　　　　　　　　　　　　　　　　　　　　　（　　）

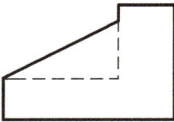 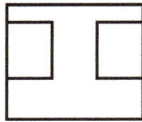 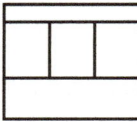 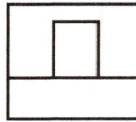 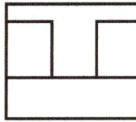
A　　　　　B　　　　　C　　　　　D

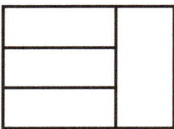

（3）　　　　　　　　　　　　　　　　　　　　　　　　　　　（　　）

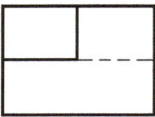 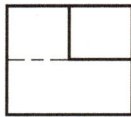 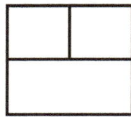 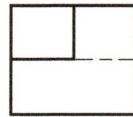 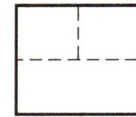
A　　　　　B　　　　　C　　　　　D

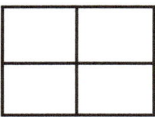

（4）　　　　　　　　　　　　　　　　　　　　　　　　　　　（　　）

 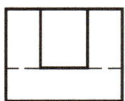  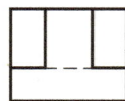 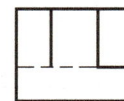
A　　　　　B　　　　　C　　　　　D

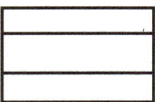

(5)　　　　　　　　　　　　　　　　　　（　　　）

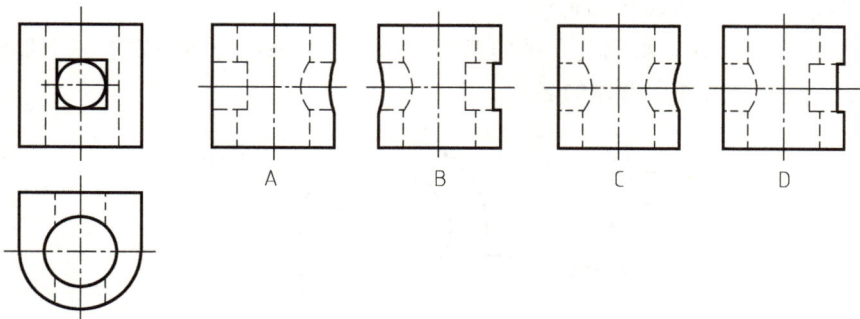

(6)　　　　　　　　　　　　　　　　　　（　　　）

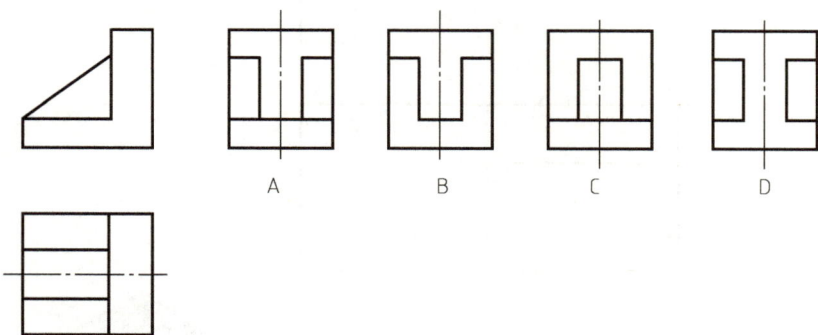

(7)　　　　　　　　　　　　　　　　　　（　　　）

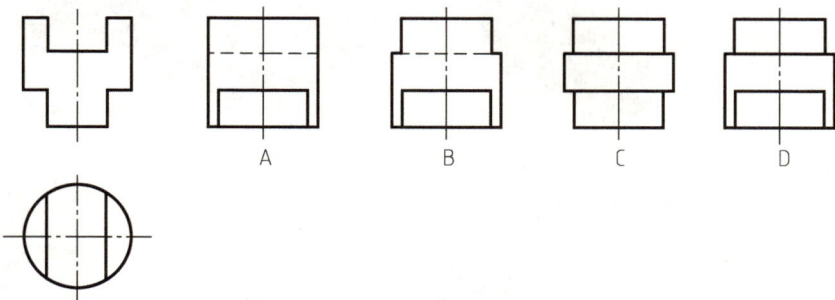

(8)　　　　　　　　　　　　　　　　　　（　　　）

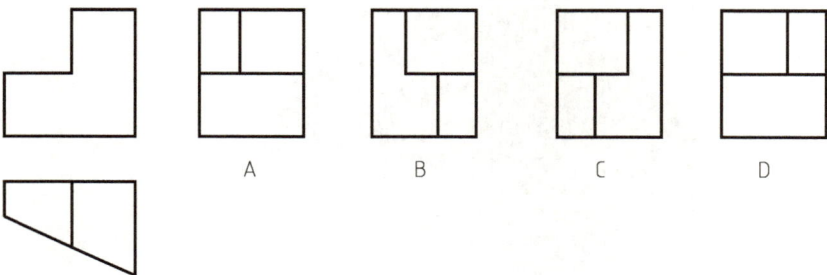

2. 识读下图中的主、俯视图，补全左视图

（1）分析投影，想象出物体的形状

1）对线框，分解形体。根据组合体的两个视图，可知该组合体由以下三个形体组成，请在下方括号内写出各个形体的名称。

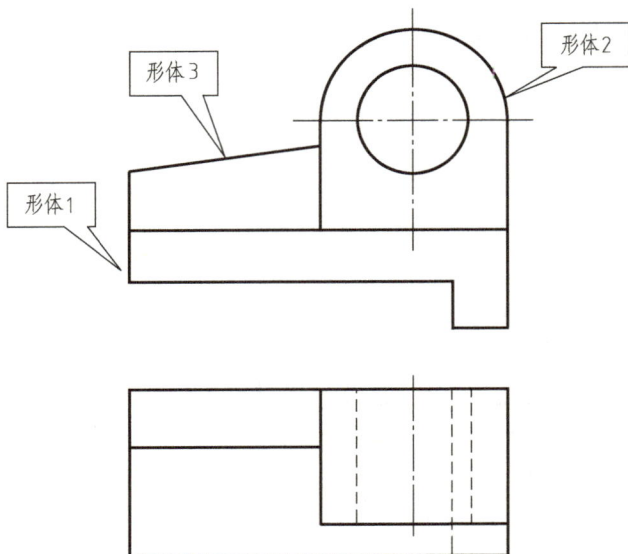

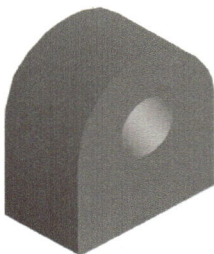

   （ ）   （ ）   （ ）

2）综合起来，想象整体，如下图。

（2）根据投影规律及"三等"关系，在下图画出左视图

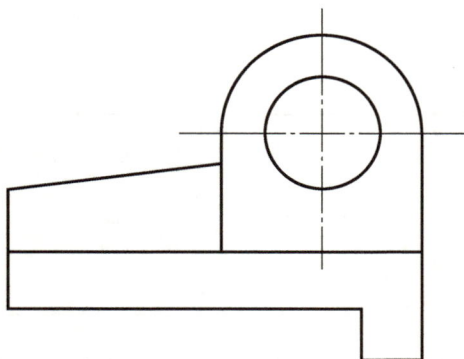

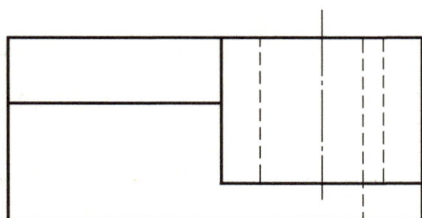

3. 识读组合体视图，补全视图

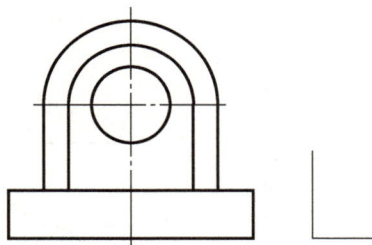

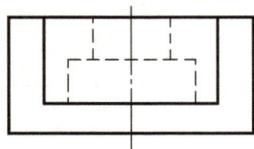

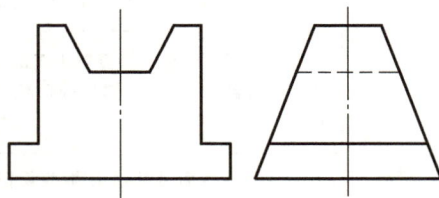

【评价反馈】

学生个人自评表

班级		组名		日期	年　月　日
姓名		学号			
评价指标	评价内容			分值	得　分
信息检索	能有效利用网络、图书资料、机械制图手册查找有用的相关信息;能有条理地解释、表述所学知识;能将查到的信息有效地应用到学习中			10分	
感知课堂	熟悉绘图岗位,认同岗位工作价值;在学习中能获得满足感,认同课堂文化			10分	
参与态度	积极主动参与学习,能吃苦耐劳,崇尚劳动光荣、技能宝贵;与教师、同学之间相互尊重、理解,能够保持多向、丰富、适宜的信息交流			10分	
	能处理好合作学习和独立思考的关系,做到有效学习;能提出有意义的问题或发表个人见解;能按要求正确绘图;能够倾听别人的意见,协作共享			10分	
学习过程	①学会用形体分析法分解视图的各部分,用投影规律区分各部分,想象每部分的形状,综合构思出整体形状			10分	
	②学会用线面分析法分析各切割面,综合想象出立体			10分	
	③在识读视图的基础上学会补全三视图,以提高识图水平			10分	
思维态度	能发现问题、提出问题、分析问题、解决问题、创新问题			10分	
自评反馈	按时、按质完成工作任务;较好地掌握专业知识点;具有较强的信息分析能力和理解能力;具有较为全面、严谨的思维能力,并能条理清楚、明晰地表达成文			20分	
	自评分数				
有益的经验和做法					
总结反馈建议					

组内互评表

班级		组名		日期		年　　月　　日	
验收组长		组员		学号			
组内验收成员							
任务要求							
验收文档清单	任务工作单： 文献检索清单：						

验收评分	评分标准	分值	得分
	①学会用形体分析法分解视图的各部分，用投影规律区分各部分，想象每部分的形状，综合构思出整体形状，错误1处扣4分	20分	
	②学会用线面分析法分析各切割面，综合想象出立体，错误1处扣4分	20分	
	③在识读视图的基础上学会补全三视图，以提高识图水平，错误1处扣5分	40分	
	④提供文献检索清单，不少于4项，缺1项扣5分	20分	
	组内评价分数		
不足之处			

组间互评表

班级		被评组名		日期		年　　月　　日	
验收组名 （成员签字）							

评价指标	评价内容	分值	得分
汇报表述	表述准确	15分	
	语言流畅	10分	
	准确反映该组完成情况	15分	
内容正确度	内容正确	30分	
	阐述表达到位	30分	
	组间评价分数		
简要评述			

任务完成情况评价表

班级			组名		
姓名			学号		

序号	任务内容及要求		配分	教师评价	
				结论	得分
1	学会用形体分析法分解视图的各部分,用投影规律区分各部分,想象每部分的形状,综合构思出整体形状	描述正确	20 分		
2	学会用线面分析法分析各切割面,综合想象出立体	描述正确	20 分		
3	在识读视图的基础上学会补全三视图,以提高识图水平	视图正确	30 分		
4	至少提供 4 项文献检索清单	数量	10 分		
		参考的主要内容要点	10 分		
5	素质素养评价	沟通交流能力	10 分		
		团队合作			
		课堂纪律			
		自主探学			
		合作研学			
		精益求精、专心细致的工作作风			
		诚实守信的意识			
		讲原则、守规矩的意识			
		规范意识			
总分					

项目三　机件表达方法

任务一　表达机件的外部形状

工作任务	表达机件的外部形状	建议学时	2 学时
任务描述	机件的结构形状往往是多种多样的，仅用三视图，有时难以将机件的内、外形状和结构表达清楚。图 3-1-1 所示为三通管接头的立体图，其侧面连接板是倾斜结构，投影不反映实形，且作图烦琐。那么，怎么才能把三通管接头的形状表达清楚呢？ 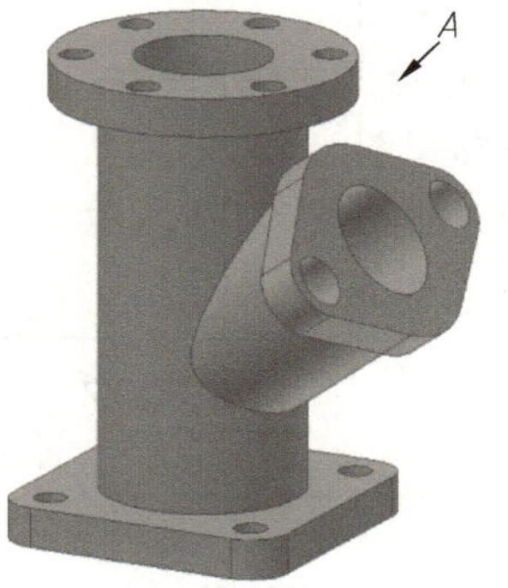 图 3-1-1　三通管接头立体图		
学习目标	◆熟练掌握用六面基本视图、向视图、局部视图、斜视图表达物体形状特征的方法，能够根据形体的结构形状运用恰当的表达方法。 ◆熟悉常用其他规定画法和简化画法。 ◆在掌握各种视图的同时，通过学习进一步提高空间想象能力和读图、绘图能力，对绘图过程进行总结与反思，与他人进行有效沟通，团结协作。		
任务分析	当零件的结构形状比较复杂时，仅用三视图是难以将机件的内、外形状和结构表达清楚的。本任务通过学习基本视图、向视图、局部视图、斜视图的画法，来完整、清晰、准确、简捷地表达各类机件的外部结构形状，为画图和识图打下更好的基础。		

【知识链接】

在机械制图中，将机件向投影面投射所得到的图形称为视图。它主要表达机件的外部形状，一般只画出机件的可见部分轮廓，必要时才用细虚线画出不可见部分的轮廓。常用的视图分为基本视图、向视图、局部视图和斜视图四种。视图的画法应遵循国家标准 GB/T 17451—1998 和 GB/T 4458.1—2002 的规定。

一、基本视图

机件向基本投影面投射所得的视图，称为基本视图。假想将物体置于六面体中，采用正投影法向六个基本投影面投射，所得到的六个视图称为基本视图（三视图只是其中的三个图），如图 3-1-2 所示。

六个基本视图分别是：

主视图——由前向后投射所得的视图；后视图——由后向前投射所得的视图；

俯视图——由上向下投射所得的视图；仰视图——由下向上投射所得的视图；

左视图——由左向右投射所得的视图；右视图——由右向左投射所得的视图。

六个基本投影面展开的方法如图 3-1-3 所示。

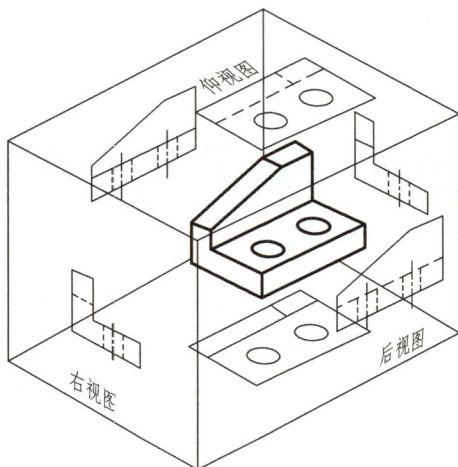

图 3-1-2　六个基本视图的形成

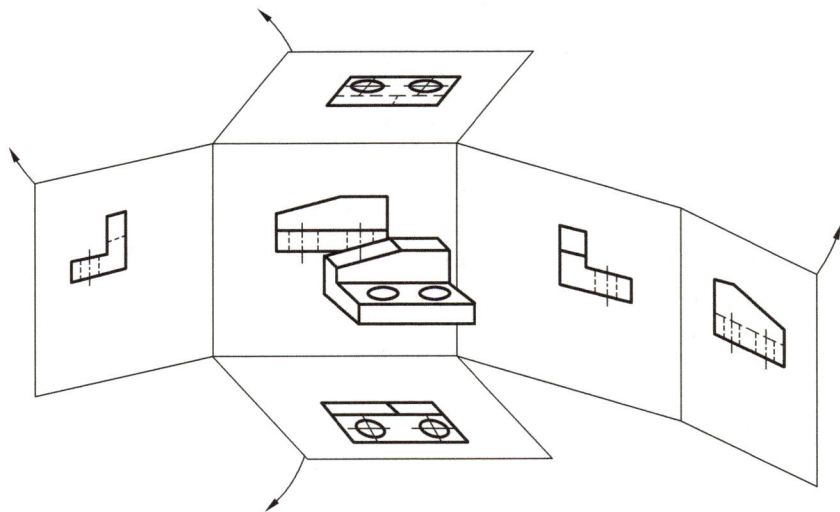

图 3-1-3　六个基本投影面的展开

六个基本视图的配置如图 3-1-4 所示。各视图间仍然保持"长对正、高平齐、宽相等"的投影关系。符合图 3-1-4 所示的配置规定时，图样中一律不标注视图的名称。

仰视图

右视图　　　　　　主视图　　　　　　左视图　　　　　　后视图

俯视图

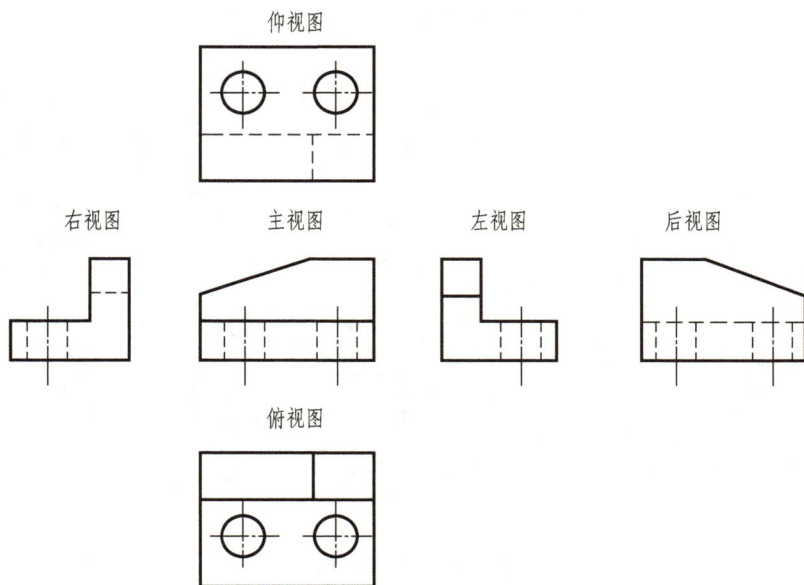

图 3-1-4　六个基本视图的配置

二、向视图

在实际设计绘图中，为了合理地利用图纸，国家标准规定了一种可以自由配置的视图——向视图。

在绘制向视图时，应在向视图的上方标注"×"（×为大写拉丁字母 A、B、C、D、E、F），在相应视图附近用箭头指明投射方向，并标注相同的字母，如图 3-1-5 所示。

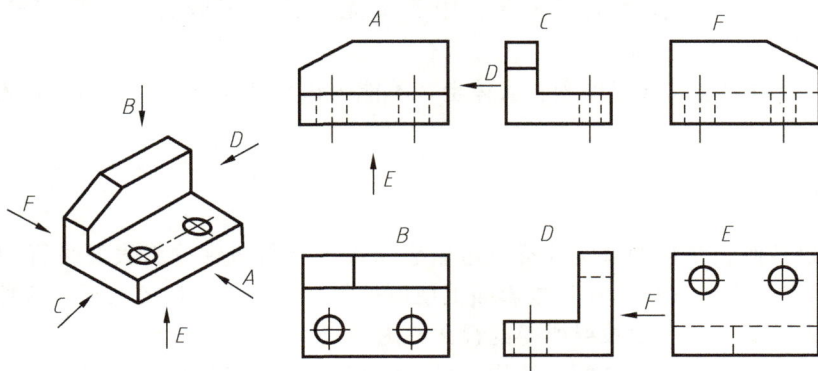

A　　　　　　C　　　　　　F

D

E

B　　　　　　D　　　　　　E

F

图 3-1-5　向视图

向视图是基本视图的另一种表现形式，它们的主要差别在于视图的配置发生了变化。因此，在向视图中表示投射方向的箭头应尽可能配置在主视图上，以使所获视图与基本视图相一致。绘制以向视图方式表达的后视图时，应将投射箭头配置在左视图或右视图上。

三、局部视图

将机件的某一部分结构形状向基本投影面投射所得到的一个不完整的视图，称为局部视图。它主要用于表达机件上的局部外形，如图 3-1-6 所示。

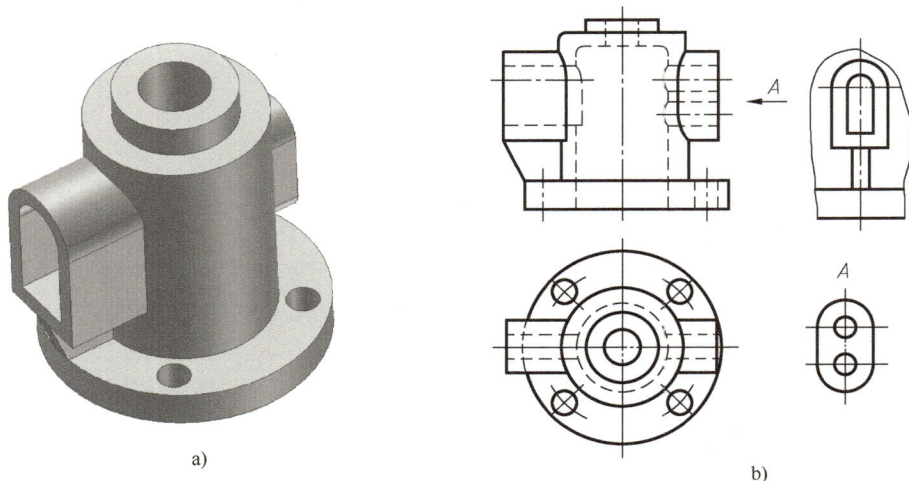

图 3-1-6　局部视图

在图 3-1-6 所示的机件中，主视图与俯视图已表达清楚了绝大部分结构，只剩下左、右两个凸台的形状没有表达清楚。而要表示左、右两个凸台的形状，就没有必要画出完整的左、右视图，采用局部视图画出两个凸台部分的左视图与右视图，简单明了。

局部视图的配置与标注

1) 画局部视图时，一般应在局部视图的上方标注出视图的名称"×"（大写拉丁字母），并在相应的视图附近用箭头指明投射方向，注上相同的字母，如图 3-1-6b 中的 A 向视图所示。

2) 当局部视图按投影关系配置，中间又无其他图形隔开时，可省略标注，如图 3-1-6b 所示。

3) 分界线用波浪线（只能画在实体上，不能画在界外或空洞处，图形封闭时可以省略波浪线）。

四、斜视图

为反映机件倾斜结构的真实外形，可假想增设一个与机件倾斜表面平行的辅助投影面，如图 3-1-7 所示。这样，在该投影面上便可投射得到倾斜结构的实形。这种将机件向不平行于基本投影面的平面投射所得的视图称为斜视图。

斜视图主要表达机件上的倾斜结构，机件的其余部分可用波浪线断开，如图 3-1-7 所示。若图形封闭时，波浪线可省略不画。

画斜视图时，必须在斜视图的上方标注视图的名称"×"（大写拉丁字母），并在相应的视图附近用箭头指明投射方向（箭头应垂直于倾斜结构的表面），注上相同的字母（字母水平书写），如图 3-1-7b 所示。

斜视图一般按投影关系配置，也可配置在其他的适当位置，如图 3-1-7b 中的"A ⌒"图；在不致引起误解时，允许将图形旋转后放正画出（旋转角度应小于 90°），但所标注的名称应为"⌒×"，箭头方向应与斜视图的旋转方向一致。

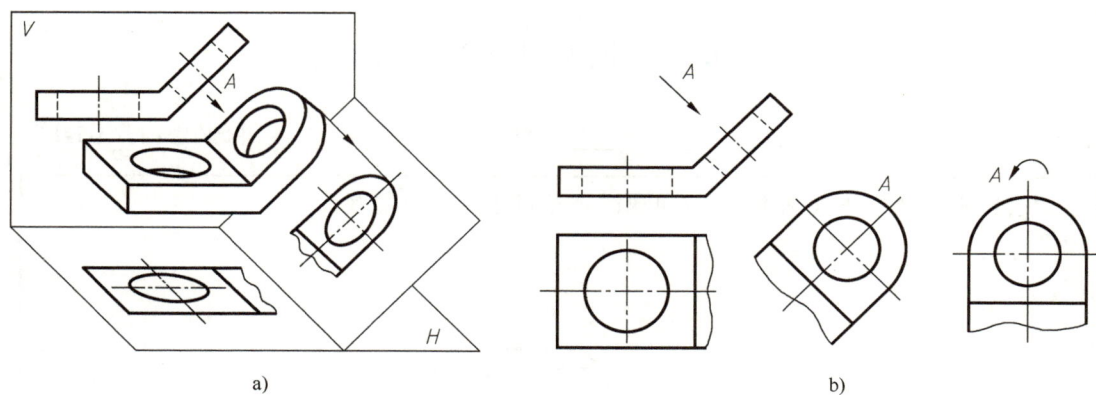

a)　　　　　　　　　　　　　　　　　　b)

图 3-1-7　斜视图

旋转符号为半径等于字体高度的半圆形。表示斜视图名称的大写拉丁字母应靠近旋转符号的箭头端，也允许将旋转角度标在字母之后。

【任务分组】

任务名称：＿＿＿＿＿＿＿＿＿＿＿＿＿＿＿＿＿＿＿＿＿＿＿＿＿＿＿＿＿＿＿＿＿＿

班级：＿＿＿＿＿＿＿＿＿　姓名：＿＿＿＿＿＿＿＿＿＿　日期：＿＿＿＿＿＿＿＿＿＿

学生任务分配表

组号		指导教师		
组长		学号		
组员	姓名	学号	姓名	学号

任务分工

任务工作单1　绘制基本视图或向视图

组号：＿＿＿＿＿＿　　姓名：＿＿＿＿＿＿　　学号：＿＿＿＿＿＿　　检索号：　3-1-1

请选用一种方法（基本视图/向视图）绘制下方物体的视图

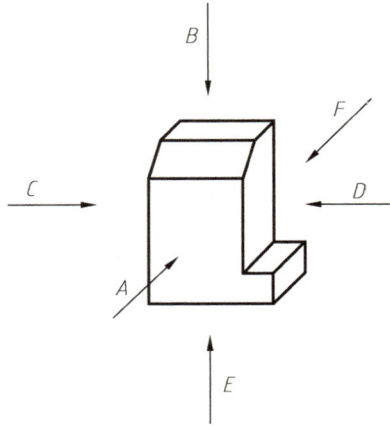

任务工作单 2　绘制局部视图

组号：_____　　姓名：_____　　学号：_____　　检索号：　3-1-2

绘制图 3-1-1 所示三通管接头的 A 向局部视图，尺寸直接从轴测图中量取并取整数

任务工作单 3　绘制斜视图

组号：＿＿＿＿＿＿　姓名：＿＿＿＿＿＿　学号：＿＿＿＿＿＿　检索号：＿3-1-3＿

1. 参考轴测图，画出 A 向斜视图，尺寸从图中量取并取整

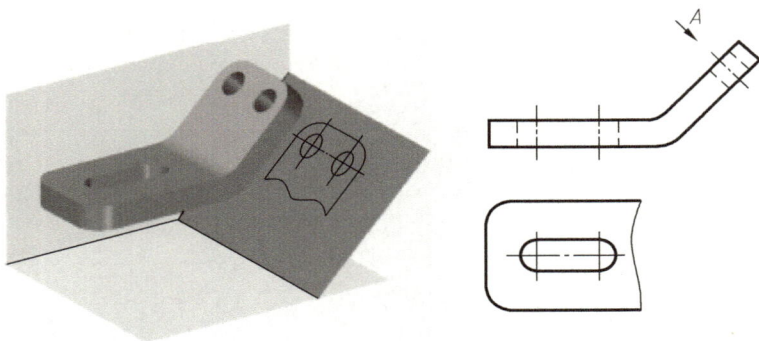

2. 按箭头所指方向，画出 A 向局部视图和 B 向斜视图

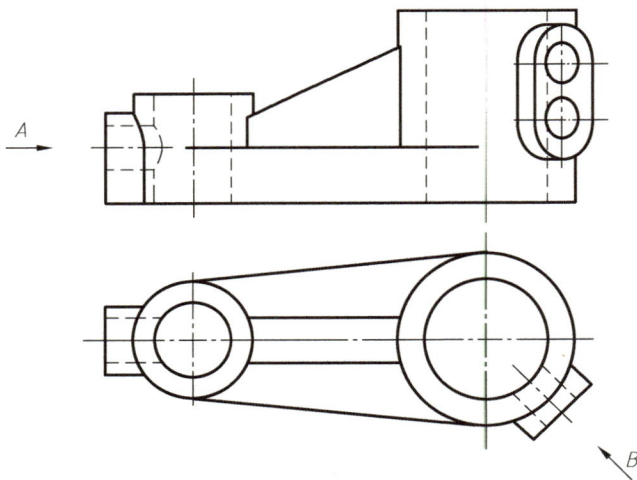

【评价反馈】

学生个人自评表

班级		组名		日期	年　月　日
姓名		学号			
评价指标	评价内容			分值	得　　分
信息检索	能有效利用网络、图书资料、机械制图手册查找有用的相关信息;能有条理地解释、表述所学知识;能将查到的信息有效地应用到学习中			10 分	
感知课堂	熟悉绘图岗位,认同岗位工作价值;在学习中能获得满足感,认同课堂文化			10 分	
参与态度	积极主动参与学习,能吃苦耐劳,崇尚劳动光荣、技能宝贵;与教师、同学之间相互尊重、理解,能够保持多向、丰富、适宜的信息交流			10 分	
	能处理好合作学习和独立思考的关系,做到有效学习;能提出有意义的问题或发表个人见解;能按要求正确绘图;能够倾听别人的意见,协作共享			10 分	
学习过程	①能够准确识读、分析并绘制六面基本视图			10 分	
	②能够准确识读、分析并绘制向视图			10 分	
	③能够准确识读、分析并绘制局部视图、斜视图			10 分	
思维态度	能发现问题、提出问题、分析问题、解决问题、创新问题			10 分	
自评反馈	按时、按质完成工作任务;较好地掌握专业知识点;具有较强的信息分析能力和理解能力;具有较为全面、严谨的思维能力,并能条理清楚、明晰地表达成文			20 分	
自评分数					
有益的经验和做法					
总结反馈建议					

组内互评表

班级		组名		日期		年　　月　　日	
验收组长		组员		学号			
组内验收成员							
任务要求							
验收文档清单	任务工作单： 文献检索清单：						

验收评分	评分标准	分值	得分
	①与小组成员进行有效沟通，共同完成小组任务	15分	
	②能准确绘制六面基本视图、向视图、局部视图、斜视图来表达物体形状特征，错误1处扣3分	15分	
	③能根据形体的结构形状，使用恰当的表达方法，错误1处扣5分	15分	
	④具有空间想象力，能够准确描述机件整体结构	35分	
	⑤提供文献检索清单，不少于4项，缺1项扣5分	20分	
组内评价分数			
不足之处			

组间互评表

班级		被评组名		日期		年　　月　　日	
验收组名 （成员签字）							

评价指标	评价内容	分值	得分
汇报表述	表述准确	15分	
	语言流畅	10分	
	准确反映该组完成情况	15分	
内容正确度	内容正确	30分	
	阐述表达到位	30分	
组间评价分数			
简要评述			

任务完成情况评价表

班级				组名		
姓名				学号		

序号	任务内容及要求		配分	教师评价	
				结论	得分
1	会正确使用绘图工具	操作规范	10 分		
2	能准确绘制六面基本视图、向视图，准确表达物体形状特征	绘制规范	20 分		
3	能准确绘制局部视图表达物体形状特征	绘制规范	20 分		
4	能准确绘制斜视图表达物体形状特征	绘制规范	30 分		
5	至少提供 4 项文献检索清单	数量	4 分		
		参考的主要内容要点	6 分		
6	素质素养评价	沟通交流能力	10 分		
		团队合作			
		课堂纪律			
		自主探学			
		合作研学			
		精益求精、专心细致的工作作风			
		诚实守信的意识			
		讲原则、守规矩的意识			
		规范意识			
总分					

任务二　表达机件的内部形状

工作任务	表达机件的内部形状	建议学时	4 学时
任务描述	根据图 3-2-1 所示 3 个机件的实体图，分析机件的内、外结构形状，选择合理的表达方法，将机件的内、外形状表达清楚。 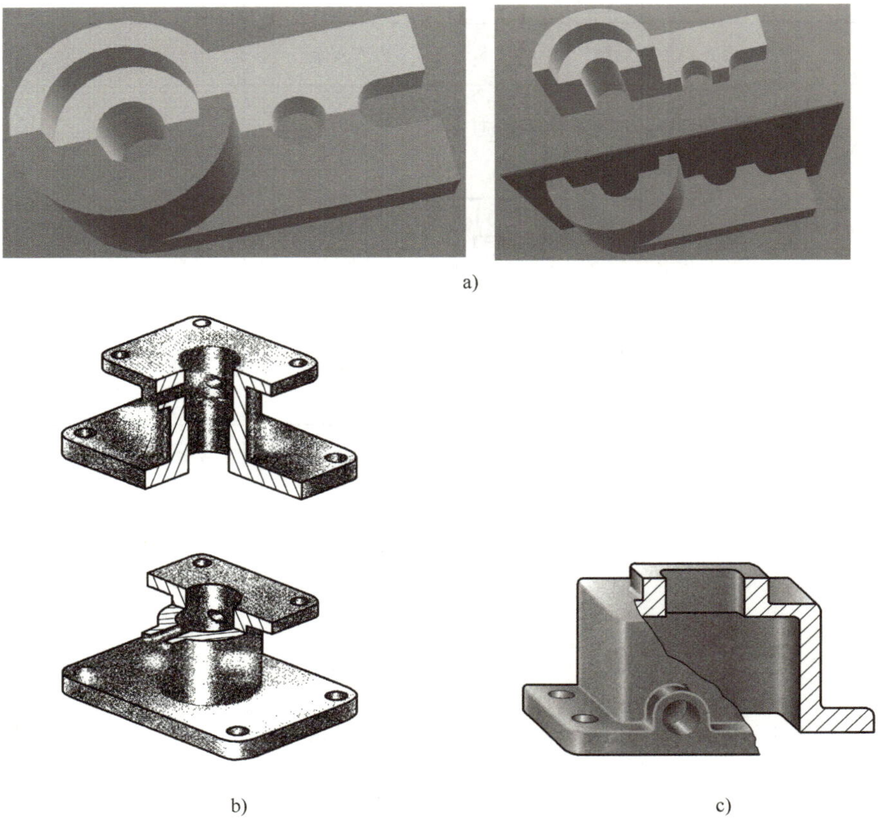 a) b)　　　　　　　　　　　　　　　c) **图 3-2-1　机件内部形状的表达**		
学习目标	◆ 能正确理解剖视图的概念、画图方法、标注方法、读图方法。 ◆ 学会绘制单一剖切平面、相交剖切平面、几个平行剖切平面剖切物体后的剖视图。 ◆ 能用恰当的剖切方式表达机件内部结构形状，提高对机件的表达能力。 ◆ 在剖视图中能正确使用图线，探索作图技巧，以提高绘图技能。 ◆ 具有团结协作意识与乐于助人精神。		
任务分析	当机件的内部结构较复杂时，在图中会出现很多虚线，既影响了图形表达的清晰，又不利于标注尺寸。为了清晰地表达机件的内部形状，通常采用剖视的表达方法。		

【知识链接】

一、剖视图的概念

(一) 剖视图的形成

剖视图是用假想的剖切面剖开物体，将处在观察者和剖切面之间的部分移去，而将其余部分向投影面投射所得的图形。剖视图可简称为剖视。剖视图的形成如图 3-2-2 所示。

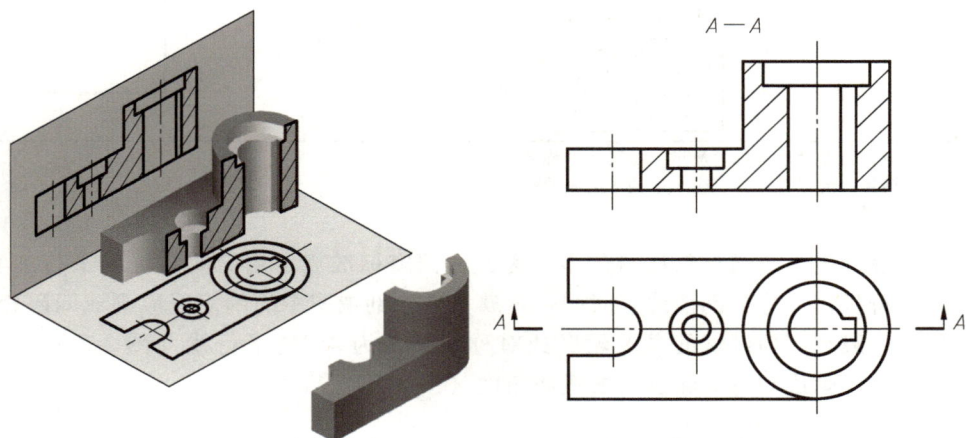

图 3-2-2　剖视图的形成

(二) 剖面符号

机件被假想的平面剖切后，为使具有材料实体的切断面部分（即剖面区域）与其余部分（含剖切面后面的部分及空心部分）明显地加以区分，要在剖面区域内画出剖面符号，如图 3-2-2 所示。国家标准规定的常用剖面符号见表 3-2-1。

表 3-2-1　剖面符号

材料类别	剖面符号	材料类别	剖面符号
金属材料 （已有规定剖面符号者除外）		木质胶合板 （不分层数）	
线圈绕组元件		基础周围的泥土	
转子、电枢、变压器和 电抗器等的叠钢片		混凝土	
非金属材料 （已有规定剖面符号者除外）		钢筋混凝土	

（续）

材料类别	剖面符号	材料类别	剖面符号
型砂、填砂、粉末冶金、砂轮、陶瓷刀片、硬质合金刀片等		砖	
玻璃及供观察用的其他透明材料		格网（筛网、过滤网等）	
木材 纵断面		液体	
横断面			

注：1. 剖面符号仅表示材料的类型，材料的名称和代号另行注明。
　　2. 叠钢片的剖面线方向，应与束装中叠钢片的方向一致。
　　3. 液面用细实线绘制。

在机械设计中，金属材料用得最多，为此，国家标准规定用简明易画的平行细实线作为其剖面符号，又称为剖面线。对同一金属零件，剖视图中的剖面线应画成间隔相等、方向相同且一般与剖面区域的主要轮廓或对称线夹角为 45° 的平行线（图 3-2-3）。必要时，剖面线也可画成与主要轮廓线成适当角度（图 3-2-4）。

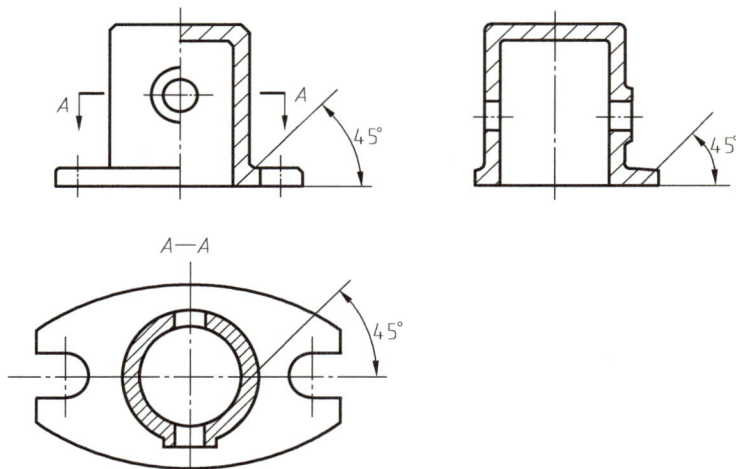

图 3-2-3　与主要轮廓线成 45° 剖面线的应用示例

（三）画剖视图时的注意事项

1）为使剖视图反映实形，剖切平面一般应平行于某一对应的投影面；剖切时通过机件的对称面或内部孔、槽的轴线。

2）由于剖切是假想的，没有剖切的其他视图仍应按完整的机件画出。

3）不要漏画剖切平面后面的可见轮廓线。图 3-2-5 中的圆环平面与圆锥面处于剖切平面的后面，剖切后仍属可见，故必须画出。

4）在剖视图中一般不画虚线。只有当机件的结构没有完全表达清楚，通过画出少量的虚线可减少视图数量时，才画出必要的虚线。

（四）剖视图的标注

1）一般用剖切符号（宽约 $1 \sim 1.5b$、长约 $5 \sim 10 mm$ 的粗实线）在有关的视图上标出剖切平面的剖切位置；在剖切符号的起、讫及转折处标注相同的大写拉丁字母"×"，并在相应的剖视图上方用同样的字母标注其名称"×—×"；用箭头表示投射方向，如图 3-2-6a 中 A—A 剖视图的标注方法。

2）当剖视图按投影关系配置，中间又无其他图形隔开时，可省略箭头，如图 3-2-6b 中的俯视图，其剖切符号的起、讫处未画箭头。

3）当单一的剖切平面通过机件的对称平面或基本对称平面，且剖视图的配置符合投影关系，中间又无其他图形隔开时，可省略标注，如图 3-2-6b 中的主视图画成剖视图后不需要标注。

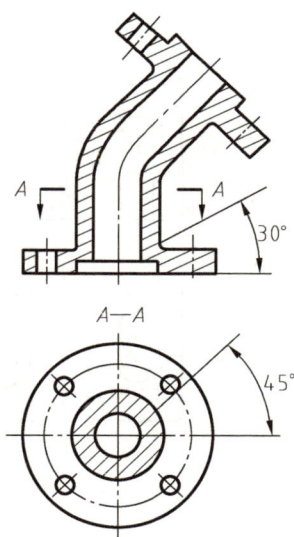

图 3-2-4 与主要轮廓线成适当角度剖面线的应用示例

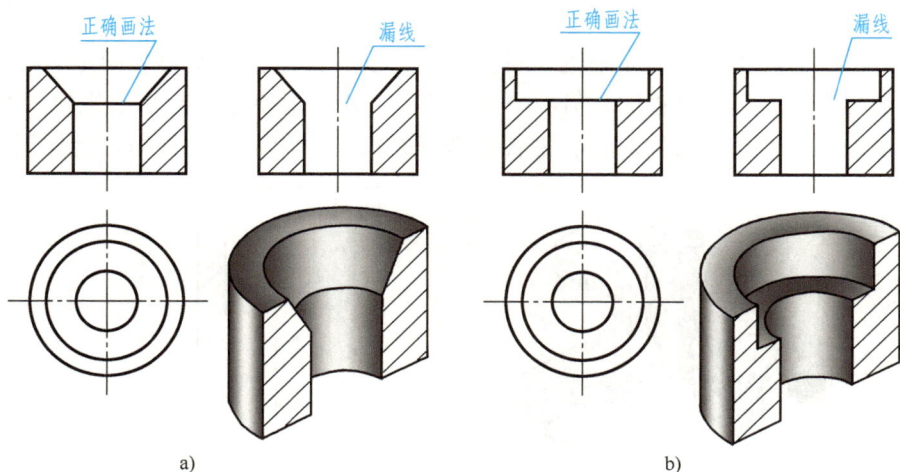

a)   b)

图 3-2-5 剖视图画法中的常见错误

（五）剖视图的配置

剖视图应首先考虑配置在基本视图的方位，当难以按基本视图的方位配置时，才考虑配置在其他适当位置。

二、剖视图的种类

剖视图可分为全剖视图、半剖视图和局部剖视图 3 种。上述的剖视图画法和标注规定，是对 3 种剖视图均适用的基本规定。

（一）全剖视图

全剖视图是用剖切平面完全地剖开机件后投射所获得的剖视图，简称全剖。全剖视

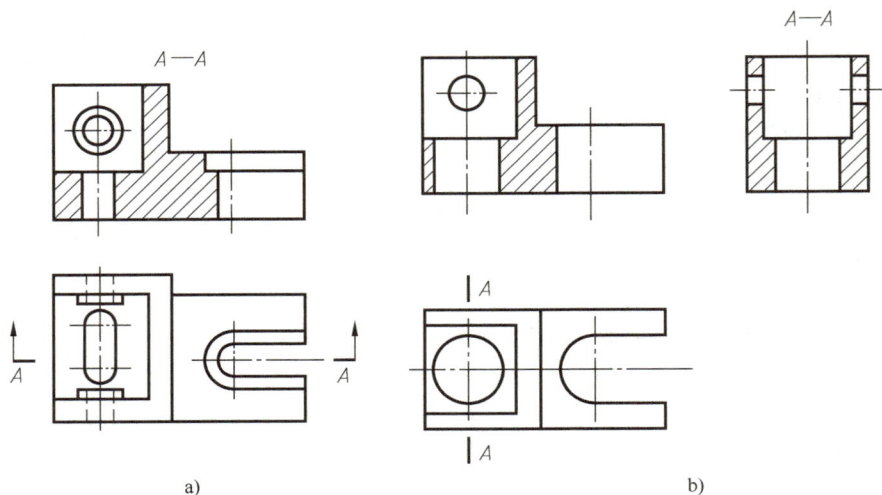

图 3-2-6　剖视图的标注

图主要适用于不对称的机件，但外形简单、内形相对复杂的对称机件也常用全剖视图。当机件的外形复杂、内部结构也较复杂时，可采用外形图加一个全剖视图。

（二）半剖视图

当机件具有对称平面时，在垂直于对称平面的投影面上投射所得的图形，可以以对称中心线为界，一半画成剖视图，另一半画成视图，这种剖视图称为半剖视图。图 3-2-7 所示机件的左右及前后方向均对称，主视图和俯视图均采用了半剖视图，这样同时兼顾

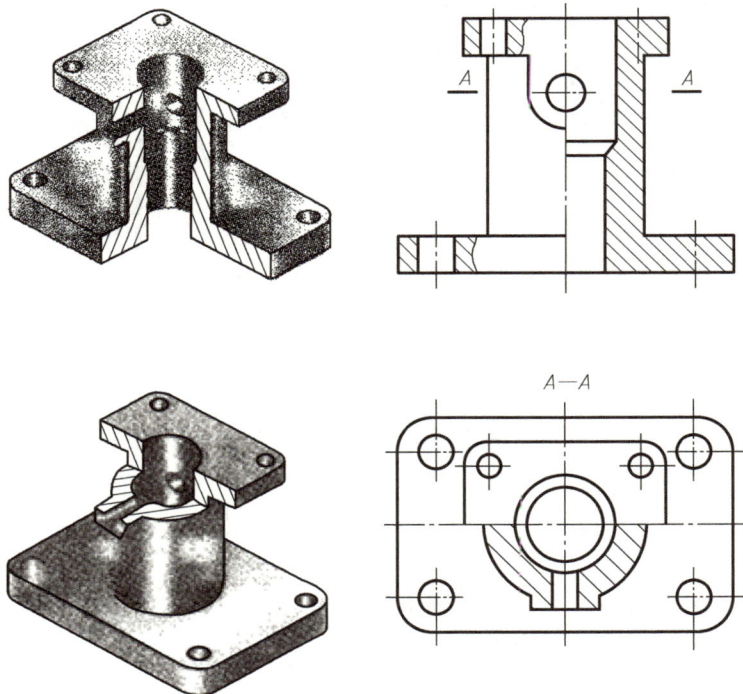

图 3-2-7　半剖视图的画法与标注

了左右及前后方向的内形和外形的表达。半剖视图通常用于内外形状均需表达的对称机件。

画半剖视图时，要注意以下几点。

1）在半剖视图中，剖视与视图的分界线为机件的对称中心线。

2）由于半剖视图的图形对称，可同时兼顾内外形状的表达，所以在表达外形的视图中就不必再画出表达内形的虚线。

3）半剖视图的标注与全剖视图的标注方法相同。

（三）局部剖视图

用剖切面局部地切开机件所得到的剖视图，称为局部剖视图。局部剖切的范围可大可小，根据需要而定，应用很灵活。

1. 画局部剖视图的注意事项

1）在局部剖视图中，剖视与视图的分界线为波浪线。

① 波浪线应画在机件的实体部分上，如遇孔、槽时，波浪线必须断开，如图 3-2-8 所示。

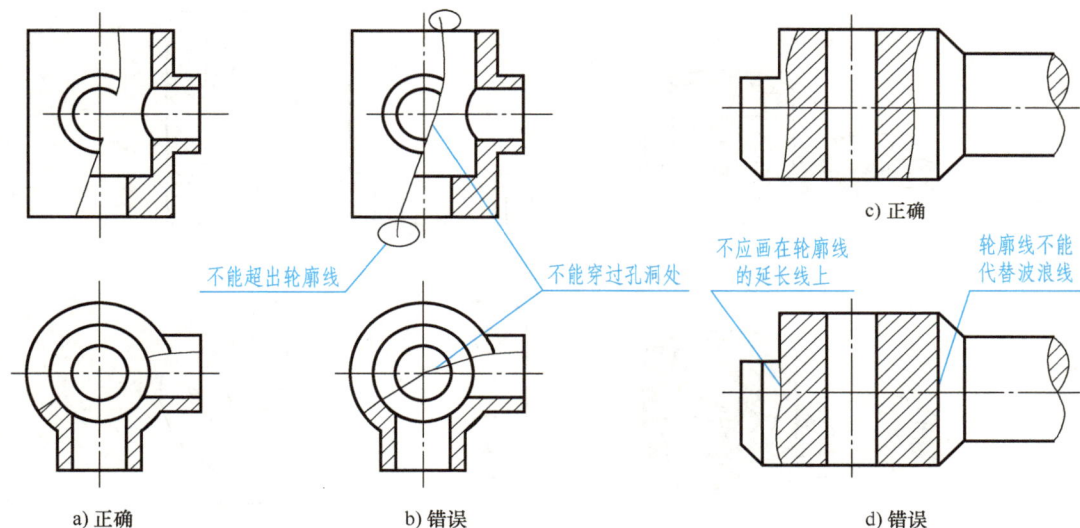

不能超出轮廓线　　　不能穿过孔洞处　　　不应画在轮廓线的延长线上　　　轮廓线不能代替波浪线

c) 正确

a) 正确　　　b) 错误　　　d) 错误

图 3-2-8　局部剖视图中波浪线的画法

② 波浪线不能超出视图的外形轮廓线。

③ 波浪线不应与图形上的其他图线重合，如图 3-2-9 所示。

④ 当被剖的局部结构为回转体时，允许将该结构的中心线作为局部剖视图与视图的分界线，如图 3-2-10 所示。

2）局部剖视图的图形是由一部分剖视与一部分视图组合而成的，运用得当，可使图形表达简洁、清晰。但在一个视图中，局部剖视图不宜用得太多，否则会使图形过于破碎，反而不利于读图。

2. 局部剖视图的适用场合

1）用来表达机件上的局部内形。

2）当不对称机件的内、外形状均需表达时，可采用局部剖视图（图 3-2-11）。

3）当对称机件的对称中心线与轮廓线重合，不宜采用半剖视图时，可采用局部剖视图，如图 3-2-9 所示（图中相交的两细实线是表示平面的符号）。

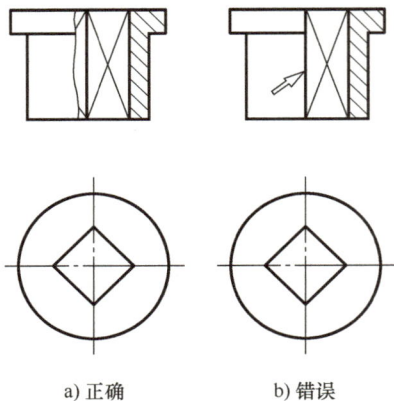

a) 正确　　　b) 错误

图 3-2-9　局部剖视图应用示例（一）

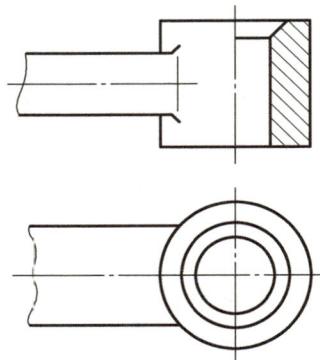

图 3-2-10　局部剖视图应用示例（二）

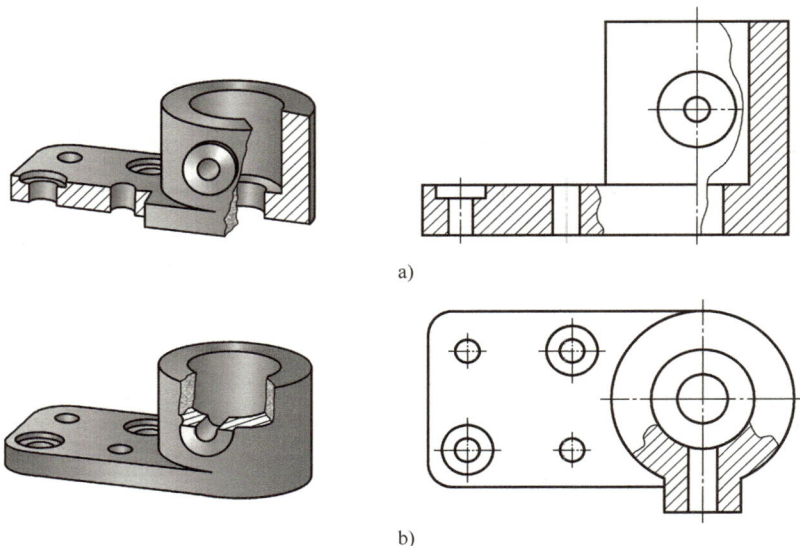

a)

b)

图 3-2-11　局部剖视图应用示例（三）

三、剖切方法

在画剖视图时，根据机件内部结构形状的差异，可选用不同的剖切方法来表达。

（一）单一剖切面剖切

前面讲的全剖视图、半剖视图、局部剖视图均是单一剖，用于机件的内部结构位于同一剖切面上的机件。

（二）几个平行的剖切平面（阶梯剖）

当机件的内部结构位于几个平行平面上时，可采用几个平行的剖切平面来剖切，以获得剖视图。例如，图 3-2-12 所示零件采用了两个平行的剖切平面来剖切，便充分地表达了它的内部结构。

画阶梯剖视图时应注意下列几点。

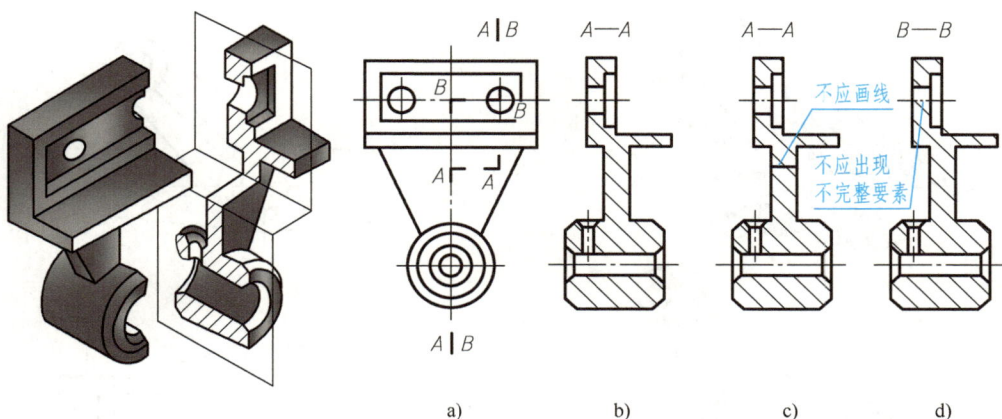

图 3-2-12 阶梯剖

1）剖切平面的转折处，在剖视图中不应画线，如图 3-2-12c 所示。

2）在剖视图中不应出现不完整要素，如图 3-2-12d 所示，仅当两个要素在图形上具有公共对称中心线或轴线时，方可各画一半。

3）剖切平面的起止和转折处应画出剖切符号，并注写同一字母。

阶梯剖中剖切符号的画法应注意以下几点。

1）起、止均平行于投影面。

2）转折要垂直对齐。

3）不能在中心线及其他图线处转折。

4）只能向前，不能退后转折。

（三）几个相交的剖切面（交线垂直于某一投影面）

1. 旋转剖

用两相交的剖切平面（交线垂直于某一基本投影面）剖开机件的方法称为旋转剖。

（1）画法 先把倾斜部分旋转到与选定的基本投影面平行，然后再投射，如图 3-2-13 所示。

（2）标注 在起、止、转折处，用同一字母标出剖切位置，用箭头标出投射方向，并在旋转剖视图上注写名称。

（3）适用条件 机件上具有回转轴。

（4）画旋转剖视图的注意事项

1）剖切平面后的其他结构，一般按原来的位置画出，如图 3-2-13 所示。

2）当剖切后产生不完整要素时，应将此部分按不剖画出，如图 3-2-14 所示。

2. 复合剖

除阶梯剖、旋转剖外，还可以用组合的剖切平面剖开机件，称为复合剖，如图 3-2-15 所示。

复合剖的画法为：按所属剖切类型画出各部分剖视图，有时也采用展开画法。

（四）不平行于任何基本投影面的剖切平面剖切（斜剖）

用不平行于任何基本投影面的剖切平面剖开机件后所得的剖视图称为斜剖视图（斜剖）。

斜剖的画法为：先将被剖切的机件投射到假定的倾斜投影面上，然后再放正或旋转，

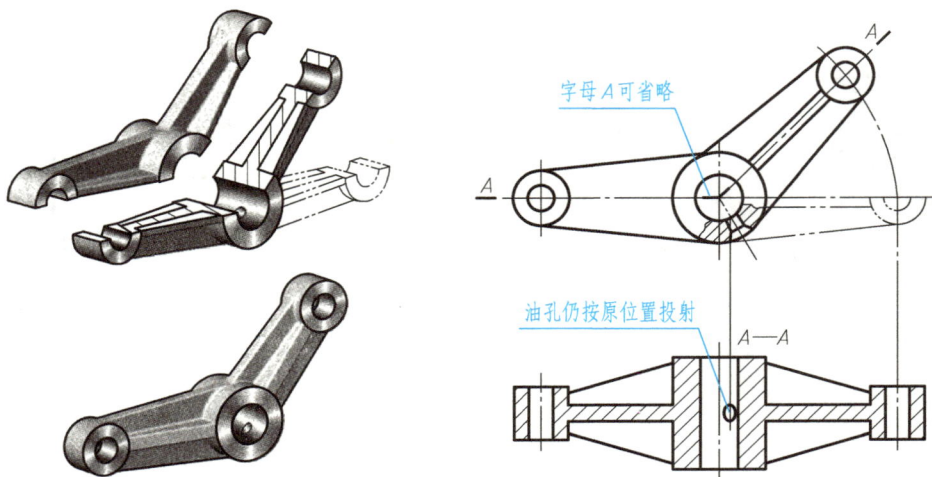

字母A可省略

油孔仍按原位置投射

图 3-2-13　旋转剖（一）

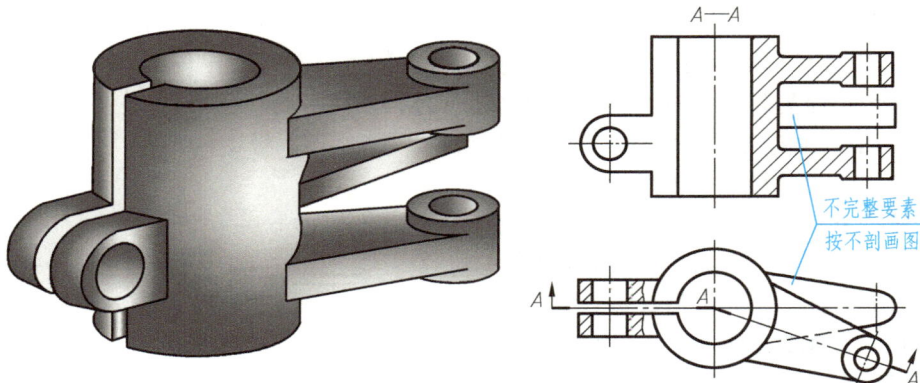

不完整要素
按不剖画图

图 3-2-14　旋转剖（二）

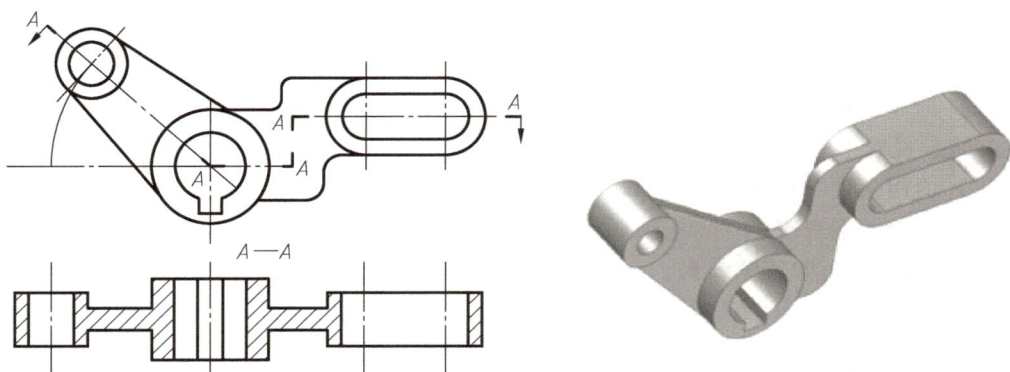

图 3-2-15　复合剖

如图 3-2-16 所示。

画斜剖视图时，要注意以下几点。

1）最好布置在箭头所指的方向，也可以移到其他地方或旋转，但必须加注旋转符号，旋转角度不能超过 90°。

2）只用于倾斜部分，图形不能有失真。

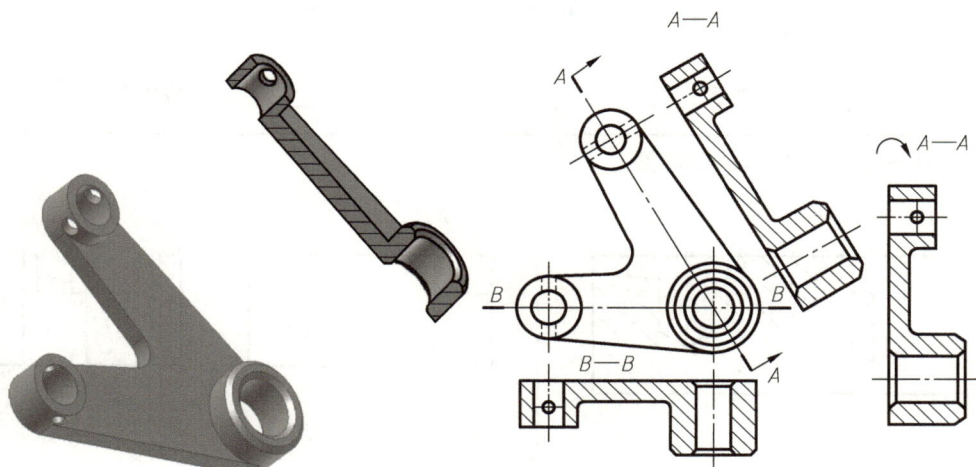

图 3-2-16　斜剖

【任务分组】

任务名称：＿＿＿＿＿＿＿＿＿＿＿＿＿＿＿＿＿＿＿＿＿＿＿＿＿＿＿＿＿＿＿

班级：＿＿＿＿＿＿＿＿＿＿　姓名：＿＿＿＿＿＿＿＿＿＿＿　日期：＿＿＿＿＿＿＿＿＿＿

学生任务分配表				
组号		指导教师		
组长		学号		
组员	姓名	学号	姓名	学号
任务分工				

任务工作单　绘制剖视图

组号：＿＿＿＿＿＿　　姓名：＿＿＿＿＿＿　　学号：＿＿＿＿＿＿　　检索号：　3-2-1

---

1. 补画剖视图中所缺的图线

（1）

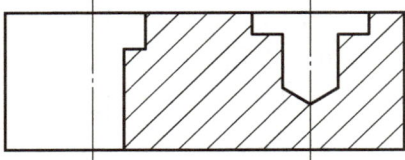

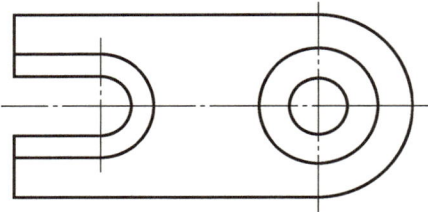

（2）

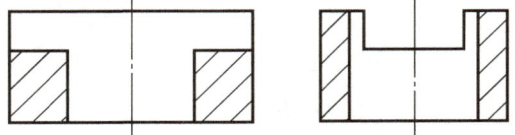

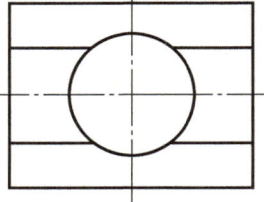

（3）

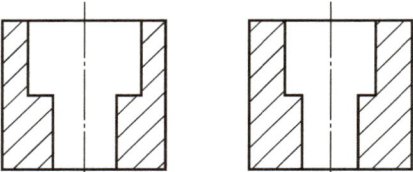

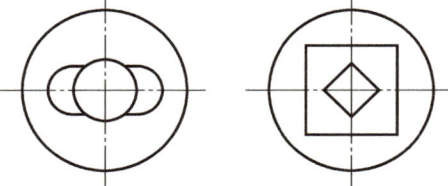

（4）

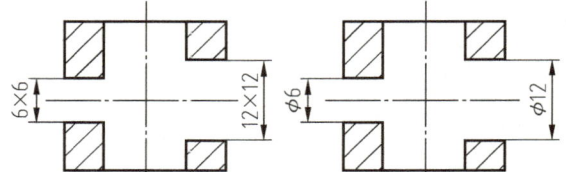

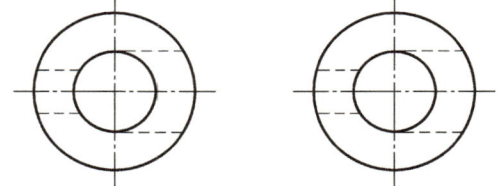

2. 将主视图画成全剖视图

（1）

 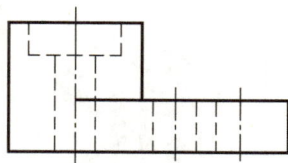

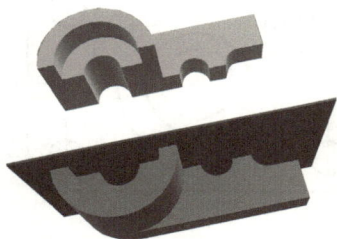 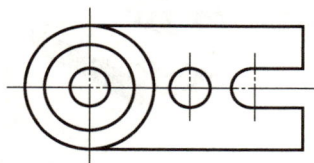

（2）

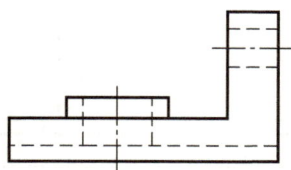 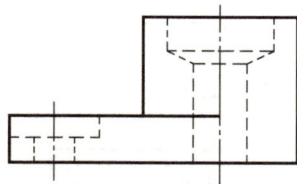

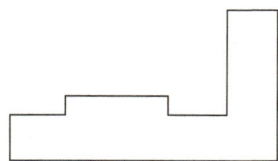 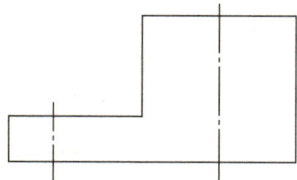

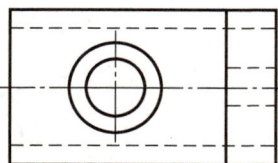 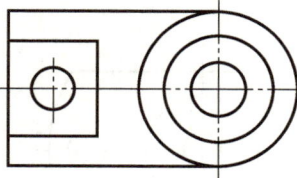

3. 绘制半剖视图

（1）补全剖视图

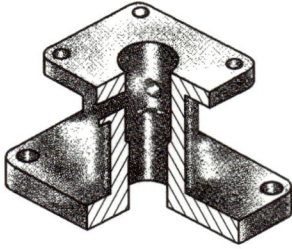

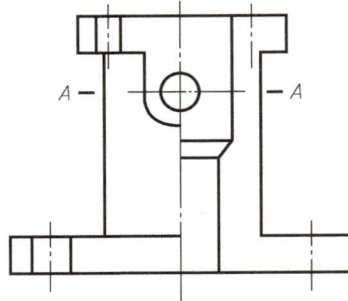

a)

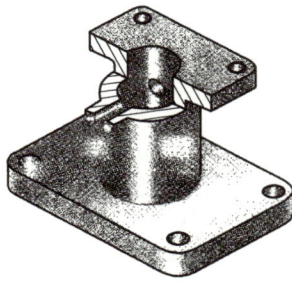

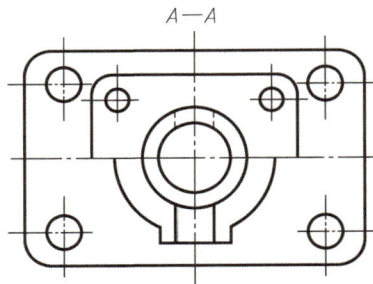

b)

（2）将主视图画成半剖视图

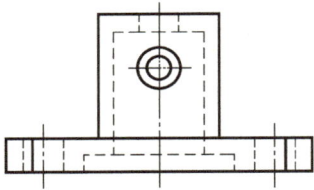

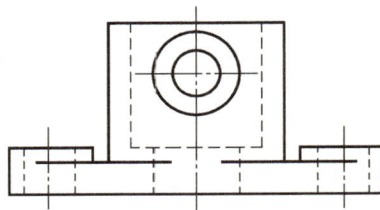

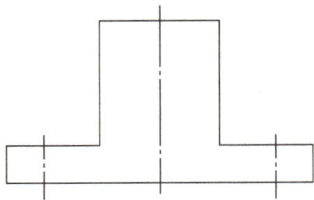

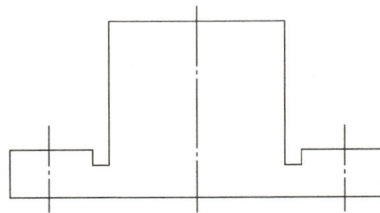

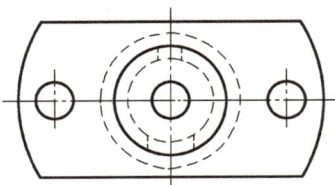

a)

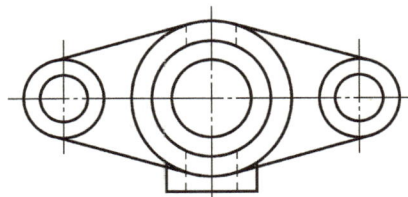

b)

4. 绘制局部剖视图

（1）补全局部剖视图

（2）将主视图和俯视图画成局部剖视图

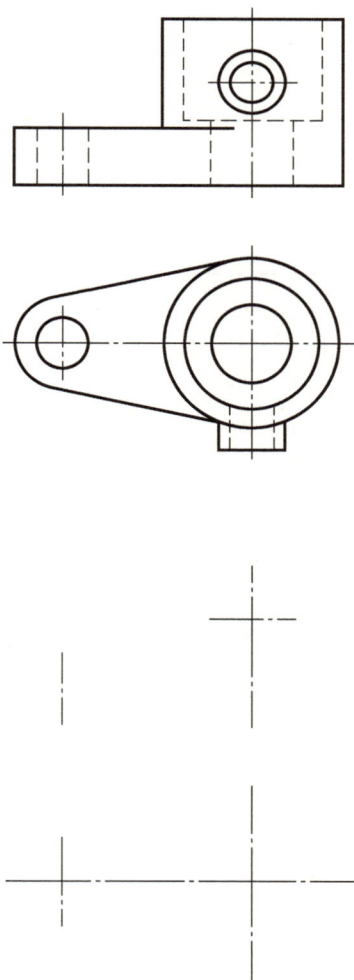

5. 根据指定的剖切面绘制剖视图

（1）

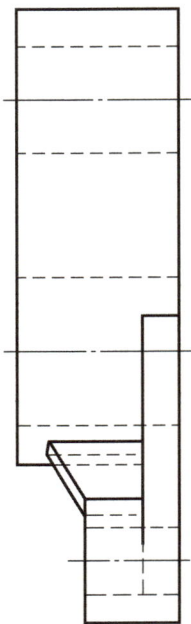

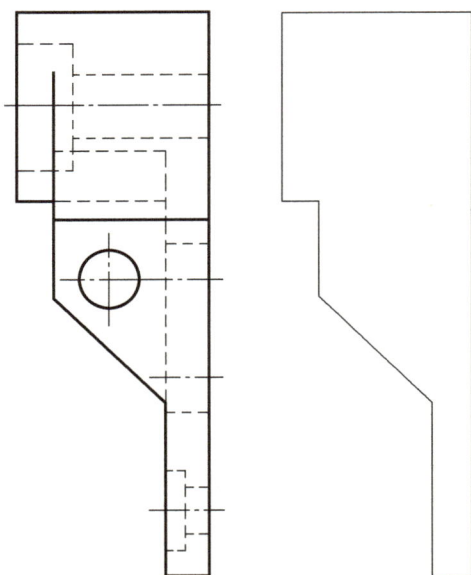

（2）

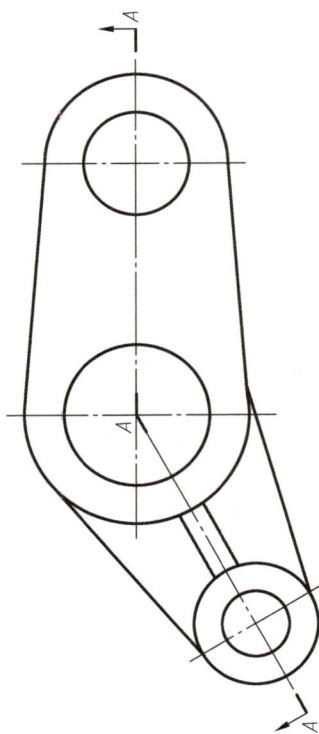

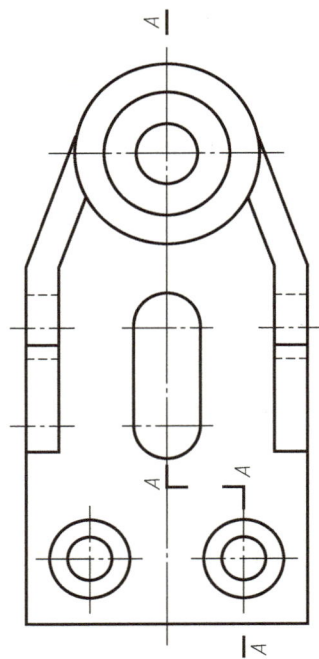

【评价反馈】

学生个人自评表

班级		组名		日期	年 月 日
姓名		学号			
评价指标	评价内容			分值	得 分
信息检索	能有效利用网络、图书资料、机械制图手册查找有用的相关信息;能有条理地解释、表述所学知识;能将查到的信息有效地应用到学习中			10分	
感知课堂	熟悉绘图岗位,认同岗位工作价值;在学习中能获得满足感,认同课堂文化			10分	
参与态度	积极主动参与学习,能吃苦耐劳,崇尚劳动光荣、技能宝贵;与教师、同学之间相互尊重、理解,能够保持多向、丰富、适宜的信息交流			10分	
	能处理好合作学习和独立思考的关系,做到有效学习;能提出有意义的问题或发表个人见解;能按要求正确绘图;能够倾听别人的意见,协作共享			10分	
学习过程	①正确理解剖视图的概念、画图方法、标注方法、读图方法			10分	
	②能绘制单一剖切平面、相交剖切平面、几个平行剖切平面剖切物体后的剖视图			10分	
	③能用恰当的剖切方式表达机件内部结构形状,在剖视图中能正确使用图线,提高绘图技能			10分	
思维态度	能发现问题、提出问题、分析问题、解决问题、创新问题			10分	
自评反馈	按时、按质完成工作任务;较好地掌握专业知识点;具有较强的信息分析能力和理解能力;具有较为全面、严谨的思维能力,并能条理清楚、明晰地表达成文			20分	
	自评分数				
有益的经验和做法					
总结反馈建议					

组内互评表

班级		组名		日期		年　　月　　日		
验收组长		组员		学号				
组内验收成员								
任务要求								
验收文档清单	任务工作单： 文献检索清单：							

验收评分	评分标准	分值	得分
	①积极参与表达方案讨论，勤于思考	15 分	
	②剖视表达方式合理、简洁、易读，标注正确，错误 1 处扣 5 分	15 分	
	③图线无遗漏、错画，图面整洁，错误 1 处扣 5 分	35 分	
	④小组任务中成员相互配合，共同完成实训任务	20 分	
	⑤提供文献检索清单，不少于 4 项，缺 1 项扣 5 分	15 分	
	组内评价分数		
不足之处			

组间互评表

班级		被评组名		日期		年　　月　　日	
验收组名 （成员签字）							

评价指标	评价内容	分值	得分
汇报表述	表述准确	15 分	
	语言流畅	10 分	
	准确反映该组完成情况	15 分	
内容正确度	内容正确	30 分	
	阐述表达到位	30 分	
	组间评价分数		
简要评述			

任务完成情况评价表

班级			组名		
姓名			学号		

序号	任务内容及要求		配分	教师评价	
				结论	得分
1	会正确使用绘图工具	操作规范	10分		
2	正确理解剖视图的概念、画图方法、标注方法、读图方法	描述正确	10分		
3	能绘制单一剖切平面、相交剖切平面、几个平行剖切平面剖切物体后的剖视图	绘制规范	30分		
4	能用恰当的剖切方式表达机件内部结构形状,在剖视图中能正确使用图线,提高绘图技能	表达清楚	20分		
5	至少提供4项文献检索清单	数量	10分		
		参考的主要内容要点	10分		
6	素质素养评价	沟通交流能力	10分		
		团队合作			
		课堂纪律			
		自主探学			
		合作研学			
		精益求精、专心细致的工作作风			
		诚实守信的意识			
		讲原则、守规矩的意识			
		规范意识			
总分					

任务三　表达机件的断面形状

工作任务	表达机件的断面形状	建议学时	2 学时
任务描述	绘制机件的断面图，如图 3-3-1 所示。 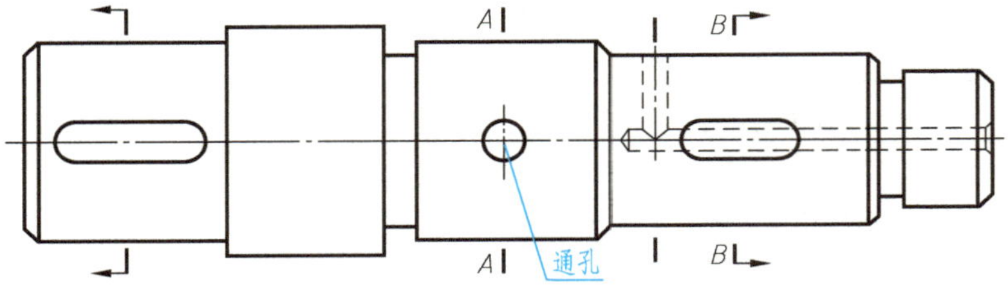 图 3-3-1　阶梯轴视图		
学习目标	◆正确理解断面图的概念、画图方法、标注方法和读图方法。 ◆掌握断面图与剖视图的区别，正确使用断面图，提高对机件的表达能力。 ◆在断面图中能正确使用图线，探索作图技巧，提高绘图技能。 ◆对绘图过程进行总结与持续反思，潜心钻研，完善断面图表达方法。		
任务分析	用视图表达阶梯轴、杆件、型材等零件结构时，除横向投影的视图外，其他视图的图线重叠较多。如图 3-3-1 所示，轴的左视图虚线圆重叠较多，图形较乱。若只画出某一需要表达的断面图形，就不用那么多的图线，也不影响图形的清晰表达，这样的图形就是断面图。		

【知识链接】

一、断面图的概念

假想用一剖切平面将机件的某处切开，仅画出其断面的图形，称为断面图（简称断面），如图 3-3-2 所示。

断面图与剖视图的区别在于：断面图是仅画出机件断面形状的图形，如图 3-3-2c 所示。而剖视图除要画出断面形状外，还需画出剖切平面后面的可见轮廓线，如图 3-3-2d 所示。

二、断面图的种类

根据配置位置的不同，断面图可分为移出断面和重合断面两类。

（一）移出断面

画在视图外的断面，称为移出断面，如图 3-3-2b、c 所示。其轮廓线用粗实线绘制。

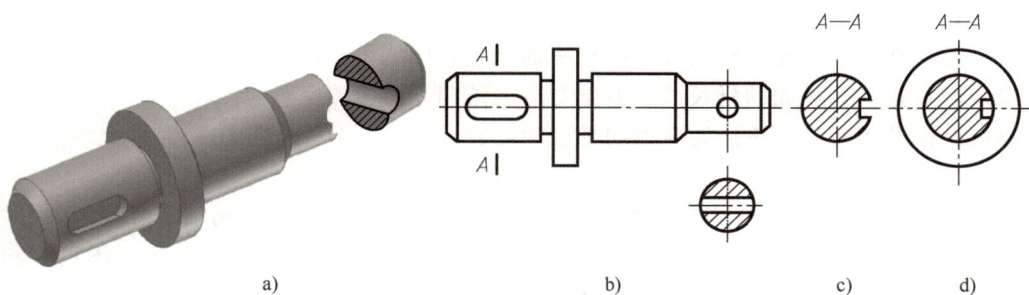

图 3-3-2　断面图与剖视图（一）

1. 画法

1）移出断面应尽量配置在剖切符号或剖切平面迹线的延长线上（剖切平面的迹线是剖切平面与投影面的交线，在图中用细点画线表示，如图 3-3-2b 所示）；画在其他位置时应标注清楚，在不引起误解时允许将图形旋转，如图 3-3-3b 所示；中断画法如图 3-3-4a 所示。

2）当剖切平面通过回转面形成的孔、坑等结构的轴线时，按剖视图绘制；当通过非回转面结构，又导致出现完全分离的两个剖面时，这些结构也按剖视图绘制，如图 3-3-3 所示。

3）由两个或多个相交的剖切平面剖切得出的移出断面，中间一般应断开，如图 3-3-4b 所示。

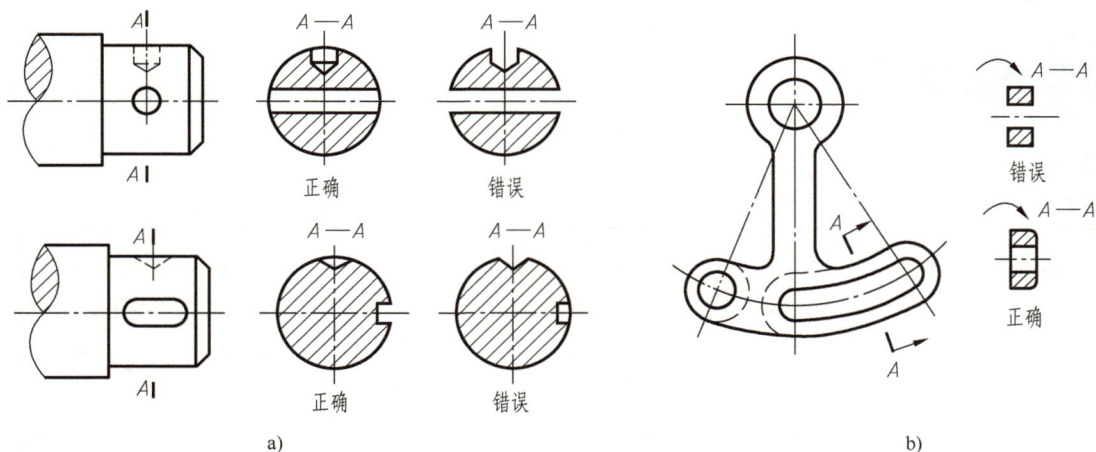

图 3-3-3　断面图与剖视图（二）

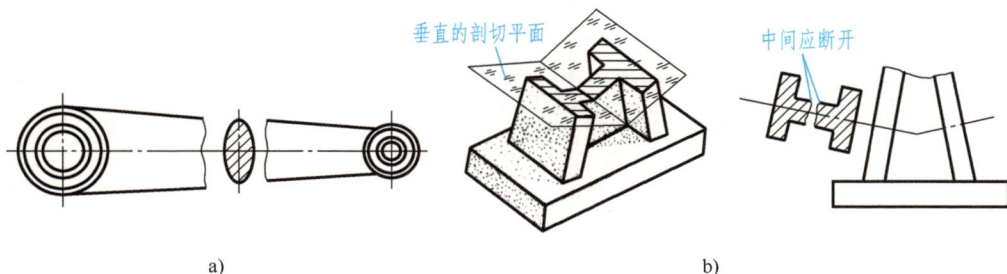

图 3-3-4　移出断面

2. 移出断面的标注

1）配置在剖切平面的延长线上且对称的结构，标注可全部省略。

2）配置在剖切平面的延长线上但不对称的结构，可省略字母。

3）结构既不对称又不配置在剖切平面的延长线上，则应完全标注。

（二）重合断面

画在视图内的断面，称为重合断面，如图 3-3-5 所示。其轮廓线用细实线绘制。

当视图的轮廓线与重合断面的图形重叠时，视图的轮廓线仍应连续画出，不可中断。对称结构的重合断面不标注，不对称结构的重合断面则要标注投射方向。

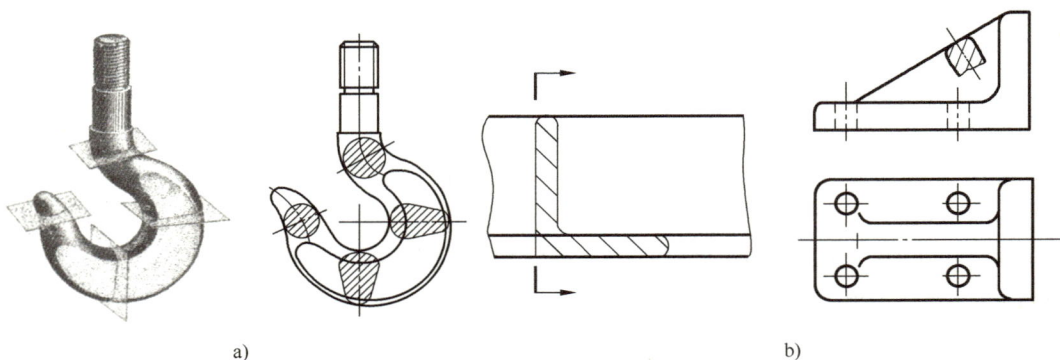

a)   b)

图 3-3-5　重合断面

【任务分组】

任务名称：＿＿＿＿＿＿＿＿＿＿＿＿＿＿＿＿＿＿＿＿＿

班级：＿＿＿＿＿＿＿＿＿　姓名：＿＿＿＿＿＿＿＿＿　日期：＿＿＿＿＿＿＿＿＿

学生任务分配表				
组号		指导教师		
组长		学号		
组员	姓名	学号	姓名	学号
任务分工				

任务工作单　绘制断面图

组号：＿＿＿＿＿＿　姓名：＿＿＿＿＿＿　学号：＿＿＿＿＿＿　检索号：<u>3-3-1</u>

1. 选择正确的断面图

（1）　　　　　　　　　　　　　　（　　）

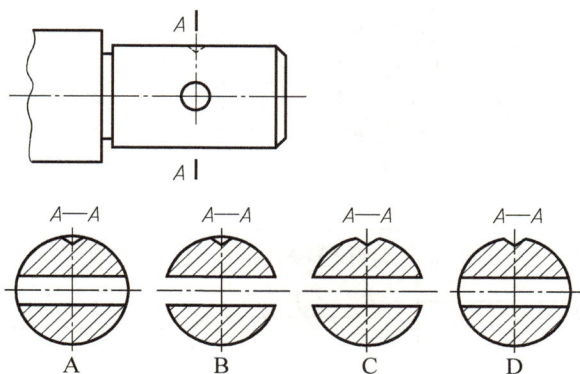

（2）　　　　　　　　　　　　　　（　　）

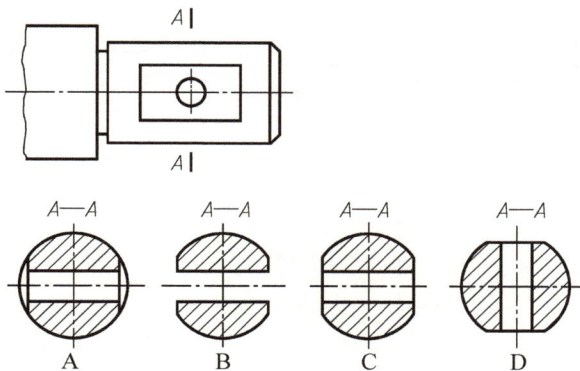

（3）　　　　　　　　　　　　　　（　　）

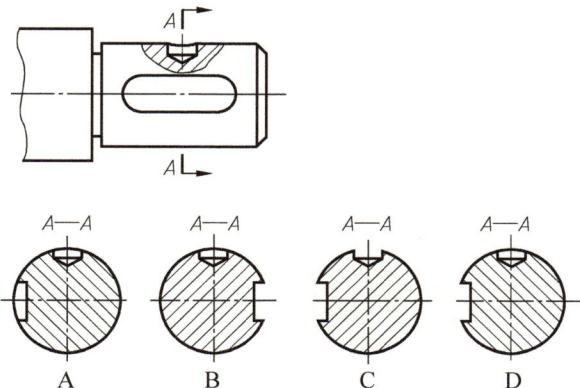

（4）　　　　　　　　　　　　　　　（　　）

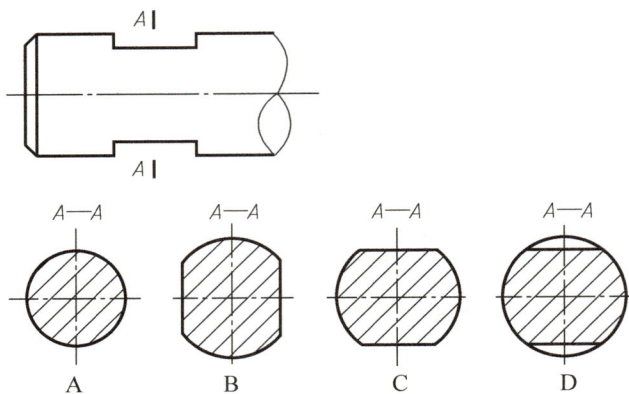

2. 画出指定位置的断面图（左端键槽深 4mm，右端键槽深 3mm）

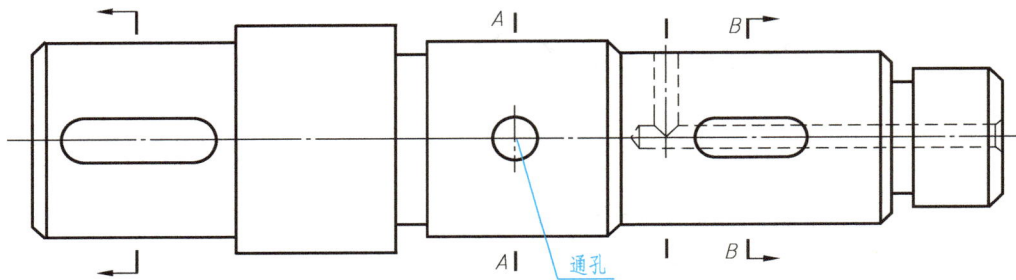

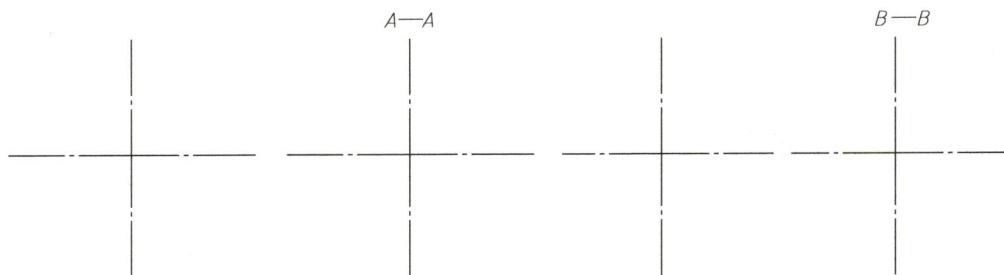

通孔

A—A　　　　　　　　　　　　　　　　　B—B

【评价反馈】

学生个人自评表

班级		组名		日期	年　月　日
姓名		学号			
评价指标	评价内容			分值	得　分
信息检索	能有效利用网络、图书资料、机械制图手册查找有用的相关信息;能有条理地解释、表述所学知识;能将查到的信息有效地应用到学习中			10分	
感知课堂	熟悉绘图岗位,认同岗位工作价值;在学习中能获得满足感,认同课堂文化			10分	
参与态度	积极主动参与学习,能吃苦耐劳,崇尚劳动光荣、技能宝贵;与教师、同学之间相互尊重、理解,能够保持多向、丰富、适宜的信息交流			10分	
	能处理好合作学习和独立思考的关系,做到有效学习;能提出有意义的问题或发表个人见解;能按要求正确绘图;能够倾听别人的意见,协作共享			10分	
学习过程	①绘制各种类型断面图。正确理解断面图的概念、画图方法、标注方法和读图方法			10分	
	②掌握断面图与剖视图的区别,正确使用断面图,提高对机件的表达能力			10分	
	③在断面图中能正确使用图线,探索作图技巧,以提高绘图技能			10分	
思维态度	能发现问题、提出问题、分析问题、解决问题、创新问题			10分	
自评反馈	按时、按质完成工作任务;较好地掌握专业知识点;具有较强的信息分析能力和理解能力;具有较为全面、严谨的思维能力,并能条理清楚、明晰地表达成文			20分	
	自评分数				
有益的经验和做法					
总结反馈建议					

组内互评表

班级		组名		日期		年 月 日	
验收组长		组员		学号			

组内验收成员	
任务要求	

验收文档清单	任务工作单： 文献检索清单：

验收评分	评分标准	分值	得分
	①积极参与表达方案讨论，勤于思考	15 分	
	②断面表达方式合理、简洁、易读，错误 1 处扣 3 分	15 分	
	③断面图配置位置正确，标注正确；图线无遗漏、错画，图面整洁，错误 1 处扣 5 分	35 分	
	④断面图中能正确使用图线，探索作图技巧，缺 1 项扣 5 分	20 分	
	⑤提供文献检索清单，不少于 4 项，缺 1 项扣 5 分	15 分	
	组内评价分数		

不足之处	

组间互评表

班级		被评组名		日期		年 月 日	
验收组名 （成员签字）							

评价指标	评价内容	分值	得分
汇报表述	表述准确	15 分	
	语言流畅	10 分	
	准确反映该组完成情况	15 分	
内容正确度	内容正确	30 分	
	阐述表达到位	30 分	
	组间评价分数		

简要评述	

任务完成情况评价表

班级			组名		
姓名			学号		

序号	任务内容及要求		配分	教师评价	
				结论	得分
1	积极参与表达方案讨论,勤于思考	讨论积极	10分		
2	断面表达方案合理、简洁、易读	表达清楚	10分		
3	断面图配置位置正确,标注正确;图线无遗漏、错画,图面整洁	绘图准确	30分		
4	断面图中能正确使用图线,探索作图技巧	图线合理	20分		
5	至少提供4项文献检索清单	数量	10分		
		参考的主要内容要点	10分		
6	素质素养评价	沟通交流能力	10分		
		团队合作			
		课堂纪律			
		自主探学			
		合作研学			
		精益求精、专心细致的工作作风			
		诚实守信的意识			
		讲原则、守规矩的意识			
		规范意识			
总分					

任务四　机件表达方法综合应用

工作任务	机件表达方法综合应用	建议学时	4 学时
任务描述	根据图 3-4-1 所示支架的结构，选择合适的视图，将其内、外形状表达清楚。 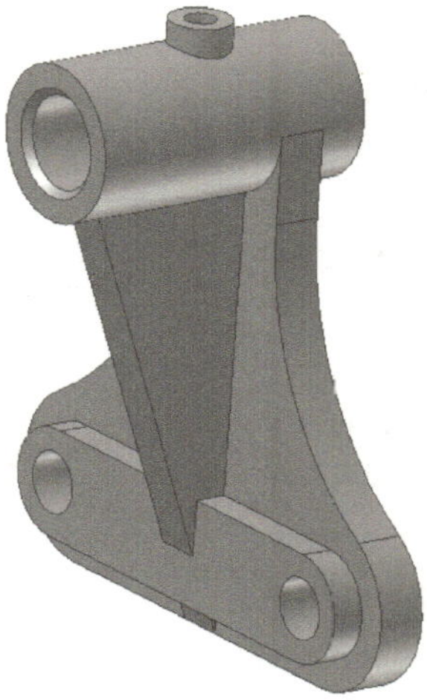 图 3-4-1　支架		
学习目标	◆巩固视图、剖视图、断面图等相关知识。 ◆会将物体的表达方法融会贯通，综合应用于较复杂的形体。 ◆熟悉 GB/T 16675.1—2012 国家标准，提高对机件的综合表达能力，提高绘图读图技能。 ◆具有综合实践应用能力，能根据常见机件表达方法准确、简洁地绘制出常规机件结构。		
任务分析	该支架的结构形状较为复杂，在表达这些结构时，需要有针对性地采用多种表达方法。在表达完善的前提下，应灵活选择视图，尽量考虑作图简便、看图方便的原则。		

【知识链接】

一、局部放大图

将机件的部分结构用大于原图形所采用的比例画出的图形，称为局部放大图。

画局部放大图时，一般用细实线圈出被放大部位，其放大图尽量配置在被放大部位附近。当物体上有多处被放大部位时，必须用罗马数字依次标明，并在相应局部放大图上方标出相同的罗马数字和放大比例（图 3-4-2）；仅有一个放大图时，只需标注比例即可。局部放大图可画成视图、剖视图和断面图，与被放大部位原来的表达方式无关。

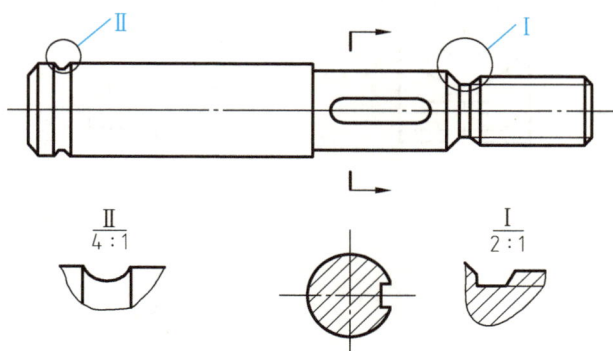

图 3-4-2　局部放大图

二、简化画法

1. 简化原则

1）简化必须保证不致引起误解和不会产生理解的多义性。在此前提下，应力求制图简便。

2）便于识读和绘制，注重简化的综合效果。

3）在考虑便于手工制图和计算机制图的同时，还要考虑缩微制图的要求。

2. 基本要求

1）应避免不必要的视图和剖视图，如图 3-4-3 所示。

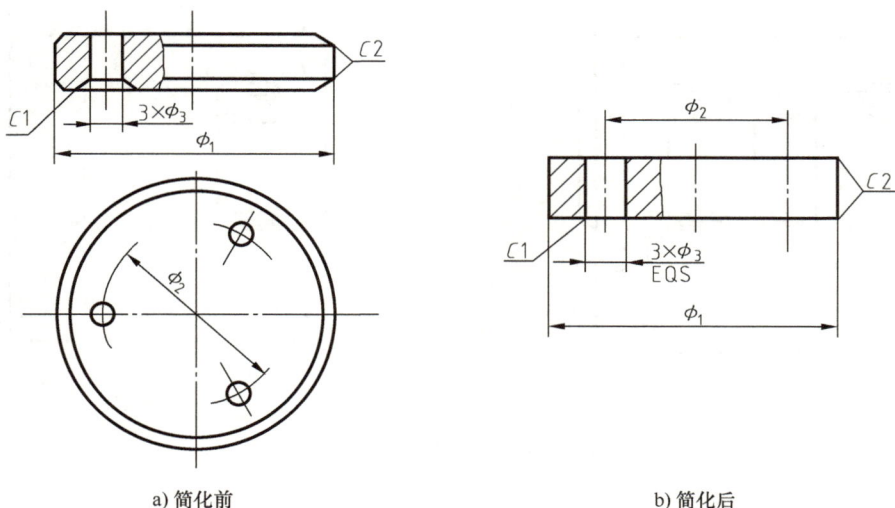

a) 简化前 　　　　　　　　　　　　　b) 简化后

图 3-4-3　避免不必要的视图和剖视图

2）在不致引起误解时，应避免使用虚线表示不可见的结构，如图 3-4-4 所示。

3）尽可能减少相同结构要素的重复绘制，如图 3-4-5 所示。

4）对于已清晰表达的结构，可对其进行简化，如图 3-4-6 所示。

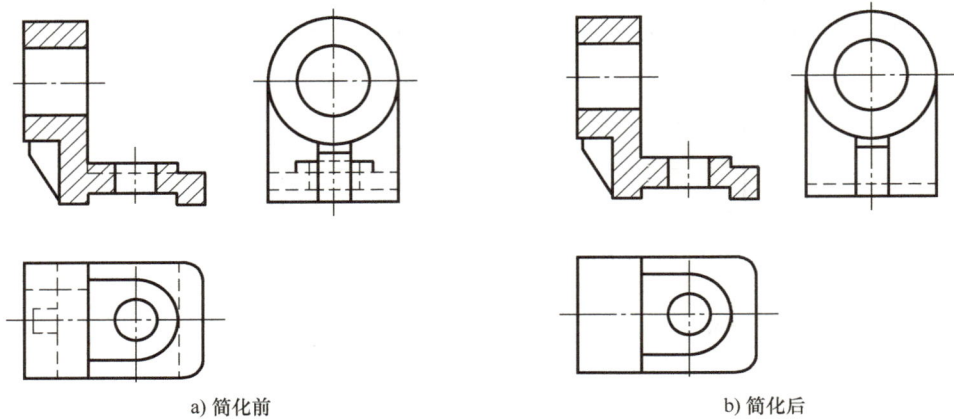

a) 简化前   b) 简化后

图 3-4-4   避免使用虚线表示不可见的结构

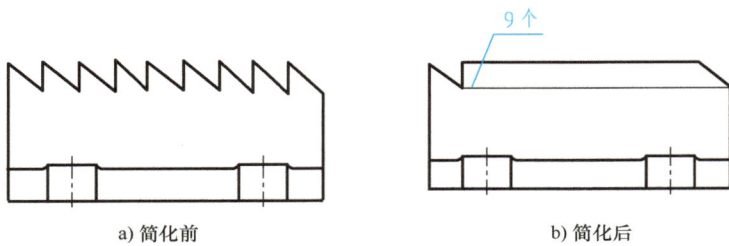

a) 简化前   b) 简化后

图 3-4-5   减少相同结构要素的重复绘制

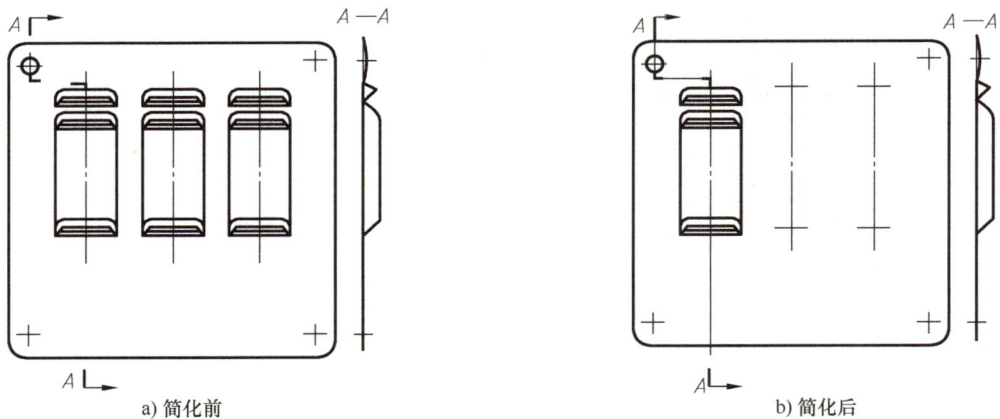

a) 简化前   b) 简化后

图 3-4-6   已清晰表达的结构

3. 简化画法

（1）剖视图中的简化画法　对于机件的肋、轮辐及薄壁等，如纵向剖切，这些结构都不画剖面符号，而用粗实线将其与邻接部分分开。当零件回转体上均匀分布的肋、轮辐、孔等结构不处于剖切平面上时，可将这些结构旋转到剖切平面上画出，如图 3-4-7 所示。

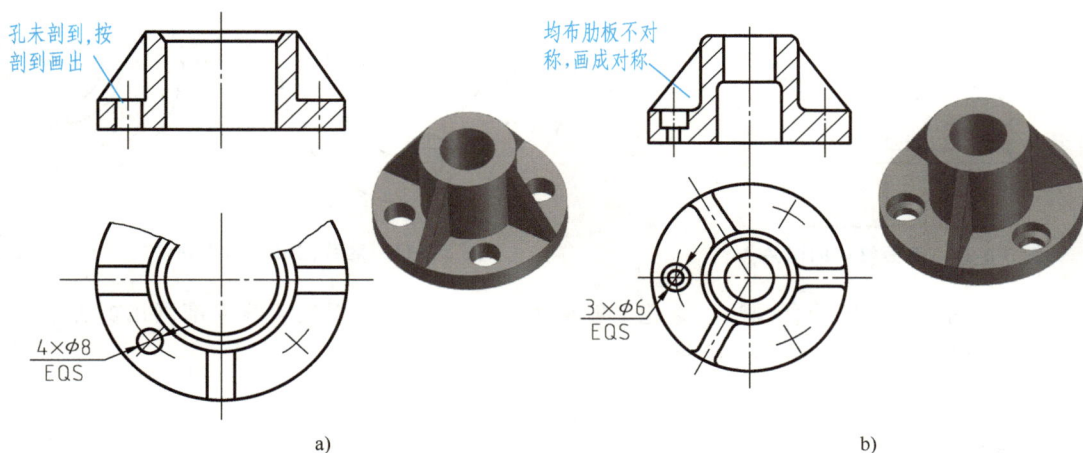

图 3-4-7　剖视图中的简化画法

（2）相同结构要素的简化画法　当机件具有若干相同结构（如齿、槽等），并按一定规律分布时，只需画出几个完整的结构，其余用细实线连接，在零件图中则必须注明该结构的总数，如图 3-4-8a 所示。

若干直径相同且成规律分布的孔，可以仅画出一个或少量几个，其余只需用细点画线表示其中心位置，如图 3-4-8b 所示。

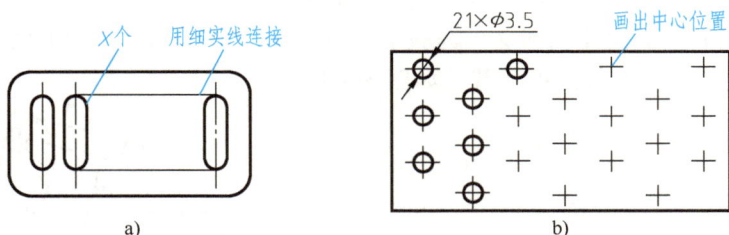

图 3-4-8　相同结构要素的画法

（3）较长机件的断开画法　较长的机件（轴、杆、型材、连杆等）沿长度方向的形状一致或按一定规律变化时，可断开后缩短绘制，如图 3-4-9 所示。

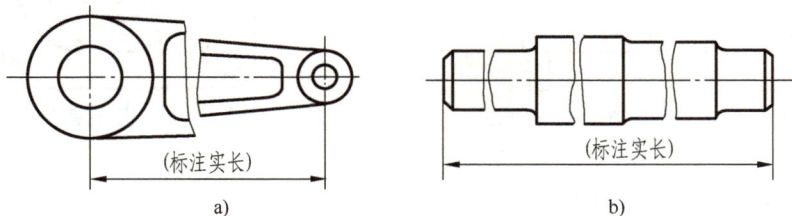

图 3-4-9　较长机件的断开画法

（4）平面符号的画法　当回转体零件上的平面在图形中不能充分表达时，可用两条相交的细实线表示这些平面，如图 3-4-10 所示。

（5）对称视图的简化画法　在不致引起误解时，对称机件的视图可只画一半或四分之一，并在对称中心线的两端画出两条与其垂直的平行细实线，如图 3-4-11 所示。

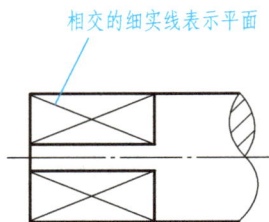

图 3-4-10 平面符号的画法

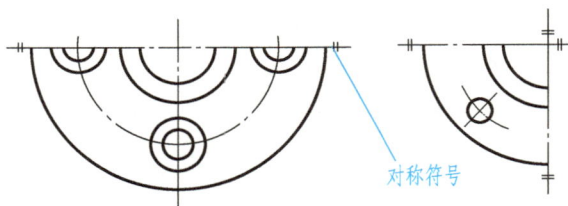

图 3-4-11 对称图形的简化画法

（6）网状结构的简化画法 滚花一般采用在轮廓线附件用粗实线局部画出的方法表示，也可省略不画，如图 3-4-12 所示。

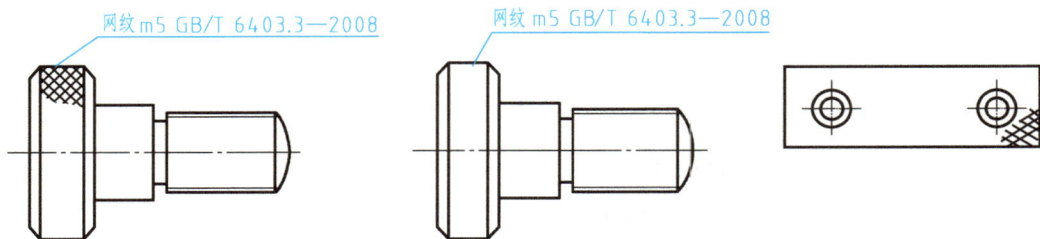

网纹 m5 GB/T 6403.3—2008

网纹 m5 GB/T 6403.3—2008

图 3-4-12 网状结构的简化画法

（7）法兰与零件上孔的简化画法 圆柱形法兰和类似零件上均匀分布的孔，可按图 3-4-13 所示的方法表示（由机件外向法兰端面方向投射）。

（8）某些圆和圆弧的简化画法 与投影面倾斜角度小于或等于 30°的圆或圆弧，手工绘图时，其投影可用圆或圆弧代替，如图 3-4-14 所示。

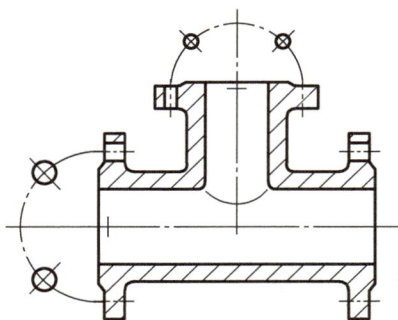

图 3-4-13 圆柱形法兰均布孔的简化画法

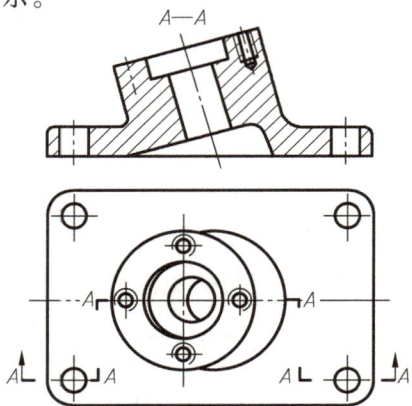

$A—A$

图 3-4-14 倾斜圆的简化画法

三、图样画法综合举例

机件的结构形状千差万别，学习机件表达方法的目的就是用一组图形将机件恰当、完整、清晰和简便地表达出来。所以，画机件图形时必须选择一个好的表达方案，既要注意使每个视图、剖视图和断面图等具有明确的表达目的，又要注意它们之间的内在联系。在选择表达方案时，首先应选择主视图，其次选择视图数量和表达方法。同一机件常常有多种表达方案，要通过分析和比较选择较好的一种。

以图 3-4-15 所示的四通管接头为例，介绍如何选择表达方案。该形体前后、左右、上下均不对称，内部结构形状均需一一表达。为了反映管接头的主要特征，将底法兰水平放置；为反映内部结构，将主视图画为旋转剖视图。

方案一

如图 3-4-16a 所示，主视图采用了旋转剖视图 $A—A$，形体的内部结构及左上方接管与右前方接管相通的关系，均已表达清楚；俯视图采用了阶梯剖视图 $B—B$，表达两个接管的方向及其法兰盘、底法兰形状：在主视图上还用了简化画法表达了顶部法兰上的分布小孔；为了表达左上方连接法兰的形状及其连接孔的位置关系，采用了 $C—C$ 剖视图，$C—C$ 剖视图还表达了接管的直径；用一斜剖视图 $D—D$ 表达了右前方法兰的形状、连接孔的位置关系及接管的直径。

图 3-4-15 四通管接头立体图

方案二

如图 3-4-16b 所示，主视图的选择与方案一相同。考虑到形体图样需要标注尺寸，而回转体的结构一般由一个非圆视图和有关尺寸即可表达清楚，所以形体各段的形状及各

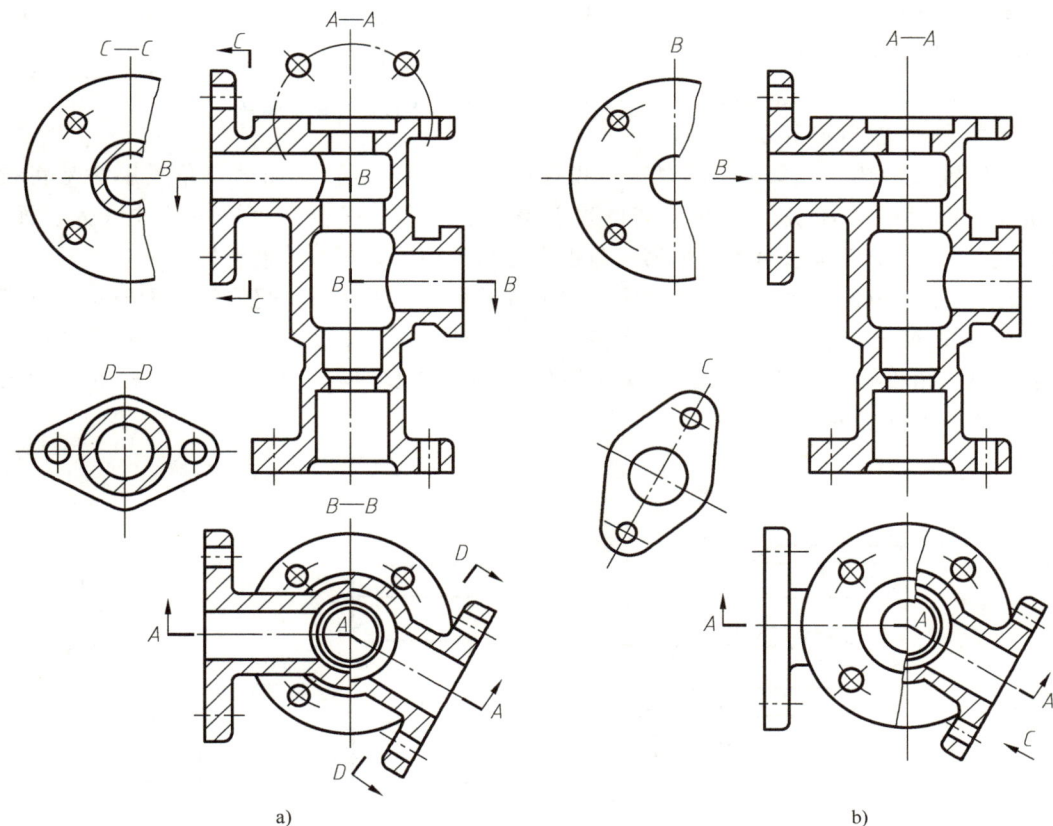

a)

b)

图 3-4-16 四通管接头表达方案

接管的形状，不必再用垂直于管道轴线的剖切画法表达。在此方案中，俯视图用局剖视图表达了右前法兰上的通孔及接管的方向，并同时表达底部法兰及其连接孔的位置关系。用 C 向斜视图和 B 向局部视图，分别表达了右前法兰和左上法兰的形状及其孔的位置关系。

以上两种方案各有特色，均可采用。

四、第三角投影法简介

用水平和竖直两投影面，可把空间划分为四个部分，每个部分被称为一个分角。将物体置于第一分角内投射后获得的多面正投影称为第一角投影，又称第一角画法。世界上多数国家（如中国、俄罗斯、德国、英国、法国等）采用第一角画法绘制技术图样。

将物体置于第三分角内而获得的多面正投影称为第三角投影，又称第三角画法。美国、日本、加拿大、澳大利亚等国采用第三角画法绘制技术图样。为便于国际交流，在这里简单介绍第三角投影的画法，供读者在阅读国外图样资料时作为参考。

第三角投影法与第一角投影法的区别如图 3-4-17 所示。

1）第一角投影法是将机件置于投射中心和投影面之间，其位置关系为：视线——机件——投影面（人、物、面）；而第三角投影法是将投影面置于投射中心和机件之间，其位置关系为：视线——投影面——机件（人、面、物）。若假定投影面是透明的，则第三角投影相当于观察者隔着玻璃看机件。

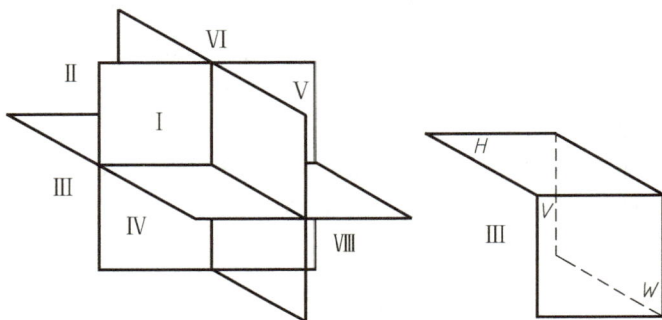

图 3-4-17　分角及编号

2）用第三角投影法画出的各视图间的配置关系为：展开时，仍假设 V 面不动，分别将 H 面与 W 面绕它们与 V 面的交线旋转至与 V 面处于同一平面内，展开后各视图的配置关系与第一角投影法是不同的，各视图间仍保持有"长对正、高平齐、宽相等"的关系，如图 3-4-18 所示。

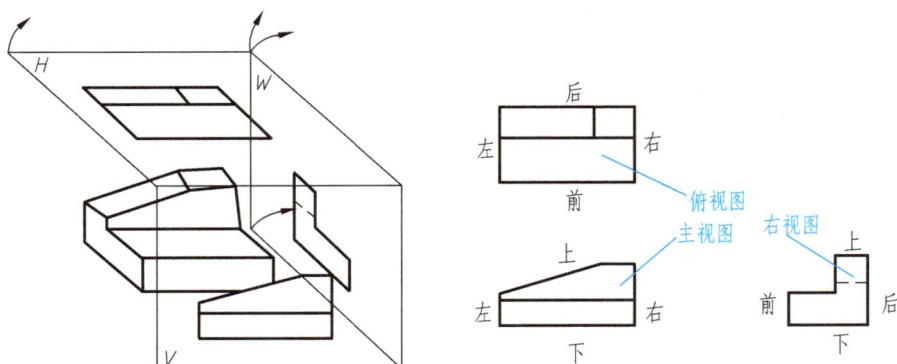

图 3-4-18　第三角投影法

3）采用第三角画法时，必须在图样中画出第三角投影的识别符号。图 3-4-19 所示为第一角与第三角画法的识别符号。

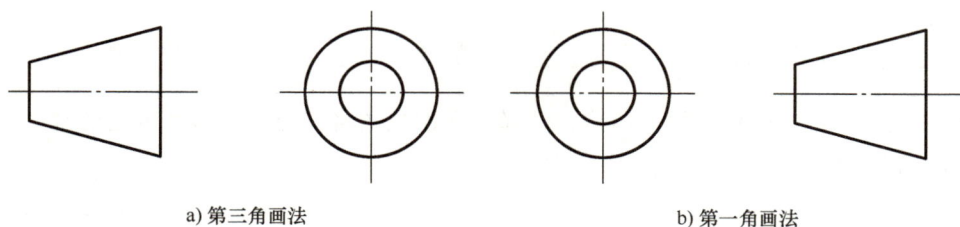

a) 第三角画法　　　　　　　　　　　　　b) 第一角画法

图 3-4-19　识别符号

【任务分组】

任务名称：_____

班级：_____　姓名：_____　日期：_____

学生任务分配表				
组号		指导教师		
组长		学号		
组员	姓名	学号	姓名	学号
任务分工				

任务工作单　绘制机件

组号：＿＿＿＿＿　　姓名：＿＿＿＿＿　　学号：＿＿＿＿＿　　检索号：　3-4-1

1. 根据图 3-4-1 所示支架的结构，选择合适的视图将其内、外形状表达清楚

（1）根据支架立体图进行结构分析

_____

_____

_____

_____

_____

（2）根据支架的三种表达方案进行分析和比较

方案一：如图 a 所示，用三视图表达支架，主视图采用外形视图，左视图采用全剖视图，俯视图也采用全剖视图，另加一个 B—B 局部剖视图和一个移出断面图。

方案二：如图 b 所示，主视图采用外形视图，左视图改为局部剖视图，减少了一个 B—B 的局部剖视图，同时将俯视图简化为一个移出断面图。

方案三：如图 c 所示，按工作位置绘制主视图并采用局部剖视图，同时为表示肋板厚度，在主视图中增加一个重合断面，左视图为基本视图，为表达支承板的形状，也加上一个重合断面。

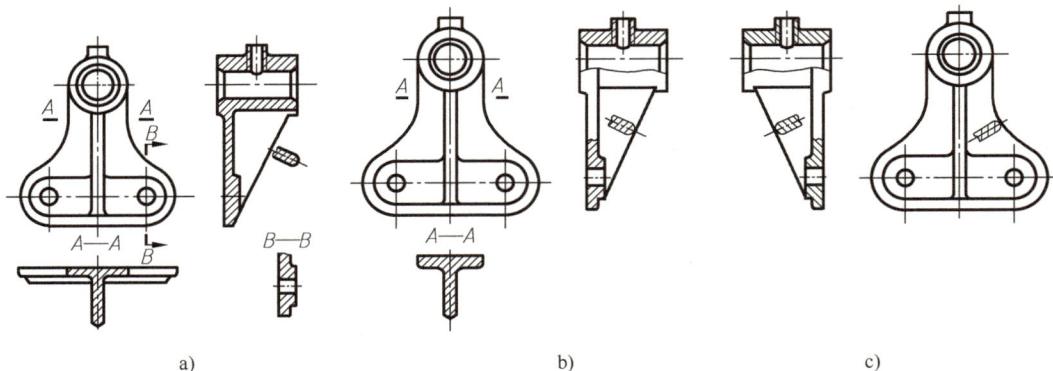

a)　　　　　　　　　　b)　　　　　　　　　　c)

方案分析：

_____

_____

_____

_____

_____

_____

2. 根据机件的轴测图，选择合适的表达方法，按 1：1 的比例绘制零件图并标注尺寸

（1）支座

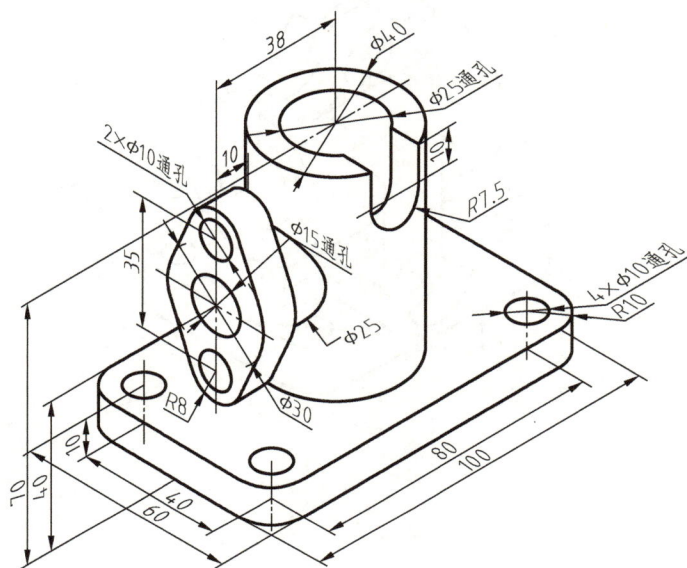

（2）支架

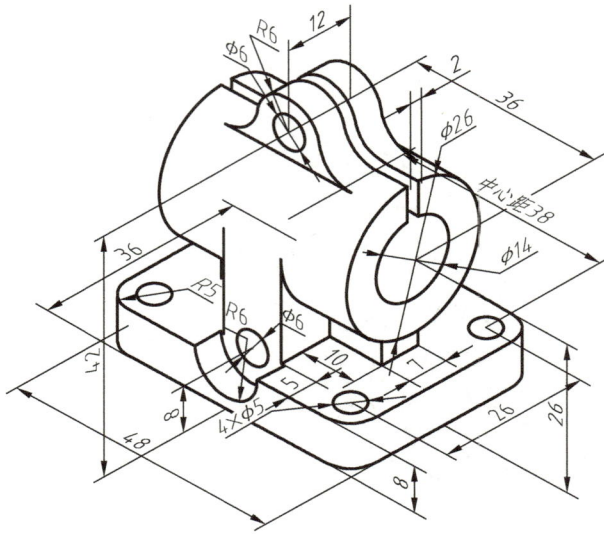

【评价反馈】

学生个人自评表

班级		组名		日期	年　月　日
姓名		学号			
评价指标	评价内容			分值	得　分
信息检索	能有效利用网络、图书资料、机械制图手册查找有用的相关信息;能有条理地解释、表述所学知识;能将查到的信息有效地应用到学习中			10分	
感知课堂	熟悉绘图岗位,认同岗位工作价值;在学习中能获得满足感,认同课堂文化			10分	
参与态度	积极主动参与学习,能吃苦耐劳,崇尚劳动光荣、技能宝贵;与教师、同学之间相互尊重、理解,能够保持多向、丰富、适宜的信息交流			10分	
	能处理好合作学习和独立思考的关系,做到有效学习;能提出有意义的问题或发表个人见解;能按要求正确绘图;能够倾听别人的意见,协作共享			10分	
学习过程	①会将物体的表达方法融会贯通,综合应用于较复杂的形体			10分	
	②能根据常见机件表达方法准确、简洁地绘制出常规机件			20分	
思维态度	能发现问题、提出问题、分析问题、解决问题、创新问题			10分	
自评反馈	按时、按质完成工作任务;较好地掌握专业知识点;具有较强的信息分析能力和理解能力;具有较为全面、严谨的思维能力,并能条理清楚、明晰地表达成文			20分	
自评分数					
有益的经验和做法					
总结反馈建议					

组内互评表

班级		组名		日期		年　　月　　日	
验收组长		组员		学号			
组内验收成员							
任务要求							
验收文档清单	任务工作单： 文献检索清单：						

验收评分	评分标准	分值	得分
	①配合小组安排，积极参与表达方案讨论	15 分	
	②常见机件表达方案合理、简洁、易读，错误 1 处扣 3 分	15 分	
	③绘图配置位置正确、标注正确；图线无遗漏、错画，图面整洁，错误 1 处扣 5 分	35 分	
	④综合实践运用能力，能举一反三绘制常见机件	20 分	
	⑤提供文献检索清单，不少于 4 项，缺 1 项扣 5 分	15 分	
	组内评价分数		
不足之处			

组间互评表

班级		被评组名		日期		年　　月　　日	
验收组名 （成员签字）							

评价指标	评价内容	分值	得分
汇报表述	表述准确	15 分	
	语言流畅	10 分	
	准确反映该组完成情况	15 分	
内容正确度	内容正确	30 分	
	阐述表达到位	30 分	
	组间评价分数		
简要评述			

任务完成情况评价表

班级			组名		
姓名			学号		

序号	任务内容及要求		配分	教师评价	
				结论	得分
1	配合小组安排,积极参与表达方案讨论	讨论积极	10分		
2	会制定常见机件表达方案	方案合理	10分		
3	绘图配置位置正确,标注正确;图线无遗漏、错画,图面整洁	绘图准确	30分		
4	综合实践运用能力,能举一反三绘制常见机件	绘制规范	20分		
5	至少提供4项文献检索清单	数量	10分		
		参考的主要内容要点	10分		
6	素质素养评价	沟通交流能力	10分		
		团队合作			
		课堂纪律			
		自主探学			
		合作研学			
		精益求精、专心细致的工作作风			
		诚实守信的意识			
		讲原则、守规矩的意识			
		规范意识			
总分					

项目四　标准件与常用件的绘制

任务一　绘制螺纹及螺纹紧固件

<table>
<tr><td>工作任务</td><td>绘制螺纹及螺纹紧固件</td><td>建议学时</td><td>4 学时</td></tr>
<tr><td>任务描述</td><td colspan="3">图 4-1-1 所示为螺栓连接组件，图中螺栓型号为：螺栓 GB/T 5782　M20×100，螺母型号为：螺母 GB/T 6170　M20，垫圈型号为：垫圈 GB/T 97.1　20。现要求采用简化画法，绘制螺栓连接图，不需要标注尺寸。
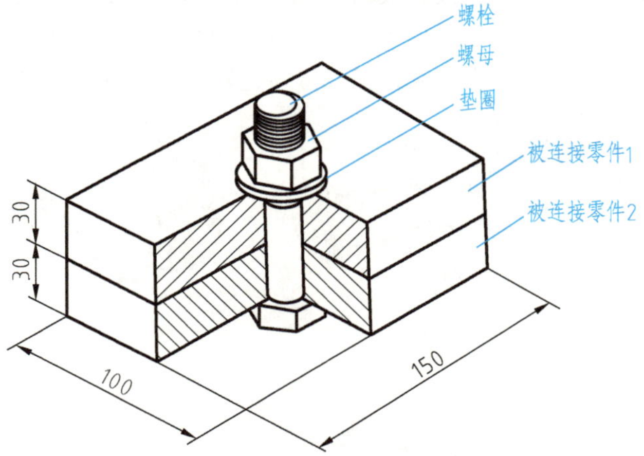

图 4-1-1　螺栓连接组件</td></tr>
<tr><td>学习目标</td><td colspan="3">◆能正确判断螺纹的旋向。
◆根据任务工作单，区分外螺纹和内螺纹的画法。
◆能按规定画法绘制螺纹和螺纹连接图。
◆根据给出的参数，会对螺纹进行标注。
◆能正确识别常用螺纹紧固件的名称。
◆能按任务要求，准确绘制螺栓连接图。
◆能主动获取信息，有效自主地学习，完成相关任务；能对组员的成果进行有效评价，并反思自己的学习效果；能与组员进行有效沟通，养成良好的绘图习惯和一丝不苟的工作作风。</td></tr>
</table>

（续）

任务分析	要绘制两零件的螺栓连接图，首先要正确选择螺纹紧固件，并能够按螺纹连接的规定画法进行绘制；熟悉螺纹紧固件的比例画法；最后绘制两零件螺纹连接图。

【知识链接】

在各种机电设备中，经常使用螺栓、螺钉、螺母、垫圈、键、销、轴承等零件。由于这些零件应用广、用量大，为了便于组织专业化生产，国家标准对这些零件的结构与尺寸都已全部实行了标准化，故统称其为标准件。而另外一些经常使用，但只是结构定型、部分参数标准化的零件（如齿轮、弹簧），则称为常用件。

一、螺纹的基本知识

螺纹是零件上常见的一种结构。螺纹是指在圆柱或圆锥表面上，具有相同牙型、沿螺旋线连续凸起的牙体。

螺纹分为外螺纹和内螺纹，成对使用。在圆柱或圆锥外表面上所形成的螺纹称为外螺纹，在圆柱或圆锥内表面上所形成的螺纹称为内螺纹。加工螺纹有多种方法，图 4-1-2a、b 所示是在车床上加工外、内螺纹，工件做匀速转动，螺纹车刀切入工件并做匀速直线运动，

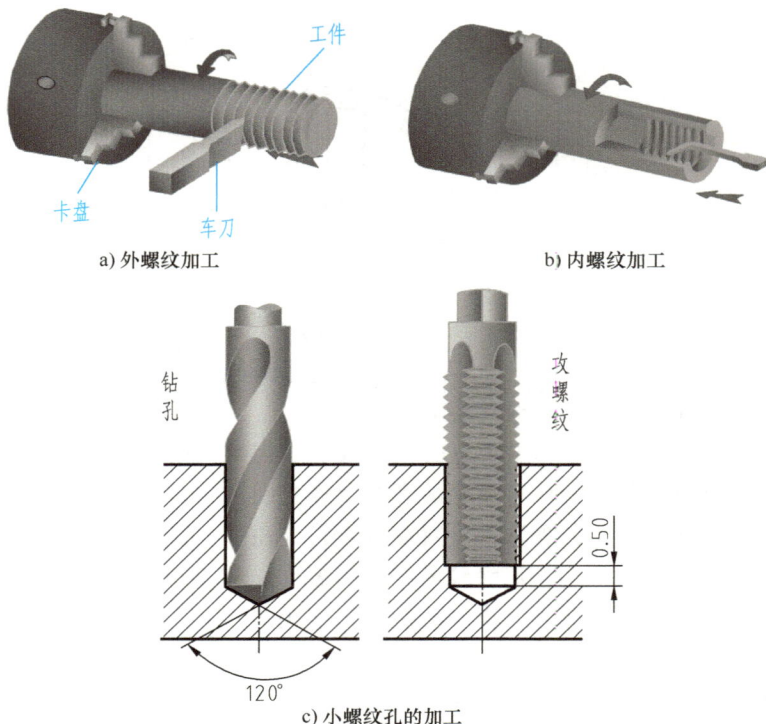

a) 外螺纹加工

b) 内螺纹加工

c) 小螺纹孔的加工

图 4-1-2　螺纹的加工

在工件上加工出螺纹。若加工直径比较小的内螺纹，则先用钻头钻出光孔，再用丝锥攻螺纹。因钻头的锥角为 118°，所以不通孔的锥顶角应画成 120°，如图 4-1-2c 所示。

（一）螺纹要素

1. 牙型

在通过螺纹轴线的剖面上，螺纹的轮廓形状称为牙型，如图 4-1-3 所示。常见的螺纹牙型有三角形、梯形、矩形和锯齿形等，其中矩形螺纹尚未标准化，其余牙型的螺纹一般均为标准螺纹。

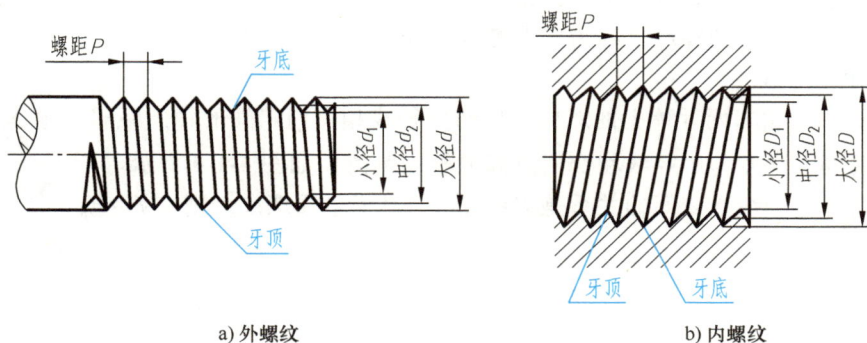

a) 外螺纹　　　　　　　　　　　　　　　b) 内螺纹

图 4-1-3　螺纹牙型与直径

2. 螺纹直径

螺纹直径有大径（d、D）、中径（d_2、D_2）和小径（d_1、D_1）之分，如图 4-1-3 所示。其中外螺纹大径 d 和内螺纹小径 D_1 又称为顶径。

（1）大径　是指与外螺纹牙顶或内螺纹牙底相切的假想圆柱或圆锥的直径，一般又称为螺纹的公称直径。

（2）小径　是指与外螺纹牙底或内螺纹牙顶相切的假想圆柱或圆锥的直径。

（3）中径　是指一个假想圆柱或圆锥的直径，该圆柱或圆锥的母线通过其螺纹上牙厚与牙槽宽相等的地方。

常用螺纹的特征代号及其用途见表 4-1-1。

表 4-1-1　常用螺纹的特征代号及其用途

螺纹种类		特征代号	牙型	用途
连接螺纹	普通螺纹　粗牙	M		最常用的连接螺纹
	普通螺纹　细牙	M		用于细小的精密或薄壁零件
	管螺纹	G		用于水管、油管、气管等薄壁管子上；用于管路的连接
传动螺纹	梯形螺纹	Tr		用于各种机床的丝杠，做传动用

（续）

	螺纹种类	特征代号	牙型	用途
传动螺纹	锯齿形螺纹	B		只能传递单方向的动力,如千斤顶螺杆

3. 线数

螺纹有单线与多线之分。沿一条螺旋线所形成的螺纹，称为单线螺纹；沿两条或两条以上螺旋线所形成的螺纹，称为多线螺纹。线数用代号 n 表示。

4. 螺距和导程

螺距 P 是指相邻两牙体上的对应牙侧与中径线相交两点间的轴向距离；导程 P_h 是指最邻近的两同名牙侧与中径线相交两点间的轴向距离，如图 4-1-4 所示。

螺距、导程、线数之间的关系是 $P = P_h/n$。对于单线螺纹，则有 $P = P_h$。

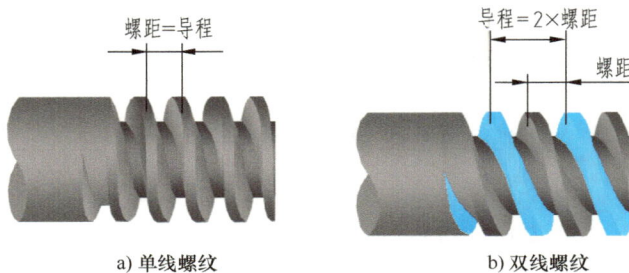

a) 单线螺纹   b) 双线螺纹

图 4-1-4 螺纹的线数

5. 旋向

螺纹的旋向有左、右之分。顺时针方向旋入的螺纹称为右旋螺纹；逆时针方向旋入的螺纹称为左旋螺纹，如图 4-1-5 所示。

旋向可按下面的方法判断：将外螺纹轴线垂直放置，螺纹的可见部分是右高左低者为右旋螺纹，左高右低者为左旋螺纹。

只有牙型、大径、螺距、线数和旋向等要素都相同的内、外螺纹才能旋合在一起。

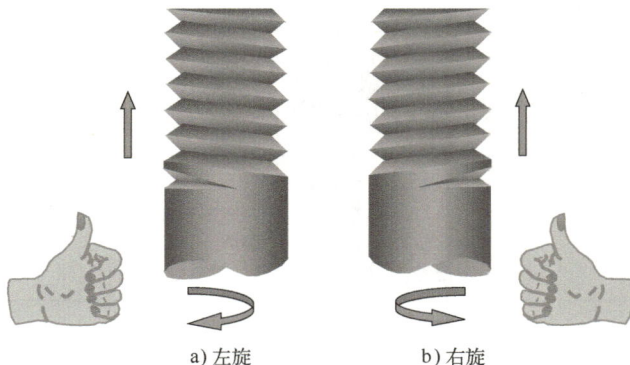

a) 左旋   b) 右旋

图 4-1-5 螺纹的旋向

（二）螺纹的分类

在螺纹的诸要素中，牙型、大径和螺距是决定螺纹结构规格的最基本的要素，称为螺纹三要素。凡螺纹三要素符合国家标准规定的，称为标准螺纹；牙型不符合标准的，称为非标准螺纹；若螺纹牙型符合标准，而另两个要素不符合标准，称为特殊螺纹。

螺纹按用途不同可分为连接螺纹和传动螺纹。

（1）连接螺纹　用于连接两个或两个以上零件的螺纹，主要起连接和调整的作用。常用的连接螺纹有普通螺纹 M（60°三角形螺纹）和管螺纹 G（55°非密封管螺纹）等。

（2）传动螺纹　用于传递运动和动力的螺纹，常用的有梯形螺纹、锯齿形螺纹和矩形螺纹。

（三）螺纹的规定画法

螺纹的结构比较复杂，为了简化作图，国家标准《机械制图　螺纹及螺纹紧固件表示法》（GB/T 4459.1—1995）对螺纹画法做了规定。

1）螺纹牙顶圆的投影用粗实线表示，牙底圆的投影用细实线表示，在螺杆的倒角或倒圆部分也应画出。在垂直于螺纹轴线的投影面的视图中，表示牙底圆的细实线只画约 3/4 圈（空出约 1/4 圈的位置不做规定），此时，螺杆或螺孔上的倒角投影不应画出（图 4-1-6 和图 4-1-7）。

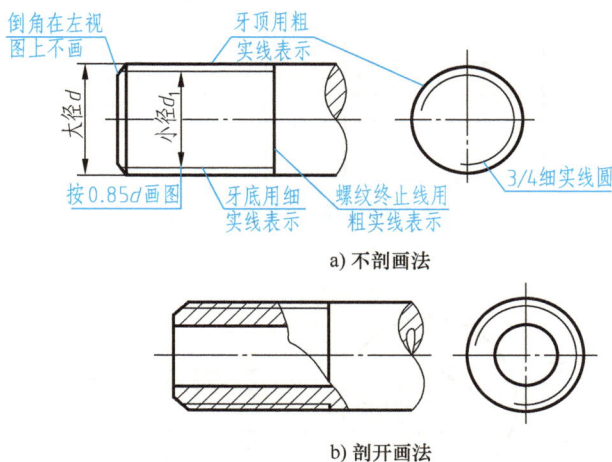

a) 不剖画法

b) 剖开画法

图 4-1-6　外螺纹的画法

2）有效螺纹的终止界线（简称螺纹终止线）用粗实线表示，外螺纹终止线的画法如图 4-1-6 所示，内螺纹终止线的画法如图 4-1-7 所示。

3）螺尾部分一般不必画出，当需要表示螺尾时，该部分用与轴线成 30°角的细实线画出（图 4-1-8 和图 4-1-9b）。

4）不可见螺纹的所有图线用虚线绘制（图 4-1-8）。

5）无论是外螺纹还是内螺纹，剖视图中的剖面线都应画到粗实线。

6）绘制不穿通的螺孔时，一般应将钻孔深度与螺纹部分的深度分别画出（图 4-1-7b）。

7）以剖视图表示内、外螺纹的连接时，其旋合部分应按外螺纹的画法绘制，其余部分仍按各自的画法表示（图 4-1-9）。

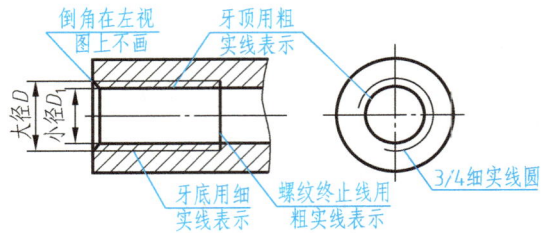

a) 通孔画法

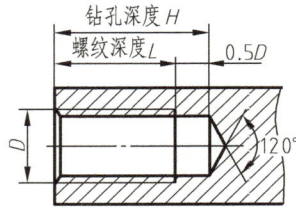

b) 不通孔画法

图 4-1-7　内螺纹的画法

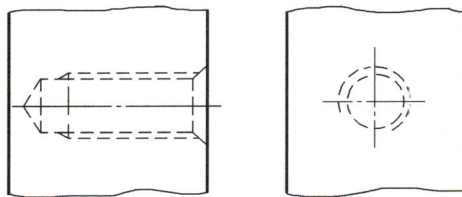

图 4-1-8　不可见螺纹的画法

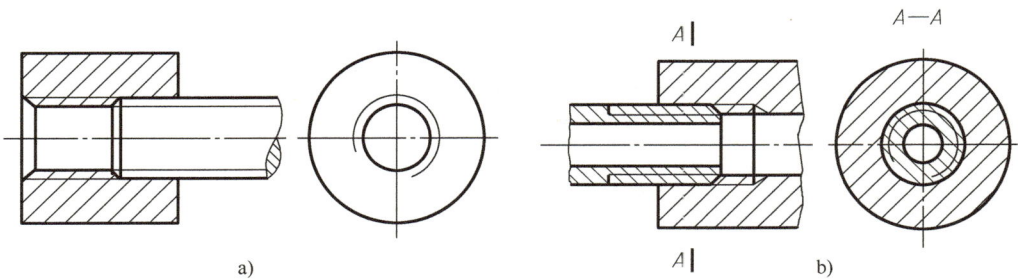

图 4-1-9　螺纹连接的画法

（四）螺纹的标记及其注法

螺纹按规定画法简化画出后，在视图上并不能反映其牙型、螺距、线数和旋向等结构要素，因此必须按规定的标记在图样中进行标注。

1. 螺纹的标记规定

（1）常用标准螺纹的标记　普通螺纹、梯形螺纹和锯齿形螺纹的标记由以下五部分组成。

| 螺纹特征代号 | 尺寸代号 | -公差带代号 | -旋合长度代号 | -旋向代号 |

现以多线、左旋普通螺纹为例，说明其标记中各部分代号的含义及注写规定。

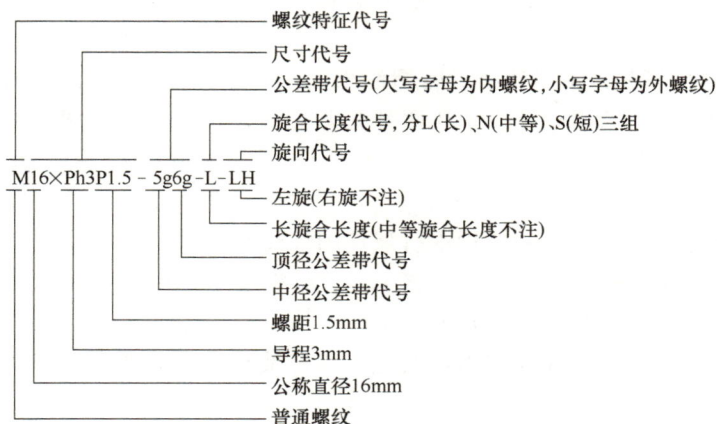

```
M16×Ph3P1.5 - 5g6g-L-LH
```
- 螺纹特征代号
- 尺寸代号
- 公差带代号(大写字母为内螺纹,小写字母为外螺纹)
- 旋合长度代号,分L(长)、N(中等)、S(短)三组
- 旋向代号
- 左旋(右旋不注)
- 长旋合长度(中等旋合长度不注)
- 顶径公差带代号
- 中径公差带代号
- 螺距1.5mm
- 导程3mm
- 公称直径16mm
- 普通螺纹

（2）管螺纹的标记

| 螺纹特征代号 | 尺寸代号 | 公差等级代号 | 旋向代号 |

```
G1½A
```
- 螺纹特征代号
- 公差等级代号
- 尺寸代号(无单位)

[例 4-1-1]　公称直径为 8mm、螺距为 1mm 的单线细牙普通螺纹，试写出其标记。

解　标记为"M8×1"。

[例 4-1-2]　公称直径为 16mm、螺距为 1.5mm、导程为 3mm、中等旋合长度的双线螺纹，试写出其标记。

解　标记为"M16×Ph3P1.5"。

[例 4-1-3]　公称直径为 10mm、螺距为 1mm、中径公差带为 5H、顶径公差带为 6H 的内螺纹，试写出其标记。

解　标记为"M10×1-5H6H"。

[例 4-1-4]　公称直径为 14mm、螺距为 2mm、导程为 6mm、中径公差带和顶径公差带均为 7H、长旋合长度的左旋内螺纹，试写出其标记。

解　标记为"M14×Ph6P2-7H-L-LH"。

[例 4-1-5]　公称直径为 36mm、螺距为 6mm、导程为 12mm、中径公差带和顶径公差带均为 7H、中等旋合长度的右旋双线梯形内螺纹，试写出其标记。

解　标记为"Tr36×Ph12P6-7H"。

（3）注意事项

1）普通螺纹有粗牙和细牙两种，粗牙可以不标注螺距，细牙必须注出螺距。

2）螺纹公差带代号包含中径公差带代号和顶径公差带代号，如"5H6H"。中径公差带代号在前，顶径公差带代号在后。各直径的公差带代号由表示公差等级的数值和表示公差带位置的字母（内螺纹用大写字母，外螺纹用小写字母）组成。如果中径公差带代号与顶径公差带代号相同，则应只标注一个公差带代号，如"7H"。

3）对短旋合长度组和长旋合长度组的螺纹，宜在公差带代号后分别标注"S"和

"L"代号。中等旋合长度组螺纹不标注旋合长度代号（N）。

4）对左旋螺纹，应在旋合长度代号之后标注"LH"代号。右旋螺纹不标注旋向代号。

5）非密封的内管螺纹和55°密封管螺纹仅有一种公差等级，公差带代号省略不注，如"Rc1"。非密封的外管螺纹有A、B两种公差等级，螺纹公差等级代号标注在尺寸代号之后，如"G1½A-LH"。

2. 螺纹的标注方法

（1）标注的螺纹　应注出相应标准所规定的螺纹标记。

（2）公称直径以mm为单位的螺纹　其标记应直接注在大径的尺寸线上（图4-1-10a）或其引出线上（图4-1-10b、c）。

（3）管螺纹　其标记一律注在引出线上，引出线应由大径处引出（图4-1-10d、e），或由对称中心处引出（图4-1-10f）。

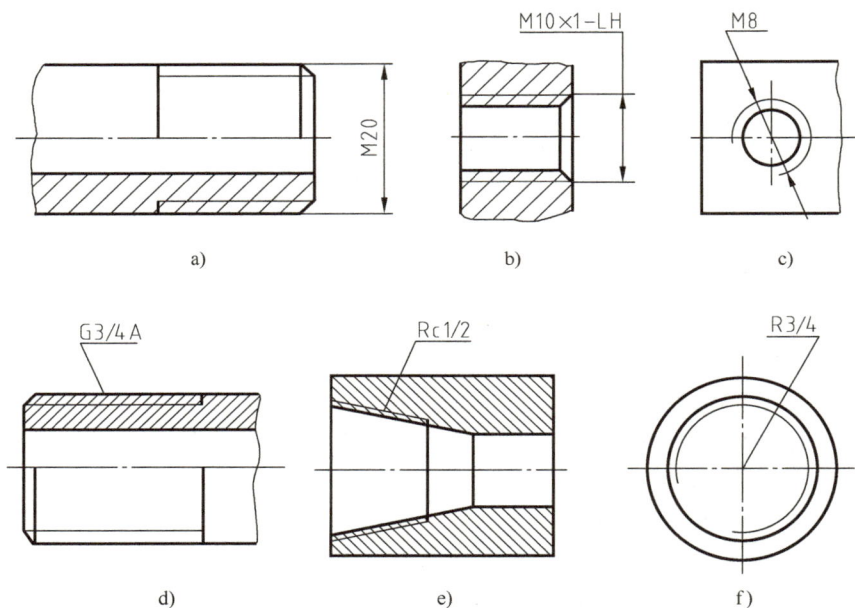

图 4-1-10　螺纹的标注

二、螺纹紧固件及其连接的画法

（一）常用螺纹紧固件及其规定标记

螺纹紧固件是指通过螺纹起连接和紧固作用的零件。常用的螺纹紧固件有螺栓、螺柱、螺钉、螺母和垫圈等，如图4-1-11所示。

螺纹紧固件的结构、尺寸均已标准化，使用时可以从相应的标准中查出所需的结构尺寸。国家标准《紧固件标记方法》（GB/T 1237—2000）规定，紧固件的标记方法分完整标记和简化标记两种，完整标记应按图4-1-12规定的内容及顺序表示。

常用螺纹紧固件的标记示例见表4-1-2。

a) 六角头螺栓　　　　b) 双头螺柱　　　　c) 六角螺母　　　　d) 六角开槽螺母

e) 内六角圆柱头螺钉　f) 开槽圆柱头螺钉　g) 开槽沉头螺钉　　h) 紧定螺钉

i) 平垫圈　　　　　　j) 弹簧垫圈　　　　k) 圆螺母用止动垫圈　l) 圆螺母

图 4-1-11　常用的螺纹紧固件

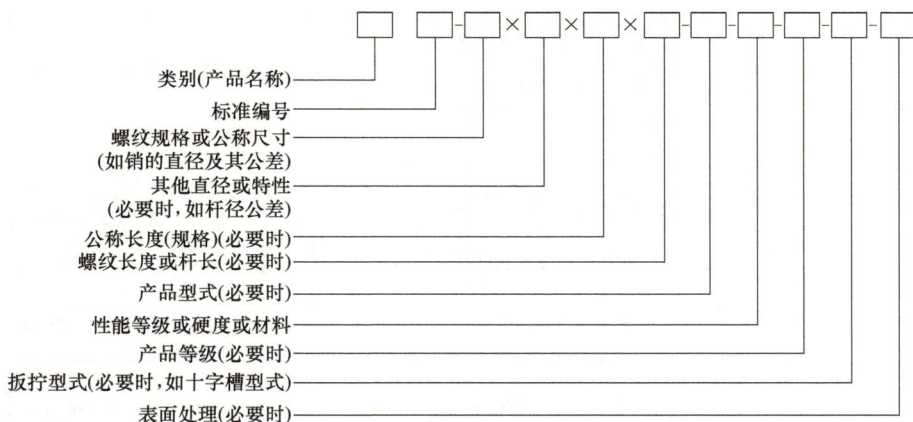

类别(产品名称)
标准编号
螺纹规格或公称尺寸
(如销的直径及其公差)
其他直径或特性
(必要时,如杆径公差)
公称长度(规格)(必要时)
螺纹长度或杆长(必要时)
产品型式(必要时)
性能等级或硬度或材料
产品等级(必要时)
扳拧型式(必要时,如十字槽型式)
表面处理(必要时)

图 4-1-12　紧固件产品的完整标记

表 4-1-2　常用螺纹紧固件的标记示例

名称及标准编号	图　例	标记示例
六角头螺栓 GB/T 5782—2016		螺纹规格为 M12、公称长度 $l = 80$ mm、性能等级为 10.9 级、表面氧化处理、产品等级为 A 级的六角头螺栓 　完整标记:螺栓 GB/T 5782—2016-M12×80-10.9-A-O 　简化标记:螺栓 GB/T 5782　M12×80

（续）

名称及标准编号	图　例	标记示例
双头螺柱 （$b_m = 1.25d$） GB/T 898—1988		螺纹规格为 M12、公称长度 $l = 60$mm、性能等级为常用的 4.8 级、不经表面处理、$b_m = 1.25d$、两端均为粗牙普通螺纹的 B 型双头螺柱 完整标记：螺柱 GB/T 898—1988-M12×60-B-4.8 简化标记：螺柱 GB/T 898　M12×60 当螺柱为 A 型时，应将螺柱规格大小写成"AM12×60"
内六角圆柱头螺钉 GB/T 70.1—2008		螺纹规格为 M10、公称长度 $l = 60$mm、性能等级为常用的 8.8 级、表面氧化处理、产品等级为 A 级的内六角圆柱头螺钉 完整标记：螺钉 GB/T 70.1—2008-M10×60-8.8-A-O 简化标记：螺钉 GB/T 70.1　M10×60
开槽圆柱头螺钉 GB/T 65—2016 开槽沉头螺钉 GB/T 68—2016		螺纹规格为 M10、公称长度 $l = 60$mm、性能等级为常用的 4.8 级、不经表面处理、产品等级为 A 级的开槽圆柱头螺钉 完整标记：螺钉 GB/T 65—2016-M10×60-4.8-A 简化标记：螺钉 GB/T 65　M10×60
开槽长圆柱端紧定螺钉 GB/T 75—2018		螺纹规格为 M5、公称长度 $l = 12$mm、性能等级为常用的 14H 级、表面氧化处理的开槽长圆柱端紧定螺钉 完整标记：螺钉 GB/T 75—2018-M5×12-14HA-O 简化标记：螺钉 GB/T 75　M5×12
1 型六角螺母 GB/T 6170—2015		螺纹规格为 M12、性能等级为 8 级、不经表面处理、产品等级为 A 级的 1 型六角螺母 完整标记：螺母 GB/T 6170—2015-M16-8-A 简化标记：螺母 GB/T 6170　M16
平垫圈 A 级 GB/T 97.1—2002 平垫圈 倒角型 A 级 GB/T 97.2—2002		标准系列、规格为 8mm、性能等级为 300HV、表面氧化处理、产品等级为 A 级的平垫圈 完整标记：垫圈 GB/T 97.1—2002-8-300HV-A-O 简化标记：垫圈 GB/T 97.1　8

（续）

名称及标准编号	图　　例	标记示例
标准型弹簧垫圈 GB/T 93—1987	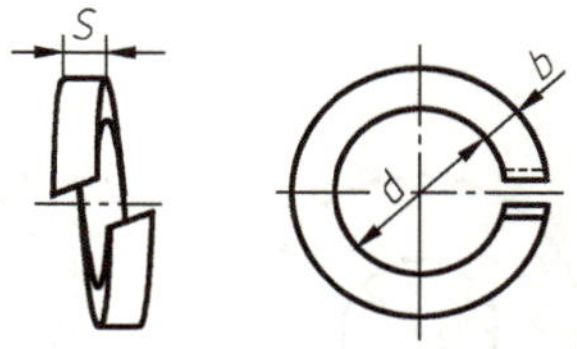	规格为 16mm、材料为 65Mn、表面氧化处理的标准型弹簧垫圈 完整标记：垫圈 GB/T 93—1987-16-65Mn-O 简化标记：垫圈 GB/T 93　16

（二）常用螺纹紧固件及其连接的画法

1. 常用螺纹紧固件的比例画法

工程实践中常用比例画法，将螺纹紧固件各部分的尺寸（公称长度除外）都与规格 d（或 D）建立一定的比例关系，见表 4-1-3。

表 4-1-3　常用螺纹紧固件的比例画法

名称	比例画法
六角头螺栓、 六角螺母	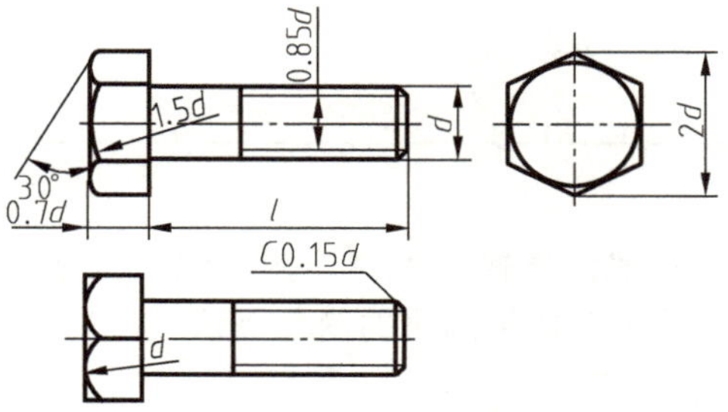 六角头螺栓 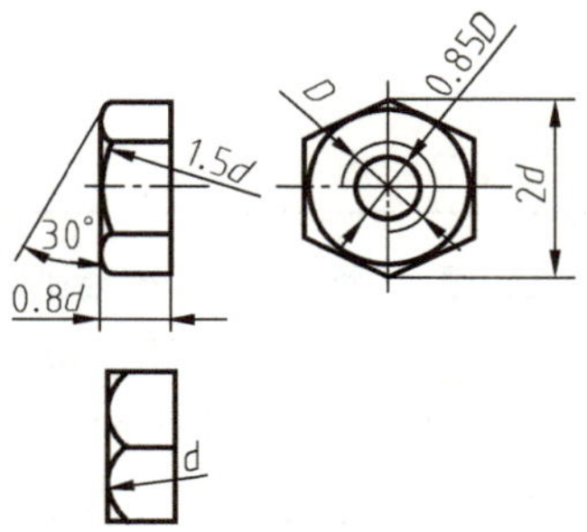 六角螺母
双头螺柱、 内六角圆柱头 螺钉	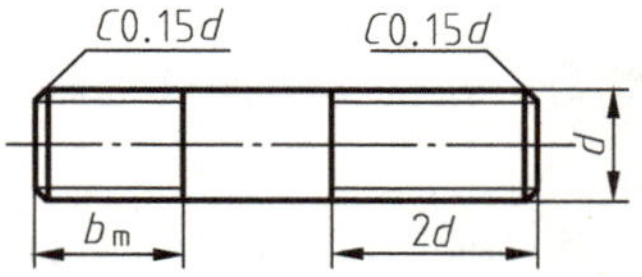 双头螺柱 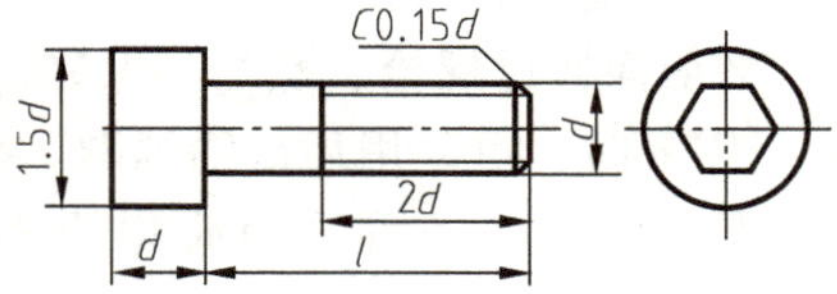 内六角圆柱头螺钉
开槽圆柱头螺钉、 开槽沉头螺钉	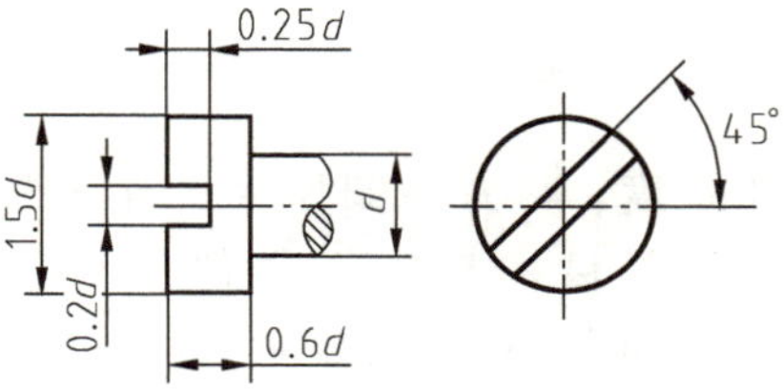 开槽圆柱头螺钉 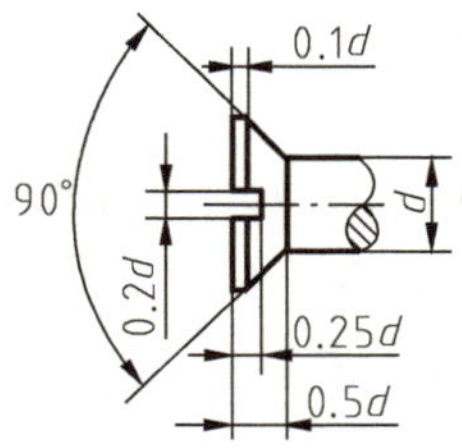 开槽沉头螺钉

（续）

名称	比例画法
平垫圈、弹簧垫圈	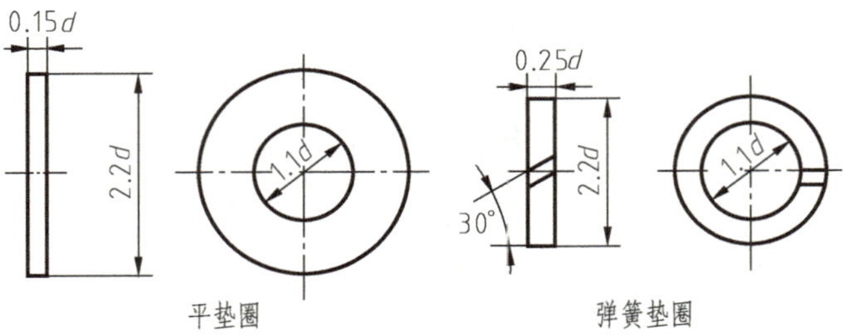
钻孔、螺孔、光孔	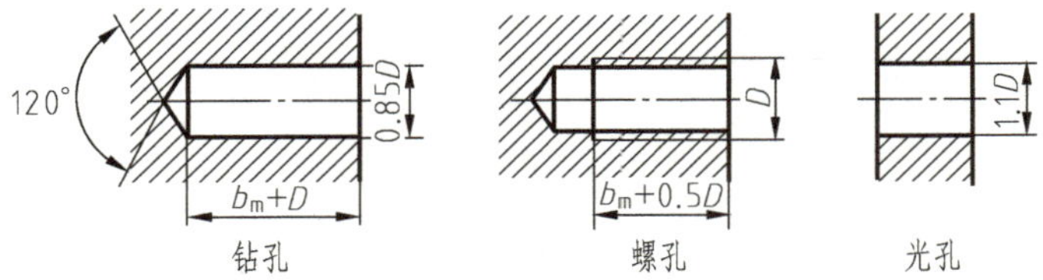

2. 螺纹紧固件的连接画法

常见的螺纹紧固件连接方式有螺栓连接、螺柱连接和螺钉连接。为方便作图，画图时一般不按实际尺寸作图，而是采用按比例画出的简化画法。

（1）画连接图的基本规定

1）两零件接触面处只画一条线，凡不接触的表面，不论间隙多小都必须画两条线。

2）在剖视图中，两相邻零件的剖面线方向应相反或间隔不同。而在各剖视图中，同一个零件剖面线的方向和间隔应相同。

3）剖切面通过螺栓、螺柱、螺钉、螺母、垫圈等标准件的轴线时，这些零件均按外形画出。需要时，可采用局部剖视图。

4）螺纹紧固件还可采用简化画法，其倒角、六角头部曲线等均可省略不画，如图 4-1-13b 所示。

（2）螺纹紧固件有效长度的计算　螺栓、螺柱、螺钉的有效长度分别由下式计算：

1）螺栓 $l \geqslant t_1 + t_2 + h + m + a$。

2）螺柱 $l \geqslant t + h + m + a$。

3）螺钉 $l \geqslant t + b_m$。

式中：t_1、t_2、t 为连接件厚度；h 为垫圈厚度；m 为螺母厚度；a 为伸出端长度，一般取 $0.3d$；b_m 为旋入端长度，与旋入零件的材料有关（对于钢或青铜，$b_m = d$；对于铸铁，$b_m = 1.25d \sim 1.5d$；对于铝合金，$b_m = 2d$）。垫圈、螺母各部分尺寸参见表 4-1-3。

有效长度 l 计算出来后，在相应的标准长度系列中，查出相接近的标准长度数值 l。

（3）螺栓连接的画法　螺栓连接是将螺栓的杆身穿过两个较薄零件上的通孔，套上垫圈，再用螺母拧紧，使两个零件连接在一起的一种连接方式，如图 4-1-13 所示。

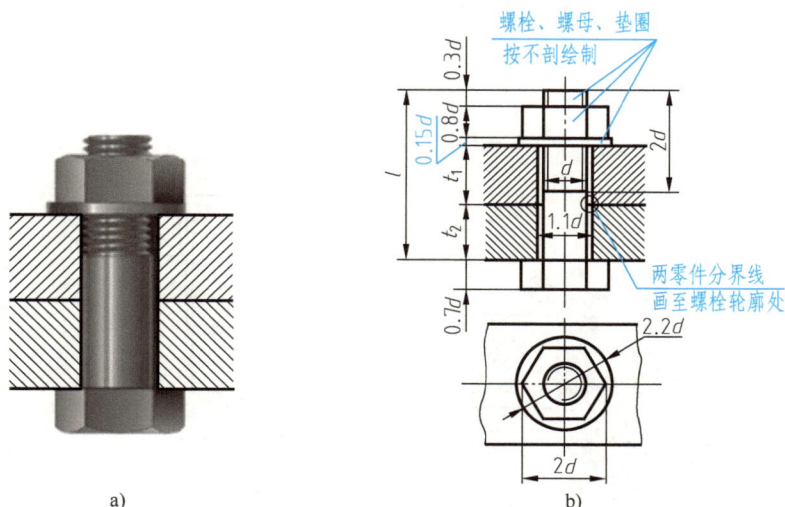

图 4-1-13 螺栓连接的简化画法

（4）螺柱连接的画法 双头螺柱常用于被连接件之一较厚，不宜使用螺栓连接的场合。为了防松，有时需要使用弹簧垫圈。画图时，旋入端的螺纹终止线应与螺孔端面平齐，旋合部分按外螺纹的画法绘制，其他部分与螺栓连接的画法相同，如图 4-1-14 所示。

（5）螺钉连接的画法 螺钉的种类很多，按其用途可分为连接螺钉和紧定螺钉两种，前者用于连接零件，后者用于固定零件。

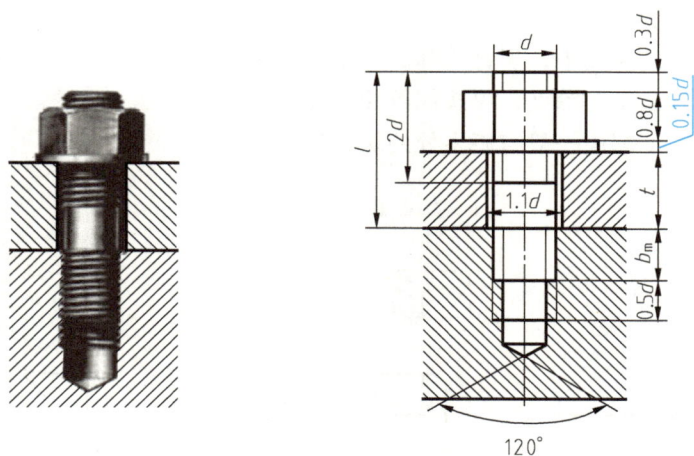

图 4-1-14 螺柱连接的简化画法

1）连接螺钉。连接螺钉用来连接不经常拆卸且受力较小的零件。两个被连接件一厚一薄，其中薄的连接件上加工有通孔，孔径为 $1.1d$，厚的连接件上加工有螺孔。连接时，将螺钉穿过薄连接件上的通孔，旋入厚连接件的螺孔中，并依靠螺钉头部压紧被连接件而实现两者的连接。常见的连接螺钉有开槽圆柱头螺钉、开槽半圆头螺钉、开槽沉头螺钉、内六角圆柱头螺钉等。图 4-1-15 所示为开槽圆柱头螺钉连接的简化画法。

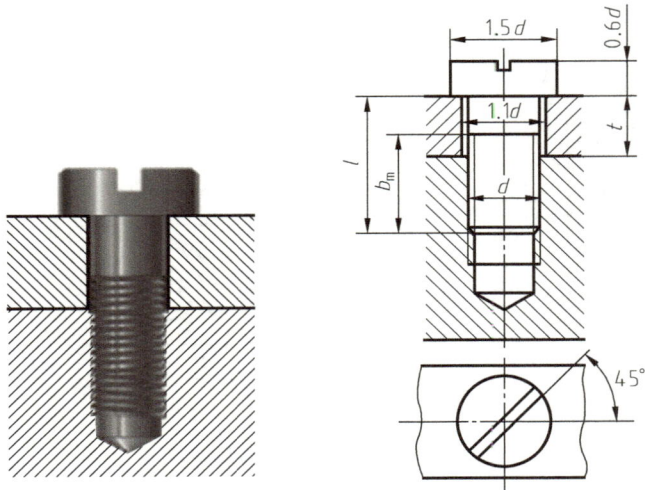

图 4-1-15　螺钉连接的简化画法

2）紧定螺钉。紧定螺钉常用的类型有内六角锥端、平端、圆柱端，开槽锥端、圆柱端等。

紧定螺钉用来固定两个零件，使它们不产生相对运动。图 4-1-16 所示为用开槽锥端紧定螺钉限制轮和轴的相对位置，使它们不能产生轴向相对运动。

画螺钉连接图时的注意事项：

① 在投影为圆的视图中，螺钉头部的一字槽应按与水平线成45°角方向画出。

② 螺孔可不画出钻孔深度，仅按螺纹深度画出。

③ 紧定螺钉的上端面一般与旋入处的螺孔口画平齐。

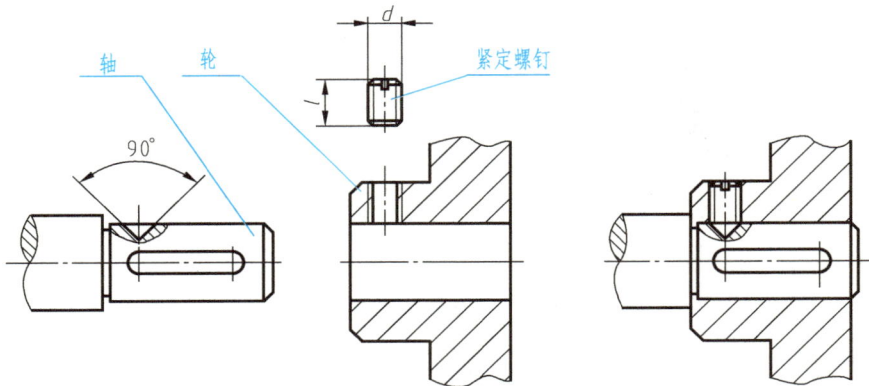

图 4-1-16　紧定螺钉的连接画法

【任务分组】

任务名称：_____

班级：_____　姓名：_____　日期：_____

学生任务分配表				
组号		指导教师		
组长		学号		
组员	姓名	学号	姓名	学号
任务分工				

任务工作单 1　认识和绘制螺纹

组号：_____　姓名：_____　学号：_____　检索号：　4-1-1

1. 查阅资料，根据以下图片判断各螺纹是左旋螺纹还是右旋螺纹

（　）旋螺纹　　（　）旋螺纹

2. 选择正确的螺纹及螺纹连接画法，并思考问题

（1）下列外螺纹画法正确的是（　　　）

A　　　　　　　　　B

C　　　　　　　　　D

（2）下列内螺纹画法正确的是（　　　）

A　　　　　　　　　B

C　　　　　　　　　D

（3）下列螺纹连接画法正确的是（　　　）

A

B

C

D

（4）请同学们分小组讨论，外螺纹和内螺纹的画法有何不同？将讨论结果规范地填写在下面的方格内

3. 按规定画法绘制螺纹的主、左视图

（1）外螺纹公称直径 M20，螺纹长度 25mm

（2）内螺纹公称直径 M20，螺纹长度 25mm，钻孔深度 30mm，端面倒角 C2

（3）将上述内、外螺纹旋合，旋入长度20mm，画出螺纹连接图

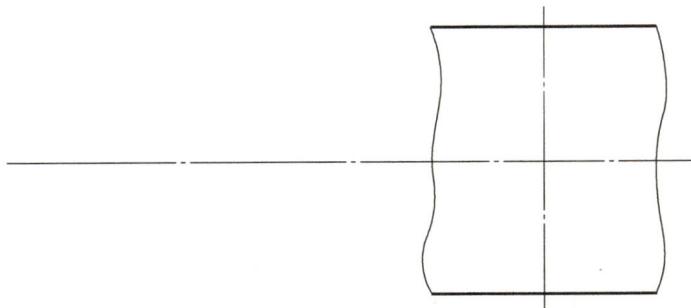

4. 根据给出的参数，按规定标记对螺纹进行标注

（1）粗牙普通螺纹，大径为24mm，螺距为3mm，单线，右旋，中径和顶径公差带代号均为6g

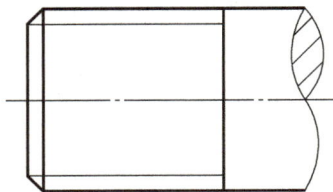

（2）细牙普通螺纹，大径为16mm，螺距为1.5mm，单线，右旋，中径和顶径的公差带代号均为6H

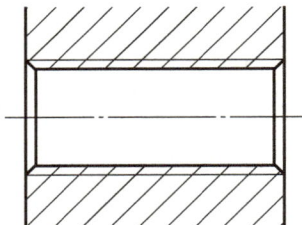

（3）根据螺纹的标注，查表填空

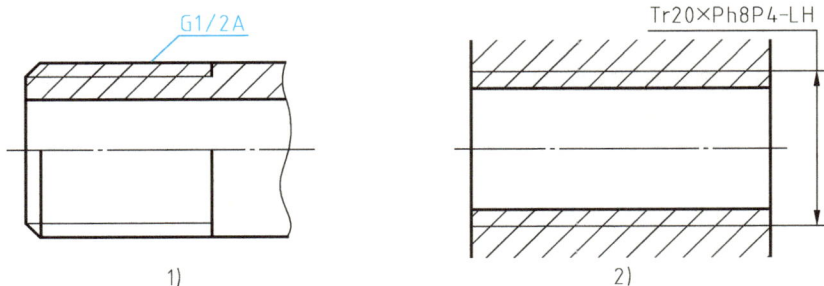

G1/2A

Tr20×Ph8P4-LH

1）

2）

1）该螺纹为_____，尺寸代号为_____，公差等级为_____，旋向为_____。

2）该螺纹为_____，公称直径为_____，螺距为_____，线数为_____，旋向为_____。

任务工作单 2　认识和绘制螺纹紧固件及连接

组号：_____　　姓名：_____　　学号：_____　　检索号：___4-1-2___

---

1. 查阅资料，写出如图所示螺纹紧固件的名称

名称：_____

名称：_____

名称：_____

名称：_____

名称：_____

名称：_____

名称：_____

名称：_____

2. 根据工单任务，现要求采用简化画法，绘制螺栓连接图，不需要标注尺寸

（1）绘图分析

图 4-1-1 所示的螺栓连接组件由_____、_____、_____等标准件组成，两个被连接件上加工出通孔，装配后通孔与螺栓之间有间隙。

由螺栓型号 GB/T 5782—2016-M20 × 100-10.9-A-O 可知，该螺栓螺纹规格为_____、公称长度 $l=$_____、性能等级为_____级、表面氧化处理、产品等级为_____级，其简化标记为：_____。

由螺母型号 GB/T 6170—2015-M20-8-A 可知，该螺母螺纹规格为_____、性能等级为_____级、不经表面处理、产品等级为_____级，其简化标记为：_____。

由垫圈型号 GB/T 97.1—2002-20-200HV-A-O 可知，该垫圈为标准系列、规格为_____、性能等级为_____、表面氧化处理、产品等级为_____级，其简化标记为：_____。

（2）绘图

查阅国家标准，根据图 4-1-1 所示的螺栓连接组件和图 4-1-13 所示的螺栓连接的简化画法可知，连接件厚度 $t_1 = t_2 =$_____，螺纹公称直径 $d =$_____，$1.1d =$_____，$0.7d =$_____，$0.15d =$_____，$0.8d =$_____，$2d =$_____，$2.2d =$_____，可以参考下图尺寸绘制螺栓连接图，不需要标注尺寸。

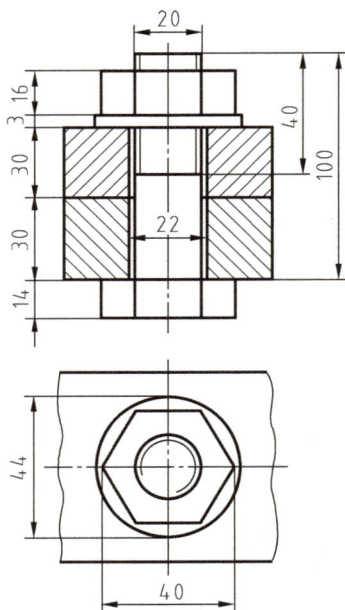

【评价反馈】

学生个人自评表

班级		组名		日期	年　月　日
姓名		学号			
评价指标	评价内容			分值	得　　分
信息检索	能有效利用网络、图书资料、机械制图手册查找有用的相关信息;能有条理地解释、表述所学知识;能将查到的信息有效地应用到学习中			10分	
感知课堂	熟悉绘图岗位,认同岗位工作价值;在学习中能获得满足感,认同课堂文化			10分	
参与态度	积极主动参与学习,能吃苦耐劳,崇尚劳动光荣、技能宝贵;与教师、同学之间相互尊重、理解,能够保持多向、丰富、适宜的信息交流			10分	
	能处理好合作学习和独立思考的关系,做到有效学习;能提出有意义的问题或发表个人见解;能按要求正确绘图;能够倾听别人的意见,协作共享			10分	
学习过程	①能正确认识螺纹要素并判断螺纹的旋向			10分	
	②能区分外螺纹和内螺纹的画法并按规定画法绘制螺纹和螺纹连接图			10分	
	③能正确识别螺纹紧固件的名称和绘制螺栓连接图			10分	
思维态度	能发现问题、提出问题、分析问题、解决问题、创新问题			10分	
自评反馈	按时、按质完成工作任务;较好地掌握专业知识点;具有较强的信息分析能力和理解能力;具有较为全面、严谨的思维能力,并能条理清楚、明晰地表达成文			20分	
	自评分数				
有益的经验和做法					
总结反馈建议					

<h3 style="text-align:center">组内互评表</h3>

班级		组名		日期	年　　月　　日	
验收组长		组员		学号		
组内验收成员						
任务要求						
验收文档清单	任务工作单： 文献检索清单：					

验收评分	评分标准	分值	得分
	①能正确判断螺纹的旋向，能正确识别常用螺纹紧固件的名称，错误1处扣5分，扣完为止	20分	
	②能按规定标注螺纹，错误1处扣5分，扣完为止	10分	
	③能按规定画法绘制螺纹和螺纹连接图，错误1处扣3分	30分	
	④能按任务要求准确绘制螺栓连接图，错误1处扣5分	30分	
	⑤提供文献检索清单，不少于4项，缺1项扣3分，扣完为止	10分	
	组内评价分数		
不足之处			

<h3 style="text-align:center">组间互评表</h3>

班级		被评组名		日期	年　　月　　日	
验收组名 （成员签字）						

评价指标	评价内容	分值	得分
汇报表述	表述准确	15分	
	语言流畅	10分	
	准确反映该组完成情况	15分	
内容正确度	内容正确	30分	
	阐述表达到位	30分	
	组间评价分数		
简要评述			

任务完成情况评价表

班级			组名		
姓名			学号		
序号	任务内容及要求		配分	教师评价	
				结论	得分
1	能正确认识螺纹的要素	描述正确	20分		
2	能区分内螺纹、外螺纹的画法,并能正确绘制螺纹及连接图	绘图准确	20分		
3	能正确识别常用螺纹紧固件的名称,能准确绘制螺栓连接图	绘图准确	30分		
4	至少提供4项文献检索清单	数量	10分		
		参考的主要内容要点	10分		
5	素质素养评价	沟通交流能力	10分		
		团队合作			
		课堂纪律			
		自主探学			
		合作研学			
		精益求精、专心细致的工作作风			
		诚实守信的意识			
		讲原则、守规矩的意识			
		规范意识			
总分					

任务二　绘制键和销

工作任务	绘制键和销	建议学时	2 学时
任务描述	如图 4-2-1 所示，在轮毂和轴上分别加工出键槽，普通平键一半嵌在轴里，另一半嵌在轮毂里。查阅资料，绘制出普通平键连接图。  图 4-2-1　键连接		
学习目标	◆能够正确地绘制标准件键、销的零件图，树立规范意识。 ◆能够正确地绘制键、销的连接。 ◆能够主动获取信息，展示学习成果，并相互评价，对绘图过程进行总结与反思，与他人进行有效沟通、团结协作。		
任务分析	要绘制键、销，首先，要正确使用绘图工具和仪器，它们是绘图质量和绘图效率的重要保障；其次，必须熟悉国家标准的有关规定；最后，绘制键、销的零件图，掌握键、销的连接画法。		

【知识链接】

键、销都是标准件，它们的结构、型式和各部分尺寸可以从有关标准中查阅。

（一）键连接

键用来连接轴和轴上的传动零件（如齿轮、带轮、凸轮等），使传动零件与轴一起转动，以传递运动或动力。

常用的键有普通平键、半圆键和钩头楔键等，如图 4-2-2 所示。

普通平键的类型如图 4-2-3 所示。

1. 普通平键的标记

宽度 $b=16$ mm、高度 $h=10$ mm、长度 $L=100$ mm 的普通 A 型平键的标记为：

a) 普通平键　　　　　　　b) 半圆键　　　　　　　c) 钩头楔键

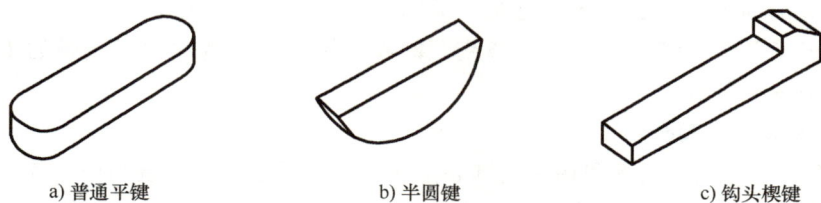

图 4-2-2　常用的键

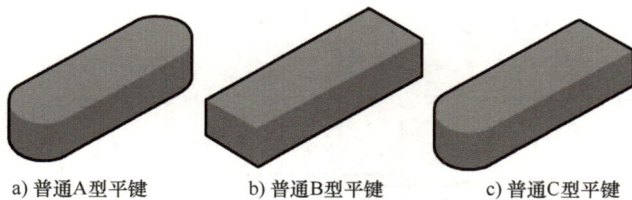

a) 普通A型平键　　　　b) 普通B型平键　　　　c) 普通C型平键

图 4-2-3　普通平键的类型

GB/T 1096　键 16×10×100（A 型不标注字母）

宽度 $b=18$mm、高度 $h=10$mm、长度 $L=100$mm 的普通 C 型平键的标记为：

GB/T 1096　键 C18×10×100

宽度 $b=6$mm、高度 $h=10$mm、直径 $D=25$mm 的普通半圆键的标记为：

GB/T 1099.1　键 6×10×25

2. 平键、半圆键的连接画法

图 4-2-4 所示为轴、轮毂和键装配在一起的画法。在主视图中，为了表示轴上的键

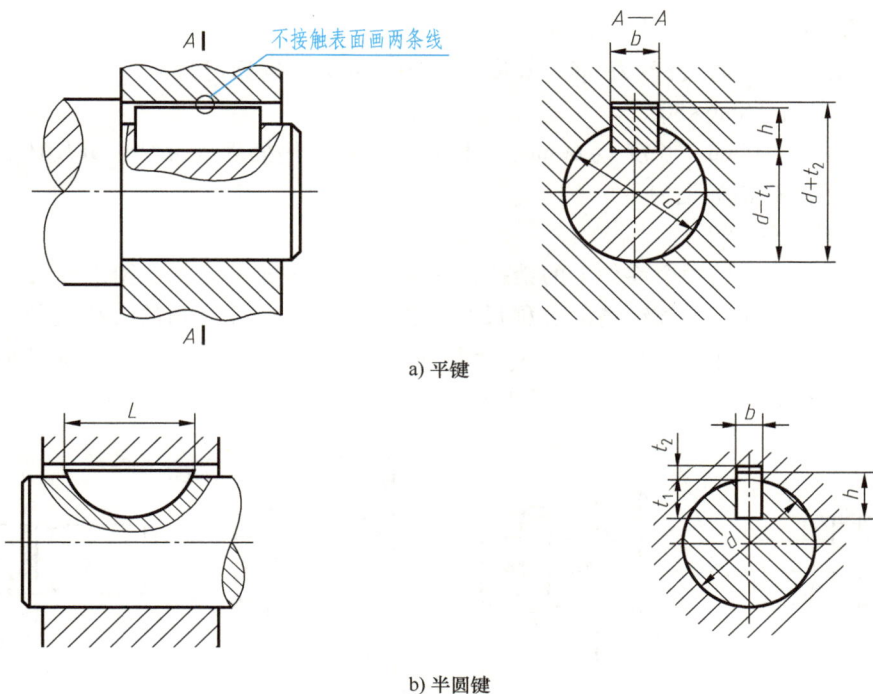

a) 平键

b) 半圆键

图 4-2-4　平键、半圆键的连接画法

槽，采用了局部剖视图，键按不剖绘制。键的顶面与轮毂上的键槽有间隙，在主、左视图上均应画成两条线；键底面画为一条线。键和键槽的两个侧面为相接触的工作面，在左视图中，应画一条线。

3. 钩头楔键的连接画法

图 4-2-5 所示为轴、轮毂和钩头楔键装配在一起的画法。在主视图中，为了表示轴上的键槽，采用了局部剖视图，键按不剖绘制；键的顶面、底面为相接触的工作面，应画成一条线。

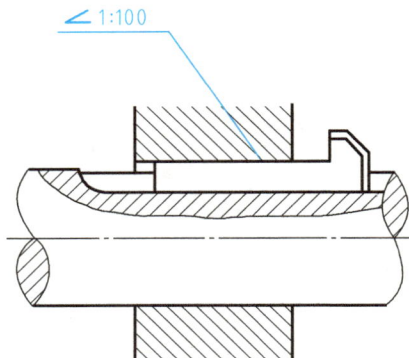

图 4-2-5 钩头楔键的连接画法

（二）销连接

销也是标准件，通常用于零件间的连接和定位。常用的销有圆柱销、圆锥销和开口销等。

普通圆柱销与圆锥销的标记示例：

公称直径 $d = 8mm$、公差为 m6、长度 $l = 30mm$ 的圆柱销标记为：

销 GB 119.1　8m6×30

公称直径 $d = 10mm$、长度 $l = 60mm$、材料为 35 钢、热处理硬度 28～38HRC、表面氧化处理的 A 型圆锥销标记为：

销 GB 117　10×60

用销连接或定位的两个零件上的销孔，一般需要一起加工，并在图上注写"装时配作"或"与××件配作"。圆锥销的公称尺寸是指小端直径。开口销的公称直径是指与之相配的小孔直径。销连接的画法如图 4-2-6 所示，当剖切平面通过销的基本轴线时，销按不剖处理。销孔的尺寸标注如图 4-2-7 所示。

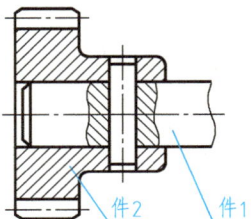

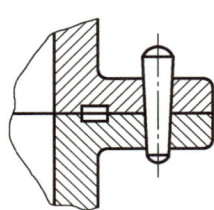

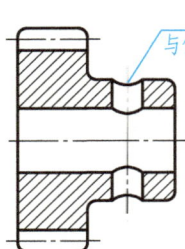

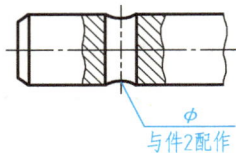

图 4-2-6 销连接的画法

图 4-2-7 销孔的尺寸标注

【任务分组】

任务名称：＿＿＿＿＿＿＿＿＿＿＿＿＿＿＿＿＿＿＿＿＿＿＿＿＿＿＿＿

班级：＿＿＿＿＿＿＿＿＿＿　　姓名：＿＿＿＿＿＿＿＿＿＿＿　　日期：＿＿＿＿＿＿＿＿＿＿

学生任务分配表				
组号		指导教师		
组长		学号		
组员	姓名	学号	姓名	学号
任务分工				

任务工作单1　绘制键连接

组号：_____　　姓名：_____　　学号：_____　　检索号：__4-2-1__

根据工作任务，已知齿轮孔和轴的直径均为20mm，用普通A型平键将齿轮和轴连接在一起，键的长度为16mm，查阅资料，绘制出普通平键连接图

（1）查表B-10确定键和键槽的尺寸，写出键的规定标记，并按比例完成齿轮和轴各视图中键槽的投影，并标注键槽的尺寸

键的标记_____

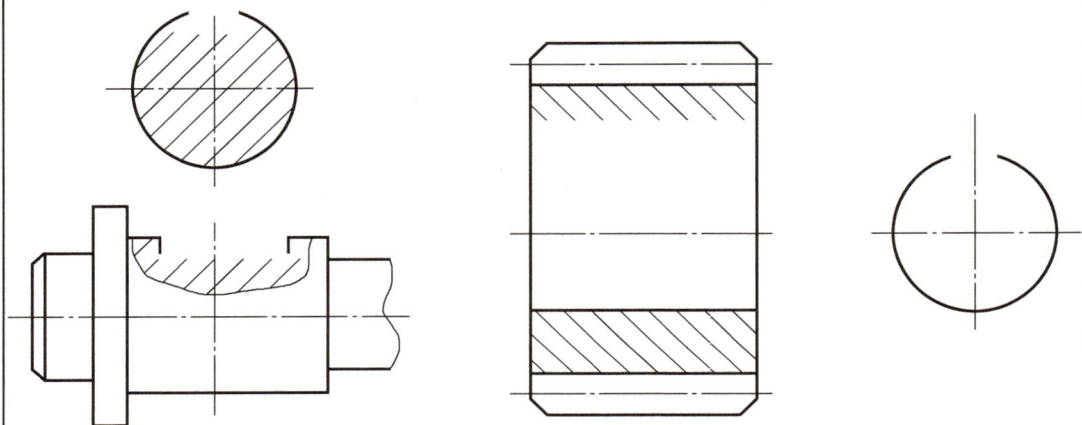

（2）补全键连接图

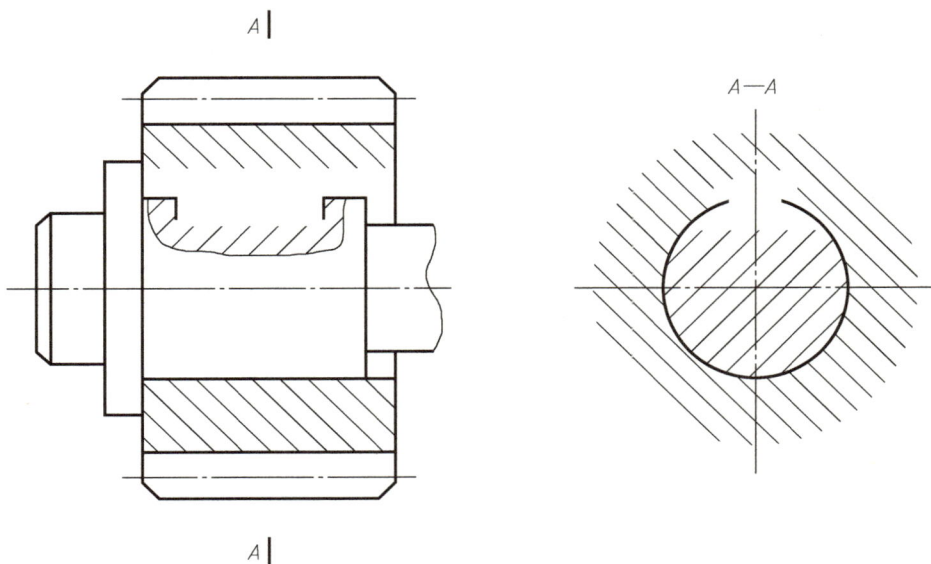

A|

A|

$A—A$

任务工作单 2 绘制销连接

组号：_____ 姓名：_____ 学号：_____ 检索号：__4-2-2__

1. 用公称直径 $d = 16$mm 的 A 型圆锥销连接图示零件，在查表 B-9 确定其长度后画其连接图，并写出销的标记

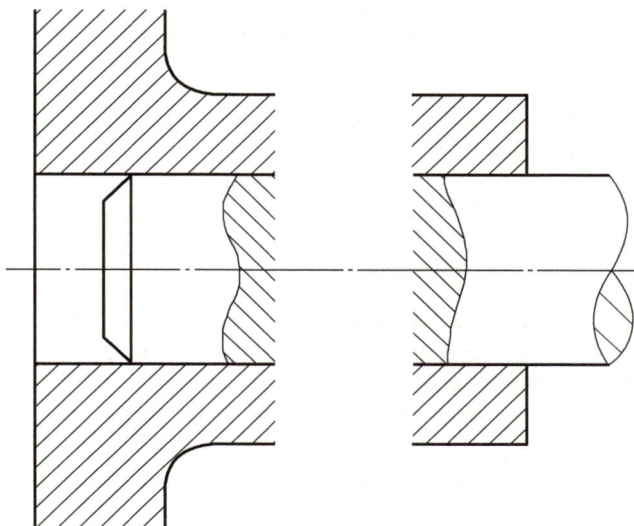

标记：_____

2. 用公称直径 $d = 12$mm 的 A 型圆柱销连接图示零件，在查表 B-8 确定其长度后画出其连接图，并写出销的标记

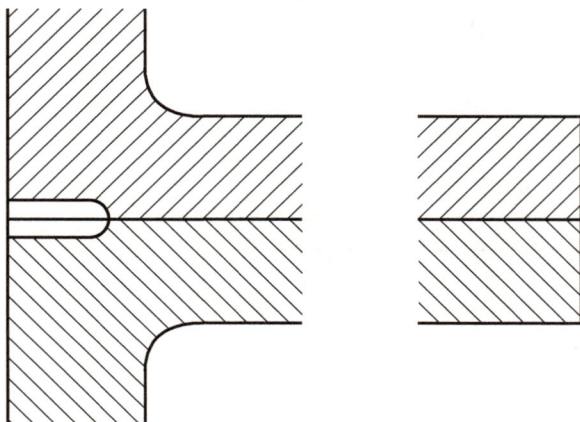

标记：_____

【评价反馈】

学生个人自评表

班级		组名		日期	年　月　日
姓名		学号			
评价指标	评价内容			分值	得　　分
信息检索	能有效利用网络、图书资料、机械制图手册查找有用的相关信息;能有条理地解释、表述所学知识;能将查到的信息有效地应用到学习中			10分	
感知课堂	熟悉绘图岗位,认同岗位工作价值;在学习中能获得满足感,认同课堂文化			10分	
参与态度	积极主动参与学习,能吃苦耐劳,崇尚劳动光荣、技能宝贵;与教师、同学之间相互尊重、理解,能够保持多向、丰富、适宜的信息交流			10分	
	能处理好合作学习和独立思考的关系,做到有效学习;能提出有意义的问题或发表个人见解;能按要求正确绘图;能够倾听别人的意见,协作共享			10分	
学习过程	①会正确使用绘图工具			10分	
	②能正确地绘制标准件键、销的零件图			10分	
	③掌握键、销的连接画法			10分	
思维态度	能发现问题、提出问题、分析问题、解决问题、创新问题			10分	
自评反馈	按时、按质完成工作任务;较好地掌握专业知识点;具有较强的信息分析能力和理解能力;具有较为全面、严谨的思维能力,并能条理清楚、明晰地表达成文			20分	
	自评分数				

有益的经验和做法	
总结反馈建议	

组内互评表

班级		组名		日期		年　月　日	
验收组长		组员		学号			
组内验收成员							
任务要求							
验收文档清单	任务工作单： 文献检索清单：						

验收评分	评分标准	分值	得分
	①会正确使用绘图工具，错误 1 处扣 5 分	25 分	
	②能按要求绘制标准件键、销的零件图，错误 1 处扣 5 分	25 分	
	③能正确地绘制键、销的连接图，错误 1 处扣 5 分	30 分	
	④提供文献检索清单，不少于 4 项，缺 1 项扣 5 分	20 分	
	组内评价分数		
不足之处			

组间互评表

班级		被评组名		日期		年　月　日	
验收组名 （成员签字）							

评价指标	评价内容	分值	得分
汇报表述	表述准确	15 分	
	语言流畅	10 分	
	准确反映该组完成情况	15 分	
内容正确度	内容正确	30 分	
	阐述表达到位	30 分	
	组间评价分数		
简要评述			

任务完成情况评价表

班级			组名		
姓名			学号		

序号	任务内容及要求		配分	教师评价	
				结论	得分
1	会正确使用绘图工具	操作规范	20 分		
2	能正确地绘制标准件键、销的零件图	绘图准确	20 分		
3	能正确地绘制键、销的连接图	绘图准确	30 分		
4	至少提供 4 项文献检索清单	数量	10 分		
		参考的主要内容要点	10 分		
5	素质素养评价	沟通交流能力	10 分		
		团队合作			
		课堂纪律			
		自主探学			
		合作研学			
		精益求精、专心细致的工作作风			
		诚实守信的意识			
		讲原则、守规矩的意识			
		规范意识			
总分					

任务三　绘　制　齿　轮

工作任务	绘制齿轮	建议学时	2 学时
任务描述	已知齿轮辐板厚 14mm，辐板上的 6 个孔均匀分布在 φ90mm 的圆周上，轮孔键槽宽 8mm、深 3.3mm，其他结构尺寸如图 4-3-1 所示。试根据图 4-3-1 所示齿轮模型测绘齿轮零件图。 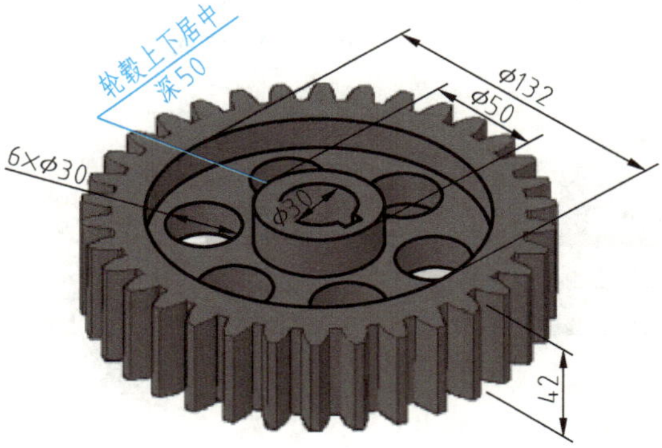 **图 4-3-1　齿轮**		
学习目标	◆能够掌握常用件齿轮的规定画法，树立规范意识。 ◆能够掌握齿轮的啮合画法。 ◆能够主动获取信息，展示学习成果并相互评价，对绘图过程进行总结与反思，与他人进行有效沟通、团结协作。		
任务分析	齿轮是常用件，其轮齿部分的参数已实行了标准化。要完成齿轮的测绘工作，必须掌握圆柱齿轮的基本参数与轮齿各部分的尺寸关系、齿轮的规定画法和齿轮的啮合画法。		

【知识链接】

齿轮在机电设备及仪器仪表中的应用十分广泛。它除了被用于传递动力外，还可用来变速、换向及计数。齿轮的齿廓曲线有渐开线、摆线、圆弧等，应用最广泛的齿廓曲线为渐开线。在图 4-3-2 所示的三种类型的齿轮传动中，应用较多的是圆柱齿轮。

（1）圆柱齿轮　用于两平行轴间的传动，如图 4-3-2a 所示。

（2）锥齿轮　用于两相交轴间的传动，如图 4-3-2b 所示。

（3）蜗轮与蜗杆　用于两交叉轴间的传动，如图 4-3-2c 所示。

圆柱齿轮又可分为直齿轮、斜齿轮和人字齿轮，如图 4-3-3 所示。

a) 圆柱齿轮　　　　　　b) 锥齿轮　　　　　　c) 蜗轮与蜗杆

图 4-3-2　齿轮传动

a) 直齿轮　　　　　　b) 斜齿轮　　　　　　c) 人字齿轮

图 4-3-3　圆柱齿轮

一、圆柱直齿轮的几何要素及其尺寸关系

圆柱直齿轮各部分的名称及代号如图 4-3-4 所示。

（1）齿数（z）　轮齿的数量。

（2）齿顶圆（d_a）　通过轮齿顶部的圆。

（3）齿根圆（d_f）　通过轮齿根部的圆。

（4）分度圆（d）　设计和加工齿轮时计算尺寸的基准圆，对于标准齿轮，为齿厚（s）与槽宽（e）相等时所在位置的圆。s、e均指弧长。

（5）全齿高（h）　齿顶圆与齿根圆之间的径向距离。其中，齿顶圆与分度圆之间的径向距离称为齿顶高（h_a），齿根圆与分度圆之间的径向距离称为齿根高（h_f）。由图 4-3-4 可知，h 与 h_a、h_f 之间显然有 $h = h_a + h_f$ 的尺寸关系。

（6）齿距（p）　分度圆周上相邻两齿对应点间的弧长。$p = s + e$。在标准情况下，$s \approx e \approx p/2$。

（7）模数（m）　设齿轮的齿数为 z，则分度圆的周长 $\pi d = zp$，$d = zp/\pi$。为方便计算

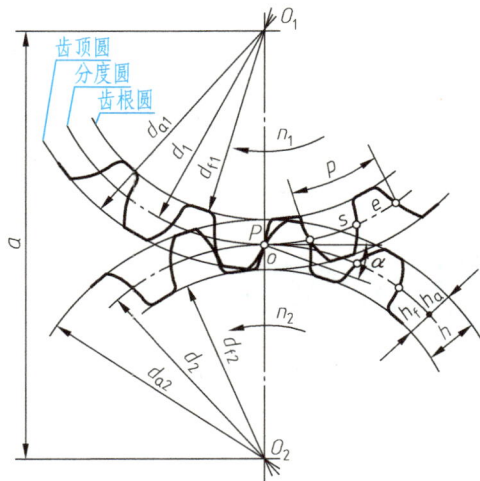

图 4-3-4　圆柱直齿轮各部分的名称及代号

和测量，令 $m=p/\pi$，并使其标准化，见表 4-3-1。这里 m 称为模数，单位为 mm，$d=mz$。

表 4-3-1　标准模数（GB/T 1357—2008）　　　　　　　　（单位：mm）

第一系列（优先选用）	1,1.25,1.5,2,2.5,3,4,5,6,8,10,12,16,20,25,32,40,50
第二系列	1.125,1.375,1.75,2.25,2.75,3.5,4.5,5.5,(6.5),7,9,11,14,18,22,28,36,45

注：选用模数时，应优先选用第一系列，括号内的模数尽可能不用。

　　模数是齿轮设计和加工中十分重要的参数，模数反映轮齿的大小。齿数相同的情况下，模数越大，轮齿就越大，如图 4-3-5 所示，同时齿轮的承载能力也就越大。不同模数的齿轮，轮齿应选用相应模数的刀具进行加工。

　　（8）压力角（α）　是指齿廓在接触点处的公法线（力的传递方向）与两分度圆的公切线所夹的锐角，如图 4-3-4 中的 α 角。我国采用的标准齿轮压力角 $\alpha=20°$。

　　一对相配齿轮的模数 m 和压力角 α 相等，两者才能正确啮合。

　　（9）中心距（a）　两啮合齿轮轴线之间的最短距离称为中心距。

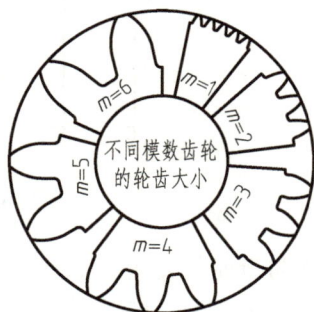

图 4-3-5　模数大小与轮齿大小的关系

　　渐开线直齿圆柱齿轮各几何要素之间的尺寸关系按表 4-3-2 计算。

表 4-3-2　标准直齿圆柱齿轮的计算公式

序号	名称	代号	计算公式	说明
1	齿数	z	根据设计要求或测绘而定	z、m 是齿轮的基本参数，设计计算时，先确定 m、z，然后得出其他各部分尺寸
2	模数	m	$m=p/\pi$ 根据强度计算或测绘而得	
3	分度圆直径	d	$d=mz$	—
4	齿顶圆直径	d_a	$d_a=d+2h_a=m(z+2)$	齿顶高 $h_a=m$
5	齿根圆直径	d_f	$d_f=d-2h_f=m(z-2.5)$	齿根高 $h_f=1.25m$
6	齿宽	b	$b=(2\sim3)p$	齿距 $p=\pi m$
7	中心距	a	$a=(d_1+d_2)/2=m(z_1+z_2)/2$	—

二、直齿圆柱齿轮的规定画法

1. 单个直齿圆柱齿轮的规定画法

单个直齿圆柱齿轮的规定画法如图 4-3-6 所示。

1）齿顶圆和齿顶线用粗实线绘制。

2）分度圆和分度线用细点画线绘制。

3）齿根圆和齿根线用细实线绘制，也可省略不画；在剖视图中，齿根线用粗实线绘制。

4）在剖视图中，当剖切平面通过轴线时，轮齿部分一律按不剖处理。

5）斜齿和人字齿的圆柱齿轮，可用三条与齿线一致的细实线表示。齿线是指分度圆

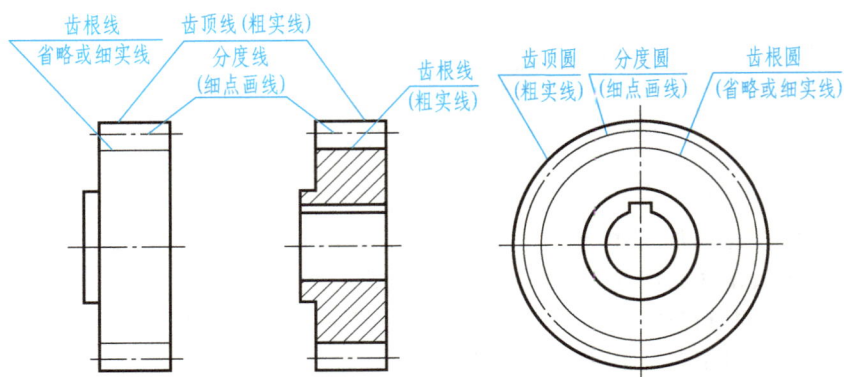

图 4-3-6　单个直齿圆柱齿轮的规定画法

柱面与齿面的交线。

2. 齿轮啮合的画法

两标准齿轮相互啮合时，分度圆处于相切的位置。啮合部分的画法如下。

1）在投影为圆的视图中，两齿轮分度圆相切，齿顶圆与齿根圆的画法有两种：

① 啮合区内的齿顶圆画粗实线，齿根圆可省略不画，如图 4-3-7a 所示。

② 啮合区内的齿顶圆省略不画，此时齿根圆也可省略，如图 4-3-7b 所示。

2）在投影为非圆的剖视图中，两齿轮啮合部分的分度线重合，用细点画线绘制；在啮合区内，将一个轮齿用粗实线绘制，另一个轮齿被遮挡的部分（通常为从动轮的齿顶线）用细虚线绘制（也可省略不画），其余部分仍按单个齿轮的规定画法绘制，如图 4-3-7a 所示。

3）若不作剖视，啮合区内的齿顶线或齿根线均不必画出，此时节线用粗实线绘制，如图 4-3-7c 所示。

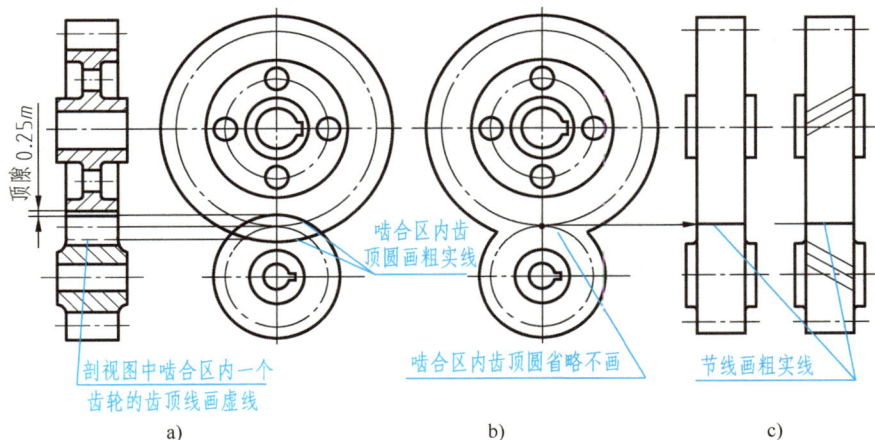

图 4-3-7　直齿圆柱齿轮啮合的画法

画图时应注意，齿顶与齿根之间有 $0.25m$ 的间隙。

三、锥齿轮

传递两相交轴（一般成直角）间的旋转运动或动力可用成对的锥齿轮。锥齿轮的轮齿加工在圆锥面上，因而一端大、一端小，其模数也是由大端到小端逐渐变小。为了设计与制造方便，规定根据大端的模数来计算锥齿轮轮齿的有关尺寸。

1. 单个锥齿轮的画法

单个锥齿轮的主视图通常画为全剖或半剖视图，按投影关系画出左视图。在左视图上，轮齿部分只画出大端齿顶圆、分度圆和小端齿顶圆，如图 4-3-8 所示。锥齿轮的参数及计算可查阅相关专业书籍。

2. 啮合画法

两锥齿轮啮合时，两齿轮的分度圆锥相切，一般主视图以全剖画出，两轴线和节线交于一点，如图 4-3-9 所示。

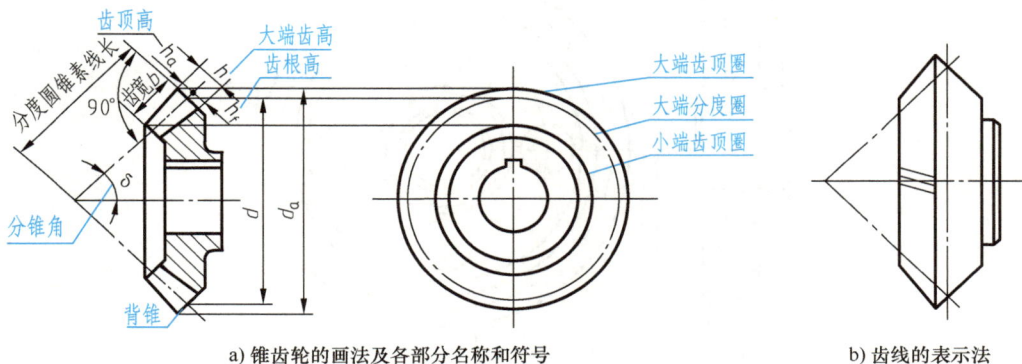

a) 锥齿轮的画法及各部分名称和符号　　　　b) 齿线的表示法

图 4-3-8　单个锥齿轮的画法

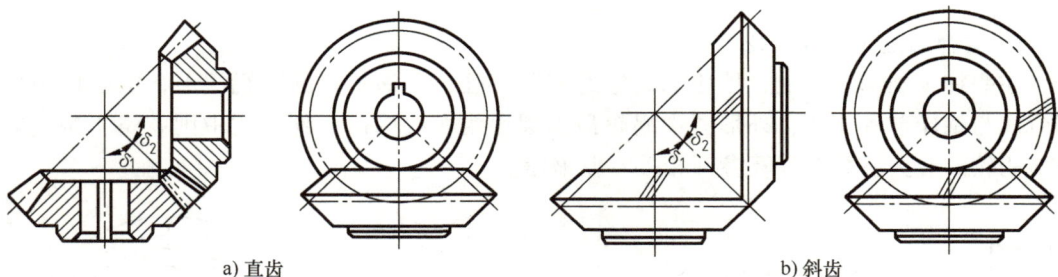

a) 直齿　　　　　　　　　　b) 斜齿

图 4-3-9　轴线正交的锥齿轮啮合的画法

四、蜗杆与蜗轮

蜗杆与蜗轮用来传递空间交错两轴间的旋转运动，最常见的是两轴交错成直角。

1. 蜗杆的画法

蜗杆的外形与梯形螺纹相似，其齿形部分与齿轮的画法相同，如图 4-3-10 所示。

2. 蜗轮的画法

蜗轮主视图通常以全剖画出，在投影为圆的视图中，只画分度圆和大圆，如图 4-3-11 所示。

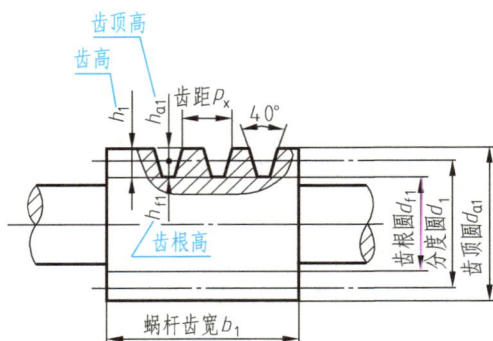

图 4-3-10　蜗杆的规定画法

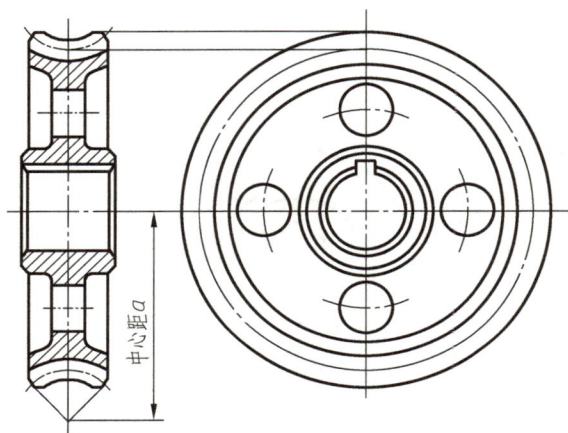

图 4-3-11　蜗轮的规定画法

3. 啮合画法（图 4-3-12）

在蜗杆为圆的视图上，挡住了蜗轮的部分不画；在蜗轮为圆的视图上，啮合区内蜗杆节线与蜗轮节圆相切；外形图中蜗轮最大圆用粗实线画出，剖视图中则省略不画。蜗杆与蜗轮的有关参数及计算参阅相关专业书籍。

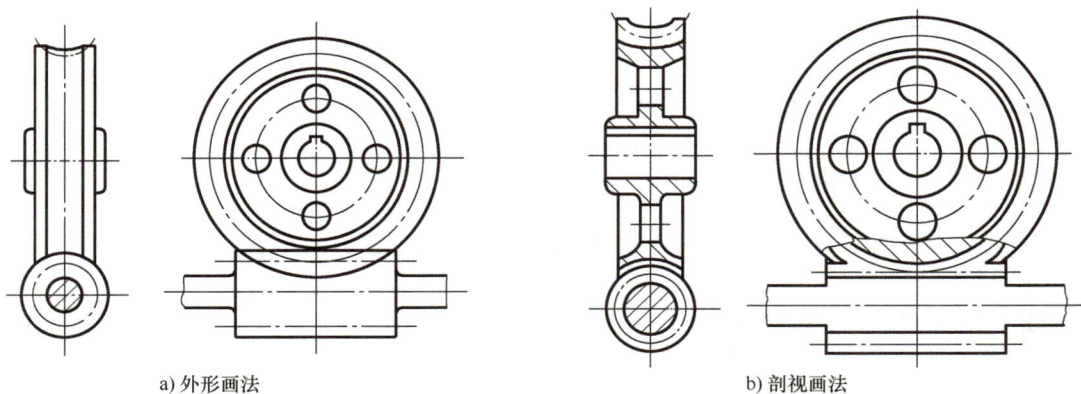

a) 外形画法

b) 剖视画法

图 4-3-12　蜗杆与蜗轮的啮合画法

【任务分组】

任务名称：_____

班级：_____　姓名：_____　日期：_____

学生任务分配表				
组号		指导教师		
组长		学号		
组员	姓名	学号	姓名	学号
任务分工				

任务工作单 1　绘制单个齿轮

组号：＿＿＿＿＿＿　　姓名：＿＿＿＿＿＿　　学号：＿＿＿＿＿＿　　检索号：＿4-3-1＿

1. 已知直齿圆柱齿轮模数 $m = 3$mm，齿数 $z = 27$，试计算该齿轮分度圆、齿顶圆和齿根圆的直径，按 1：1 的比例完成下列齿轮的两个视图，并标注尺寸（除轮齿部分的其他尺寸由图中量取）

查表 4-3-2，计算该齿轮分度圆、齿顶圆和齿根圆的直径（写出具体的公式计算）

分度圆直径：＿＿＿＿＿＿＿＿＿＿＿＿＿＿＿＿＿＿＿＿＿＿＿＿＿＿＿＿

齿顶圆直径：＿＿＿＿＿＿＿＿＿＿＿＿＿＿＿＿＿＿＿＿＿＿＿＿＿＿＿＿

齿根圆直径：＿＿＿＿＿＿＿＿＿＿＿＿＿＿＿＿＿＿＿＿＿＿＿＿＿＿＿＿

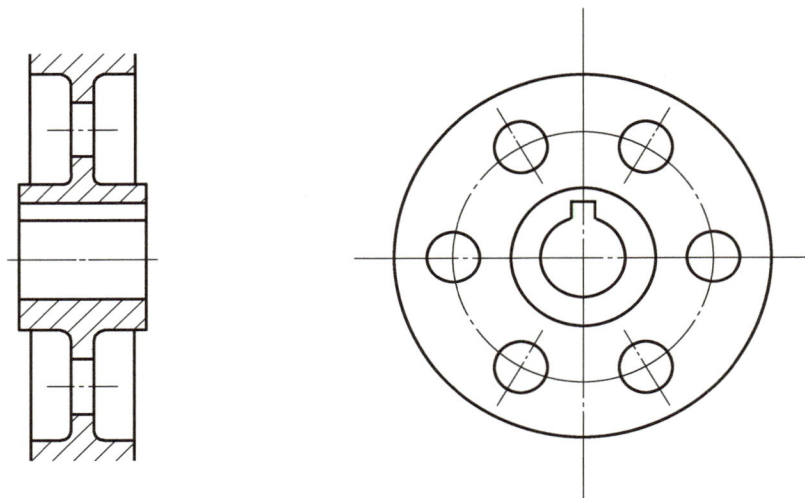

2. 根据图 4-3-1 所示齿轮模型，完成齿轮零件图

1）当齿数是偶数时，d_a 可直接量出，如下图 a 所示。

2）当齿数是奇数时，应先测出孔径 D 及孔壁到齿顶间的径向距离 H，则 $d_a = D + 2H$，如下图 b 所示。

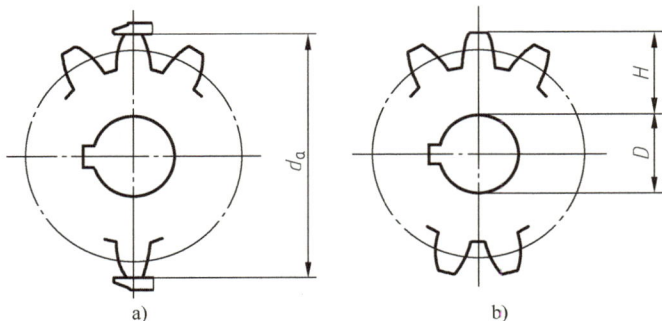

a)　　　　　　　　b)

（1）测量齿顶圆直径 d_a

1）数出图 4-3-1 中齿轮模型的齿数，齿数 $z=$ _____。

2）根据齿数的奇偶数，求出齿顶圆直径，齿顶圆直径 $d_a=$ _____。

（2）确定模数 m　根据公式 $d_a=m(z+2)$，计算模数 m，然后在表 4-3-1 中取与其最为接近的标准模数，模数 $m=$ _____。

（3）计算轮齿各部分尺寸　根据标准模数和齿数，重新计算出 d_a、d、d_f 等轮齿各部分的尺寸。

（4）绘制齿轮零件图　根据轮齿各部分尺寸，按 1∶3 比例在下方绘制齿轮零件图（也可另附图纸，自行选择合适比例进行绘制）。

模数	m	
齿数	z	
压力角	α	20°

	齿轮	材料	45	比例	
		数量		图号	
	制图				
	审核				

技术要求
未注圆角 $R2$。　　$\sqrt{Ra\ 25}$ $(\sqrt{})$

任务工作单 2 绘制齿轮啮合

组号：_____ 姓名：_____ 学号：_____ 检索号：___4-3-2___

已知大齿轮模数 $m=3\text{mm}$，齿数 $z_1=25$，两齿轮的中心距 $a=54\text{mm}$，试计算大、小两齿轮的分度圆、齿顶圆和齿根圆直径，按 $1:1$ 比例完成下列齿轮啮合图（不需要标注尺寸）

查表 4-3-2，在下面方框内详细写出大、小两齿轮的分度圆、齿顶圆和齿根圆直径的计算过程。

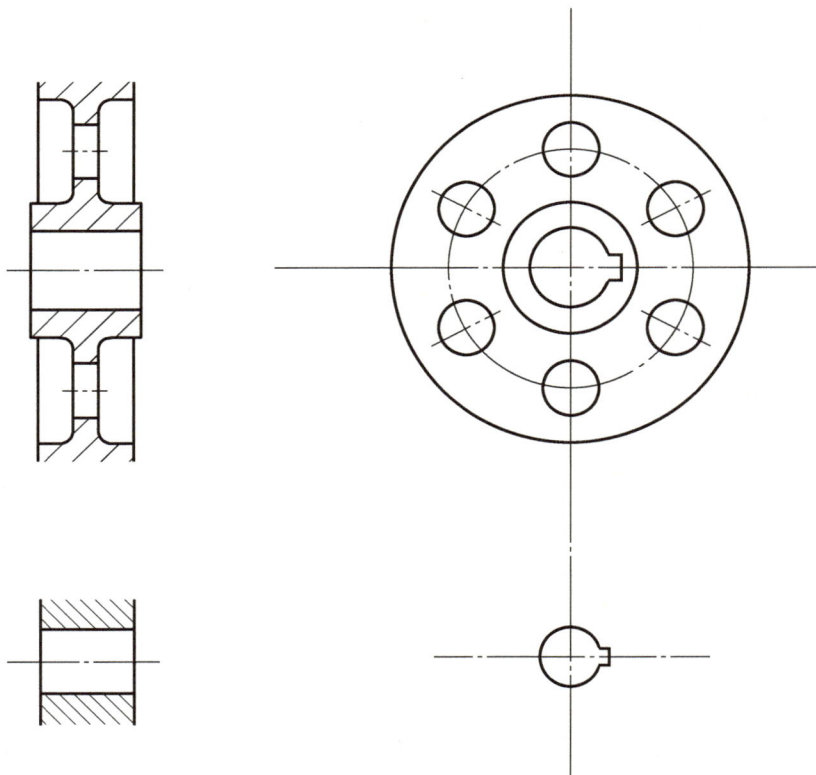

【评价反馈】

学生个人自评表

班级		组名		日期	年　月　日
姓名		学号			
评价指标	评价内容			分值	得　分
信息检索	能有效利用网络、图书资料、机械制图手册查找有用的相关信息；能有条理地解释、表述所学知识；能将查到的信息有效地应用到学习中			10分	
感知课堂	熟悉绘图岗位，认同岗位工作价值；在学习中能获得满足感，认同课堂文化			10分	
参与态度	积极主动参与学习，能吃苦耐劳，崇尚劳动光荣、技能宝贵；与教师、同学之间相互尊重、理解，能够保持多向、丰富、适宜的信息交流			10分	
	能处理好合作学习和独立思考的关系，做到有效学习；能提出有意义的问题或发表个人见解；能按要求正确绘图；能够倾听别人的意见，协作共享			10分	
学习过程	①会正确使用绘图工具			10分	
	②能按规定画法正确地绘制齿轮			10分	
	③能正确地绘制齿轮的啮合图			10分	
思维态度	能发现问题、提出问题、分析问题、解决问题、创新问题			10分	
自评反馈	按时、按质完成工作任务；较好地掌握专业知识点；具有较强的信息分析能力和理解能力；具有较为全面、严谨的思维能力，并能条理清楚、明晰地表达成文			20分	
	自评分数				

有益的经验和做法	
总结反馈建议	

组内互评表

班级		组名		日期		年 月 日	
验收组长		组员		学号			
组内验收成员							
任务要求							
验收文档清单	任务工作单： 文献检索清单：						

验收评分	评分标准	分值	得分
	①会正确使用绘图工具,错误1处扣5分	25分	
	②能按规定画法绘制圆柱齿轮,错误1处扣5分	25分	
	③能掌握齿轮的啮合画法,错误1处扣5分	30分	
	④提供文献检索清单,不少于4项,缺1项扣5分	20分	
组内评价分数			
不足之处			

组间互评表

班级		被评组名		日期		年 月 日	
验收组名 （成员签字）							

评价指标	评价内容	分值	得分
汇报表述	表述准确	15分	
	语言流畅	10分	
	准确反映该组完成情况	15分	
内容正确度	内容正确	30分	
	阐述表达到位	30分	
组间评价分数			
简要评述			

任务完成情况评价表

班级			组名		
姓名			学号		
序号	任务内容及要求		配分	教师评价	
				结论	得分
1	会正确使用绘图工具	操作规范	20分		
2	能按规定画法绘制圆柱形齿轮	绘图准确	20分		
3	能正确地绘制齿轮的啮合图	绘图准确	30分		
4	至少提供4项文献检索清单	数量	10分		
		参考的主要内容要点	10分		
5	素质素养评价	沟通交流能力	10分		
		团队合作			
		课堂纪律			
		自主探学			
		合作研学			
		精益求精、专心细致的工作作风			
		诚实守信的意识			
		讲原则、守规矩的意识			
		规范意识			
总分					

任务四　绘制滚动轴承

工作任务	绘制滚动轴承	建议学时	1 学时
任务描述	采用规定画法，画出图 4-4-1 所示深沟球轴承。 图 4-4-1　深沟球轴承		
学习目标	◆能正确识别滚动轴承的类型、代号。 ◆能按要求画出滚动轴承。 ◆能够主动获取信息，展示学习成果并相互评价，对绘图过程进行总结与反思，与他人进行有效沟通、团结协作。		
任务分析	绘制滚动轴承不仅要熟练掌握滚动轴承的作用、分类、结构、代号和规定画法，还要注意养成良好的绘图习惯和一丝不苟的工作作风。		

【知识链接】

　　滚动轴承是用来支承旋转轴的组件，它具有摩擦阻力小、旋转精度高等优点，被广泛应用于机器或部件中。滚动轴承也是一种标准件，它的种类很多。滚动轴承一般由外圈、内圈、滚动体及保持架组成，如图 4-4-2 所示。内圈（又称轴圈）与转轴配合一同旋转。外圈（又称座圈）一般固定在机座上。保持架将滚动体隔开，并使其沿圆周方向均匀分布。

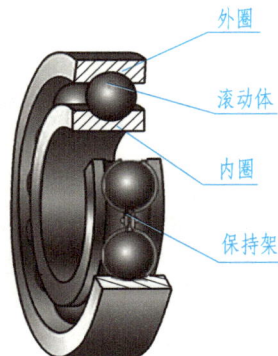

图 4-4-2　滚动轴承的结构

一、滚动轴承的分类及代号

1. 滚动轴承的分类

滚动轴承按受力方向可分为以下三类。

（1）向心轴承　主要承受径向力，如图 4-4-3a 所示。

（2）推力轴承　只能承受轴向力，如图 4-4-3b 所示。

（3）向心推力轴承　同时承受径向和轴向力，如图 4-4-3c 所示。

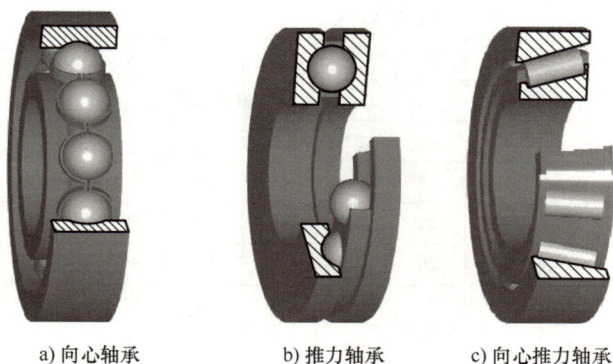

a) 向心轴承　　　　b) 推力轴承　　　　c) 向心推力轴承

图 4-4-3　滚动轴承的类型

2. 滚动轴承的代号

为了使用方便，国家标准规定了滚动轴承的代号，并打印在轴承端面上，以便识别。在图样上必须按规定注出所用轴承的代号。

滚动轴承基本代号表示轴承的基本类型、结构和尺寸，是滚动轴承代号的基础。滚动轴承基本代号的组成方式为

$$\boxed{\text{类型代号}}\quad \boxed{\text{尺寸系列代号}}\quad \boxed{\text{内径代号}}$$

（1）类型代号　滚动轴承的类型代号用阿拉伯数字或大写英文字母表示，具体见表 4-4-1。

表 4-4-1　滚动轴承的类型代号（摘自 GB/T 272—2017）

代号	轴承类型	代号	轴承类型
0	双列角接触球轴承	7	角接触球轴承
1	调心球轴承	8	推力圆柱滚子轴承
2	调心滚子轴承和推力调心滚子轴承	N	圆柱滚子轴承（双列或多列用字母 NN 表示）
3	圆锥滚子轴承	U	外球面球轴承
4	双列深沟球轴承	QJ	四点接触球轴承
5	推力球轴承	C	长弧面滚子轴承（圆环轴承）
6	深沟球轴承		

（2）尺寸系列代号　尺寸系列代号由轴承的宽（高）度系列代号和直径系列代号组合而成，用两位阿拉伯数字表示。向心轴承、推力轴承尺寸系列代号的规定见表 4-4-2。

（3）内径代号　内径代号表示滚动轴承的公称直径，一般用两位阿拉伯数字表示，表示方法见表 4-4-3。

滚动轴承的基本代号举例：

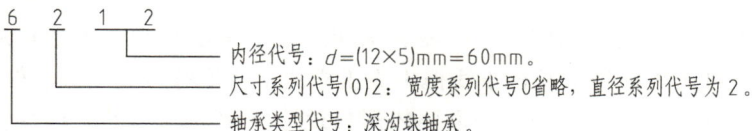

内径代号：$d = (12 \times 5)\text{mm} = 60\text{mm}$。

尺寸系列代号(0)2：宽度系列代号0省略，直径系列代号为2。

轴承类型代号：深沟球轴承。

表 4-4-2 尺寸系列代号（摘自 GB/T 272—2017）

直径系列代号	向心轴承								推力轴承			
	宽度系列代号								高度系列代号			
	8	0	1	2	3	4	5	6	7	9	1	2
	尺寸系列代号											
7	—	—	17	—	37	—	—	—	—	—	—	—
8	—	08	18	28	38	48	58	68	—	—	—	—
9	—	09	19	29	39	49	59	69	—	—	—	—
0	—	00	10	20	30	40	50	60	70	90	10	—
1	—	01	11	21	31	41	51	61	71	91	11	—
2	82	02	12	22	32	42	52	62	72	92	12	22
3	83	03	13	23	33	—	—	—	73	93	13	23
4	—	04	—	24	—	—	—	—	74	94	14	24
5	—	—	—	—	—	—	—	—	—	95	—	—

表 4-4-3 滚动轴承的内径代号（摘自 GB/T 272—2017）

轴承公称直径/mm		内径代号	示例
0.6~10（非整数）		用公称内径毫米数直接表示，在其与尺寸系列代号之间用"/"分开	深沟球轴承 617/0.6，$d=0.6$mm 深沟球轴承 618/2.5，$d=2.5$mm
1~9（整数）		用公称内径毫米数直接表示，对深沟及角接触球轴承直径系列 7、8、9，内径与尺寸系列代号之间用"/"分开	深沟球轴承 625，$d=5$mm 深沟球轴承 618/5，$d=5$mm 角接触球轴承 707，$d=7$mm
10~17	10	00	深沟球轴承 6200，$d=10$mm
	12	01	调心球轴承 1201，$d=12$mm
	15	02	圆柱滚子轴承 NU202，$d=15$mm
	17	03	推力球轴承 51103，$d=17$mm
20~480 （22,28,32 除外）		公称内径除以 5 的商数，商数为个位数，需在商数左边加"0"，如 08	调心滚子轴承 22308，$d=40$mm 圆柱滚子轴承 NU1096，$d=480$mm
≥500 以及 22,28,32		用公称内径毫米数直接表示，但在与尺寸系列之间用"/"分开	调心滚子轴承 230/500，$d=500$mm 深沟球轴承 62/22，$d=22$mm

二、滚动轴承的画法

当需要表示滚动轴承时，可采用简化画法或规定画法。简化画法分为通用画法和特征画法两种。国家标准 GB/T 4459.7—2017 对滚动轴承的表示法做了相应的规定。

1. 简化画法

（1）通用画法 在剖视图中，当不需要确切地表示滚动轴承的外形轮廓、载荷特征和结构特征时，可用矩形线框及位于线框中央正立的十字形符号表示滚动轴承。

（2）特征画法 在剖视图中，当需要较形象地表示滚动轴承的结构特征时，可采用在矩形框内画出其结构要素符号的方法表示滚动轴承。

通用画法和特征画法应绘制在轴的两侧。矩形线框、十字形符号和轮廓线均用粗实线绘制。

2. 规定画法

必要时，在滚动轴承的产品图样、产品样本和产品标准中采用规定画法。采用规定画法绘制滚动轴承的剖视图时，轴承的滚动体不画剖面线，其内、外圈的剖面线可画成方向和间隔相同；在不引起误解时，也允许省略不画。

规定画法一般绘制在轴的一侧，另一侧按通用画法绘制。

滚动轴承的各种画法及尺寸比例见表4-4-4。其各部分尺寸可根据滚动轴承代号从相关标准中查得。

表4-4-4　滚动轴承的各种画法及尺寸比例

滚动轴承 名称和标准号	结构形式	通用画法	特征画法	规定画法	承载 特征
		均指滚动轴承在所属装配图的剖视图中的画法			
深沟球轴承 （GB/T 276—2013） 6000型	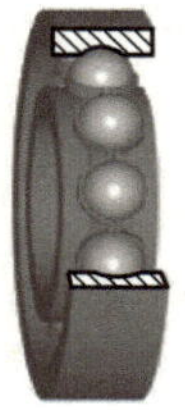		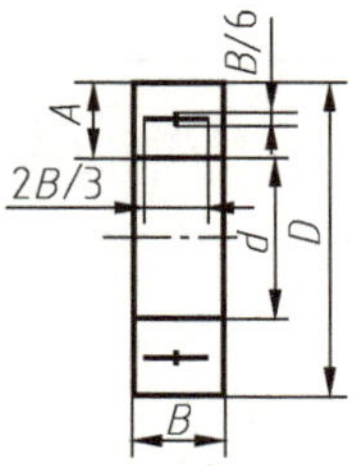	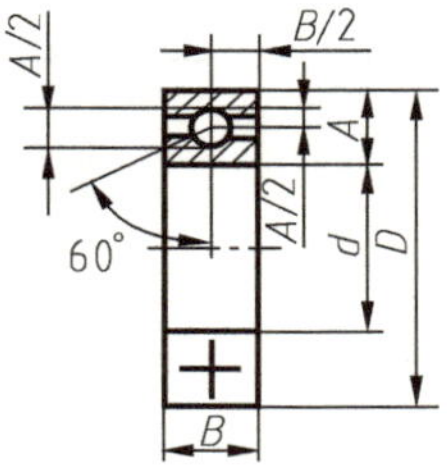	主要承 受径向 载荷
推力球轴承 （GB/T 301—2015） 51000型		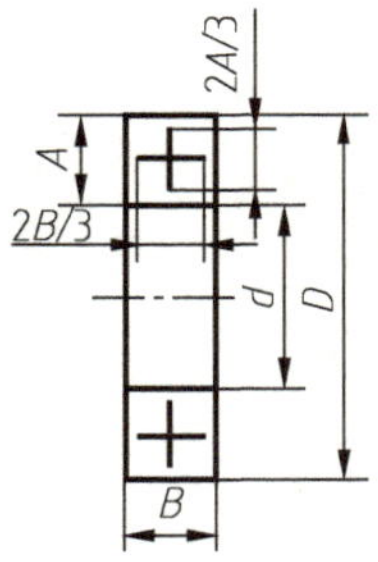	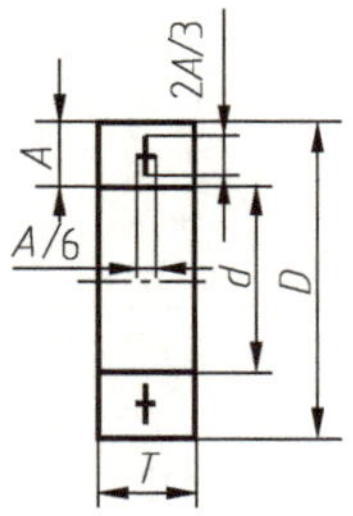	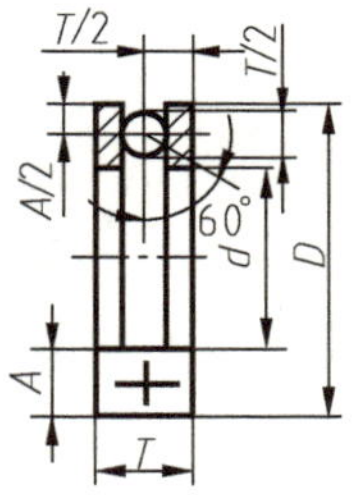	承受单 方向的 轴向 载荷
圆锥滚子轴承 （GB/T 297—2015） 30000型			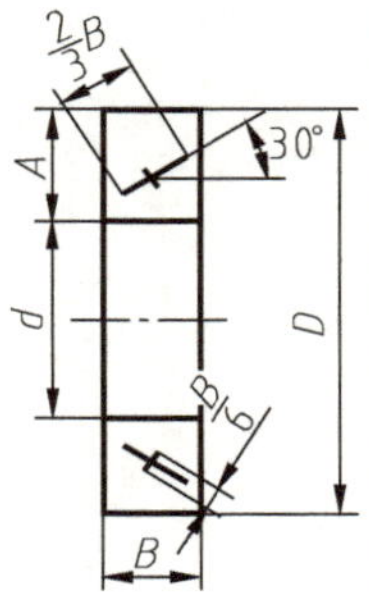	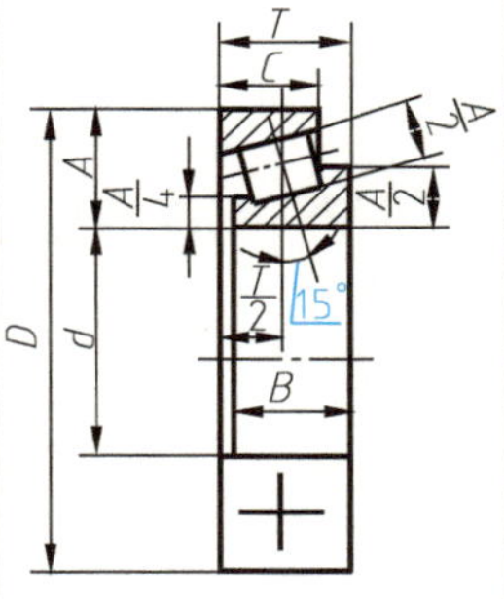	可同时 承受径 向和轴 向载荷

【任务分组】

任务名称：_____

班级：_____ 姓名：_____ 日期：_____

<table>
<tr><td colspan="5" align="center">学生任务分配表</td></tr>
<tr><td align="center">组号</td><td></td><td align="center" colspan="2">指导教师</td><td></td></tr>
<tr><td align="center">组长</td><td></td><td align="center" colspan="2">学号</td><td></td></tr>
<tr><td rowspan="6" align="center">组员</td><td align="center">姓名</td><td align="center">学号</td><td align="center">姓名</td><td align="center">学号</td></tr>
<tr><td></td><td></td><td></td><td></td></tr>
<tr><td></td><td></td><td></td><td></td></tr>
<tr><td></td><td></td><td></td><td></td></tr>
<tr><td></td><td></td><td></td><td></td></tr>
<tr><td></td><td></td><td></td><td></td></tr>
<tr><td colspan="5" align="center">任务分工</td></tr>
<tr><td colspan="5">

</td></tr>
</table>

任务工作单　绘制滚动轴承

组号：_____　　姓名：_____　　学号：_____　　检索号：___4-4-1___

根据工作任务，采用规定画法，画出 6310 深沟球轴承

（1）根据所学滚动轴承的分类和代号，指出轴承基本代号 6310 的含义

6	
3	
10	

（2）查阅滚动轴承国家标准，得出滚动轴承 6310 相关尺寸

d	
D	
B	
A	

（3）参照下图所示深沟球轴承的规定画法，在下图右侧按 1∶2 的比例画出 6310 深沟球轴承，并标注尺寸

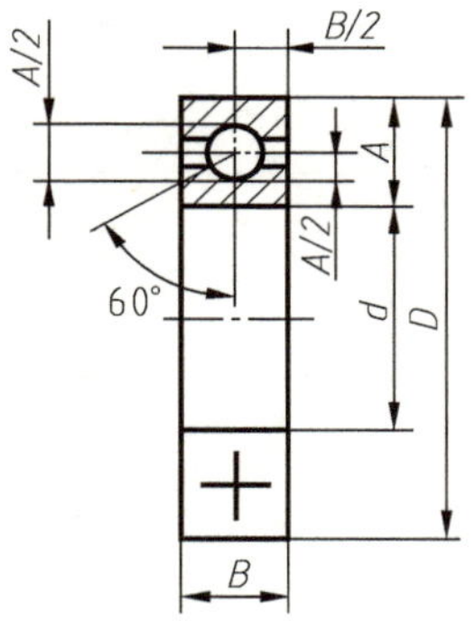

（4）根据任务要求，分组讨论组内成员所绘制的 6310 深沟球轴承的情况，以及出现的问题，并确定小组内的最佳绘图

组内成员	问题	最佳（打√）

【评价反馈】

学生个人自评表

班级		组名		日期	年　月　日	
姓名		学号				
评价指标	评价内容			分值	得　分	
信息检索	能有效利用网络、图书资料、机械制图手册查找有用的相关信息;能有条理地解释、表述所学知识;能将查到的信息有效地应用到学习中			10分		
感知课堂	熟悉绘图岗位,认同岗位工作价值;在学习中能获得满足感,认同课堂文化			10分		
参与态度	积极主动参与学习,能吃苦耐劳,崇尚劳动光荣、技能宝贵;与教师、同学之间相互尊重、理解,能够保持多向、丰富、适宜的信息交流			10分		
	能处理好合作学习和独立思考的关系,做到有效学习;能提出有意义的问题或发表个人见解;能按要求正确绘图;能够倾听别人的意见,协作共享			10分		
学习过程	①能正确识别滚动轴承的类型和代号			15分		
	②能按要求画出滚动轴承			15分		
思维态度	能发现问题、提出问题、分析问题、解决问题、创新问题			10分		
自评反馈	按时、按质完成工作任务;较好地掌握专业知识点;具有较强的信息分析能力和理解能力;具有较为全面、严谨的思维能力,并能条理清楚、明晰地表达成文			20分		
自评分数						
有益的经验和做法						
总结反馈建议						

组内互评表

班级		组名		日期		年　　月　　日	
验收组长		组员		学号			
组内验收成员							
任务要求							
验收文档清单	任务工作单： 文献检索清单：						
验收评分	评分标准				分值	得分	
	①掌握滚动轴承的类型、代号，错误 1 处扣 5 分				40 分		
	②能按要求画出滚动轴承，错误 1 处扣 5 分				40 分		
	③提供文献检索清单，不少于 4 项，缺 1 项扣 5 分				20 分		
	组内评价分数						
不足之处							

组间互评表

班级		被评组名		日期		年　　月　　日	
验收组名 （成员签字）							
评价指标	评价内容				分值	得分	
汇报表述	表述准确				15 分		
	语言流畅				10 分		
	准确反映该组完成情况				15 分		
内容正确度	内容正确				30 分		
	阐述表达到位				30 分		
	组间评价分数						
简要评述							

任务完成情况评价表

班级			组名		
姓名			学号		

序号	任务内容及要求		配分	教师评价	
				结论	得分
1	掌握滚动轴承的类型、代号	描述正确	30 分		
2	能按要求画出滚动轴承	绘图准确	40 分		
3	至少提供 4 项文献检索清单	数量	10 分		
		参考的主要内容要点	10 分		
4	素质素养评价	沟通交流能力	10 分		
		团队合作			
		课堂纪律			
		自主探学			
		合作研学			
		精益求精、专心细致的工作作风			
		诚实守信的意识			
		讲原则、守规矩的意识			
		规范意识			
总分					

任务五　绘制弹簧

工作任务	绘制弹簧	建议学时	1 学时
任务描述	看懂图 4-5-1 所示弹簧零件图样，并识别弹簧各部分的名称。 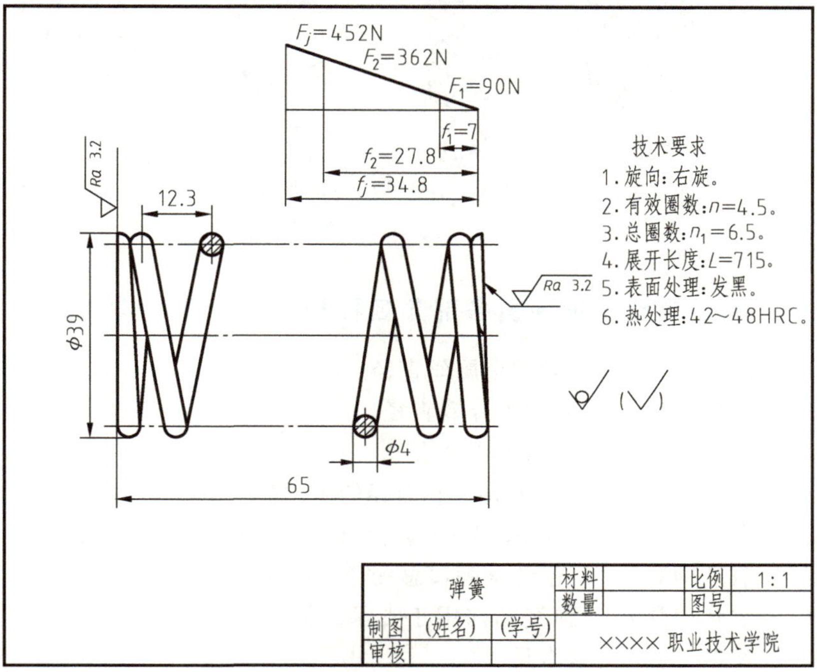 **图 4-5-1　弹簧**		
学习目标	◆能正确识别圆柱螺旋压缩弹簧各部分的名称。 ◆能按要求计算圆柱螺旋压缩弹簧的尺寸。 ◆能按要求画出圆柱螺旋压缩弹簧。 ◆能够主动获取信息，展示学习成果并相互评价，对绘图过程进行总结与反思，与他人进行有效沟通、团结协作。		
任务分析	绘制弹簧零件图不仅要熟练掌握常见弹簧的类型、用途以及国家标准中规定的画法，能够按照国家标准的有关规定绘制弹簧的工程图，还要注意养成良好的绘图习惯和一丝不苟的工作作风。		

【知识链接】

弹簧的用途很广，属于常用件。弹簧常用于需要储存能量、减振、夹紧、测力等场合。在电器中，常用弹簧来保证导电零件的良好接触或脱离接触。

弹簧的类型很多，有螺旋压缩（或拉伸）弹簧、扭转弹簧和涡卷弹簧等，如图 4-5-2 所示。这里只介绍常见的圆柱螺旋压缩弹簧的画法和尺寸计算。

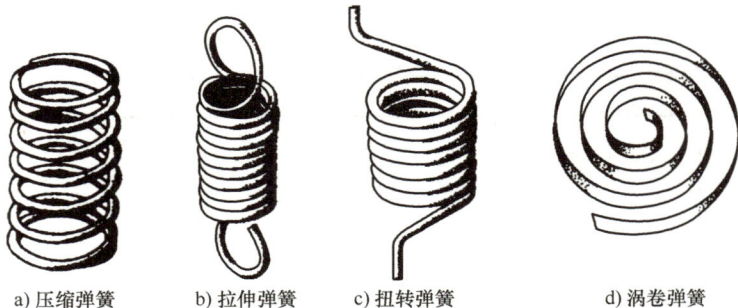

a) 压缩弹簧 　　b) 拉伸弹簧 　　c) 扭转弹簧 　　d) 涡卷弹簧

图 4-5-2　常用的弹簧

一、圆柱螺旋压缩弹簧各部分名称和尺寸计算（图 4-5-3）

（1）线径 d　制造弹簧的金属丝直径。

（2）弹簧外径 D_2　弹簧的外圈直径。

（3）弹簧内径 D_1　弹簧的内圈直径。

（4）弹簧中径 D　弹簧的外径和内径的平均值：$D=D_1+d=D_2-d=（D_1+D_2）/2$。

（5）节距 t　除支承圈外，两相邻有效圈截面中心线的轴向距离。

（6）有效圈数 n　用于计算弹簧总变形量的簧圈数。

（7）支承圈数 n_2　弹簧端部用于支承或固定的圈数。支承圈有 1.5 圈、2 圈、2.5 圈三种，以 2.5 圈的为最常见。

（8）总圈数 n_1　沿螺旋线两端间的螺旋圈数。总圈数 n_1 等于有效圈数 n 与支承圈数 n_2 之和，即 $n_1=n+n_2$。

（9）自由高度 H_0　弹簧无负荷作用时的高度，即 $H_0=nt+2d$。

（10）展开长度 L　制造弹簧时簧丝的长度，即 $L≈\pi Dn_1$。

二、圆柱螺旋压缩弹簧的规定画法

国家标准 GB/T 4459.4—2003 对弹簧的表示法做了规定。圆柱螺旋压缩弹簧按需要可画成视图、剖视图或示意图，如图 4-5-3 所示。

1）圆柱螺旋压缩弹簧在平行于其轴线的视图中，弹簧各圈的轮廓应画成直线。

2）螺旋弹簧均可画成右旋，但左旋弹簧一律要加注旋向"LH"。

3）有效圈数在四圈以上的螺旋弹簧，中间各圈可以省略，只画出每端的两圈（不包括支承圈），中间只需用通过簧丝断面中心的两条细点画线连起来。当中间部分省略后，允许适当缩小图形的高度，但应注明弹簧的自由高度。

4）在装配图中，螺旋弹簧被剖切后，不论中间各圈是否省略，被弹簧挡住的结构一般不画，其可见部分应从弹簧的外轮廓线或从弹簧钢丝断面的中心线画起，如图 4-5-4a 所示。

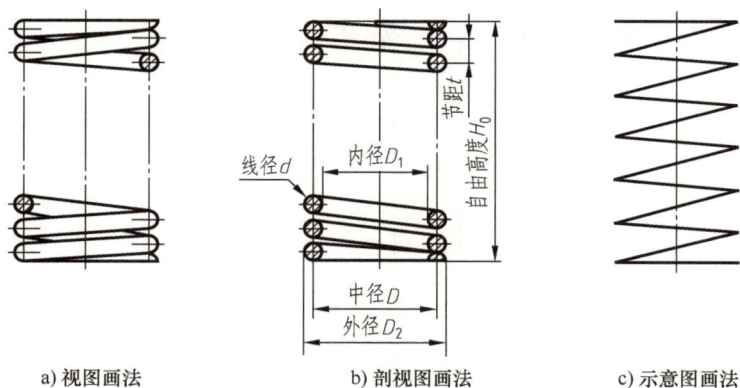

a) 视图画法　　　　　b) 剖视图画法　　　　　c) 示意图画法

图 4-5-3　圆柱螺旋压缩弹簧的画法

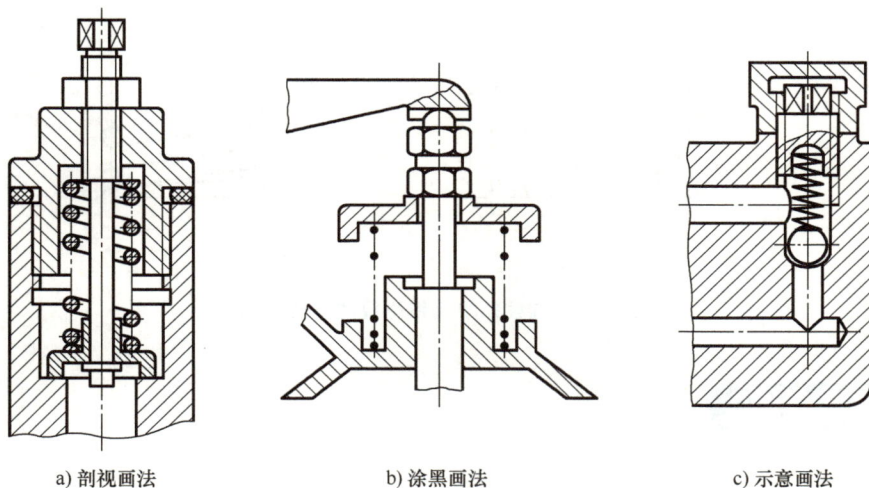

a) 剖视画法　　　　　b) 涂黑画法　　　　　c) 示意画法

图 4-5-4　装配图中弹簧的画法

5）在装配图中，当线径在图上等于或小于 2mm 时，其断面可以涂黑表示，如图 4-5-4b 所示，或采用图 4-5-4c 所示的示意画法。

三、圆柱螺旋压缩弹簧的作图步骤

国家标准规定，不论支承圈的圈数多少，均按 2.5 圈形式绘制。其作图步骤如图 4-5-5 所示。

1）根据 D、H_0 画出矩形，如图 4-5-5a 所示。

2）根据线径 d 画出支承圈部分的圆和半圆，如图 4-5-5b 所示。

3）画出有效圈部分的剖面，如图 4-5-5c 所示。

4）按右旋方向作相应圆的公切线，如图 4-5-5d 所示。

5）加深并画剖面线，如图 4-5-5e 所示。

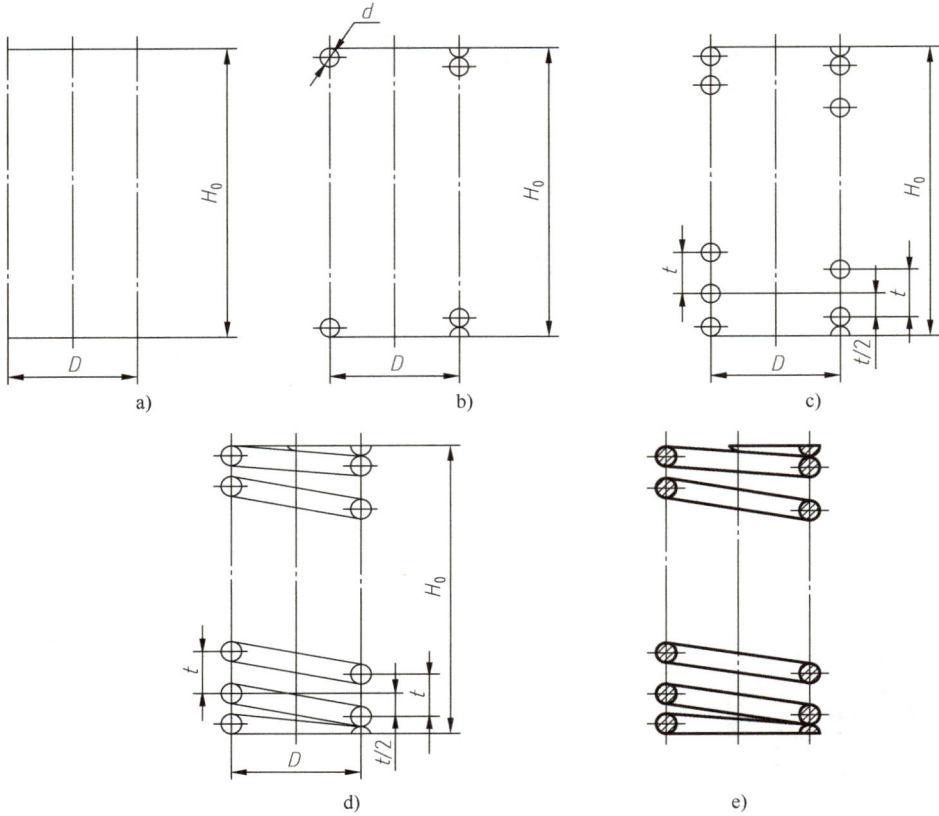

图 4-5-5 圆柱螺旋压缩弹簧的作图步骤

【任务分组】

任务名称: _____

班级: _____ 姓名: _____ 日期: _____

学生任务分配表				
组号		指导教师		
组长		学号		
组员	姓名	学号	姓名	学号
任务分工				

任务工作单　绘制弹簧

组号：＿＿＿＿＿＿＿＿　　姓名：＿＿＿＿＿＿＿＿　　学号：＿＿＿＿＿＿＿＿　　检索号：＿4-5-1＿

1. 根据工作任务，看懂图 4-5-1 所示弹簧零件图，识别弹簧各部分名称

（1）线径＿＿＿＿＿＿＿＿＿＿＿＿＿＿＿＿

（2）弹簧的外径＿＿＿＿＿＿＿＿＿＿＿＿＿＿＿＿＿

（3）弹簧的节距＿＿＿＿＿＿＿＿＿＿＿＿＿＿＿＿＿

（4）弹簧的自由高度＿＿＿＿＿＿＿＿＿＿＿＿＿＿＿＿＿

（5）弹簧的旋向＿＿＿＿＿＿＿＿＿＿＿＿＿＿＿＿＿

（6）弹簧的总圈数＿＿＿＿＿＿＿＿＿＿＿＿＿＿＿＿＿＿

2. 已知圆柱螺旋压缩弹簧的线径 $d = 6mm$，弹簧外径 $D_2 = 50mm$，节距 $t = 12mm$，有效圈数 $n = 6$，支承圈数 $n_2 = 2.5$，右旋，用 $1 : 1$ 的比例画出圆柱螺旋压缩弹簧的剖视图并标注尺寸

根据圆柱螺旋压缩弹簧的作图步骤，将其剖视图画在下方空白处。

1）根据 D、H_0 画出矩形，$D = $＿＿＿＿＿＿＿＿＿＿＿＿，$H_0 = $＿＿＿＿＿＿＿＿＿＿＿＿。

2）画出支承圈部分的圆和半圆，直径＝线径 $d = 6mm$。

3）画出有效圈部分的剖面。

4）按右旋方向作相应圆的公切线。

5）加深并画剖面线。

【评价反馈】

学生个人自评表

班级		组名		日期	年　月　日	
姓名		学号				
评价指标	评价内容			分值	得　分	
信息检索	能有效利用网络、图书资料、机械制图手册查找有用的相关信息;能有条理地解释、表述所学知识;能将查到的信息有效地应用到学习中			10分		
感知课堂	熟悉绘图岗位,认同岗位工作价值;在学习中能获得满足感,认同课堂文化			10分		
参与态度	积极主动参与学习,能吃苦耐劳,崇尚劳动光荣、技能宝贵;与教师、同学之间相互尊重、理解,能够保持多向、丰富、适宜的信息交流			10分		
	能处理好合作学习和独立思考的关系,做到有效学习;能提出有意义的问题或发表个人见解;能按要求正确绘图;能够倾听别人的意见,协作共享			10分		
学习过程	①能正确识别圆柱螺旋压缩弹簧各部分的名称			10分		
	②能按要求计算圆柱螺旋压缩弹簧的尺寸			10分		
	③能按要求画出圆柱螺旋压缩弹簧			10分		
思维态度	能发现问题、提出问题、分析问题、解决问题、创新问题			10分		
自评反馈	按时、按质完成工作任务;较好地掌握专业知识点;具有较强的信息分析能力和理解能力;具有较为全面、严谨的思维能力,并能条理清楚、明晰地表达成文			20分		
	自评分数					

有益的经验和做法	
总结反馈建议	

组内互评表

班级		组名		日期		年　　月　　日	
验收组长		组员		学号			
组内验收成员							
任务要求							
验收文档清单		任务工作单： 文献检索清单：					

验收评分	评分标准	分值	得分
	①能正确识别圆柱螺旋压缩弹簧各部分的名称,错误 1 处扣 5 分	25 分	
	②能按要求计算圆柱螺旋压缩弹簧的尺寸,错误 1 处扣 5 分	25 分	
	③能按要求画出圆柱螺旋压缩弹簧,错误 1 处扣 5 分	30 分	
	④提供文献检索清单,不少于 4 项,缺 1 项扣 5 分	20 分	
	组内评价分数		
不足之处			

组间互评表

班级		被评组名		日期		年　　月　　日	
验收组名 （成员签字）							

评价指标	评价内容	分值	得分
汇报表述	表述准确	15 分	
	语言流畅	10 分	
	准确反映该组完成情况	15 分	
内容正确度	内容正确	30 分	
	阐述表达到位	30 分	
	组间评价分数		
简要评述			

任务完成情况评价表

班级			组名	
姓名			学号	

序号	任务内容及要求		配分	教师评价	
				结论	得分
1	能正确识别圆柱螺旋压缩弹簧各部分的名称	描述正确	20分		
2	能按要求计算圆柱螺旋压缩弹簧的尺寸	计算正确	20分		
3	能按要求画出圆柱螺旋压缩弹簧	绘图准确	30分		
4	至少提供4项文献检索清单	数量	10分		
		参考的主要内容要点	10分		
5	素质素养评价	沟通交流能力	10分		
		团队合作			
		课堂纪律			
		自主探学			
		合作研学			
		精益求精、专心细致的工作作风			
		诚实守信的意识			
		讲原则、守规矩的意识			
		规范意识			
总分					

项目五 零件图的识读与绘制

工作任务	识读产品几何技术规范	建议学时	6 学时

任务描述

　　会按照国家标准规定的相关内容，正确识读图 5-1-1 所示主轴零件图的几何技术规范。

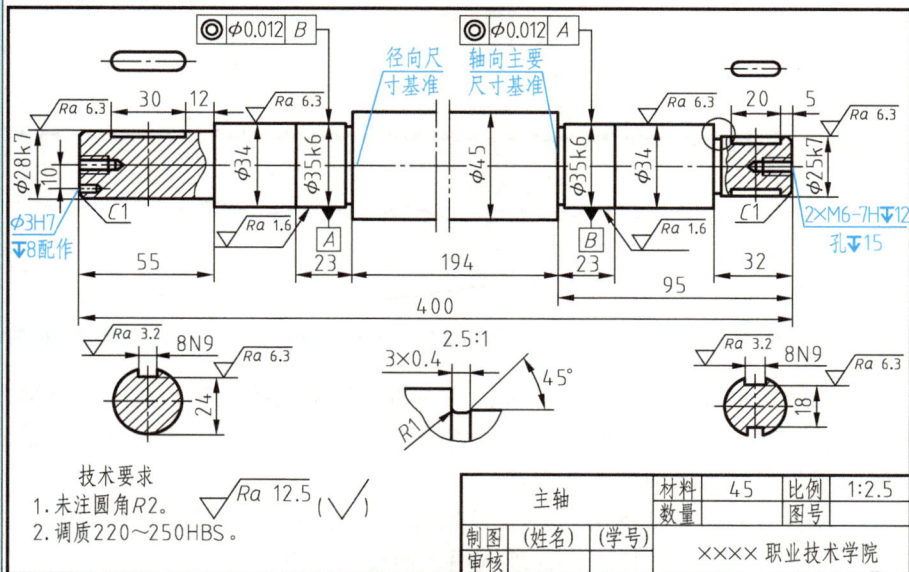

图 5-1-1　主轴零件图

学习目标

◆会按照国家标准规定内容，正确识读产品表面结构。
◆会按照国家标准规定内容，正确识读产品极限与配合。
◆会按照国家标准规定内容，正确识读产品几何公差。
◆能够主动参与学习活动，获取信息，展示学习成果并相互评价，对识读产品几何规范内容进行总结与反思，与他人进行有效沟通、团结协作。

任务分析

　　要识读产品几何技术规范，就要会识读国家标准规范下的产品表面结构、极限与配合和几何公差等内容。

【知识链接】

零件是组成机器的基本单元。零件图不仅要表达零件结构形状和尺寸，还要标注和说明制造零件的几何技术规范，如对零件的表面结构、几何公差等要求，才能满足使用性能。

一、表面结构（GB/T 3505—2009）

表面结构是表面粗糙度、表面波纹度、表面缺陷、表面纹理和表面几何形状的总称。

加工零件时，由于刀具在零件表面上留下刀痕和切屑分离时表面金属的塑性变形等影响，使零件表面存在着间距较小的轮廓峰谷，如图 5-1-2 所示。这种表面上具有较小间距的峰谷所组成的微观几何形状特性，称为表面粗糙度。机器设备对零件各个表面的要求不一样，如配合性质、耐磨性、耐蚀性、密封性、外观要求等，因此对零件表面轮廓参数的要求也各有不同。一般说来，凡零件上有配合要求或有相对运动的表面，表面轮廓参数值较小。

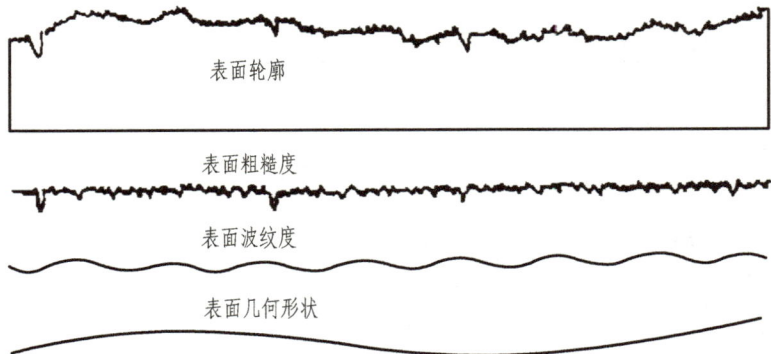

表面轮廓

表面粗糙度

表面波纹度

表面几何形状

图 5-1-2　表面粗糙度、表面波纹度和表面几何形状误差综合影响的表面轮廓

在机械加工过程中，由于机床、工件和刀具系统的振动，在工件表面所形成的间距比表面粗糙度大得多的表面不平度，称为表面波纹度。零件表面的表面波纹度是影响零件使用寿命和引起振动的重要因素。

零件表面轮廓要求越高（即表面轮廓参数值越小），其加工成本越高。因此，应在满足零件表面功能的前提下，合理选用表面轮廓参数。

表面粗糙度、表面波纹度以及表面几何形状总是同时生成并存在于同一表面。

1. 轮廓参数的种类

（1）R 参数　表示在粗糙度轮廓上计算得到的参数。

（2）W 参数　表示在波纹度轮廓上计算得到的参数。

（3）P 参数　表示在原始轮廓上计算得到的参数。

我国机械图样中最常用的表面结构评定参数是轮廓参数 Ra 和 Rz，如图 5-1-3 所示。

Ra——算术平均偏差，是指在一个取样长度内，纵坐标值 Z 绝对值的算术平均值。

Rz——轮廓最大高度，是指在一个取样长度内，最大轮廓峰高和最大轮廓谷深之和。

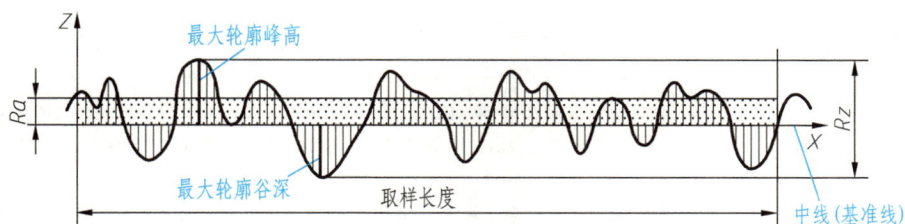

图 5-1-3 轮廓的算术平均偏差 Ra 和轮廓最大高度 Rz

2. 表面结构的图形符号

GB/T 131—2006 规定了表面结构符号及其注法。表面结构符号的画法及意义见表 5-1-1，表面结构符号的标注及其含义见表 5-1-2，表面纹理的标注见表 5-1-3。

表 5-1-1 表面结构符号的画法及意义

符号及名称		意 义	符号画法
	基本图形符号	仅用于简化代号标注,没有补充说明时不能单独使用	
	扩展图形符号	在基本图形符号上加一短横,表示是用去除材料的方法获得的表面结构,如通过机械加工获得的表面	$H_1 = 1.4h$
		在基本图形符号上加一圆圈,表示表面结构是用不去除材料的方法获得的,如锻、铸、冲压变形、热轧、冷轧、粉末冶金等,也可用于表示保持上道工序形成的表面	$H_2 = 2.8h$ $d' = 0.1h$ h—字高
	完整图形符号	当要求标注表面结构特征的补充信息时,在允许任何工艺图形符号的长边上加一横线,在报告和合同的文本中用文字 APA 表示	
		当要求标注表面结构特征的补充信息时,在去除材料图形符号的长边上加一横线,在报告和合同的文本中用文字 MRR 表示	
		当要求标注表面结构特征的补充信息时,在不去除材料图形符号的长边上加一横线,在报告和合同的文本中用文字 NMR 表示	

表 5-1-2 表面结构符号的标注及其含义

符号	含义/解释
$Rz\ 0.4$	表示不允许去除材料,单向上限值,默认传输带,R 轮廓,粗糙度的最大高度为 $0.4\mu m$,评定长度为 5 个取样长度(默认),"16% 规则"(默认)
$Rz\ max\ 0.2$	表示去除材料,单向上限值,默认传输带,R 轮廓,粗糙度最大高度的最大值为 $0.2\mu m$,评定长度为 5 个取样长度(默认),"最大规则"

（续）

符号	含义/解释
$\sqrt{}$ 0.008-0.8/Ra 3.2	表示去除材料,单向上限值,传输带 $\lambda_s = 0.008$mm,$\lambda_c = 0.8$mm,R 轮廓,算术平均偏差为 3.2μm,评定长度为 5 个取样长度(默认),"16%规则"(默认)
$\sqrt{}$ −0.8/$Ra3$ 3.2	表示去除材料,单向上限值传输带 $\lambda_c = 0.8$mm,R 轮廓,算术平均偏差为 3.2μm,评定长度包含 3 个取样长度,"16%规则"(默认)
$\sqrt{}$ U Ra max 3.2 L Ra 0.8	表示不允许去除材料,双向极限值,两极限值均使用默认传输带,R 轮廓,上限值:算术平均偏差为 3.2μm,评定长度为 5 个取样长度(默认),"最大规则";下限值:算术平均偏差为 0.8μm,评定长度为 5 个取样长度(默认),"16%规则"(默认)
$\sqrt{}$ 0.8-25/$Wz3$ 10	表示去除材料,单向上限值,传输带 $\lambda_s = 0.8$mm,$\lambda_c = 25$mm,W 轮廓,波纹度最大高度为 10μm,评定长度包含 3 个取样长度,"16%规则"(默认)
$\sqrt{}$ 0.008-/Pt max 25	表示去除材料,单向上限值,传输带 $\lambda_s = 0.008$mm,无长波滤波器,P 轮廓,轮廓总高为 25μm,评定长度等于工件长度(默认),"最大规则"
$\sqrt{}$ 0.0025-0.1//Rx 0.2	表示任意加工方法,单向上限值,传输带 $\lambda_s = 0.0025$mm,$A = 0.1$mm,评定长度为 3.2mm(默认),粗糙度图形参数,粗糙度图形最大深度为 0.2μm,"16%规则"(默认)
$\sqrt{}$ /10/R 10	表示不允许去除材料,单向上限值,传输带 $\lambda_s = 0.008$mm(默认),$A = 0.5$mm(默认),评定长度为 10mm,粗糙度图形参数,粗糙度图形平均深度 10μm,"16%规则"(默认)
$\sqrt{}$ W 1	表示去除材料,单向上限值,传输带 $A = 0.5$mm(默认),$B = 2.5$mm(默认),评定长度 16mm(默认),波纹度图形参数,波纹度图形平均深度为 1mm,"16%规则"(默认)
$\sqrt{}$ −0.3/6/AR 0.09	表示任意加工方法,单向上限值,传输带 $\lambda_s = 0.008$mm(默认),$A = 0.3$mm(默认),评定长度为 6mm,粗糙度图形参数,粗糙度图形平均间距为 0.09mm,"16%规则"(默认)

表 5-1-3　表面纹理的标注

符号	解释和示例
═	纹理平行于视图所在的投影面 纹理方向

（续）

符号	解释和示例
⊥	纹理垂直于视图所在的投影面
×	纹理呈两斜向交叉,且与视图所在的投影面相交
M	纹理呈多方向
C	纹理呈近似同心圆,且圆心与表面中心有关
R	纹理呈近似放射状,且圆心与表面中心有关
P	纹理呈微粒、突起、无方向

　　当在图样某个视图上构成封闭轮廓的各表面有相同的表面结构要求时，应在上表完整图形符号上加一圆圈，标注在图样中工件的封闭轮廓线上，如图 5-1-4 所示。如果标注会引起歧义时，各表面应分别标注。

　　在完整符号中，对表面结构的单一要求和补充要求应注写在图 5-1-5 所示的指定位置。

　　图 5-1-5 位置 a~e 分别注写以下内容：

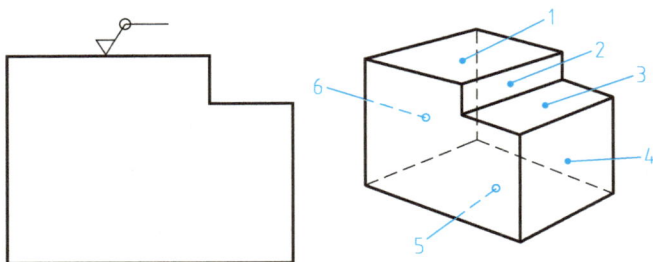

图 5-1-4　对周边各面有相同的表面结构要求的注法

注：图示的表面结构符号是指对图形中封闭轮廓的六个面的共同要求（不包括前后面）。

（1）位置 a　注写表面结构的单一要求

（2）位置 a 和 b　注写两个或多个表面结构要求

（3）位置 c　注写加工方法

（4）位置 d　注写表面纹理和方向

（5）位置 e　注写加工余量（mm）

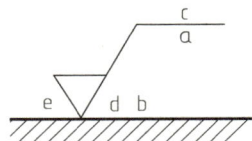

图 5-1-5　补充要求的
注写位置（a～e）

3. 有关检验规范的基本术语

检验评定表面结构参数值必须在特定条件下进行。国家标准规定，图样中注写参数代号及其数值要求的同时，还应明确其检验规范。有关检验规范方面的基本术语有取样长度、评定长度、滤波器和传输带以及极限值判断规则。

（1）传输带　评定时滤波器的波长范围。默认传输带的截止波长值 $\lambda_c = 0.8\text{mm}$（长波滤波器）和 $\lambda_s = 0.0025\text{mm}$（短波滤波器）。

（2）取样长度和评定长度（GB/T 3505—2009）　以粗糙度高度参数的测量为例，由于表面轮廓的不规则性，测量结果与测量段的长度密切相关。当测量段过短时，各处的测量结果会产生很大差异。但测量段过长时，测得的高度值中将不可避免地包含了波纹度的幅值。因此，在 X 轴上选取一段适当长度进行测量，这段长度称为取样长度 l。但是，在每一取样长度内的测得值通常是不等的，为取得表面粗糙度最可靠的值，一般取几个连续的取样长度进行测量，并以各取样长度内测量值的平均值作为测得的参数值。这段在 X 轴方向上用于评定轮廓并包含着一个或几个取样长度的测量段称为评定长度 ln，如图 5-1-6 所示。当参数代号后未注明时，评定长度默认为 5 个取样长度，否则应注明个数。例如，$Rz0.4$、$Ra3\ 0.8$、$Rz1\ 3.2$ 分别表示评定长度为 5 个（默认）、3 个、1 个取样长度。

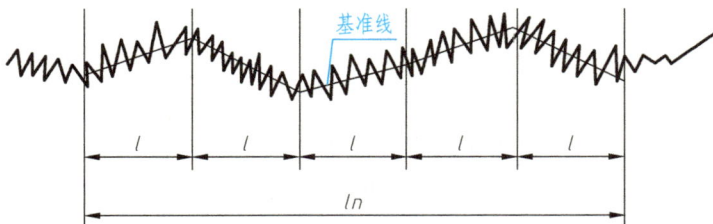

图 5-1-6　取样长度和评定长度

（3）极限值判断规则　完工零件的表面按检验规范测得轮廓参数值后，需与图样上给定的极限比较，以判定其是否合格。极限值判断规则有以下两种。

1）16%规则。运用本规则时，当被检表面测得的全部参数值中，超过极限值的个数不多于总个数的 16% 时，该表面是合格的。

2）最大规则。运用本规则时，被检的整个表面上测得的参数值一个也不应超过给定的极限值。16%规则是所有表面结构要求标注的默认规则。即当参数代号后未注写"max"字样时，均默认为应用 16%规则，如 $Ra0.8$。反之，则应用最大规则，如 $Ra\max0.8$。

4. 标注方法

表面结构要求对每一表面一般只标注一次，并尽可能标注在相应尺寸及其公差的同一视图上。除非另有说明，所标注的表面结构要求是对完工零件表面的要求。

1）表面结构的注写与读取方向同尺寸的注写与读取方向一致，如图 5-1-7 所示。

2）表面结构要求可标注在轮廓线上，其符号应从材料外指向并接触表面。必要时，表面结构符号也可用带箭头或黑点的指引线引出标注，如图 5-1-8、图 5-1-9 所示。

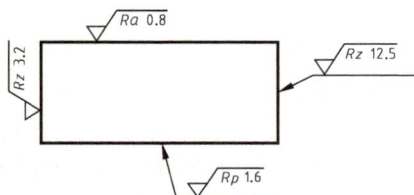

图 5-1-7 表面结构要求的注写方向

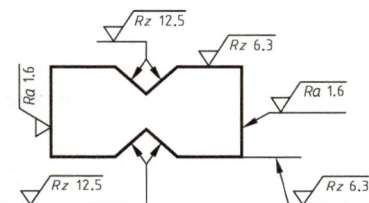

图 5-1-8 表面结构要求在轮廓线上的标注

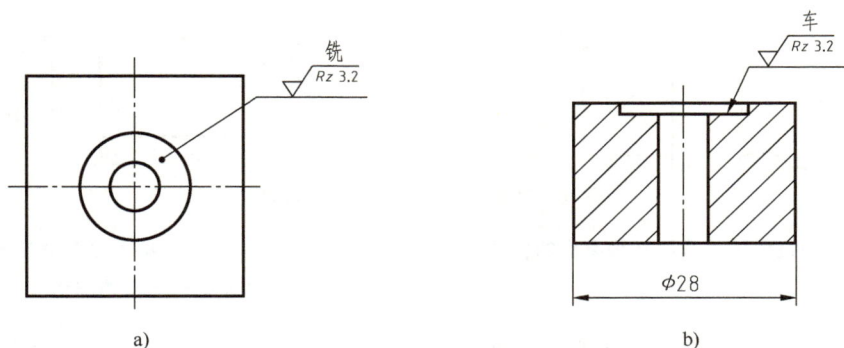

图 5-1-9 用指引线引出标注表面结构要求

3）在不致引起误解时，表面结构要求可以标注在给定的尺寸线上，如图 5-1-10 所示。

4）表面结构要求可标注在几何公差框格的上方，如图 5-1-11 所示。

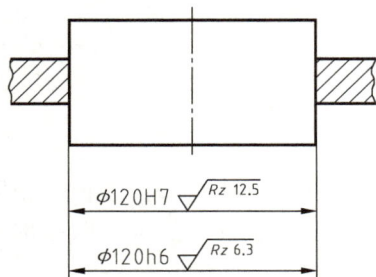

图 5-1-10 表面结构要求标注在尺寸线上　　图 5-1-11 表面结构要求标注在几何公差框格的上方

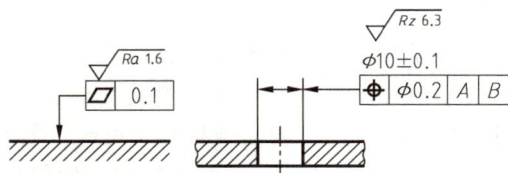

5）表面结构要求可以直接标注在轮廓延长线上，或用带箭头的指引线引出标注，如图 5-1-7、图 5-1-12 所示。

6）圆柱和棱柱表面的表面结构要求只标注一次，如图 5-1-12 所示。如果每个棱柱表面有不同的表面结构要求，则应分别单独标注，如图 5-1-13 所示。

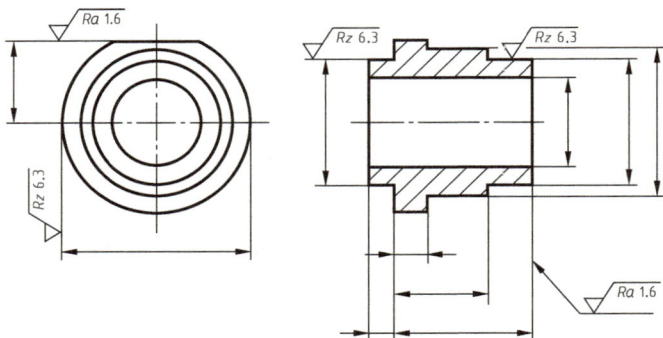

图 5-1-12　表面结构要求标注在圆柱特征的延长线上

7）由几种不同的工艺方法获得的同一表面，当需要明确每种工艺方法的表面结构要求时，可按图 5-1-14 所示进行标注。

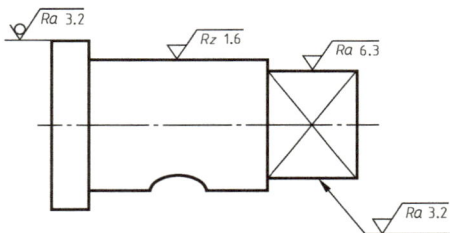

图 5-1-13　圆柱和棱柱表面结构要求的标注

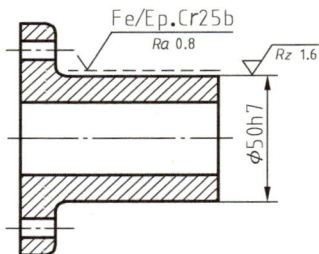

图 5-1-14　同时给出镀覆前后的表面结构要求的注法

Fe/Ep.Cr25 表示在铁表面镀铬，厚 $25\mu m$。"Ep" 为 "Electroplate" 的缩写，表示电镀。

注意：热处理缩略语详见 GB/T 24743—2009。常用缩略语如下：

CHD——表面硬化深度；CD——渗碳深度；

CLT——化合物层厚度；FHD——熔合硬化深度；

NHD——渗氮硬化深度；SHD——淬火硬化深度；

FTS——融合处理规范；HTO——热处理顺序；

HTS——热处理规范。

5. 表面结构要求的简化标注

（1）有相同表面结构要求的简化标注　如果在工件多数（包括全部）表面有相同的表面结构要求，则其表面结构要求可统一标注在图样的标题栏附近。此时（除全部表面有相同要求的情况外），表面结构要求的符号后面还有：

1）在圆括号内给出无任何其他标注的基本符号，如图 5-1-15 所示。

2）在圆括号内给出不同的表面结构要求，如图 5-1-16 所示。

3）不同的表面结构要求应标注在图形中，如图 5-1-15 和图 5-1-16 所示。

（2）多个表面有共同要求的注法　可用带字母的完整符号，以等式的形式，在图形或标题栏附近，对有相同表面结构要求的表面进行简化标注，如图 5-1-17 所示。

可用表面结构基本符号以等式的形式给出多个表面共同的表面结构要求，如图 5-1-18 所示。

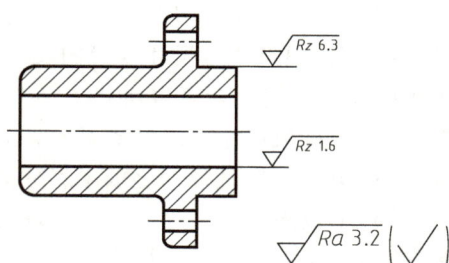

图 5-1-15　大多数表面有相同表面结构要求的简化注法（一）

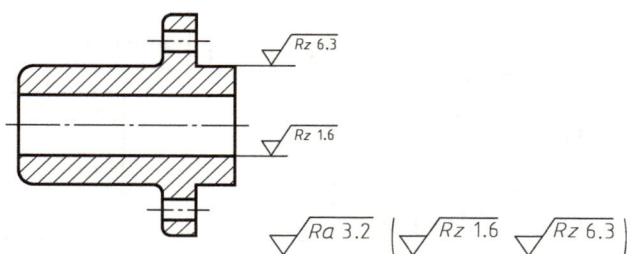

图 5-1-16　大多数表面有相同表面结构要求的简化注法（二）

图 5-1-17　有相同表面结构要求的简化标注

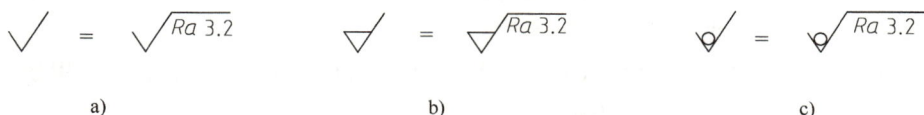

a)　　　　　　　　　b)　　　　　　　　　c)

图 5-1-18　用基本符号的简化标注

二、极限与配合（GB/T 1800.1—2020 和 GB/T 1800.2—2020）

极限与配合是零件图和装配图中一项重要的技术要求，也是检验产品质量的技术指标。

从一批规格相同的零（部）件中任取一件，不经修配，就能装到机器上去，并能保证使用要求，零件具有的这种性质称为互换性。现代化工业要求机器零（部）件具有互换性，这样既能满足各生产部门广泛的协作要求，又能进行高效率的专业化生产。常用的螺栓、螺钉、垫圈和轴承等都具有互换性。

（一）术语和定义

1. 公差和偏差相关术语

（1）公称尺寸　由图样规范定义的理想形状要素的尺寸，如图 5-1-19 中的 $\phi 35$。

（2）实际尺寸 拟合组成要素的尺寸。实际尺寸通过测量得到。

（3）极限尺寸 尺寸要素的尺寸所允许的极限值。为了满足要求，实际尺寸位于上、下极限尺寸之间，含极限尺寸。

1）上极限尺寸。尺寸要素允许的最大尺寸。如图 5-1-19 所示，孔直径的上极限尺寸为 35.025mm；轴直径的上极限尺寸为 34.975mm。

2）下极限尺寸。尺寸要素允许的最小尺寸。如图 5-1-19 所示，孔直径的下极限尺寸为 35mm，轴直径的下极限尺寸为 34.950mm。

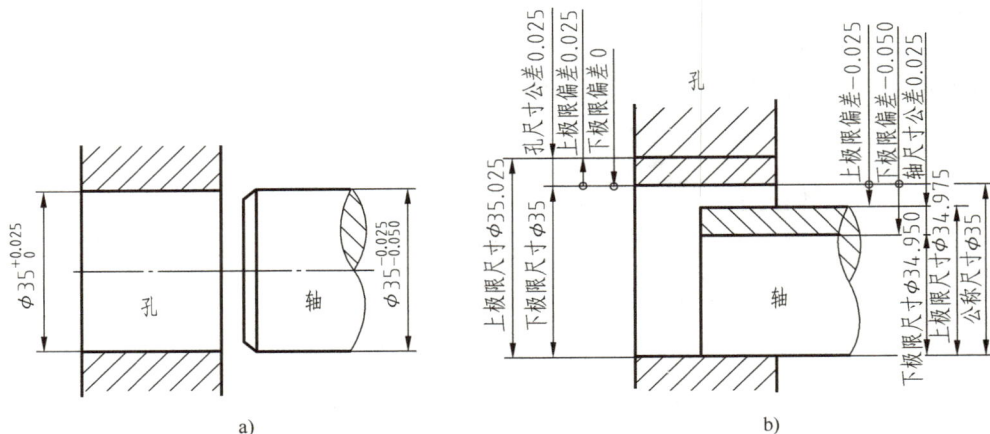

图 5-1-19 极限与配合示意图

（4）偏差 某值与参考值之差。对于尺寸偏差，参考值是公称尺寸，某值是实际尺寸。

（5）极限偏差 相对于公称尺寸的上极限偏差和下极限偏差。

1）上极限偏差。上极限尺寸减其公称尺寸所得的代数差，分别用 ES（用于内尺寸要素）和 es（用于外尺寸要素）表示。

2）下极限偏差。下极限尺寸减其公称尺寸所得的代数差，分别用 EI（用于内尺寸要素）和 ei（用于外尺寸要素）表示。

极限偏差是一个带符号的值，其可以是负值、零或正值。图 5-1-19 中：

孔：$ES = 35.025mm - 35mm = +0.025mm$；$EI = 35mm - 35mm = 0mm$。

轴：$es = 34.975mm - 35mm = -0.025mm$；$ei = 34.950mm - 35mm = -0.050mm$。

（6）公差（T） 上极限尺寸与下极限尺寸之差，也可以是上极限偏差与下极限偏差之差。公差是一个没有符号的绝对值。

尺寸偏差和公差的关系（图 5-1-19）：

孔尺寸公差 = $35.025mm - 35mm = 0.025mm$ 或孔尺寸公差 = $+0.025mm - 0mm = 0.025mm$。

轴尺寸公差 = $34.975mm - 34.950mm = 0.025mm$ 或轴尺寸公差 = $-0.025mm - (-0.050)mm = 0.025mm$。

（7）标准公差（IT） 线性尺寸公差 ISO 代号体系中的任一公差。

国家标准将标准公差分为 20 个公差等级，即：IT01、IT0、IT1 至 IT18。字母 IT 为

"国际公差"的英文缩略词，阿拉伯数字 01、0、1、…、18 表示公差等级，它是反映尺寸精度的等级。IT01 公差数值最小，精度最高；IT18 公差数值最大，精度最低。标准公差等级对应的数值见表 5-1-4。

图 5-1-19b 表明了相互结合的孔、轴的公称尺寸、极限尺寸、极限偏差与公差的相互关系。在实际应用中为了表达问题简便，只按一定比例放大画出孔与轴的公差带部分。这种图示方法称为极限与配合图解。图 5-1-20 所示就是图 5-1-19 所示孔与轴尺寸的极限与配合图解。

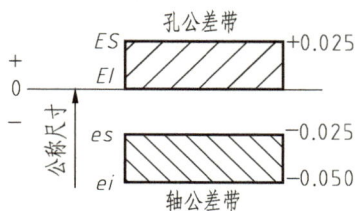

图 5-1-20　极限与配合图解

表 5-1-4　标准公差数值（摘自 GB/T 1800.1—2020）

公称尺寸 mm		标准公差等级																		
		IT01	IT0	IT1	IT2	IT3	IT4	IT5	IT6	IT7	IT8	IT9	IT10	IT11	IT12	IT13	IT14	IT15	IT16	IT17	IT18
大于	至	标准公差数值																		
		μm												mm						
—	3	0.3	0.5	0.8	1.2	2	3	4	6	10	14	25	40	60	0.1	0.14	0.25	0.4	0.6	1	1.4
3	6	0.4	0.6	1	1.5	2.5	4	5	8	12	18	30	48	75	0.12	0.18	0.3	0.48	0.75	1.2	1.8
6	10	0.4	0.6	1	1.5	2.5	4	6	9	15	22	36	58	90	0.15	0.22	0.36	0.58	0.9	1.5	2.2
10	18	0.5	0.8	1.2	2	3	5	8	11	18	27	43	70	110	0.18	0.27	0.43	0.7	1.1	1.8	2.7
18	30	0.6	1	1.5	2.5	4	6	9	13	21	33	52	84	130	0.21	0.33	0.52	0.84	1.3	2.1	3.3
30	50	0.6	1	1.5	2.5	4	7	11	16	25	39	62	100	160	0.25	0.39	0.62	1	1.6	2.5	3.9
50	80	0.8	1.2	2	3	5	8	13	19	30	46	74	120	190	0.3	0.46	0.74	1.2	1.9	3	4.6
80	120	1	1.5	2.5	4	6	10	15	22	35	54	87	140	220	0.35	0.54	0.87	1.4	2.2	3.5	5.4
120	180	1.2	2	3.5	5	8	12	18	25	40	63	100	160	250	0.4	0.63	1	1.6	2.5	4	6.3
180	250	2	3	4.5	7	10	14	20	29	46	72	115	185	290	0.46	0.72	1.15	1.85	2.9	4.6	7.2
250	315	2.5	4	6	8	12	16	23	32	52	81	130	210	320	0.52	0.81	1.3	2.1	3.2	5.2	8.1
315	400	3	5	7	9	13	18	25	36	57	89	140	230	360	0.57	0.89	1.4	2.3	3.6	5.7	8.9
400	500	4	6	8	10	15	20	27	40	63	97	155	250	400	0.63	0.97	1.55	2.5	4	6.3	9.7
500	630	—	—	9	11	16	22	32	44	70	110	175	280	440	0.7	1.1	1.75	2.8	4.4	7	11
630	800	—	—	10	13	18	25	36	50	80	125	200	320	500	0.8	1.25	2	3.2	5	8	12.5
800	1000	—	—	11	15	21	28	40	56	90	140	230	360	560	0.9	1.4	2.3	3.6	5.6	9	14
1000	1250	—	—	13	18	24	33	47	66	105	165	260	420	660	1.05	1.65	2.6	4.2	6.6	10.5	16.5
1250	1600	—	—	15	21	29	39	55	78	125	195	310	500	780	1.25	1.95	3.1	5	7.8	12.5	19.5
1600	2000	—	—	18	25	35	46	65	92	150	230	370	600	920	1.5	2.3	3.7	6	9.2	15	23
2000	2500	—	—	22	30	41	55	78	110	175	280	440	700	1100	1.75	2.8	4.4	7	11	17.5	28
2500	3150	—	—	26	36	50	68	96	135	210	330	540	860	1350	2.1	3.3	5.4	8.6	13.5	21	33

（8）基本偏差　确定公差带相对公称尺寸位置的那个极限偏差。基本偏差是最接近公称尺寸的那个极限偏差。

国家标准对孔和轴分别规定了 28 个基本偏差。并规定：用大写字母表示孔的基本偏差，小写字母表示轴的基本偏差，如图 5-1-21 所示。

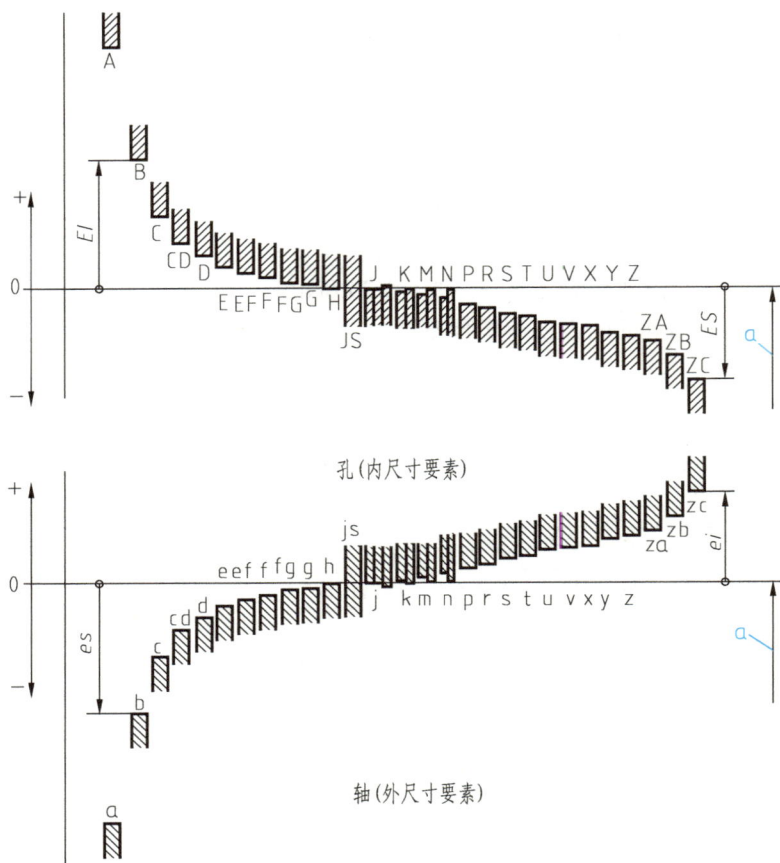

图 5-1-21 公差带（基本偏差）相对于公称尺寸位置的示意说明

在基本偏差系列图中，仅给出了公差带的一端，而另一端则取决于公差等级和这个基本偏差的组合。

（9）公差带　公差极限之间（包括公差极限）的尺寸变动值。

（10）公差带代号　基本偏差和标准公差等级的组合。

2. 配合相关术语

配合是指类型相同且待装配的外尺寸要素（轴）和内尺寸要素（孔）之间的关系。根据相互结合的孔和轴公差带的相互位置关系，配合分为三类：间隙配合、过盈配合和过渡配合。

（1）间隙配合　孔和轴装配时总是存在间隙的配合。此时，孔的下极限尺寸大于或在极端情况下等于轴的上极限尺寸，如图 5-1-22a 所示。

（2）过盈配合　孔和轴装配时总是存在过盈的配合。此时，孔的上极限尺寸小于或在极端情况下等于轴的下极限尺寸，如图 5-1-22c 所示。

（3）过渡配合　孔和轴装配时可能具有间隙或过盈的配合。在过渡配合中，孔和轴的公差带或完全重叠或部分重叠，因此，形成间隙配合或过盈配合取决于孔和轴的实际尺寸，如图 5-1-22b 所示。

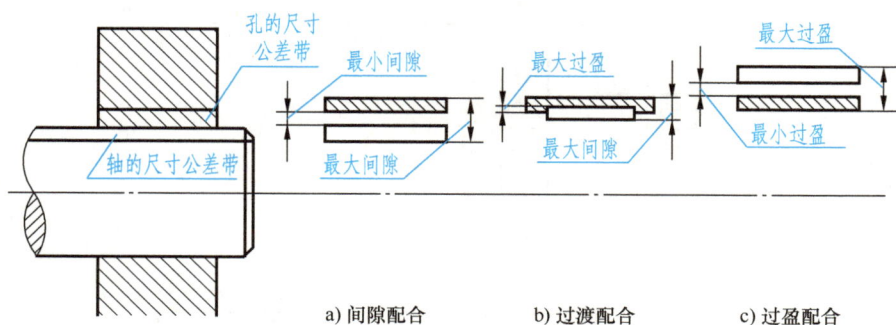

a) 间隙配合　　　　　b) 过渡配合　　　　　c) 过盈配合

图 5-1-22　各种配合的情况

3. ISO 配合制相关术语

ISO 配合制是由线性尺寸公差 ISO 代号体系确定公差的孔和轴组成的一种配合制度。应用形成配合要素的线性尺寸公差 ISO 代号体系的前提条件是孔和轴的公称尺寸相同。国家标准规定了两种配合制，即基孔制配合和基轴制配合。

（1）基孔制配合　孔的基本偏差为零（即其下极限偏差等于零）的配合。所要求的间隙或过盈由不同公差带代号的轴与一基本偏差为零的基准孔相配合得到，如图 5-1-23 所示。在基孔制配合中，孔的下极限尺寸与公称尺寸相同，基准孔的基本偏差代号为"H"。

（2）基轴制配合　轴的基本偏差为零（即其上极限偏差等于零）的配合。所要求的间隙或过盈由不同公差带代号的孔与一基本偏差为零的基准轴相配合得到，如图 5-1-24 所示。在基轴制配合中，轴的上极限尺寸与公称尺寸相同，基准轴的基本偏差代号为"h"。

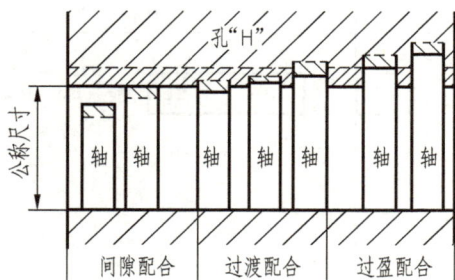

图 5-1-23　基孔制配合

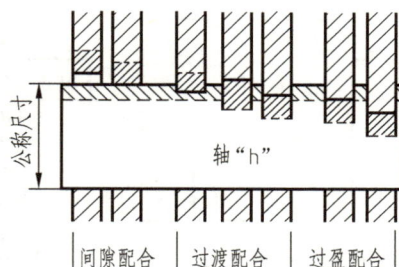

图 5-1-24　基轴制配合

通常情况下，应选择基孔制配合。这种选择可避免工具（如铰刀）和量具不必要的多样性。基轴制配合应仅用于那些可以带来切实经济利益的情况（如需要在没有加工的拉制钢棒的单轴上安装几个具有不同偏差的孔）。

（二）公差带代号及配合的选择

1. 公差带代号的选择

公差带代号应尽可能从图 5-1-25 和图 5-1-26 给出的孔和轴相应的公差带代号中选取。框中所示的公差带代号应优先选取。

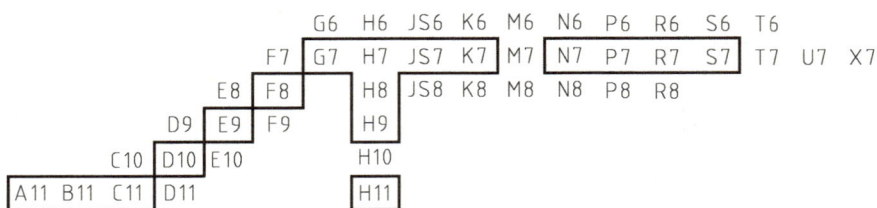

图 5-1-25　孔

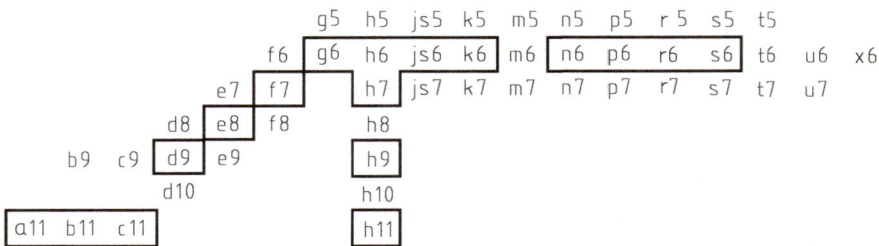

图 5-1-26　轴

2. 配合的选择

对于通常的工程目的，只需要许多可能的配合中的少数配合。图 5-1-27 和图 5-1-28 中的配合可满足普通工程机构需要，基于经济因素，如有可能，配合应优先选择框中所示的公差带代号。

可由基孔制（图 5-1-27）获得符合要求的配合，或在特定应用中由基轴制（图 5-1-28）获得。

基准孔	轴公差带代号														
	间隙配合							过渡配合				过盈配合			
H6					g5	h5	js5	k5	m5		n5	p5				
H7				f6	g6	h6	js6	k6	m6	n6		p6	r6	s6	t6	u6	x6
H8			e7	f7		h7	js7	k7	m7				s7		u7	
		d8	e8	f8		h8										
H9		d8	e8	f8		h8										
H10	b9	c9	d9	e9		h9										
H11	b11	c11	d10			h10										

图 5-1-27　基孔制配合的优先配合

（三）极限与配合的标注

对于孔和轴，公差带代号的标注分别由代表孔的基本偏差的大写字母和轴的基本偏差的小写字母与代表标准公差等级的数字组合而成，即可以分解为基本偏差代号和标准公差等级数。公差带代号标注的含义如图 5-1-29 所示。

在装配图上标注极限与配合，采用组合式注法。它是在公称尺寸后面用一分数形式表示，分子为孔的公差带代号，分母为轴的公差带代号。通常分子中含 H 的为基孔制配合，分母中含 h 为基轴制配合，如图 5-1-30a 所示。

基准轴	孔公差带代号		
	间隙配合	过渡配合	过盈配合
h5	G6　H6	JS6　K6　M6	N6　P6
h6	F7　G7　H7	JS7　K7　M7　N7	P7　R7　S7　T7　U7　X7
h7	E8　F8　H8		
h8	D9　E9　F9　H9		
h9	E8　F8　H8		
	D9　E9　F9　H9		
	B11　C10　D10　H10		

图 5-1-28　基轴制配合的优先配合

图 5-1-29　公差带代号标注的含义

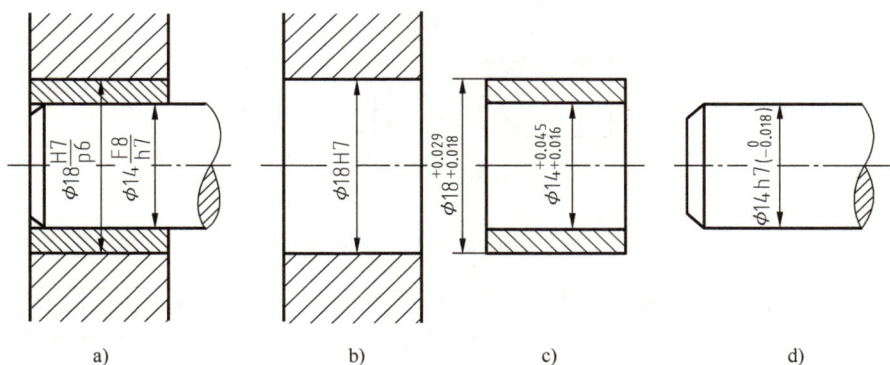

图 5-1-30　极限与配合在图样上的标注形式

　　在零件图上标注公差的形式有三种：只注公差带代号，如图 5-1-30b 所示；只注极限偏差数值，如图 5-1-30c 所示；同时注公差带代号和极限偏差数值，如图 5-1-30d 所示。

[例 5-1-1]　查表写出 $\phi18\dfrac{H8}{f7}$ 的极限偏差数值。

解：由 H8 可知，$\phi18\dfrac{H8}{f7}$ 是基孔制配合，H8 是孔的公差带代号，f7 是轴的公差带代号。

　　1）$\phi18$H8 基准孔的极限偏差，可由表 C-2 查得。在表中由公称尺寸从大于 10mm 至 18mm 的行和公差带 H8 的列相交处查得 $^{+27}_{0}$（即 +0.027mm 和 0mm）。这就是基准孔的上极限偏差和下极限偏差，所以，$\phi18$H8 可写成 $\phi18^{+0.027}_{0}$。

2）$\phi18f7$ 配合轴的极限偏差，可由表 C-1 查得。在表中由公称尺寸从大于 10mm 至 18mm 的行和公差带 f7 的列相交处查得 $_{-34}^{-16}$（即 -0.016mm 和 -0.034mm），它是配合轴的上极限偏差和下极限偏差，所以 $\phi18f7$ 可写成 $\phi18_{-0.034}^{-0.016}$。

三、几何公差（GB/T 17851—2022 和 GB/T 1182—2018）

在零件加工过程中，不仅会产生尺寸误差，也会出现形状、方向、位置和跳动的误差，如加工轴时可能出现轴线弯曲成一头粗、一头细的现象，这种现象属于零件形状误差。如图 5-1-31a 所示，为了保证 $\phi12$mm 轴的工作质量，除了注出直径的尺寸公差 $\phi12_{-0.017}^{-0.006}$ 外，还需要标注轴线的形状公差 $-\boxed{\phi0.006}$，这个代号表示实际轴线的直线度误差必须控制在直径 $\phi0.006$mm 的圆柱面内。又如图 5-1-31b 所示，箱体上两个孔是安装锥齿轮轴的孔，如果两孔轴线歪斜太大，就会影响锥齿轮的啮合传动。为了保证锥齿轮的正常啮合，应该使两孔轴线保持一定的垂直位置，所以要注上方向公差——垂直度要求，图中 $\boxed{\perp\ |\ 0.05\ |\ A}$ 说明一个孔的轴线必须位于距离为 0.05mm 且垂直于另一个孔的轴线的两平行平面之间。上述两个实例就属于几何公差。

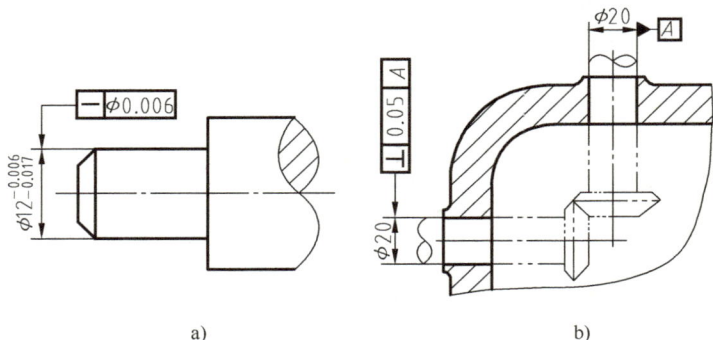

图 5-1-31　几何公差实例

由于几何公差的误差过大，会影响机器的工作性能，因此对精度要求高的零件，除了应保证尺寸精度外，还应控制其形状、方向、位置、跳动公差。形状、方向、位置、跳动公差合称为几何公差，是指零件的实际形状和实际位置对理想形状和理想位置所允许的最大变动量。

1. 几何公差项目及代号

几何公差代号包括：几何公差的符号（见表 5-1-5）、几何公差框格、指引线、几何公差数值和其他有关符号，如图 5-1-32 所示。框格内字体的高度 h 与图样中的尺寸数字等高。

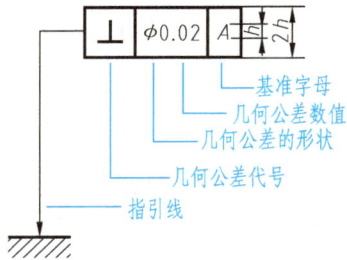

图 5-1-32　几何公差标注示例

2. 指引线与被测要素

指引线引自框格的任意一侧，终端带一箭头。箭头也可指向引出线的水平线，引出线引自被测面，如图 5-1-33c 所示。

1）当被测要素为轮廓要素时，箭头应指在可见轮廓线或其延长线上，并且必须与尺寸线明显错开，如图 5-1-33a、b 所示。

表 5-1-5　几何公差项目及符号

公差类型	几何特征	符号	有无基准
形状公差	直线度	——	无
	平面度	▱	无
	圆度	○	无
	圆柱度	⌀	无
	线轮廓度	⌒	无
	面轮廓度	⌓	无
方向公差	平行度	//	有
	垂直度	⊥	有
	倾斜度	∠	有
	线轮廓度	⌒	有
	面轮廓度	⌓	有
位置公差	位置度	⊕	有或无
	同轴度（用于中心点）	◎	有
	同轴度（用于轴线）	◎	有
	对称度	═	有
	线轮廓度	⌒	有
	面轮廓度	⌓	有
跳动公差	圆跳动	↗	有
	全跳动	↗↗	有

　　2）当被测要素为中心要素时，如中心点、圆心、轴线、中心线、中心平面，指引线的箭头应与形成中心要素的轮廓要素的尺寸线对齐（即与尺寸线延长线相重合），其箭头也可代替尺寸线的一个箭头，如图 5-1-33d、e、f 所示。

3. 基准符号与基准要素

　　基准符号用来表示基准要素，确定被测要素的方向或位置。与被测要素相关的基准用一个大写字母表示，字母标注在基准方格内，与一个涂黑的或空白的三角形相连以表示基准，如图 5-1-34 所示。表示基准的字母还应标注在公差框内。涂黑的和空白的基准三角形含义相同。

　　1）当基准要素为轮廓线或轮廓面时，基准三角形放置在要素的轮廓线或其延长线上（与尺寸线明显错开），如图 5-1-35a 所示。基准三角形也可放置在该轮廓面引出线的水平线上，如图 5-1-35b 所示。

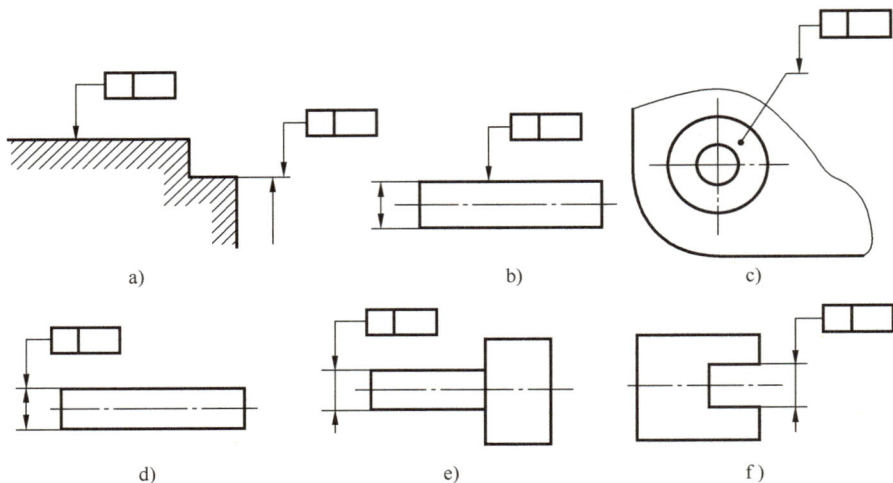

图 5-1-33　指引线与被测要素

2）当基准要素是尺寸要素确定的轴线、中心平面或中心点时，基准三角形应放置在该尺寸线延长线上，基准三角形也可代替尺寸线的一个箭头，如图 5-1-35c、d、e 所示。

图 5-1-34　基准符号

3）以单个要素作为基准时，用一个大写字母表示（图 5-1-36a）；以两个要素建立公共基准时，用中间加连字符的两个大写字母表示（图 5-1-36b）；以两个或三个基准建立基准体系（即采用多基准）时，表示基准的大写字母按基准的优先顺序自左至右填写在框格内（图 5-1-36c）。

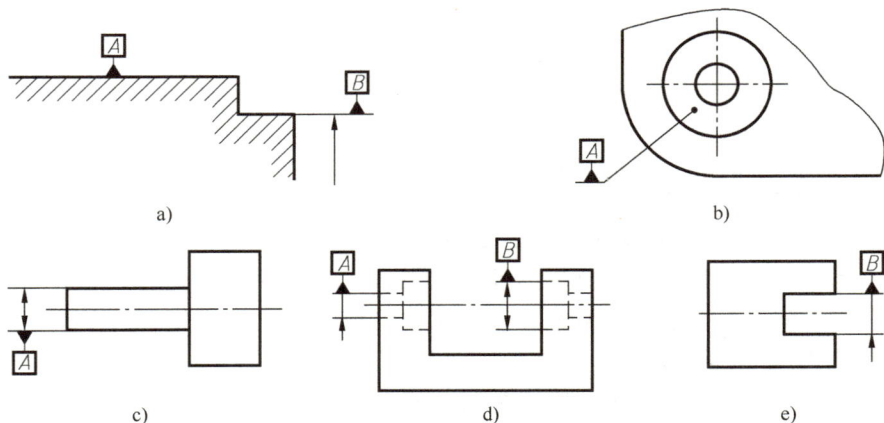

图 5-1-35　基准要素的标注

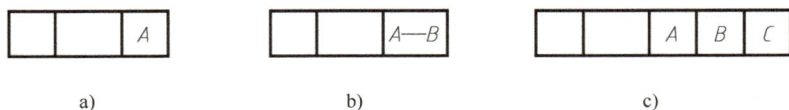

图 5-1-36　基准字母的填写

【任务分组】

任务名称：_____

班级：_____ 姓名：_____ 日期：_____

学生任务分配表				
组号		指导教师		
组长		学号		
组员	姓名	学号	姓名	学号
任务分工				

任务工作单1　识读表面结构

组号：_____　　姓名：_____　　学号：_____　　检索号：　5-1-1

1. 改正表面粗糙度标注的错误，并在右图中正确标注

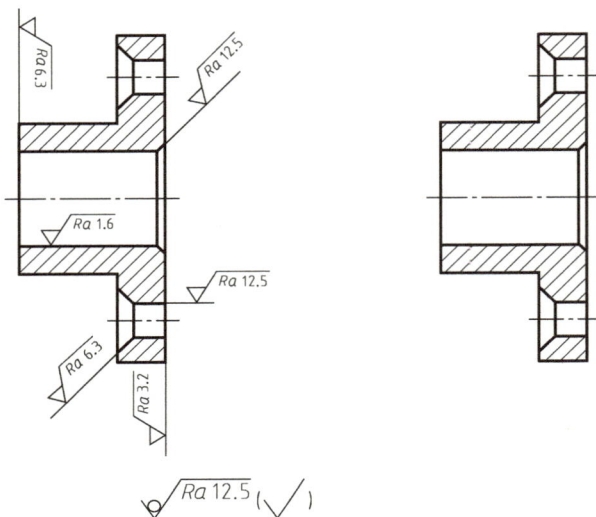

2. 按表中给定的 Ra 值在图中标注指定表面的表面结构要求

表面	A	B	C	D	E	F	G	H
$Ra/\mu m$	25	3.2	3.2	3.2	12.5	12.5	0.4	3.2

表面 A 用不去除材料的方法获得，除指定表面外，其余表面 Ra 为 $25\mu m$。

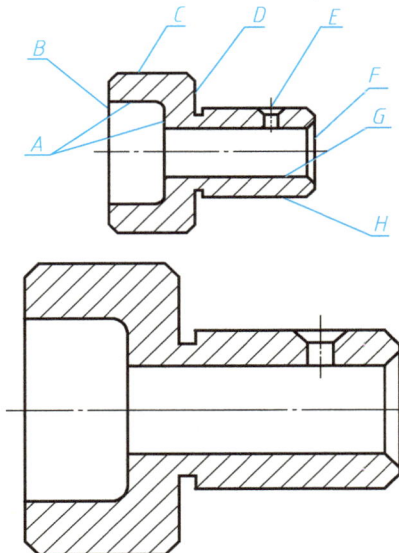

3. 标注零件尺寸（按 1∶1 从图中量取），并按表中给定的 *Ra* 值，在图中标注表面结构要求

表面	A	B	C	D	E	其余
Ra/μm	6.3	3.2	1.6	12.5	3.2	25

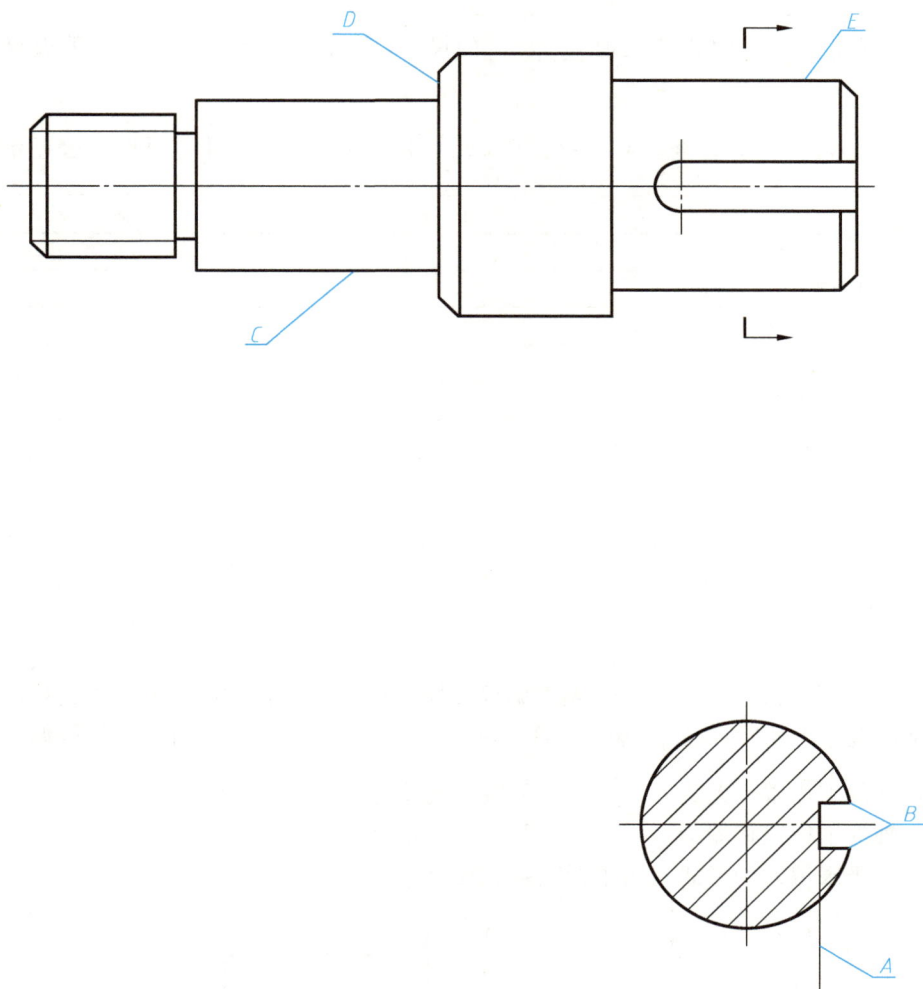

任务工作单 2　识读极限与配合

组号：＿＿＿＿＿＿　姓名：＿＿＿＿＿＿　学号：＿＿＿＿＿＿　检索号：＿5-1-2＿

1. 解释下列零件尺寸中字母和数字的含义

1）$\phi30H7$：其中 $\phi30$ 是＿＿＿＿＿＿尺寸，H7 是＿＿＿＿＿的＿＿＿＿＿代号，H 是＿＿＿＿＿＿代号，7 是＿＿＿＿＿＿等级。

2）$\phi30k6$：其中 $\phi30$ 是＿＿＿＿＿＿尺寸，k6 是＿＿＿＿＿的＿＿＿＿＿代号，k 是＿＿＿＿＿＿代号，6 是＿＿＿＿＿＿等级。

3）$\phi30^{\,0}_{-0.021}$：其中 $\phi30$ 是轴＿＿＿＿＿的尺寸，上极限偏差是＿＿＿＿，下极限偏差是＿＿＿。

2. 尺寸 $\phi40H7/k6$，查表 C-1 和表 C-2 后，将结果填入下表中，并画出公差带图

	孔	轴
公称尺寸		
上极限尺寸		
下极限尺寸		
上极限偏差		
下极限偏差		
公差		

3. 已知孔的公称尺寸为 $\phi30$，基本偏差代号为 H，公差等级为 IT7；轴的公称尺寸为 $\phi30$，基本偏差代号为 f，公差等级为 IT7，查表 C-1 和表 C-2 确定孔和轴的极限偏差

1）孔的上极限偏差为＿＿＿＿，下极限偏差为＿＿＿＿，公差为＿＿＿＿。

2）轴的上极限偏差为＿＿＿＿，下极限偏差为＿＿＿＿，公差为＿＿＿＿。

3）以极限偏差的形式在图中标注孔、轴尺寸公差。

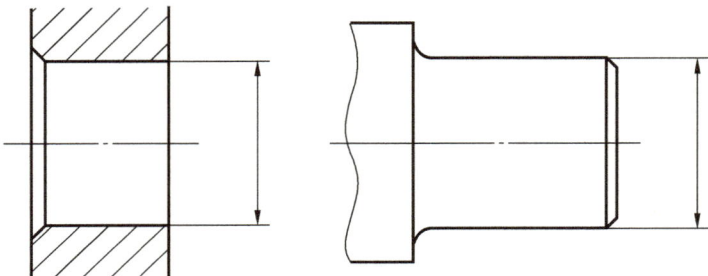

4. 根据配合代号，在零件图上分别标注孔和轴的尺寸公差，并指出是何种配合

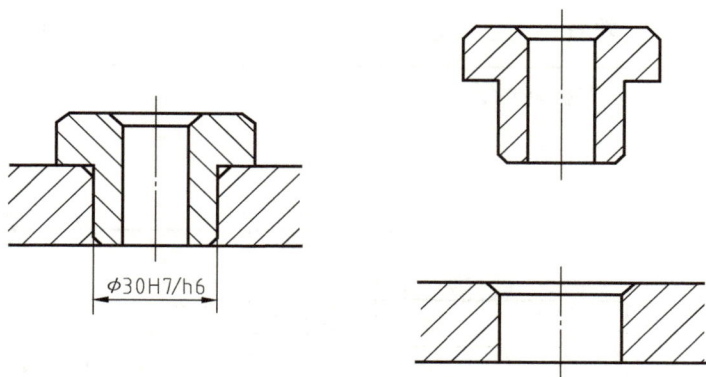

$\phi30H7/h6$ 属于＿＿＿＿＿＿＿＿＿配合

5. 根据零件图中孔、轴的极限偏差，查表 C-1 和表 C-2 确定其公差带代号，在装配图上标注配合尺寸，并解释其含义

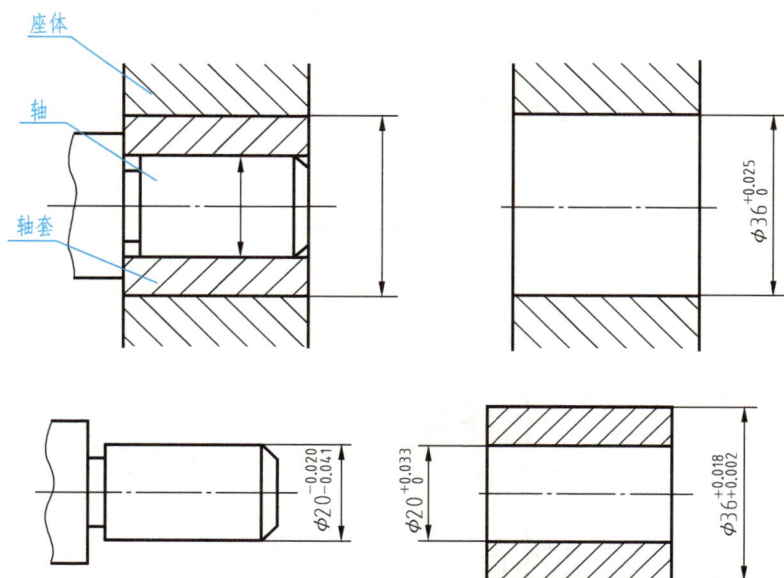

座体

轴

轴套

$\phi36^{+0.025}_{0}$

$\phi20^{-0.020}_{-0.041}$

$\phi20^{+0.033}_{0}$

$\phi36^{+0.018}_{+0.002}$

1) 轴与轴套的配合尺寸为＿＿＿＿＿＿，属于＿＿＿＿＿＿制＿＿＿＿＿＿配合。

2) 轴套与座体的配合尺寸为＿＿＿＿＿＿，属于＿＿＿＿＿＿制＿＿＿＿＿＿配合。

任务工作单3　识读几何公差

组号：＿＿＿＿＿　　姓名：＿＿＿＿＿　　学号：＿＿＿＿＿　　检索号：　5-1-3

---

1. 解释图中几何公差标注的含义

（1）

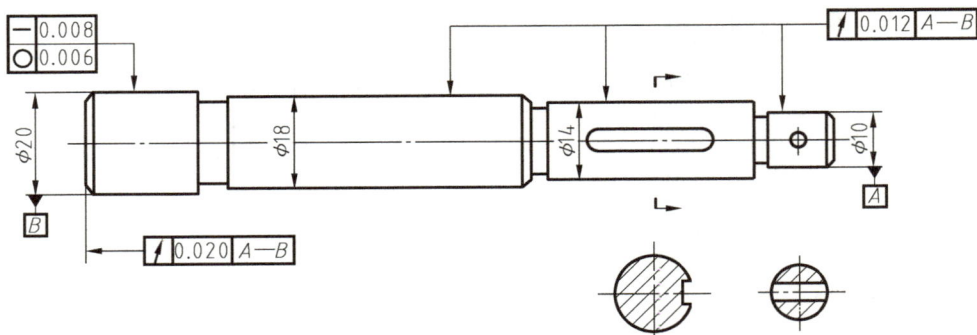

	▭0.008	○0.006	⟋0.020 A—B	⟋0.012 A—B
被测要素				
公差项目				
公差值				
基准要素				

（2）

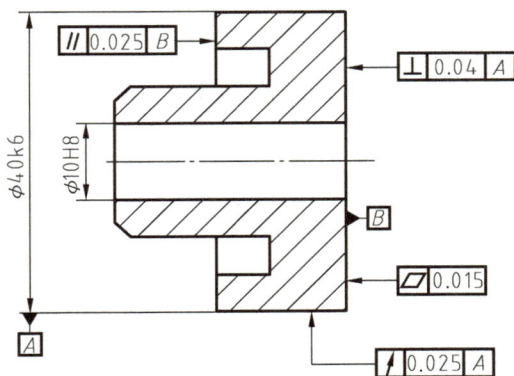

1）⟋⟋0.015
_____

2）∥0.025 B
_____

3）⊥0.04 A
_____

4）⟋0.025 A
_____

2. 将文字说明的几何公差以公差框格的形式标注在零件图上

（1）

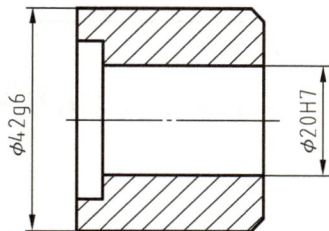

1）φ42g6 的轴线对 φ20H7 轴线的同轴度公差为 φ0.05mm。

2）右端面对 φ20H7 轴线的垂直度公差为 0.15mm。

3）φ42g6 的圆柱度公差为 0.03mm

（2）

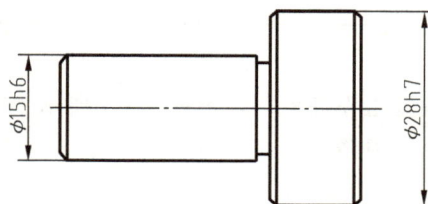

1）φ28h7 圆柱面对 φ15h6 轴线的径向圆跳动公差为 0.015mm。

2）φ15h6 轴线对右端面的垂直度公差为 φ0.02mm

（3）

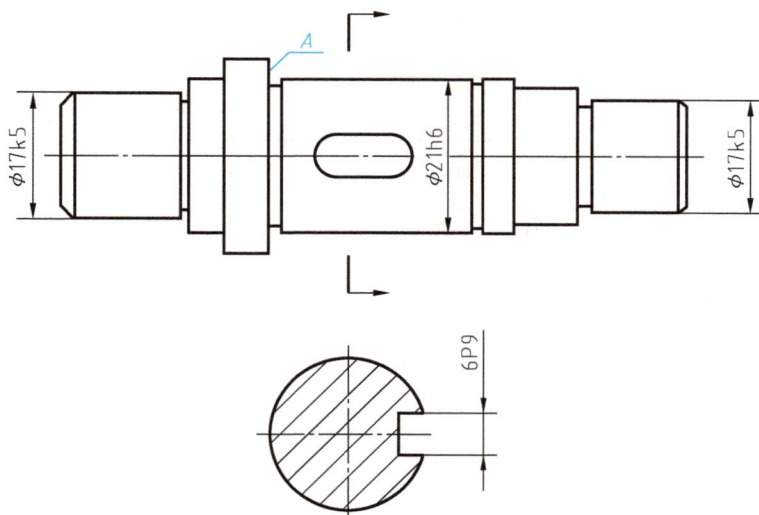

1）φ21h6 圆柱面对两端 φ17k5 公共轴线的径向全跳动公差为 0.025mm。

2）左端 φ17k5 圆柱轴线对右端 φ17k5 圆柱轴线的同轴度公差为 φ0.02mm。

3）端面 A 对 φ21h6 圆柱轴线的垂直度公差为 0.04mm。

4）键槽 6P9 的中心对称平面对 φ21h6 圆柱轴线的对称度公差为 0.03mm。

任务工作单 4　识读产品几何技术规范

组号：_____　　姓名：_____　　学号：_____　　检索号：__5-1-4__

根据工作任务，识读图 5-1-1 所示主轴零件图的产品几何技术规范，解释标注含义完成以下表格

φ25 圆柱面表面粗糙度 Ra 上限值	
键槽工作面的表面粗糙度 Ra 上限值	
$\sqrt{Ra\ 12.5}\ (\sqrt{\ })$	
φ28k7	
φ35k6	
φ25k7	
8N9	
◎ φ0.012 A	

【评价反馈】

学生个人自评表

班级		组名		日期	年　月　日
姓名		学号			
评价指标	评价内容			分值	得　分
信息检索	能有效利用网络、图书资料、机械制图手册查找有用的相关信息;能有条理解释、表述所学知识;能将查到的信息有效地应用到学习中			10分	
感知课堂	熟悉零件图识读的工作价值;在学习中能获得满足感,认同课堂文化			10分	
参与态度	积极主动参与学习,能吃苦耐劳,崇尚劳动光荣、技能宝贵;与教师、同学之间相互尊重、理解,能够保持多向、丰富、适宜的信息交流			10分	
	能处理好合作学习和独立思考的关系,做到有效学习;能提出有意义的问题或发表个人见解;能按要求正确绘图;能够倾听别人的意见,协作共享			10分	
学习过程	①会按照国家标准规定内容,正确识读产品表面结构			10分	
	②会按照国家标准规定内容,正确识读产品极限与配合			10分	
	③会按照国家标准规定内容,正确识读产品几何公差			10分	
思维态度	能发现问题、提出问题、分析问题、解决问题、创新问题			10分	
自评反馈	按时、按质完成工作任务;较好地掌握专业知识点;具有较强的信息分析能力和理解能力;具有较为全面、严谨的思维能力,并能条理清楚、明晰地表达成文			20分	
	自评分数				
有益的经验和做法					
总结反馈建议					

组内互评表

班级		组名		日期		年　月　日	
验收组长		组员		学号			
组内验收成员							
任务要求							
验收文档清单	任务工作单： 文献检索清单：						

验收评分	评分标准	分值	得分
	①会按照国家标准要求，正确识读产品表面结构，错误 1 处扣 5 分	10 分	
	②会按照国家标准要求，正确识读产品极限与配合，错误 1 处扣 5 分	40 分	
	③会按照国家标准要求，正确识读产品几何公差，错误 1 处扣 5 分	30 分	
	④提供文献检索清单，不少于 4 项，缺 1 项扣 5 分	20 分	
	组内评价分数		

不足之处	

组间互评表

班级		被评组名		日期		年　月　日	
验收组名（成员签字）							

评价指标	评价内容	分值	得分
汇报表述	表述准确	15 分	
	语言流畅	10 分	
	准确反映该组完成情况	15 分	
内容正确度	内容正确	30 分	
	阐述表达到位	30 分	
	组间评价分数		

简要评述	

任务完成情况评价表

班级				组名		
姓名				学号		
序号	任务内容及要求		配分	教师评价		
				结论		得分
1	会按照国家标准规定内容,正确识读产品表面结构	识读准确	20 分			
2	会按照国家标准规定内容,正确识读产品极限与配合	识读准确	20 分			
3	会按照国家标准规定内容,正确识读产品几何公差	识读准确	30 分			
4	至少提供 4 项文献检索清单	数量	10 分			
		参考的主要内容要点	10 分			
5	素质素养评价	沟通交流能力	10 分			
		团队合作				
		课堂纪律				
		自主探学				
		合作研学				
		精益求精、专心细致的工作作风				
		诚实守信的意识				
		讲原则、守规矩的意识				
		规范意识				
总分						

任务二 识读零件图

工作任务	识读零件图	建议学时	4 学时
任务描述	会按照国家标准规定的相关内容，正确识读图 5-2-1 所示齿轮轴零件图。 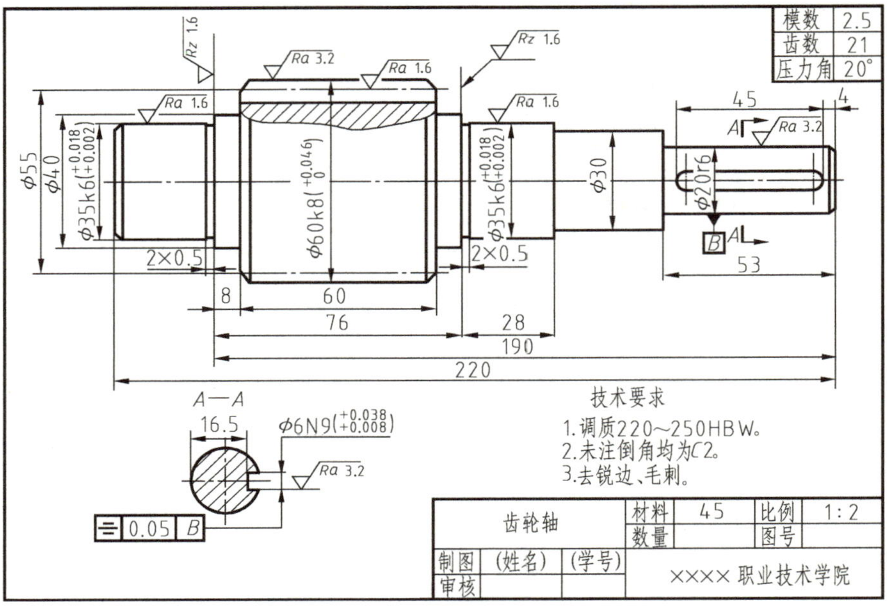 **图 5-2-1 齿轮轴零件图**		
学习目标	◆会读零件图，能正确地分析零件图的视图选择、尺寸标注及技术要求等内容。 ◆能够主动参与学习活动，获取信息，展示学习成果并相互评价，对识读零件图进行总结与反思，与他人进行有效沟通、团结协作。		
任务分析	要正确识读零件图，就要根据零件在机器或部件中所起的作用及其与相邻零件的关系，读懂零件的结构、形状和尺寸，弄清其技术要求等内容。		

【知识链接】

零件是组成机器的最小单元。零件分为标准件和非标准件（包括常用件），标准件的结构、大小均已标准化，可通过外购方式获得；非标准件则需根据零件图进行加工制造。零件图是加工零件的依据，它通过一组视图表达零件的结构形状，通过尺寸反映零件的大小，通过技术要求传递加工信息。

一、零件图概述

（一）零件图的作用

每一台机器或部件都是由许多个零件按一定的装配关系和技术要求装配而成的。表示零件结构、大小及技术要求的图样称为零件图。

（二）零件图的内容

零件图是用来指导制造和检验零件的图样，因此必须完整、清晰地表达出零件的全部结构形状、尺寸和技术要求。由图 5-2-1 所示齿轮轴的零件图可知，一张能满足生产要求的、完整的零件图，应具备下列基本内容。

（1）一组视图　用以正确、完整、清晰地表达出零件的内外结构和形状。

（2）足够的尺寸　正确、完整、清晰、合理地标注出制造和检验零件所需要的全部尺寸。

（3）技术要求　用规定代号或文字注写零件在技术指标上应达到的要求，如表面结构、极限与配合、几何公差、镀涂和热处理要求等。

（4）标题栏　写明零件的名称、材料、数量、画图的比例、图号及必要的签署等内容。

二、零件的视图选择

零件图要求正确、完整、清晰地表达零件的全部结构形状，并且要考虑读图和画图简便性。在认真分析零件的结构特点、功能和加工方法的基础上，才能选用恰当的零件视图和表达方式。

（一）视图选择的一般原则

1. 主视图的选择

主视图是最重要的视图，它将直接关系到能否把零件内外结构和形状表达清楚，同时也关系到其他视图的数量及位置，从而影响读图与绘图。因此，应慎重选择主视图，主要考虑以下几个原则。

（1）形状特征原则　要选取能将零件各组成部分的结构、形状及其相对位置反映得最充分的方向，作为主视图的投射方向。

（2）加工位置原则　按照零件在主要加工工序中的装夹位置选取主视图。主视图与加工位置一致可以方便制造者读图。如轴、套和圆盘类零件，其主要加工工序是车削，故常按加工位置选取主视图。

（3）工作位置原则　对于加工工序较多的零件，可以按照零件在机器或部件中工作时的位置作为主视图。如支架、箱体类零件一般按该零件的工作位置选取主视图。

2. 其他视图的选择

主视图确定后，应根据零件的复杂程度、结构特点以及主视图表达上的不足，全面考虑所需要的其他视图、剖视图或断面图的数量、画法及位置；使每一个视图有一个表达重点，补充其他视图时优先选用基本视图以及在基本视图上作剖视；尽量少用虚线来表达零件的结构形状；对局部没表达清楚的结构，宜采用局部视图或局部放大图。

零件表达方案的选择是一个较灵活的问题，在选择时应假想几种方案加以比较，力求用较少的视图、较好的方案表达零件，做到少而精。

（二）典型零件的视图选择及表达方法

在研究零件视图的选择及表达方法时，分析几种具有代表性的零件，以便从中找出规律性，用以指导我们合理地选择视图。

1. 轴、套类零件的表达

轴、套类零件包括各种转轴、销轴、杆、衬套、轴套等。图 5-2-2 所示为阶梯轴的零件图。

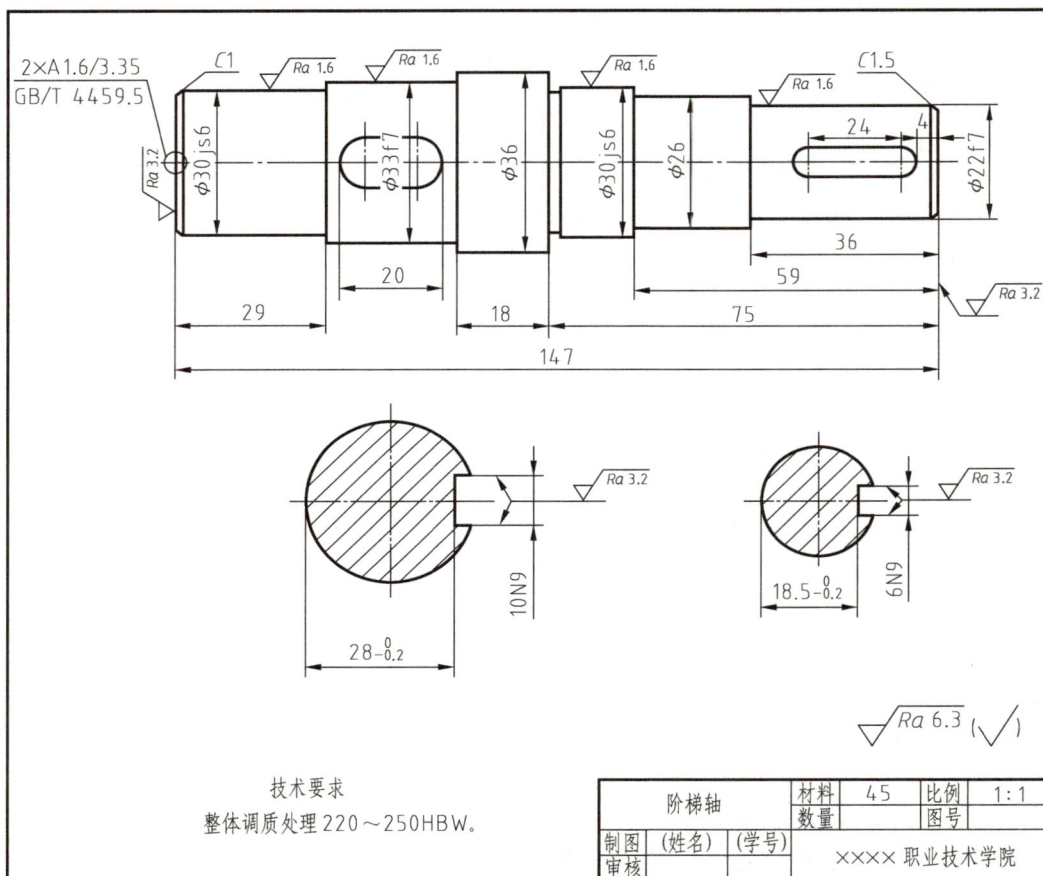

图 5-2-2　阶梯轴零件图

结构特点：零件各组成部分多为同轴线的回转体，常具有轴肩、圆角、倒角、键槽、销孔、螺纹、退刀槽、砂轮越程槽、中心孔等结构。套类零件是中空的。

视图表达方法：一般常用主视图表达零件的主体结构，用断面图、局部剖视图、局部放大图等来表达零件的某些局部结构。

对于中空的轴、套类零件，其主视图一般用剖视图。

2. 轮、盘、盖类零件的表达

轮、盘、盖类零件包括各种齿轮、带轮、手轮、法兰盘、端盖、压盖等。图 5-2-3 所示示为电动机盖的零件图。

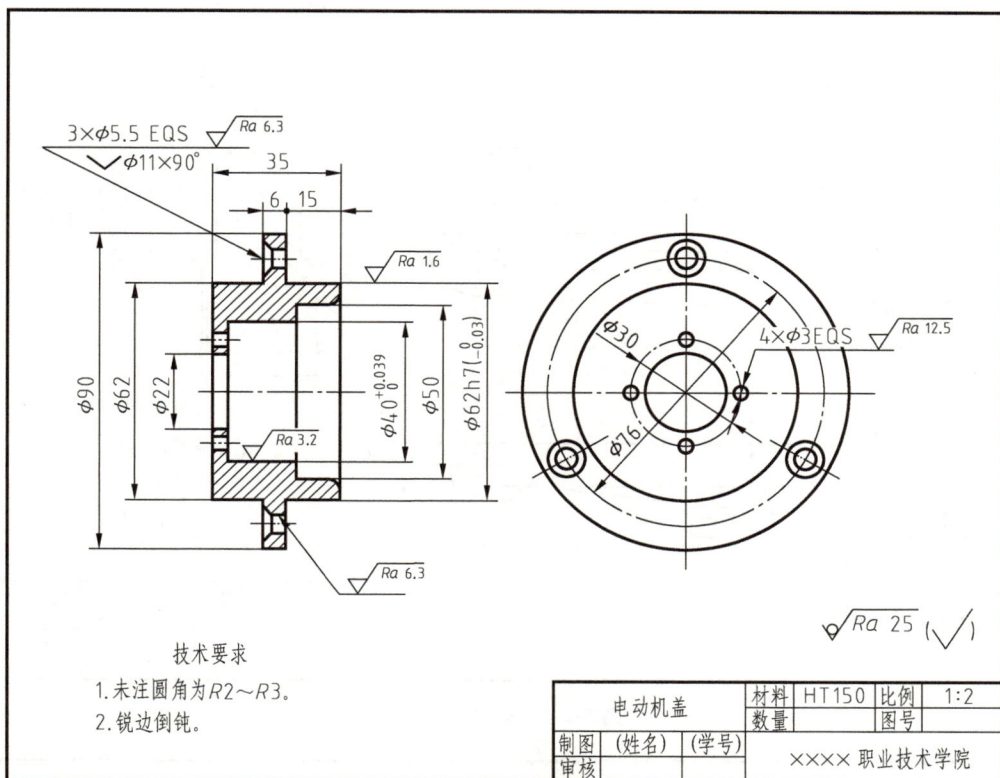

图 5-2-3　电动机盖零件图

结构特点：零件的主体部分常由回转体组成，其上有键槽、轮辐、均布孔等结构，往往有一个端面与其他零件接触。

视图表达方法：一般采用两个基本视图来表达，主视图常采用剖视图来表达内部结构；另一个视图则表达外形轮廓和各组成部分，如孔、肋板、轮辐等的相对位置。

3. 叉、架类零件的表达

叉、架类零件包括各种拨叉、连杆、支架、支座等。图 5-2-4 所示为拨叉的零件图。

结构特点：叉、架类零件通常由工作部分、支承（或安装）部分及连接部分组成，其上常有光孔、螺纹孔、肋板、槽等结构。

视图表达方法：一般需要两个以上的基本视图来表达，零件的倾斜部分用斜视图或旋转剖视图表达。常采用局部剖视图表达内部结构，薄壁和肋板的断面形状常用断面图来表达。

4. 箱体类零件的表达

箱体类零件包括各种箱体、壳体、阀体、泵体等。图 5-2-5 所示为轴承座的零件图。

结构特点：箱体类零件主要起包容、支承其他零件的作用，常有内腔、轴承孔、凸台、肋板、安装板、光孔、螺纹孔等结构。

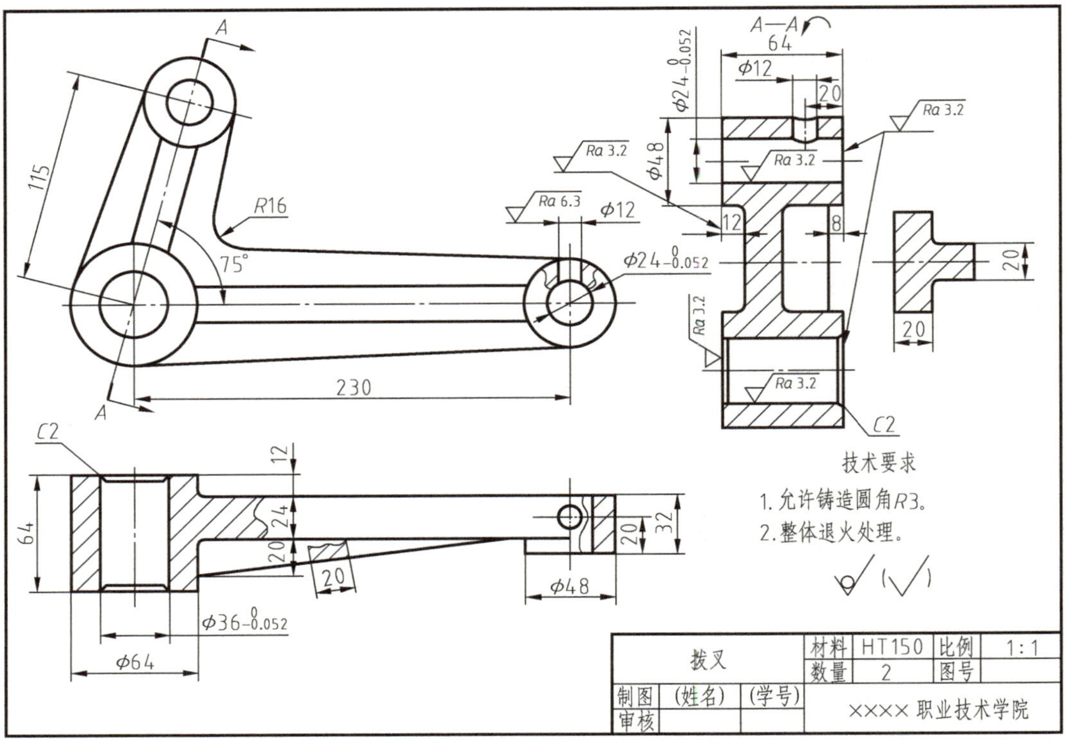

图 5-2-4　拨叉零件图

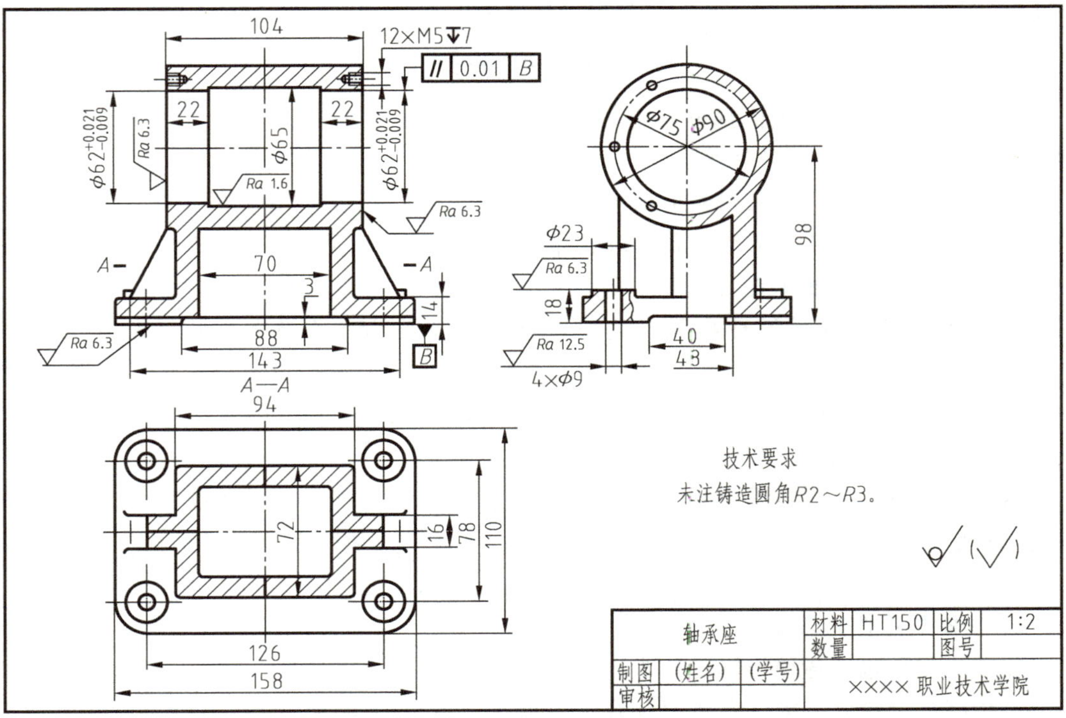

图 5-2-5　轴承座零件图

视图表达方法：一般需要两个以上的基本视图来表达，采用通过主要支承孔轴线的剖视图表达内部形状结构，一些局部结构常用局部视图、局部剖视图、断面图等表达。

5. 特殊类零件

（1）钣金类零件　用金属薄板制成的零件，统称为钣金件，如图5-2-6所示。

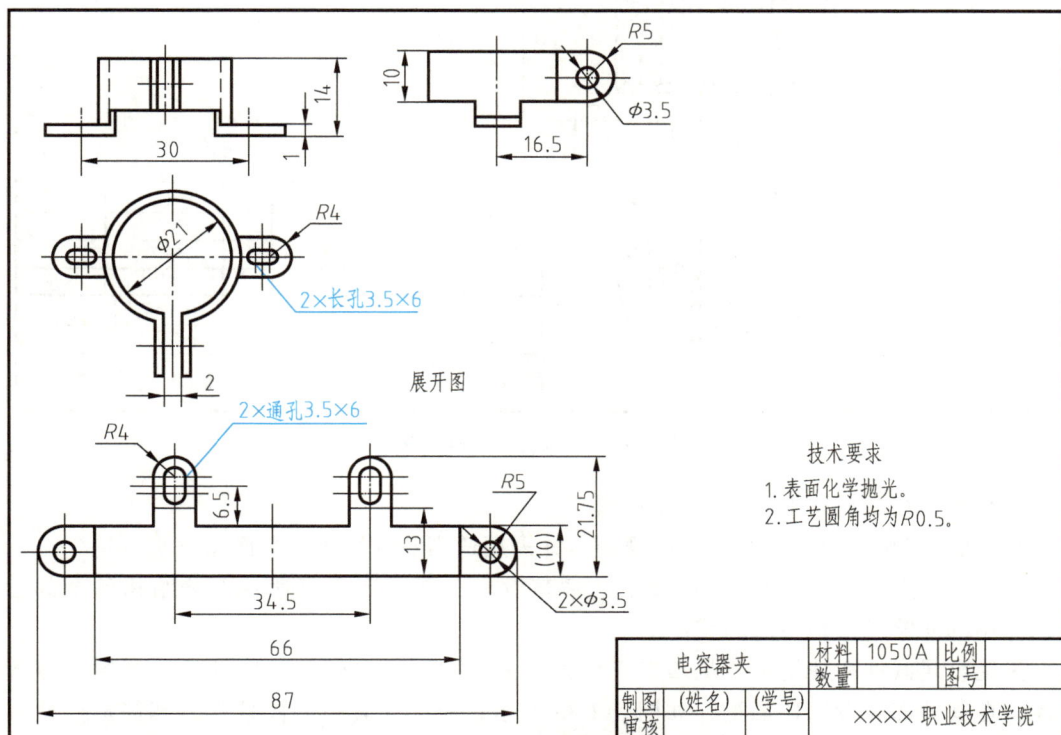

技术要求
1. 表面化学抛光。
2. 工艺圆角均为R0.5。

电容器夹	材料	1050A	比例	
	数量		图号	
制图 (姓名) (学号)		××××职业技术学院		
审核				

图 5-2-6　电容器夹零件图

结构特点：钣金类零件一般都是通过剪裁、冲压、焊接等方法成形，弯折处都有一定半径的圆角，板面的通孔、通槽比较多，主要是为了便于安装电气元器件以及与其他零件的连接。

视图表达方法：

1）平板零件一般用一个主视图表达其平面形状。

2）冲压件一般用两个或两个以上的视图，再适当采用局部视图、剖视图、断面图等来表达。

3）零件上孔的形状和位置在一个视图上已表达清楚的，在其他视图上就不必再画出，只用中心线（或轴线）表示其位置，表示孔的虚线可省去不画。

4）对于弯曲前的板料展开图，必要时也应画出，并在图形上方标注"展开图"字样。

（2）塑料金属嵌件　由金属件与非金属材料镶嵌在一起，成为一个整体的组件。这类零件的表达特点如图5-2-7所示，图中塑料件的剖面符号用网格表示。

视图表达方法：

1）镶嵌件作为一个组件，可绘制在一张零件图上，在明细栏内说明其组成零件的名

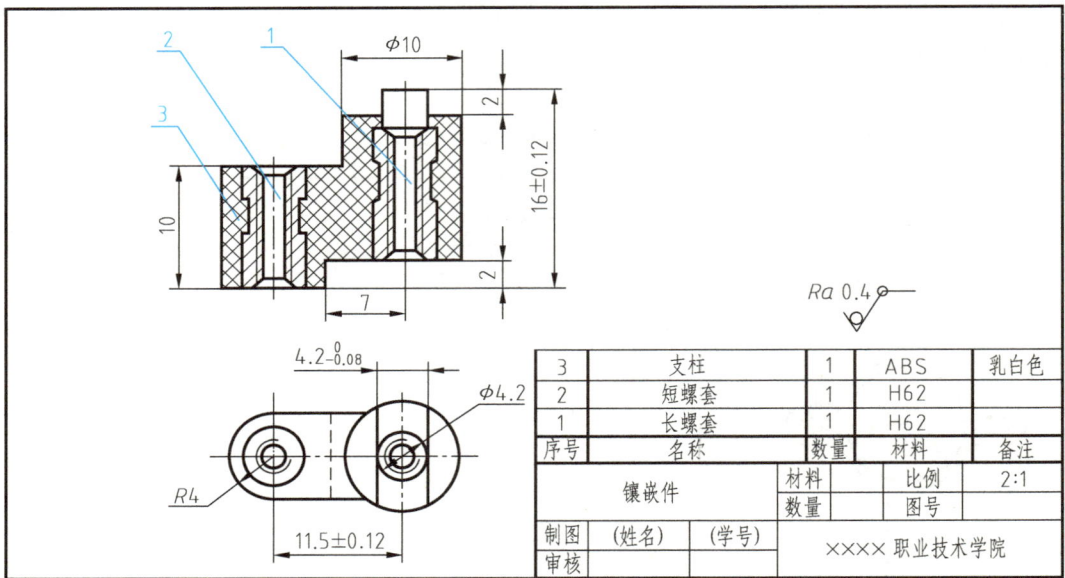

图 5-2-7　镶嵌件的图样画法

称、材料等；在装配图上只编一个序号。

2）通常采用两个或两个以上的视图，并采用适当的剖视图、断面图等来表达。

3）绘制镶嵌件图样时，不但要表达清楚镶嵌关系，还要表达各部分结构的全部形状，并用剖面符号区别不同的零件。

为使金属嵌件在使用中不从塑料基体内松脱，对不承受转矩的圆柱形、圆筒形金属嵌件，在其外部应设置环形槽，如图 5-2-8a 所示；对承受转矩的圆柱形、圆筒形金属嵌件，除设置环形槽外，还应设置直纹的滚花，如图 5-2-8b 所示；对片状嵌件，应设置凹槽、孔或弯头，如图 5-2-8c 所示；对细杆状嵌件，应设计弯头、凸梗或弯曲等形状，如图 5-2-8d 所示。

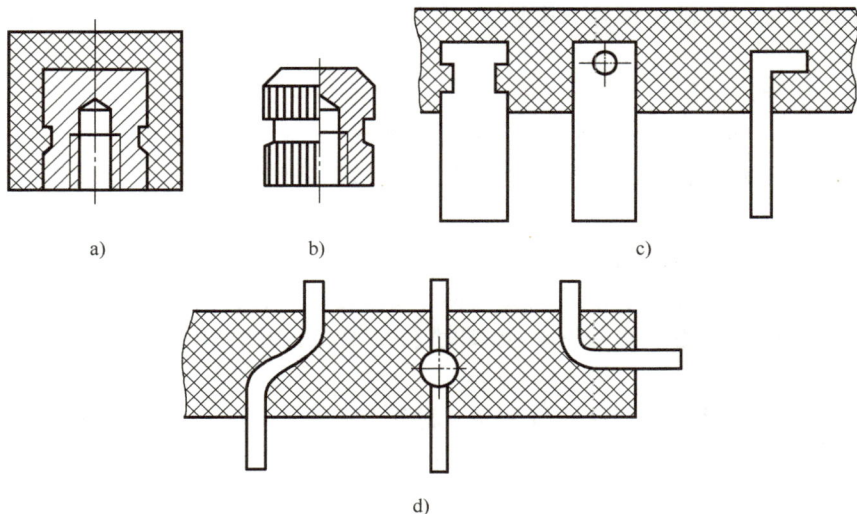

图 5-2-8　常见的镶嵌结构

三、零件图的尺寸标注

零件图的尺寸是零件加工和检验的重要依据，除了要符合前面讲过的完整、正确、清晰的要求外，还应使尺寸标注合理。所谓"合理"，是指所标注尺寸既满足零件的设计要求，又能符合加工工艺要求，以便于零件的加工、测量和检验。

零件图的尺寸标注涉及许多设计、加工工艺和专业知识，而且还需要有一定的实践经验，下面只介绍一些有关尺寸标注的基本问题。

（一）尺寸基准的选择

尺寸基准就是标注尺寸和度量尺寸的起点。

（1）设计基准　设计时，从保证机器的性能出发，确定零件各部分的大小及其相对位置的一些线、面。

（2）工艺基准　在制造和检验时，度量并确定零件其他被加工表面位置的线、面。

由于每个零件都有长、宽、高三个方向的尺寸，因此，每个方向都至少要有一个标注尺寸或度量尺寸的起点，称为主要基准。但有时由于加工和检验的需要，常在同一方向上增加一个或几个辅助基准。主要基准与辅助基准之间应有尺寸直接联系。

在具体标注尺寸时，应合理地选择尺寸基准，以满足零件的设计要求和工艺要求。通常选择零件的主要安装面、重要的端面、装配结合面、对称面、回转体的轴线作为尺寸基准。

图 5-2-9 所示为一轴承座，其长度方向尺寸以左右对称面为基准；宽度方向尺寸以前

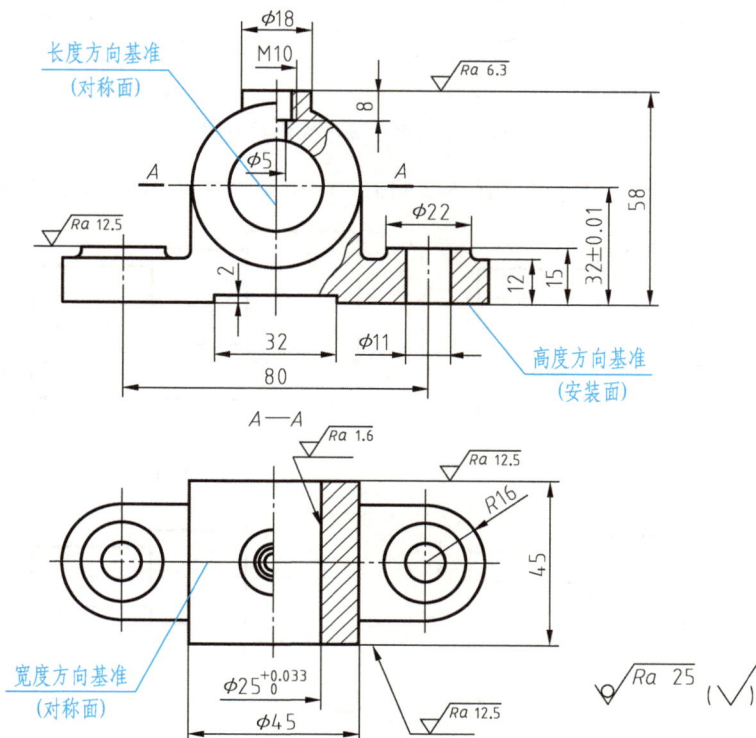

图 5-2-9　轴承座

后对称面为基准；高度方向尺寸以底面（安装面）为基准。

在图 5-2-9 中，长度方向尺寸以左右对称面为基准；并以轴线作为直径方向尺寸的基准（称为径向基准）。

（二）零件图上标注尺寸的一般原则

1）零件上的重要尺寸应直接标注，包括：直接影响零件工作性能的尺寸、有配合关系表面的尺寸、确定零件在部件中位置的尺寸、影响机器或部件工作性能的尺寸等。应使其在加工过程中得到保证，以满足设计要求，如图 5-2-9 中的尺寸 $\phi 25^{+0.033}_{0}$、32 ± 0.01、80。

对产品质量影响不大的自由尺寸，如非加工面、非配合表面的尺寸等，一般可按形体分析法来标注，如图 5-2-9 中的尺寸 $\phi 22$、32、2 等。

2）尺寸标注要便于加工和测量，尽量满足工艺要求，如图 5-2-10 所示。

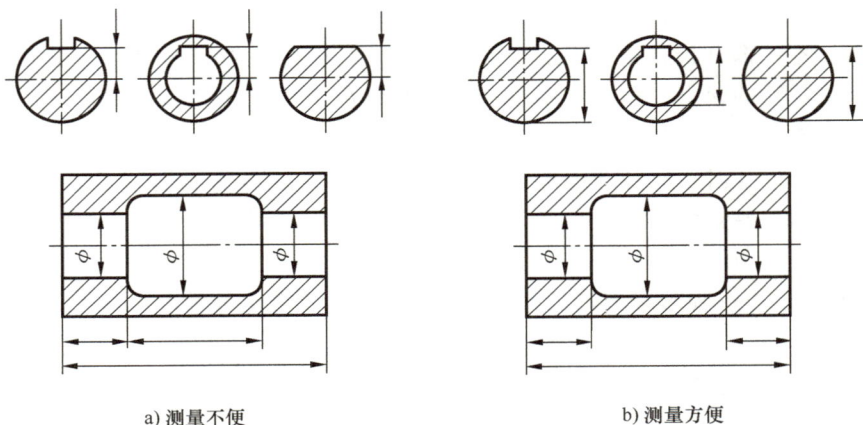

a) 测量不便　　　　　　　　　　　b) 测量方便

图 5-2-10　标注尺寸应考虑测量方便

3）应避免注成封闭的尺寸链。图 5-2-11a 中注出了总长 L 和各段长度 A、B、C，形

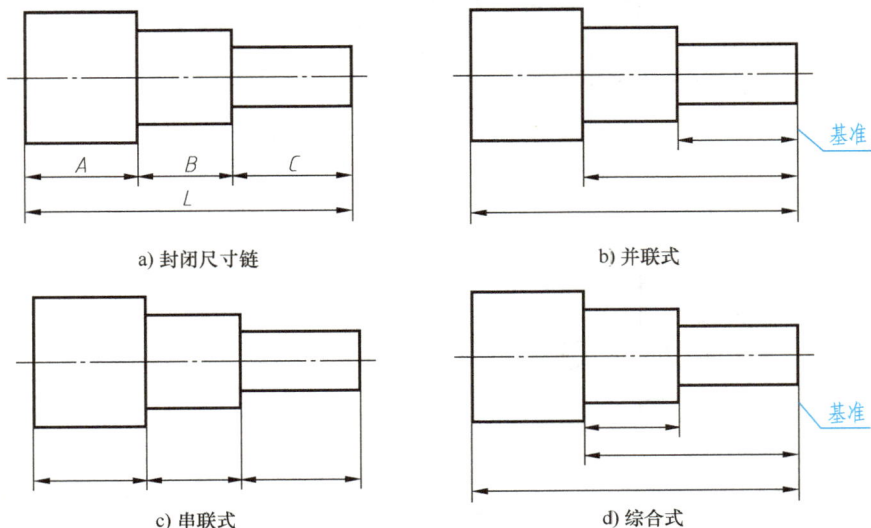

a) 封闭尺寸链　　　　　　　　　　b) 并联式

c) 串联式　　　　　　　　　　d) 综合式

图 5-2-11　尺寸链

成了封闭的尺寸链。这样，每段产生的误差累积起来很可能超过对总长尺寸的精度要求。为了保证重要尺寸，常将尺寸链中次要的尺寸空着不注，允许制造误差集中到这个尺寸上。图 5-2-11b、c、d 所示为三种常见的尺寸标注形式。

4）零件上常见结构要素的尺寸注法见表 5-2-1。

表 5-2-1 零件上常见结构要素的尺寸注法

零件结构类型		标注方法	说明
螺孔	通孔	3×M6-6H　3×M6-6H	3×M6 表示直径为 6mm、均匀分布的 3 个螺孔
	不通孔	3×M6-6H▽10　孔▽12　　3×M6-6H▽10　孔▽12	螺孔深度可与螺孔直径连注；需要注出孔深时,应明确标注孔深尺寸
光孔	一般孔	4×φ5▽10　4×φ5▽10	4×φ5 表示直径为 5mm、均匀分布的 4 个光孔 孔深可与孔径连注
	锥销孔	锥销孔φ5 装时配作　锥销孔φ5 装时配作	φ5 为与锥销孔相配的圆锥销小头直径;锥销孔通常是相邻两零件装在一起时加工的
沉孔	锪平面	4×φ7 ⊔φ16　4×φ7 ⊔φ16	锪平面 φ16 的深度不需标注,一般锪平到不出现毛面为止
	锥形沉孔	6×φ7 ⩗φ13×90°　6×φ7 ⩗φ13×90°	6×φ7 表示直径为 7mm、均匀分布的 6 个孔
	柱形沉孔	4×φ6 ⊔φ10▽3.5　4×φ6 ⊔φ10▽3.5	柱形沉孔的小直径为 φ6mm,大直径为 φ10mm,深度为 3.5mm,均需标注
倒角		C1.5　C2　C 30°	倒角 1.5×45° 时,可注成 C1.5;倒角不是 45° 时,要分开标注

四、零件的工艺结构

零件的结构除要满足设计要求外，还应考虑加工制造的方便与可能。若零件结构设计得不合理，往往会使制造工艺复杂化，甚至造成废品。

（一）铸造零件对结构的要求

1. 起模斜度

用铸造方法制造零件的毛坯时，为了便于将木模从砂型中取出，一般沿木模起模的方向做成约 1：20（约 3°）的斜度，称为起模斜度。因而，铸件上也有相应的斜度，如图 5-2-12a 所示。这种斜度在图上可以不标注，也可不画出，如图 5-2-12b 所示。

2. 铸造圆角

在铸件毛坯各表面的相交处都有铸造圆角，如图 5-2-13 所示。这样既便于起模，又能防止在浇注时铁液将砂型转角处冲坏，还可避免铸件在冷却时产生裂纹或缩孔。铸造圆角半径在图上一般不注出，而写在技术要求中，一般取为 $R3 \sim R5$mm。

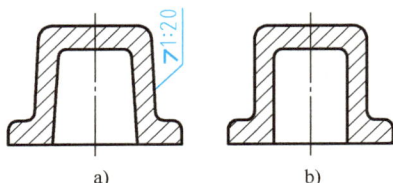

图 5-2-12　起模斜度

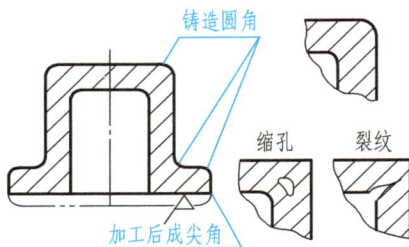

图 5-2-13　铸造圆角

3. 铸件壁厚

在浇注零件时，为了避免各部分因冷却速度不同而产生缩孔或裂纹，铸件的壁厚应大致保持均匀，或采用渐变的方法，并尽量保持壁厚均匀，如图 5-2-14 所示。

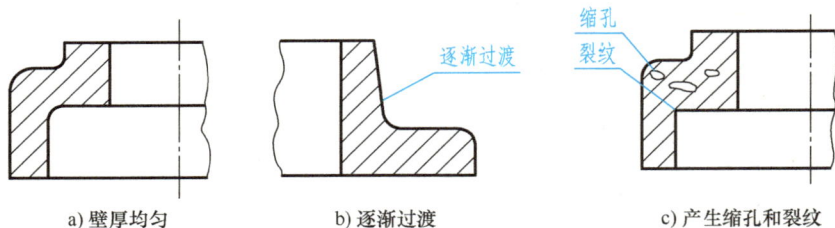

a) 壁厚均匀　　　　b) 逐渐过渡　　　　c) 产生缩孔和裂纹

图 5-2-14　铸件壁厚

（二）机械加工对零件结构的要求

1. 倒角与倒圆

为了便于零件的装配并消除毛刺或锐边，在轴和孔的端部都做出倒角。为减少应力集中，有轴肩处往往制成圆角过渡形式，称为倒圆。两者的画法和标注方法如图 5-2-15 所示。

2. 退刀槽和砂轮越程槽

在切削加工中，特别是在车螺纹和磨削时，为便于退出刀具或使砂轮可稍微越过加工面，常在待加工面的末端先车出退刀槽或砂轮越程槽，如图 5-2-16 所示。

a) 45°倒角和倒圆   b) 非45°倒角

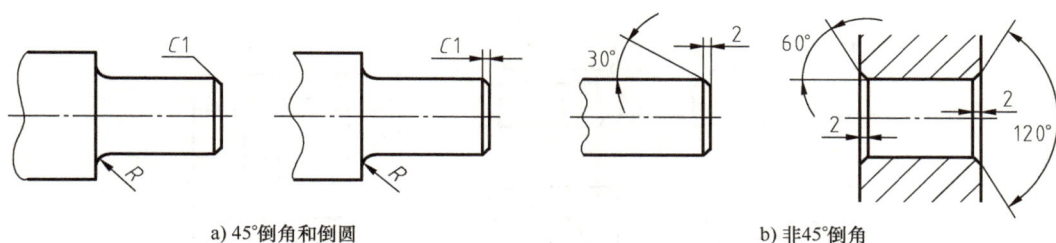

图 5-2-15 倒角与倒圆

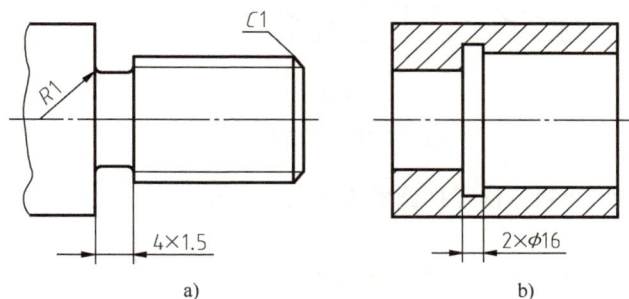

a)   b)

图 5-2-16 退刀槽

3. 钻孔结构

用钻头钻出的不通孔，底部有一个 120°的锥顶角。圆柱部分的深度称为钻孔深度，如图 5-2-17a 所示。在钻阶梯形孔时，有锥顶角为 120°的圆锥台，如图 5-2-17b 所示。

用钻头钻孔时，要求钻头轴线尽量垂直于被钻孔的端面，以避免钻头折断。

图 5-2-18 表示了三种钻孔端面的正确结构。

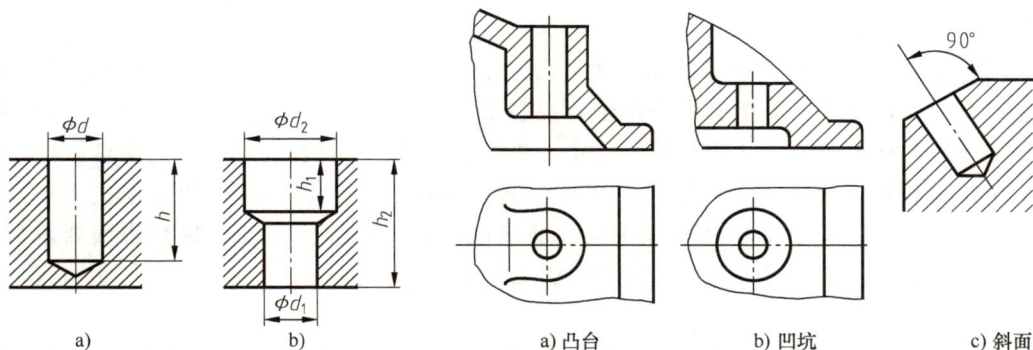

a)   b)

图 5-2-17 钻孔结构

a) 凸台   b) 凹坑   c) 斜面

图 5-2-18 三种钻孔端面的正确结构

4. 凸台和凹坑

零件上与其他零件的接触面，一般都要进行加工。为减少加工面积并保证零件表面之间有良好的接触，常在铸件上设计出凸台和凹坑。图 5-2-19a、b 所示为螺栓连接的支承面做成凸台和凹坑形式，图 5-2-19c 所示为为减少加工面积而做成的凹槽或凹腔结构。

五、读零件图

读零件图的目的是弄清零件图所表达零件的结构形状、尺寸和技术要求，以便指导

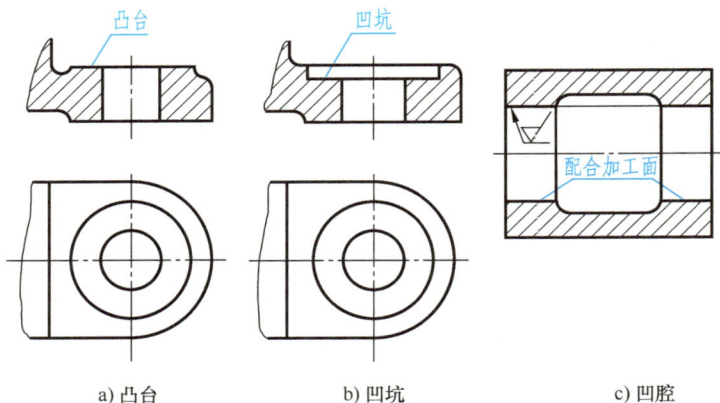

a) 凸台　　　　　　　b) 凹坑　　　　　　　c) 凹腔

图 5-2-19　凸台和凹坑

生产和解决有关的技术问题。读零件图的方法与步骤如下。

1. 概括了解

从标题栏了解零件的名称、材料、比例等，并浏览视图，初步得知零件的用途和形体概貌。

2. 详细分析

（1）分析表达方案　分析零件图的视图布局，找出主视图、其他基本视图和辅助视图所在的位置。根据剖视图、断面图的剖切方法、位置，分析剖视图、断面图的表达目的和作用。

（2）分析形体，想象出零件的结构形状　这一步是看零件图的重要环节。先从主视图出发，联系其他视图，利用投影关系进行分析，弄清零件各部分的结构形状，想象出整个零件的结构形状。

（3）分析尺寸　先找出零件长、宽、高三个方向的尺寸基准，然后从基准出发，搞清楚哪些是主要尺寸；再用形体分析法找出各部分的定形尺寸和定位尺寸。在分析中要注意检查是否有多余的尺寸和遗漏的尺寸，并检查尺寸是否符合设计和工艺要求。

（4）分析技术要求　分析零件的尺寸公差、几何公差、表面结构和其他技术要求，弄清楚零件的哪些尺寸要求高，哪些尺寸要求低；哪些表面要求高，哪些表面要求低；哪些表面不加工，以便进一步考虑相应的加工方法。

3. 归纳总结

综合前面的分析，把图形、尺寸和技术要求等全面系统地联系起来思索，并参阅相关资料，得出零件的整体结构、尺寸大小、技术要求及零件的作用等完整的概念。

必须指出，在看零件图的过程中，不能把上述步骤机械地分开，往往是穿插进行的。

4. 读齿轮轴零件图（图 5-2-1）

（1）概括了解　从标题栏可知，该零件叫齿轮轴，属于轴类零件。齿轮轴是用来传递动力和运动的，其材料为 45 钢。从总体尺寸看，最大直径为 60mm，总长为 220mm，属于较小的零件。

（2）详细分析

1）分析表达方案和形体结构。齿轮轴的表达方案由主视图和移出断面图组成，轮齿部分作了局部剖。主视图（结合尺寸）已将齿轮轴的主要结构表达清楚了，齿轮轴由几段不同直径的回转体组成，最大圆柱上制有轮齿，最右端圆柱上有一键槽，零件两端及轮齿两端有倒角，ϕ35k6 轴段有砂轮越程槽。移出断面图用于表达键槽深度和进行有关标注。

2）分析尺寸。在该齿轮轴中，ϕ35k6 轴段及 ϕ20r6 轴段用来安装滚动轴承及联轴器，为使传动平稳，各轴段应同轴，故径向尺寸的基准为齿轮轴的轴线。ϕ40 轴段的左端面用于安装挡油环及进行轴向定位，所以 ϕ40 左端面为长度方向的主要尺寸基准，以此为基准注出了尺寸 2、8、76 等。ϕ40 右端面为长度方向的第一辅助尺寸基准，从此基准注出了尺寸 2、28。齿轮轴的右端面为长度方向尺寸的另一辅助基准，以此为基准注出了尺寸 4、53 等。轴向的重要尺寸，如键槽长度 45、齿轮宽度 60 等已直接注出。

3）分析技术要求。不难看出，两个 ϕ35 及 ϕ20 轴颈处有配合要求，尺寸精度较高，均为 6 级公差，相应的表面结构要求也较高，分别为 $Ra1.6\mu$m 和 $Ra3.2\mu$m。对键槽提出了对称度要求，对热处理、倒角等提出了三项文字说明要求。

（3）归纳总结 通过上述看图分析，对齿轮轴的作用、结构形状、尺寸大小、主要加工方法及加工中的主要技术指标要求，就有了较清楚的认识。综合起来，即可得出齿轮轴的总体印象。齿轮轴立体图如图 5-2-20 所示。

图 5-2-20 齿轮轴立体图

【任务分组】

任务名称：＿＿＿＿＿＿＿＿＿＿＿＿＿＿＿＿＿＿＿＿＿＿＿＿＿＿＿＿＿＿＿＿＿＿

班级：＿＿＿＿＿＿＿＿＿＿ 姓名：＿＿＿＿＿＿＿＿＿＿ 日期：＿＿＿＿＿＿＿＿＿＿

<table>
<tr><td colspan="5" align="center">学生任务分配表</td></tr>
<tr><td align="center">组号</td><td></td><td align="center">指导教师</td><td></td></tr>
<tr><td align="center">组长</td><td></td><td align="center">学号</td><td></td></tr>
<tr><td rowspan="6" align="center">组员</td><td align="center">姓名</td><td align="center">学号</td><td align="center">姓名</td><td align="center">学号</td></tr>
<tr><td></td><td></td><td></td><td></td></tr>
<tr><td></td><td></td><td></td><td></td></tr>
<tr><td></td><td></td><td></td><td></td></tr>
<tr><td></td><td></td><td></td><td></td></tr>
<tr><td></td><td></td><td></td><td></td></tr>
<tr><td colspan="5" align="center">任务分工</td></tr>
<tr><td colspan="5"></td></tr>
</table>

任务工作单　识读零件图

组号：＿＿＿＿＿＿　　姓名：＿＿＿＿＿＿　　学号：＿＿＿＿＿＿　　检索号：＿＿5-2-1＿＿

1. 识读泵轴零件图

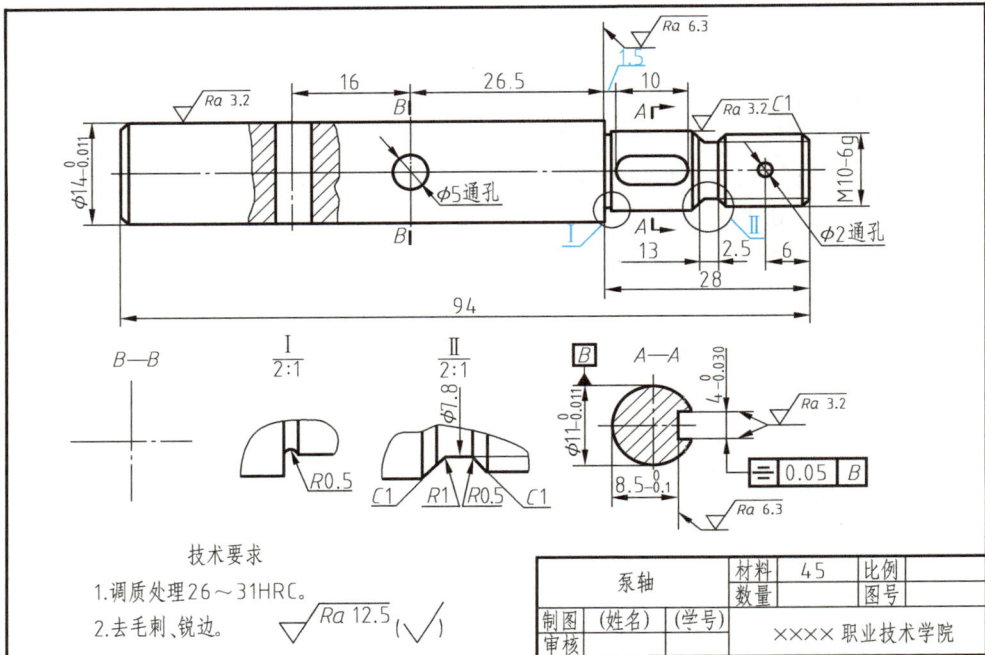

技术要求

1.调质处理26～31HRC。

2.去毛刺、锐边。

泵轴　材料 45　比例

数量　图号

制图（姓名）（学号）

审核　××××职业技术学院

1）该零件属于＿＿＿＿＿＿类零件，材料为＿＿＿＿＿。

2）该零件图采用＿＿＿＿＿个基本视图表达零件的结构形状。主视图采用＿＿＿＿＿剖视，表达轴的内部结构；此外采用＿＿＿＿＿＿＿表达退刀槽的结构；采用＿＿＿＿＿＿＿表达键槽处断面形状。

3）用指引线和文字在图中注明径向尺寸基准和轴向尺寸基准。

4）键槽长度为＿＿＿＿＿，宽度为＿＿＿＿＿，长度方向定位尺寸为＿＿＿＿＿，标注$8.5_{-0.1}^{0}$是为了＿＿＿＿＿＿＿。

5）$\phi 11_{-0.011}^{0}$的上极限尺寸是＿＿＿＿＿，下极限尺寸是＿＿＿＿＿，公差为＿＿＿＿＿，查表C-1，其公差代号为＿＿＿＿＿。

6）该轴表面结构要求最高的表面，Ra的上限值为＿＿＿＿＿。

7）在图中指定位置画出$B—B$断面图。

8）说明图中几何公差代号的含义。

几何公差	含义

2. 识读端盖零件图

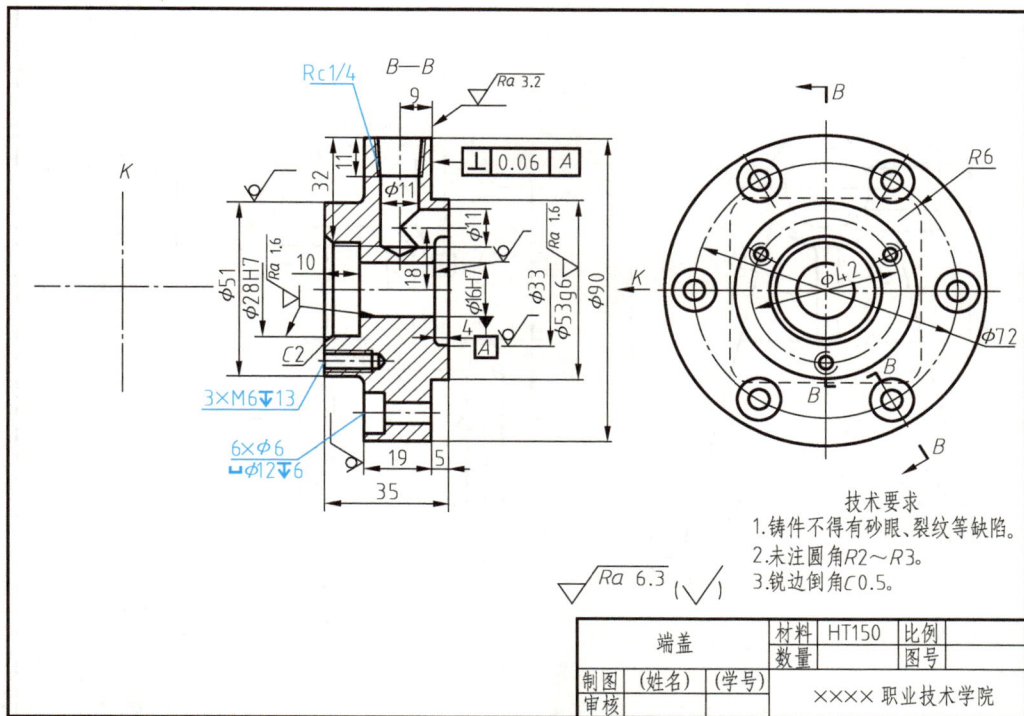

1）该零件属于＿＿＿＿＿＿＿＿＿＿＿＿＿＿＿＿类零件，材料为＿＿＿＿＿＿＿。

2）该零件图采用＿＿＿＿＿＿个基本视图，主视图采用＿＿＿＿＿＿剖视，它的剖切位置标注在视图中，剖切面的种类是＿＿＿＿＿＿＿＿＿＿＿＿＿＿＿＿＿＿＿＿＿。

3）该零件左端凸台为＿＿＿＿＿＿形，定形尺寸为＿＿＿＿＿＿＿＿，右端凸台为＿＿＿＿＿＿形，定形尺寸为＿＿＿＿＿＿＿＿。

4）用指引线和文字在图中注明径向尺寸基准和轴向尺寸基准。

5）该零件轴向定位尺寸有＿＿＿＿＿＿＿＿＿＿＿＿，径向定位尺寸有＿＿＿＿＿＿＿＿＿＿＿＿。

6）该零件上有＿＿＿＿＿＿个沉孔，分布有＿＿＿＿＿＿个螺纹孔。

7）在图中指定位置画出 K 向局部视图。

8）说明图中几何公差代号的含义。

几何公差	含义

3. 识读拨叉零件图

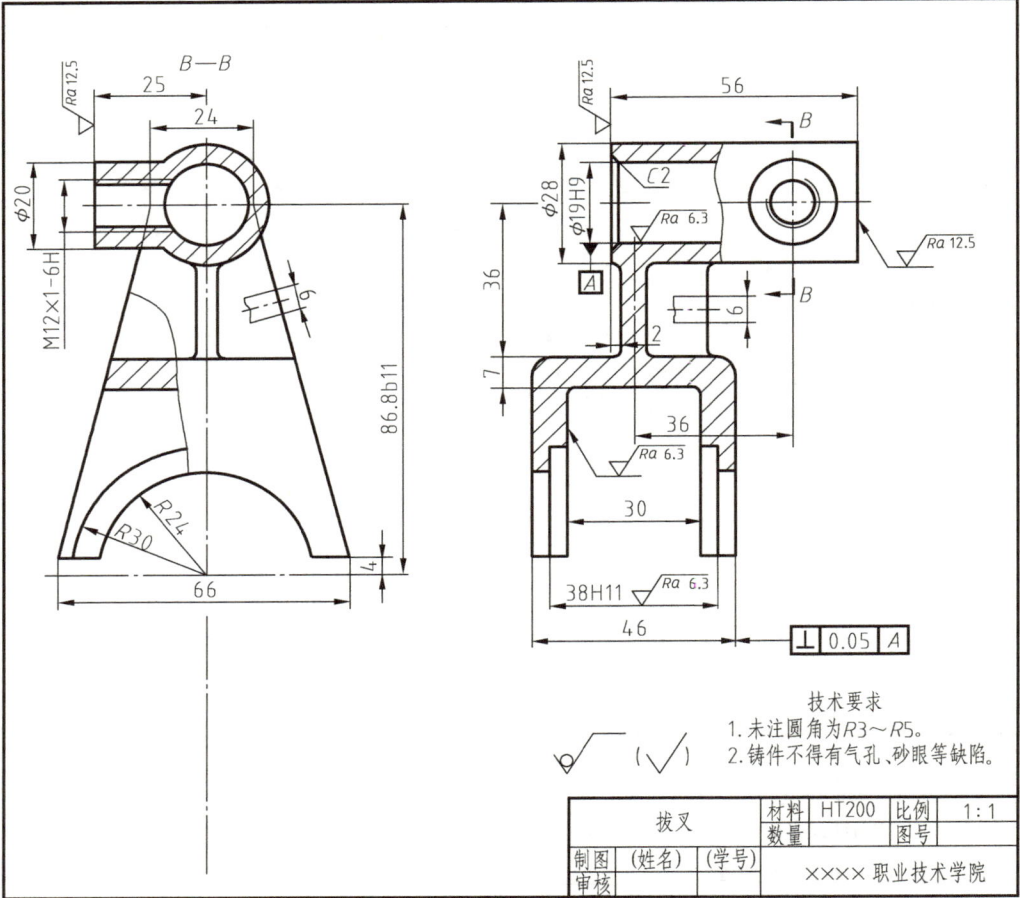

1）根据零件名称和结构形状，此零件属于_____类零件。拨叉的结构由_____部分、_____部分和_____部分组成。

2）在图中指出长度、宽度和高度方向的主要尺寸基准（用指引线标注）。

3）分析尺寸，图中长度方向的定位尺寸有_____，宽度方向的定位尺寸有_____，高度方向的定位尺寸有_____。

4）零件表面粗糙度共有_____级。其中，表面结构要求最高的表面粗糙度 Ra 的上限值为_____。

5）解释图中几何公差的含义。

几何公差	含义

6）按图形大小在图中指定位置画出俯视（外形）图。

【评价反馈】

学生个人自评表

班级		组名		日期	年　月　日
姓名		学号			
评价指标	评价内容			分值	得　分
信息检索	能有效利用网络、图书资料、机械制图手册查找有用的相关信息;能有条理地解释、表述所学知识;能将查到的信息有效地应用到学习中			10分	
感知课堂	熟悉识读零件图的工作价值;在学习中能获得满足感,认同课堂文化			10分	
参与态度	积极主动参与学习,能吃苦耐劳,崇尚劳动光荣、技能宝贵;与教师、同学之间相互尊重、理解,能够保持多向、丰富、适宜的信息交流			10分	
	能处理好合作学习和独立思考的关系,做到有效学习;能提出有意义的问题或发表个人见解;能按要求正确绘图;能够倾听别人的意见,协作共享			10分	
学习过程	会识读零件图,能正确分析零件图的视图选择、尺寸标注及技术要求等内容			30分	
思维态度	能发现问题、提出问题、分析问题、解决问题、创新问题			10分	
自评反馈	按时、按质完成工作任务;较好地掌握专业知识点;具有较强的信息分析能力和理解能力;具有较为全面、严谨的思维能力,并能条理清楚、明晰地表达成文			20分	
自评分数					
有益的经验和做法					
总结反馈建议					

组内互评表

班级		组名		日期	年　　月　　日
验收组长		组员		学号	
组内验收成员					
任务要求					
验收文档清单	任务工作单： 文献检索清单：				

验收评分	评分标准	分值	得分
	①会识读零件图，能正确分析零件图的视图选择、尺寸标注及技术要求等内容，错误 1 处扣 5 分	80 分	
	②提供文献检索清单，不少于 4 项，缺 1 项扣 5 分	20 分	
	组内评价分数		

不足之处	

组间互评表

班级		被评组名		日期	年　　月　　日
验收组名 （成员签字）					

评价指标	评价内容	分值	得分
汇报表述	表述准确	15 分	
	语言流畅	10 分	
	准确反映该组完成情况	15 分	
内容正确度	内容正确	30 分	
	阐述表达到位	30 分	
	组间评价分数		

简要评述	

任务完成情况评价表

班级			组名		
姓名			学号		
序号	任务内容及要求		配分	教师评价	
				结论	得分
1	会识读零件图,能正确地分析出零件图的视图选择、尺寸标注及技术要求等内容	识读准确	70分		
2	至少提供4项文献检索清单	数量	10分		
		参考的主要内容要点	10分		
3	素质素养评价	沟通交流能力	10分		
		团队合作			
		课堂纪律			
		自主探学			
		合作研学			
		精益求精、专心细致的工作作风			
		诚实守信的意识			
		讲原则、守规矩的意识			
		规范意识			
总分					

任务三　绘制零件图

工作任务	绘制零件图	建议学时	6 学时

任务描述	按照给定的图形及要求，绘制图 5-3-1 所示阶梯轴的零件图 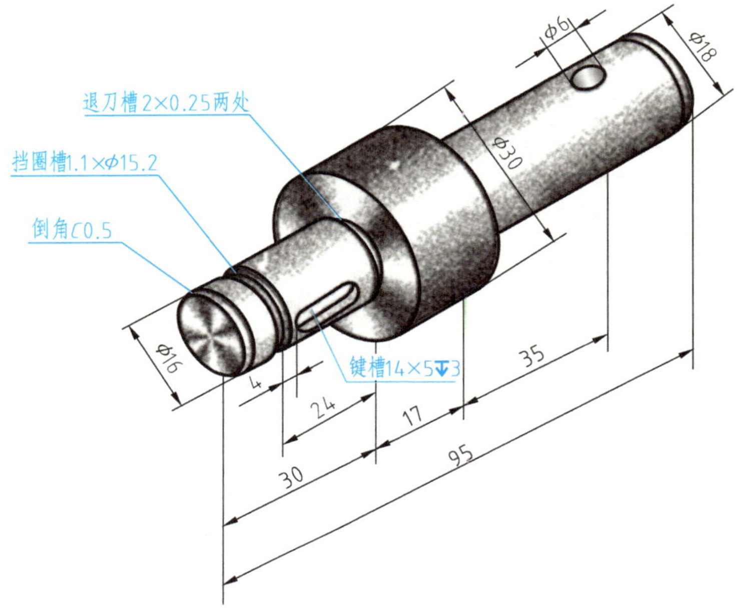

图 5-3-1　阶梯轴

绘图要求：

1）尺寸 φ18mm 上极限偏差为 0mm，下极限偏差为 -0.011mm；尺寸 24mm 上极限偏差为 0.084mm，下极限偏差为 0mm；尺寸 φ16mm 上极限偏差为 0mm，下极限偏差为 -0.011mm；尺寸 5mm 上极限偏差为 0.025mm，下极限偏差为 0mm。

2）φ16mm 和 φ18mm 圆柱外表面的表面结构要求为 $Ra0.8\mu m$；φ30mm 圆柱两端面的表面结构要求为 $Ra1.6\mu m$；键槽两侧面的表面结构要求为 $Ra3.2\mu m$；其余表面的表面结构要求为 $Ra6.3\mu m$。

3）小轴调质 220～256HBW；φ18mm 圆柱轴线相对 φ16mm 圆柱轴线的同轴度公差为 φ0.01mm。

学习目标	◆ 能根据实际零件尺寸、技术要求等内容，完成零件图的绘制。 ◆ 能够主动参与学习活动，获取信息，展示学习成果并相互评价，对绘制零件图进行总结与反思，与他人进行有效沟通、团结协作。

任务分析	要绘制零件图，首先要画零件草图，对零件进行详细分析，确定零件表达方案；其次对零件草图进行审核，包括对零件表面粗糙度、几何公差等进行进一步设计；最后经过复查、修改，完成零件图的绘制。

【知识链接】

绘制零件图是根据实际零件画出它的图形，测量出它的尺寸并制订出技术要求。绘制零件图首先要画出零件草图，然后根据零件草图得到零件工作图。

一、画零件草图的方法和步骤

1. 了解和分析测绘对象

在画零件草图之前，应对零件进行详细分析，了解零件的名称、用途、材料以及它在机器或部件中的位置和作用；然后对零件进行结构分析和制造方法的大致分析。

2. 确定零件的表达方案

根据上述分析，确定零件的主视图；再根据零件的内外结构特点，选用必要的其他视图，并确定视图数量和表达方法。

3. 绘制零件草图

1）在图纸上定出各视图的位置。选定绘图比例，确定适当的图幅，画出图框和标题栏。画出各视图的基准线、中心线，确定各视图的位置。

2）正确地画出零件外部和内部的结构形状。

3）注出零件各表面粗糙度符号，选择基准并画尺寸线、尺寸界线及箭头。确认无误后，描深轮廓线，完成视图。

4）测量尺寸，并将尺寸数字标入图中；标注各表面粗糙度数值，确定尺寸公差；填写技术要求和标题栏。

二、画零件图的方法和步骤

零件草图是在现场测绘的。由于时间、地点的限制，所考虑的问题不一定很全面。因此，在画零件图时，需要对草图进行审核。有些参数需要进一步设计、计算和选用，如表面粗糙度、几何公差、材料及表面处理等；有些问题也需重新考虑，如表达方案的选择、尺寸标注等，经过复查、补充、修改后，方可画出零件图。画零件图的方法和步骤如下。

1. 选择比例

根据零件的复杂程度选择比例，尽量选用 1:1 的比例，以便于看图和零件加工。

2. 确定幅面

根据视图数量、尺寸、技术要求等所需空间大小选择标准图幅。

3. 画底图

画底图时，应按如下步骤进行。

1）定出各视图的基准线。

2）画出各视图。

3）标出尺寸。

4）注写技术要求，填写标题栏。

4. 校核

零件图的所有内容完成后，需对其进行校核，发现错误应及时更正。

5. 加深

按顺序加深所有的粗实线，并保持线条的粗细一致。

6. 审核

零件工作图画好后，还需要进一步审核。当各项内容都准确无误时，零件图就完成了。

三、零件测绘时的注意事项

1）零件的制造缺陷，如砂眼、气孔、刀痕、磨损等，都不应画出。

2）零件上因制造、装配需要而形成的工艺结构，如铸造圆角、倒角等必须画出。

3）有配合关系的尺寸（如配合的孔与轴的直径），一般只需测出其公称尺寸，其配合公差带代号和相应的公差值应在分析考虑后查阅有关手册确定。

4）没有配合关系的尺寸或不重要的尺寸，允许将测量所得尺寸做适当调整。

5）对螺纹、键槽、轮齿等标准结构的尺寸，应把测量的结果与标准值对照，一般采用标准的结构尺寸，以便于制造。

四、常用的测量工具和测量方法

1. 常用的测量工具

常用的测量工具有直尺、外卡钳、内卡钳等，还有用于测量较精密零件尺寸的游标卡尺、千分尺等。

2. 常用测量方法

（1）测量直线尺寸　直线尺寸可用直尺或游标卡尺直接量取，如图 5-3-2 所示。

（2）测量直径　回转面的直径一般可用卡钳、游标卡尺或千分尺量取，如图 5-3-3 所示。

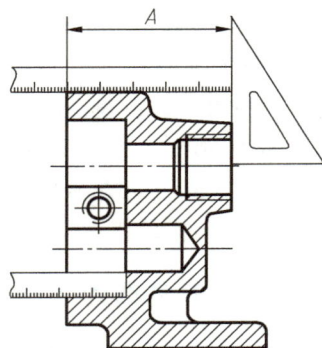

图 5-3-2　测量直线尺寸

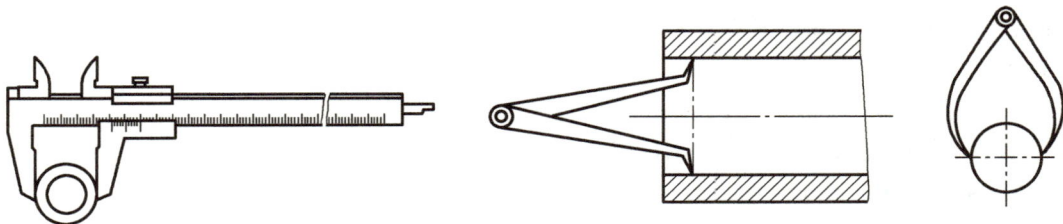

图 5-3-3　测量直径

（3）测量壁厚　壁厚可用直尺测量，也可用卡钳测量，如图 5-3-4 所示，壁厚 $X=A-B$。

（4）测量孔间距　孔间距可用卡钳、直尺或游标卡尺测量，如图 5-3-5 所示。

（5）测量中心距　中心高可用卡钳、直尺或游标卡尺测量，如图 5-3-6 所示，中心高可由式 $H=A+D/2$ 求出。

（6）测量圆角　圆角可用半径样板测量，如图 5-3-7 所示，在半径样板中找到与被测部分完全吻合的一片，上面所标的数值即为圆角半径。

（7）测量角度　角度可用游标万能角度尺来测量，如图 5-3-8 所示。

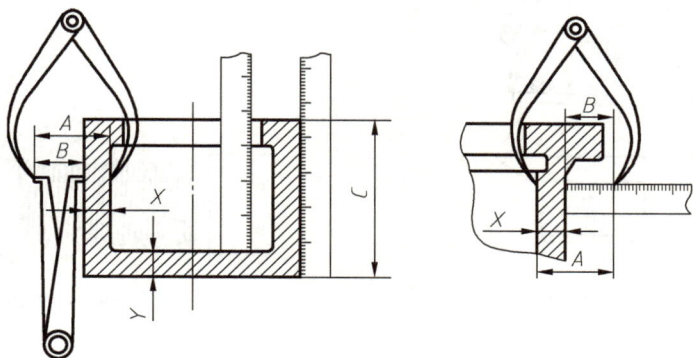

图 5-3-4　测量壁厚

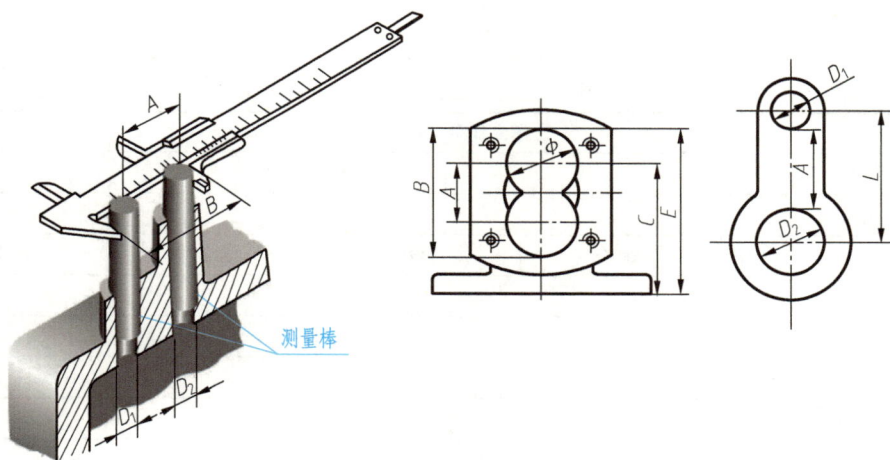

图 5-3-5　测量孔间距

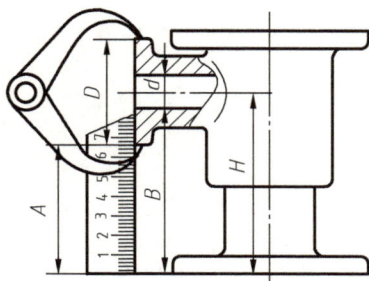

图 5-3-6　测量中心距

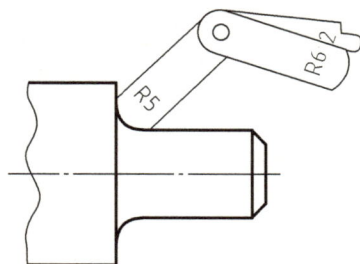

图 5-3-7　测量圆角

（8）测量螺距　测量螺距时，需要首先确定螺纹的线数和旋向，再测出直径，然后测出螺距。对于外螺纹，应测出大径和螺距；对于内螺纹，应测出小径和螺距，然后查相应的螺纹标准取标准值。可用拓印法测量螺距；如有螺纹量规，也可用螺纹量规直接测量螺距，如图 5-3-9 所示。

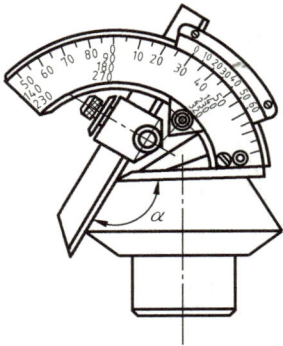

图 5-3-8　测量角度

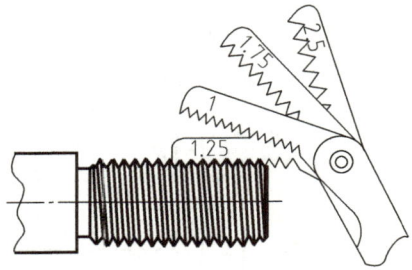

图 5-3-9　测量螺距

【任务分组】

任务名称：_____

班级：_____ 姓名：_____ 日期：_____

学生任务分配表				
组号		指导教师		
组长		学号		
组员	姓名	学号	姓名	学号
任务分工				

任务工作单　绘制零件图

组号：＿＿＿＿＿＿＿　姓名：＿＿＿＿＿＿＿　学号：＿＿＿＿＿＿＿　检索号：　5-3-1

根据工作任务，在下方图框内完成阶梯轴零件图的绘制（可另附图纸）

				×××× 职业技术学院
材料		比例		
数量		图号		
制图	（姓名）	（学号）		
审核				

【评价反馈】

学生个人自评表

班级		组名		日期	年　月　日	
姓名		学号				
评价指标	评价内容			分值	得　分	
信息检索	能有效利用网络、图书资料、机械制图手册查找有用的相关信息;能有条理地解释、表述所学知识;能将查到的信息有效地应用到学习中			10分		
感知课堂	熟悉绘制零件图的工作价值;在学习中能获得满足感,认同课堂文化			10分		
参与态度	积极主动参与学习,能吃苦耐劳,崇尚劳动光荣、技能宝贵;与教师、同学之间相互尊重、理解,能够保持多向、丰富、适宜的信息交流			10分		
	能处理好合作学习和独立思考的关系,做到有效学习;能提出有意义的问题或发表个人见解;能按要求正确绘图;能够倾听别人的意见,协作共享			10分		
学习过程	能根据实际零件尺寸、技术要求等内容,完成零件图的绘制			30分		
思维态度	能发现问题、提出问题、分析问题、解决问题、创新问题			10分		
自评反馈	按时、按质完成工作任务;较好地掌握专业知识点;具有较强的信息分析能力和理解能力;具有较为全面、严谨的思维能力,并能条理清楚、明晰地表达成文			20分		
自评分数						
有益的经验和做法						
总结反馈建议						

组内互评表

班级		组名		日期		年　　月　　日	
验收组长		组员		学号			
组内验收成员							
任务要求							
验收文档清单	任务工作单：						
	文献检索清单：						

验收评分	评分标准	分值	得分
	①能根据实际零件尺寸、技术要求等内容，完成零件图的绘制，错误1处扣5分	80分	
	②提供文献检索清单，不少于4项，缺1项扣5分	20分	
	组内评价分数		
不足之处			

组间互评表

班级		被评组名		日期		年　　月　　日	
验收组名（成员签字）							

评价指标	评价内容	分值	得分
汇报表述	表述准确	15分	
	语言流畅	10分	
	准确反映该组完成情况	15分	
内容正确度	内容正确	30分	
	阐述表达到位	30分	
	组间评价分数		
简要评述			

任务完成情况评价表

班级			组名		
姓名			学号		

序号	任务内容及要求		配分	教师评价	
				结论	得分
1	能根据实际零件尺寸、技术要求等内容,完成零件图的绘制	绘图准确	70分		
2	至少提供4项文献检索清单	数量	10分		
		参考的主要内容要点	10分		
3	素质素养评价	沟通交流能力	10分		
		团队合作			
		课堂纪律			
		自主探学			
		合作研学			
		精益求精、专心细致的工作作风			
		诚实守信的意识			
		讲原则、守规矩的意识			
		规范意识			
总分					

项目六　装配图的识读与绘制

任务一　识读装配图

工作任务	识读装配图	建议学时	4 学时
任务描述	读图 6-1-1 所示球阀装配图，看懂其工作原理、零件间的装配关系、连接方式，以及主要零件的结构形状。		

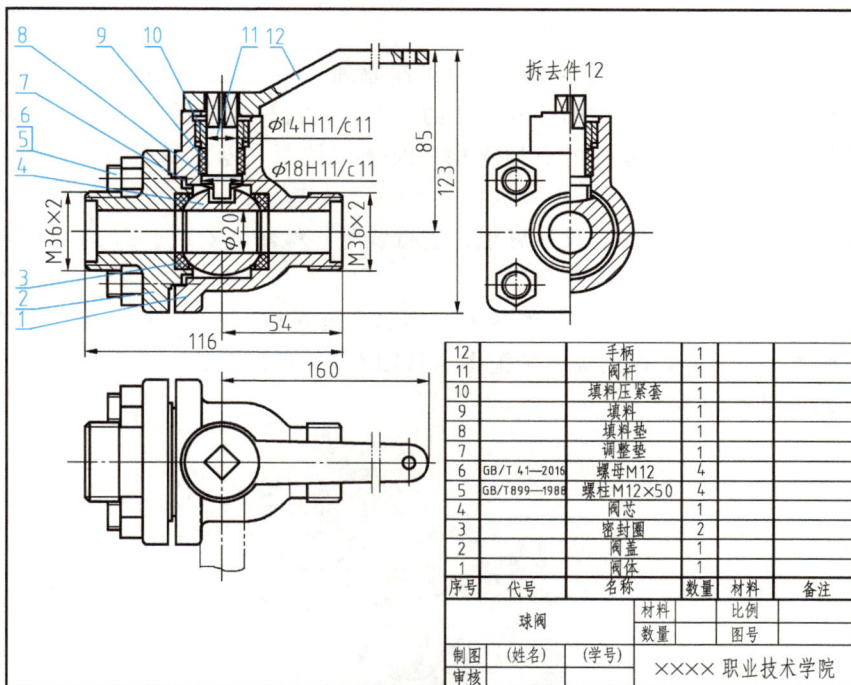

图 6-1-1　球阀装配图

（续）

学习目标	◆综合运用所学的机械制图知识，掌握装配图的特殊表达方法、规定画法、尺寸标注等内容。 ◆掌握读装配图的方法，能读懂中等复杂机器的装配图。 ◆能够主动获取信息，展示学习成果并相互评价，对读图过程进行总结与反思，与他人进行有效沟通、团结协作。
任务分析	要完成该任务，必须熟悉装配图的内容和表达特点，掌握装配图的阅读方法和步骤，搞清楚每个视图的表达重点，分析零件间的装配关系及各零件的作用和结构，了解产品在装配、调试、安装、使用等过程中所必需的尺寸、技术要求等。

【知识链接】

机器或部件是由若干零件按一定的装配关系和技术要求装配而成的。表达机器或部件的图样称为装配图。装配图和零件图一样，是生产和科研中的重要技术文件之一。

一、装配图概述

（一）装配图的作用

装配图是用来表达机器或部件的工作原理、零件之间相对位置、连接方式、配合关系、传动路线和主要零件的结构形状的图样。在设计或改进产品时，一般先画出装配图，然后根据装配图设计零件的具体结构，绘制零件图。零件制成后，再根据装配图把零件装配成机器或部件。

因此，装配图是表达设计思想，进行装配、检修、安装、调试的重要技术文件。

（二）装配图的内容

图 6-1-2 所示为机用虎钳的装配立体图，图 6-1-3 所示为机用虎钳各组成部分的立体图，图 6-1-4 所示为机用虎钳装配图。从图 6-1-4 可以看出，一张完整的装配图必须包括以下四项基本内容。

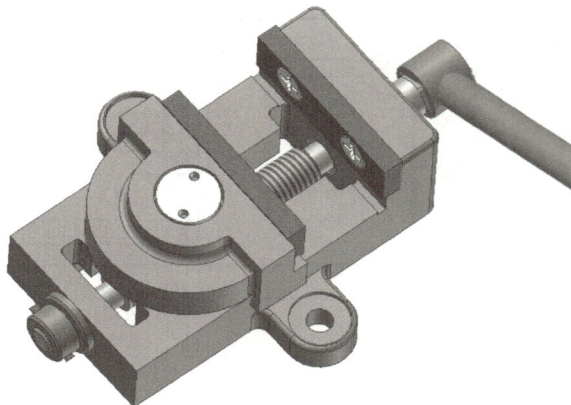

图 6-1-2　机用虎钳装配立体图

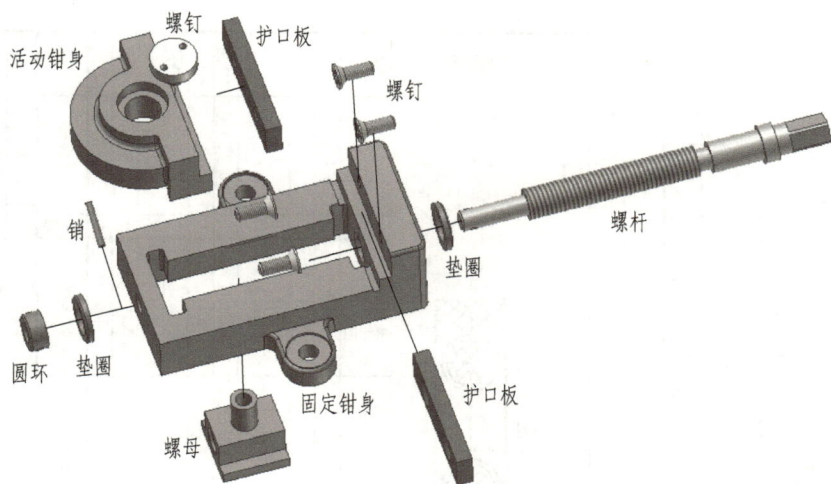

图 6-1-3　机用虎钳各组成部分

1. 一组视图

用以表达机器或部件的工作原理，零件间的装配关系、连接方式、传动路线及其主要零件的结构形状等的一组视图。

2. 必要的尺寸

必要的尺寸包括表示机器或部件的性能（规格）尺寸、装配尺寸、安装尺寸、总体尺寸以及设计时确定的重要尺寸，如图 6-1-4 中的 $\phi20\dfrac{\text{H7}}{\text{k6}}$、116 等。

3. 技术要求

用文字或符号说明机器或部件的性能及装配、安装、调试、使用与维护等方面的要求。

4. 序号、明细栏（表）和标题栏

在装配图上，必须对每个零件编写序号，并在明细栏中依次列出零件序号、名称、数量、材料等。在标题栏中，写明装配体的名称、图号、绘图比例以及有关人员签名等。

二、装配图的表达方法

在零件图中所采用的各种表达方法，如视图、剖视图、断面图和局部放大图等，在表达装配图时也同样适用，只是二者的侧重点不同。零件图需要把零件的各部分结构形状全部表达清楚；而装配图侧重于把装配体的工作原理、装配关系、相对位置等表达清楚，同时适当地把一些主要零件的内部结构、外部形状、相对位置表示出来。因此，它除了具有零件图的各种表达方法外，还有其特殊的表达方法。

（一）装配图的规定画法

1）在装配图中，当剖切平面通过螺纹连接件（如螺栓、螺柱、螺钉、螺母、垫圈等）和实心零件（如实心轴、销、手柄、连杆、球、键等）的轴线时，均按不剖绘制。

B—B

116
146

85

A

40

拆除手柄

12
11
10
9
8
7
6
5

$\phi 18 \frac{H9}{f7}$

$0{\sim}67$

A

Tr18×4

210

$\phi 20 \frac{H7}{k6}$

B

B

$\phi 11$

1

2

4

3

技术要求
1. 装配后要运转灵活。
2. 活动部分要加润滑油脂。
3. 操作时不能用力过猛。

序号	代号	名称	数量	材料	备注
12	GB/T97.2—2002	垫圈A18	1	35	外购
11		固定钳身	1	HT200	
10		护口板	2	HT200	
9		螺钉	1	45	
8		螺母	1	45	
7		活动钳身	1	HT200	
6	GB/T97.2—2002	垫圈A12	1	35	外购
5		螺杆	1	45	
4	GB/T119.1—2000	销4×26	1	35	外购
3		圆环	1	Q235	
2	GB/T68—2016	沉头螺钉M8×16	4	35	外购
1		手柄	1	Q235	

虎钳

制图 | （姓名） | | 比例 | 1:1 |
审核 | | | 图号 | |
（学号）
××××职业技术学院

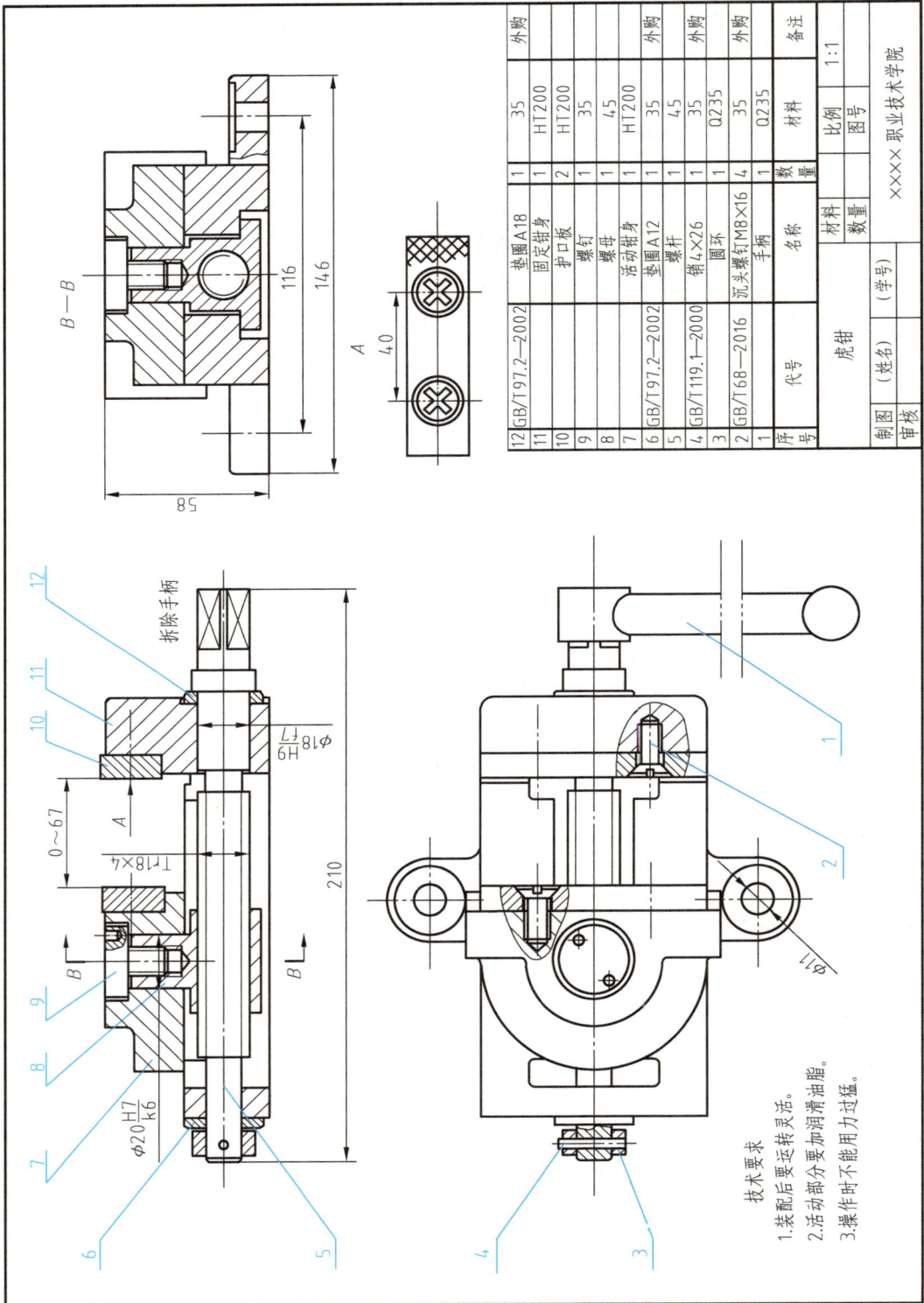

图 6-1-4 机用虎钳装配图

2）两个相邻零件的接触面或配合面只画一条线；不接触面或非配合面，即使间隙很小，也必须画两条线。

3）在同一装配图中，同一零件的剖面线倾斜方向应一致且间隔相等，不同的零件的剖面线方向应不同或间隔不等。

（二）装配图的特殊表达

1. 拆卸画法

在装配图的某个视图中，当某些零件遮挡了需要表达的结构或装配关系时，可假想沿某些零件的结合面剖切或将这些零件拆卸后再绘制。图 6-1-5 所示滑动轴承装配图中俯视图的右半边，是拆去轴承盖、螺栓、螺母、上轴衬等零件之后画出的。需要说明时，可在图的上方加注"拆去×××等"字样。沿结合面剖切时结合面上不画剖面线，但被剖切到的零件仍需画出剖面线。

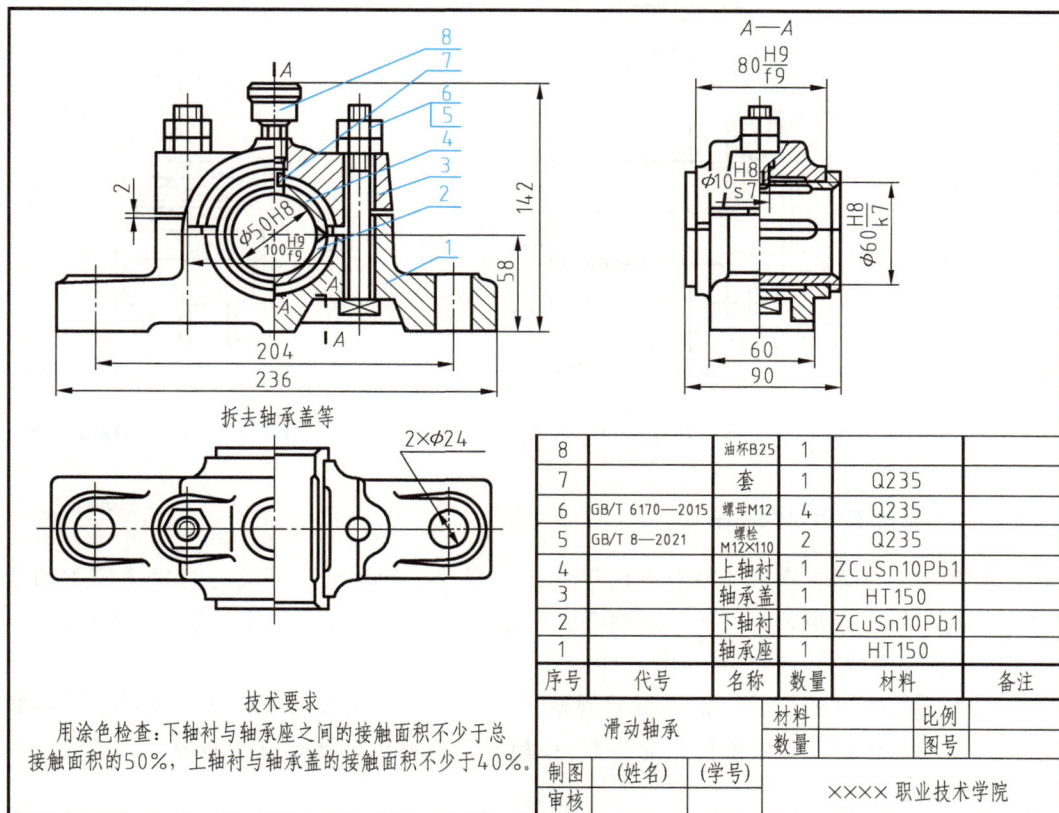

8		油杯B25	1		
7		套	1	Q235	
6	GB/T 6170—2015	螺母M12	4	Q235	
5	GB/T 8—2021	螺栓M12×110	2	Q235	
4		上轴衬	1	ZCuSn10Pb1	
3		轴承盖	1	HT150	
2		下轴衬	1	ZCuSn10Pb1	
1		轴承座	1	HT150	
序号	代号	名称	数量	材料	备注

拆去轴承盖等

技术要求

用涂色检查：下轴衬与轴承座之间的接触面积不少于总接触面积的50%，上轴衬与轴承盖的接触面积不少于40%。

滑动轴承		材料		比例	
		数量		图号	
制图	（姓名）	（学号）		××××职业技术学院	
审核					

图 6-1-5　滑动轴承装配图

2. 简化画法

1）在装配图中，对于结构相同而又重复出现的标准件，如螺栓、螺钉、垫圈、螺母等，可详细地画出一处，其余只需用中心线标明其位置，并在明细栏中注明数量即可（图 6-1-4）。

2）装配图中的滚动轴承，允许详细地画出 1/2，另外 1/2 采用简化画法（图 6-1-6）。

3）在装配图中，零件的工艺结构，如圆角、倒角、退刀槽等允许不画；螺栓头部、螺母的倒角及因倒角而产生的曲线允许省略（图6-1-5）。

4）被弹簧挡住的部分按不可见绘制。

5）螺纹连接可采用简化画法。

3. 夸大画法

宽度小于或等于2mm的垫片和必须表示清楚的小间隙等可适当夸大画出，其剖面可以涂黑来代替剖面符号（图6-1-6）。

4. 假想画法

为了表示运动零件的极限位置或表示与本部件有关而不属于这个部件的零件，可用细双点画线画出它们的轮廓，这种画法为假想画法，如图6-1-7所示。

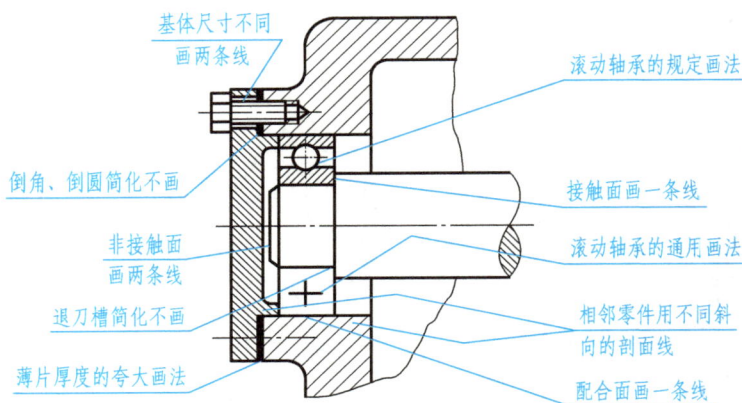

图 6-1-6　装配图中的表达方法

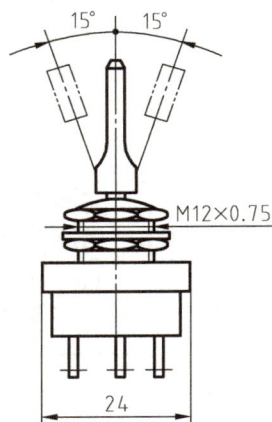

图 6-1-7　装配图假想画法

三、装配图的尺寸标注

装配图的尺寸标注要求与零件图的尺寸标注要求不同，它不需要标注每个零件的全部尺寸，只需标注一些必要尺寸，这些必要尺寸可按作用不同大致归纳为以下几类。

（一）规格尺寸

用以表明机器（或部件）的性能或规格的尺寸，称为规格尺寸。它是设计、了解和选用该机器或部件时的主要依据，如图6-1-1所示球阀阀体的通孔直径 $\phi20$。

（二）装配尺寸

为了保证机器或部件的性能和质量，装配图中需注出相关零件间有装配要求的尺寸。

1. 配合尺寸

凡两零件有配合要求时，必须注出配合尺寸，如图6-1-4中的配合尺寸 $\phi20\dfrac{H7}{k6}$。

2. 重要的相对位置尺寸

装配时，相关零件间必须保证距离、间隙等相对位置，如图6-1-1所示阀杆中心到扳手的距离160。

3. 连接尺寸

装配图中一般应标注连接尺寸以表明螺纹紧固件、键、销、滚动轴承等标准零部件的规格尺寸（通常填写在明细栏中），如图 6-1-4 中螺杆尺寸 Tr18×4 和标题栏中的沉头螺钉 M8×16 等。

（三）安装尺寸

机器或部件安装到其他零部件或基座上的相关尺寸称为安装尺寸。如图 6-1-4 中的 116、ϕ11 等。

（四）外形尺寸

外形尺寸是机器或部件的总长、总高、总宽尺寸，它反映了机器或部件的总体大小，为安装、包装、运输等提供所占空间尺寸的大小，如图 6-1-1 中的外形尺寸 116、123 等。

四、装配图中零件序号、明细栏与技术要求

机器或部件是由许多零件组成的，为区分零件、便于读图，必须对每种零件编列序号，并逐一填写在对应的明细栏中。

（一）零件序号

装配图中相同的组成部分（零件或组件）只编一个序号，编写序号的常见形式如下：在所指的零部件的可见轮廓内画一圆点，然后从圆点开始画指引线（细实线），在指引线的另一端画一水平线或圆（也都是细实线），在水平线上或圆内注写序号，序号的字高应比尺寸数字大一号或两号，如图 6-1-8a、b 所示；也可以不画水平线或圆，在指引线另一端附近注写序号，序号字高比尺寸数字大两号，如图 6-1-8c 所示；对很薄的零件或涂黑的剖面，可在指引线末端画出箭头，并指向该部分的轮廓，如图 6-1-8d 所示。

指引线相互不能相交；当它通过有剖面线的区域时，不能与剖面线平行；必要时，指引线可以画成折线，但只允许曲折一次。

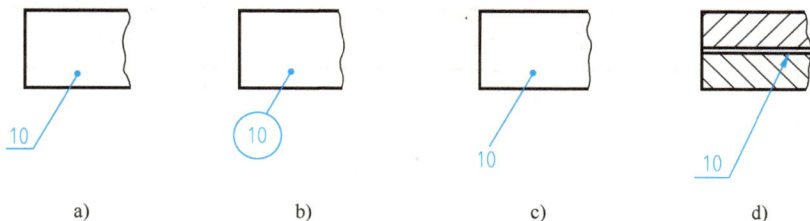

图 6-1-8　装配图标注序号的形式

一组紧固件以及装配关系清楚的零件组，可采用公共指引线，如图 6-1-9 所示。

装配图中的标准化组件（如油杯、滚动轴承、电动机等）看作为一个整体，只编写一个序号。

零部件序号应沿水平或垂直方向按顺时针（或逆时针）方向顺次排列整齐，并尽可能均匀分布，如图 6-1-1、图 6-1-4、图 6-1-5 所示。

在设计和绘制装配图的过程中，应该考虑装配结构的合理性，以保证机器和部件的性能，并给零件的加工和装拆带来方便。

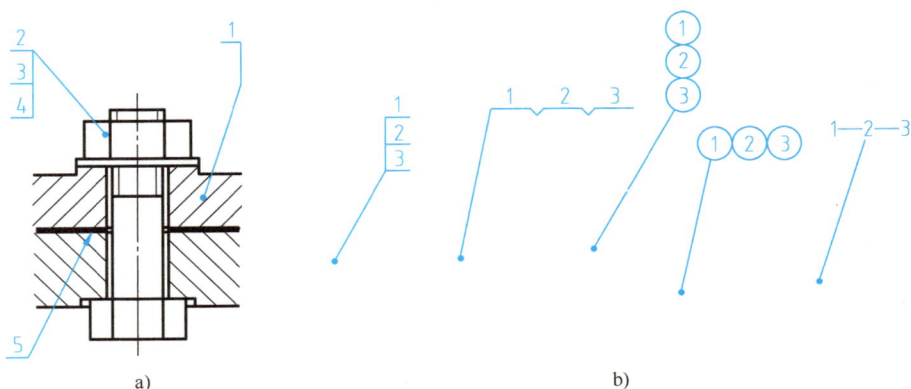

图 6-1-9　装配图公共指引线的标注形式

（二）明细栏（GB/T 10609.2—2009）

装配图与零件图一样，必须设置标题栏。需要注意的是，装配图与零件图中的标题栏格式完全相同，只是在填写内容时稍有差异。例如，零件图的标题栏中必须填写所选用的材料，而装配图的标题栏中无须填写所选材料。

装配图中一般应有明细栏。明细栏一般配置在装配图中标题栏的上方，按由下而上的顺序填写（图 6-1-10）。其格数应根据需要而定。当由下而上延伸位置不够时，可紧靠在标题栏的左边自下而上延续。

明细栏一般由序号、代号、名称、数量、材料、质量（单件、总计）、分区、备注等组成，也可按实际需要增加或减少。

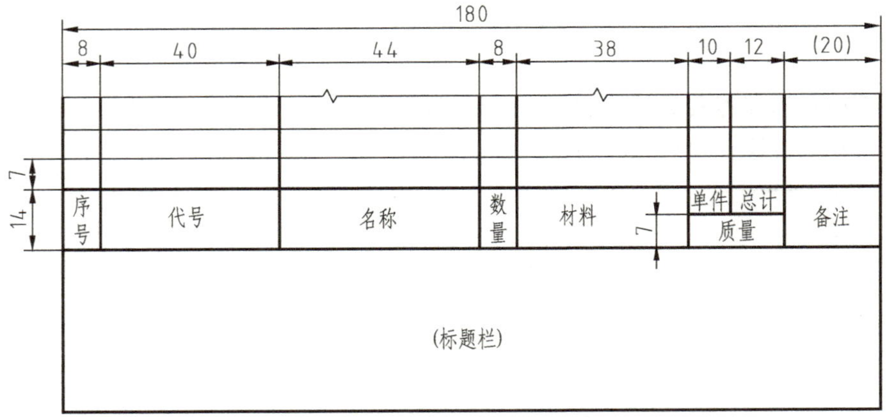

图 6-1-10　明细栏的格式

（三）技术要求

由于不同装配体的性能、要求各不相同，因此其技术要求也不一样。一般应从以下几个方面提出技术要求。

1. 装配方面

装配体在装配过程中需要注意的事项及装配后装配体所必须达到的要求，如准确度、装配间隙、润滑要求等。

2. 检验要求

装配体基本性能的检验、试验及操作时的要求。

3. 使用要求

对装配体的规格、参数及维护、保养、使用的注意事项及要求。

装配图上的技术要求应根据装配体的具体情况而定，用文字注写在明细栏上方或图样下方的空白处。

五、读装配图

设计或制造机器、使用或维修机械设备、交流技术、学习等，都要用到装配图。因此，看装配图是工程技术人员的一项很重要的技术工作。

（一）看装配图的要求

1）了解机器或部件的名称、性能、规格、结构和工作原理。

2）弄清每个零件的作用，相互间的装配关系（相对位置、连接方式等）。

3）搞清各零件的主要结构形状。

（二）看装配图的方法和步骤

1. 概括了解

1）从标题栏了解部件的名称、用途及图样比例（以想象部件的大小）。

2）从明细栏及图中序号了解各零件的名称、数量、位置等情况。

3）分析视图，找出各视图的投射方向、相互关系、剖切位置等，并了解它们的表达意图。

2. 深入分析

1）借助产品说明书等资料，对照装配图了解和分析部件的工作原理、每个零件的作用和传动路径。

2）从视图了解零件间的装配关系（连接形式、相对位置、配合要求）和装拆顺序等。

3）根据零件的作用，从相关的视图中（特别从剖面线的方向和间隔等）弄清每一条图线的含义，划清零件界限，看懂零件的结构形状。

4）归纳总结。在详细分析各零件之后，可综合想象出装配体的整个结构和装配关系，弄懂装配体的工作原理，从而完全了解装配体。

（三）由装配图拆画零件图

在设计部件时，需要根据装配图拆画零件图，简称拆图。拆图时，应对所拆零件的作用进行分析，然后分离该零件（即把该零件从与其组装的其他零件中分离出来）。

1）在各视图的投影轮廓中划出该零件的范围，结合分析结果，补齐所缺的轮廓线。对装配图中没表达完整的零件结构，应根据零件的功用，连接部分以装配图中的结构为准，非连接部分，则应自己确定。

2）需要根据零件图表达的要求，重新安排视图。

3）确定零件尺寸。装配图上的尺寸，大多数是要保证的重要尺寸，可直接标注在零件图上。对于配合尺寸，应查出上、下极限偏差，填写在零件图上。两零件配合表面间的尺寸标注，一定要协调。

4）在装配图中没画出的零件工艺结构和标准结构，如倒角、退刀槽、沉孔、越程槽、键槽等，应查阅相关标准，然后再注写。

5）按零件图的要求，注写尺寸及技术要求。表面粗糙度的数值，应根据零件表面的作用、要求、精度等级等因素确定。

【任务分组】

任务名称： _____

班级： _____ 姓名： _____ 日期： _____

学生任务分配表				
组号		指导教师		
组长		学号		
组员	姓名	学号	姓名	学号
任务分工				

任务工作单　识读装配图

组号：＿＿＿＿＿＿＿　姓名：＿＿＿＿＿＿＿　学号：＿＿＿＿＿＿＿　检索号：＿6-1-1＿

　　1. 根据工作任务，读图 6-1-1 所示球阀装配图，回答问题

　　1）该球阀由＿＿＿＿＿种零件组成，其中，标准件有＿＿＿＿＿种。

　　2）装配图由＿＿＿＿＿个基本视图组成，分别是＿＿＿＿＿、＿＿＿＿＿和＿＿＿＿＿。主视图采用了＿＿＿＿＿剖视和＿＿＿＿＿画法，左视图采用了＿＿＿＿＿剖视和＿＿＿＿＿画法，俯视图采用了＿＿＿＿＿画法。

　　3）件 11 在剖视图中按不剖处理，仅画出外形，原因是＿＿＿＿＿＿＿＿＿＿＿＿＿＿。

　　4）根据视图想象零件形状，分析零件类型：属于轴套类的零件有＿＿＿＿＿＿＿，属于盘盖类的零件有＿＿＿＿＿＿＿，属于箱体类的零件有＿＿＿＿＿＿＿。

　　5）$\phi14H11/c11$ 是件＿＿＿＿＿与件＿＿＿＿＿的＿＿＿＿＿尺寸，是＿＿＿＿＿＿＿＿配合。

　　6）$\phi18H11/c11$ 是件＿＿＿＿＿与件＿＿＿＿＿的＿＿＿＿＿尺寸，是＿＿＿＿＿＿＿＿配合。

　　7）件 4 由零件＿＿＿＿＿带动做＿＿＿＿＿运动，图中所示该球阀为＿＿＿＿＿状态。

　　2. 读下图所示的齿轮泵装配图，回答问题

　　1）齿轮泵由＿＿＿＿＿种共＿＿＿＿＿个零件组成，其中有＿＿＿＿＿种共＿＿＿＿＿个标准件，标准件的名称规格是＿＿＿＿＿、＿＿＿＿＿、＿＿＿＿＿、＿＿＿＿＿、＿＿＿＿＿。

　　2）齿轮泵共用了＿＿＿＿＿＿＿个图形来表达，其中主视图作 2 处＿＿＿＿＿图，左视图采用了＿＿＿＿＿画法，并有＿＿＿＿＿处作了＿＿＿＿＿＿＿图，图中 A 向视图是＿＿＿＿＿＿＿图，B—B 是＿＿＿＿＿＿＿图。

　　3）装配图中，尺寸 $\phi16H7/h6$、$\phi14H7/m6$ 是＿＿＿＿尺寸，尺寸 74.4 是＿＿＿＿尺寸，尺寸 85 是＿＿＿＿＿尺寸，尺寸 47.5 ± 0.15 是＿＿＿＿＿＿＿尺寸，尺寸 120、100、115 是＿＿＿＿＿＿＿尺寸。

　　4）尺寸 $\phi52.5H7/f7$ 中，$\phi52.5$ 是＿＿＿＿＿＿＿，H7 是＿＿＿＿＿＿＿，f7 是＿＿＿＿＿＿＿，它们属于＿＿＿＿＿制的＿＿＿＿＿配合。$\phi16H7/h6$ 属于＿＿＿＿＿制的＿＿＿＿＿配合。

　　5）件 2 垫片的材料是＿＿＿＿＿＿＿，件 6 密封圈的材料是＿＿＿＿＿，它们在齿轮泵中起＿＿＿＿＿作用。件 14 压紧螺母中间有上、下两个小通孔，起＿＿＿＿＿作用。

　　6）尺寸 $2\times G3/8$ 中的 2 表示＿＿＿＿＿＿＿，G 表示＿＿＿＿＿＿＿，3/8 表示＿＿＿＿＿＿＿。

　　7）件 1 左端盖与件 3 泵体属于＿＿＿＿＿＿＿连接，件 4 右端盖 与件 14 压紧螺母属于＿＿＿＿＿＿＿连接。

　　8）欲将件 7 轴套从齿轮泵上拆卸下来，其拆卸顺序是＿＿＿。

技术要求

1. 装配后要求齿轮运转灵活。
2. 两齿轮齿的啮合面应占齿长的3/4。

15	齿轮轴		1	45				
14	压紧螺母		1	35				
13	圆柱销5m6×18	GB/T 119.1—2000	4					
12	键4×10	GB/T 1096—2003	1					
11	螺钉M6×16	GB/T 70.1—2008	12					
10	螺母M12	GB/T 6170—2015	1					

9	弹簧垫圈	GB/T 859—1987	1			m=2.5,z=19
8	传动齿轮		1	45		m=2.5,z=19
7	抽套		1	35		
6	密封圈		1	QSn6-6-3		
5	传动齿轮轴		1	橡胶		
4	右端盖		1	45		
3	泵体		1	HT200		m=3,z=30
2	垫片		2	HT200		
2	左端盖		1	65Mn		2×Φ7

序号	零件名称	代号	数量	材料	数量	备注

齿轮泵			工业用纸		1:1
			HT200	材料	
			2	数量	图号
					比例

制图	(姓名)		××××职业技术学院
审核			

【评价反馈】

学生个人自评表

班级		组名		日期	年　月　日
姓名		学号			
评价指标	评价内容			分值	得　分
信息检索	能有效利用网络、图书资料、机械制图手册查找有用的相关信息；能有条理地解释、表述所学知识；能将查到的信息有效地应用到学习中			10分	
感知课堂	熟悉绘图岗位，认同岗位工作价值；在学习中能获得满足感，认同课堂文化			10分	
参与态度	积极主动参与学习，能吃苦耐劳，崇尚劳动光荣、技能宝贵；与教师、同学之间相互尊重、理解，能够保持多向、丰富、适宜的信息交流			10分	
	能处理好合作学习和独立思考的关系，做到有效学习；能提出有意义的问题或发表个人见解；能按要求正确绘图；能够倾听别人的意见，协作共享			10分	
学习过程	①综合运用所学的机械制图知识，掌握装配图的特殊表达方法、规定画法、尺寸标注等内容			15分	
	②掌握读装配图的方法，能读懂中等复杂机器的装配图			15分	
思维态度	能发现问题、提出问题、分析问题、解决问题、创新问题			10分	
自评反馈	按时、按质完成工作任务；较好地掌握专业知识点；具有较强的信息分析能力和理解能力；具有较为全面、严谨的思维能力，并能条理清楚、明晰地表达成文			20分	
	自评分数				
有益的经验和做法					
总结反馈建议					

组内互评表

班级		组名		日期		年 月 日	
验收组长		组员		学号			
组内验收成员							
任务要求							
验收文档清单		任务工作单： 文献检索清单：					

验收评分	评分标准	分值	得分
	①与小组成员进行有效沟通，共同完成小组任务	25 分	
	②综合运用所学的机械制图知识，掌握装配图的特殊表达方法、规定画法、尺寸标注等内容，错误 1 处扣 5 分	25 分	
	③掌握读装配图的方法，能读懂中等复杂机器的装配图，错误 1 处扣 5 分	30 分	
	④具有空间想象力，能够准确描述机件整体结构	20 分	
组内评价分数			
不足之处			

组间互评表

班级		被评组名		日期		年 月 日	
验收组名 （成员签字）							

评价指标	评价内容	分值	得分
汇报表述	表述准确	15 分	
	语言流畅	10 分	
	准确反映该组完成情况	15 分	
内容正确度	内容正确	30 分	
	阐述表达到位	30 分	
组间评价分数			
简要评述			

任务完成情况评价表

班级			组名		
姓名			学号		

序号	任务内容及要求		配分	教师评价	
				结论	得分
1	综合运用所学的机械制图知识,掌握装配图的特殊表达方法、规定画法、尺寸标注等内容	描述正确	20分		
2	掌握读装配图的方法,能读懂中等复杂机器的装配图	识读准确	30分		
3	具有空间想象能力,能够准确描述机件的整体结构	描述正确	20分		
4	至少提供4项文献检索清单	数量	10分		
		参考的主要内容要点	10分		
5	素质素养评价	沟通交流能力	10分		
		团队合作			
		课堂纪律			
		自主探学			
		合作研学			
		精益求精、专心细致的工作作风			
		诚实守信的意识			
		讲原则、守规矩的意识			
		规范意识			
总分					

任务二 　绘制装配图

工作任务	绘制装配图	建议学时	12 学时
任务描述	根据图 6-2-1 所示轴承架装配示意图和任务工作单中所示轴承架各零件图，绘制轴承架装配图。 图 6-2-1　轴承架装配示意图		
学习目标	◆熟悉装配图的表达方法，以及绘制装配图的方法和步骤。 ◆学会编写零件序号，填写明细栏、技术要求等内容。 ◆能正确绘制中等复杂程度的装配图。 ◆能够主动获取信息，展示学习成果并相互评价，对绘图过程进行总结与反思，与他人进行有效沟通、团结协作。		
任务分析	绘制装配图之前，首先要了解装配体的工作原理和零件的种类，弄清每个零件在装配体中的作用和零件间的装配关系等，其次应掌握装配图的表达方法及作图步骤。		

【知识链接】

　　装配体是由若干零件装配而成的，根据这些零件的零件图及有关资料，弄清各零件的结构形状，了解装配体的用途、工作原理及连接关系，确定出视图方案后，才能画出装配图。现以图 6-1-2、图 6-2-2 所示的机用虎钳装配图为例，介绍画装配图的方法。

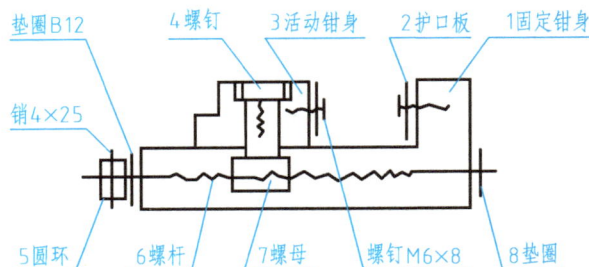

图 6-2-2　机用虎钳装配示意图

一、了解装配体的工作原理和装配关系

机用虎钳的组成如图6-1-3所示，它主要用于夹紧零件，以固定其位置，便于加工。其工作原理为：转动螺杆，带动螺母做轴向移动，通过螺母带动活动钳身做轴向运动，从而与固定钳身一起，实现对零件的夹紧与放松。

二、确定表达方案

选择表达方案时应遵循这样的思路：以装配体的工作原理为线索，从装配干线入手，用主视图及其他基本视图来表达对部件功能起主要作用的主要装配干线，兼顾次要装配干线，再辅以其他视图表达基本视图中没有表达清楚的部分，直到把装配体的工作原理、装配关系等都完整、清晰地表达出来。

以最大限度展现机用虎钳的工作原理、装配关系、大致外形为原则选取合适的视图。

1. 主视图的选择

从机用虎钳的工作情况看，其工作部分是钳口，传动部分是螺杆与螺母，要从外观表达出它的工作情况是比较困难的，只有使用剖视图才能较好地表达出机用虎钳各部分的工作情况。从机用虎钳的结构可知，纵向顺着螺杆剖切是比较理想的表达方案，用这个剖视图作为主视图比较合适。

2. 其他视图的选择

在正确、完整地表达出主要零件的形状及其装配关系的前提下，尽量使视图的数量为最少。在此，用一个主视图，虽能较清楚地表示出机用虎钳的装配关系，但整体形状尚未表达完整，内部装配还不是很明朗，所以需要俯视图反映机用虎钳的外形，用剖视图表达螺杆、螺母、活动钳身、固定钳身、螺钉等之间的装配关系，用向视图反映钳口的装配情况及外形。

三、画装配图的步骤

1）根据所确定的视图表达方案，选取适当比例及图幅，合理布图，并注意留出注写零、部件序号、明细栏、标题栏以及注写尺寸和技术要求的位置。

2）画图时，应先画出各个视图的作图基准线（如主要轴线、对称中心线、某零件的底面或端面等），以装配干线为准，由里向外（或由外向里）逐一画出各个零件。先画主要零件，再画其他零件及细节部分。图6-2-3所示为机用虎钳装配图的画图步骤。

3）底稿图完成后，需经校核才可加深图线。最后标注尺寸，编写序号，填写明细栏和标题栏等。图6-1-4所示为已完成的机用虎钳装配图。

步骤一：画基准线、固定钳身主要轮廓线。

步骤二：画螺杆、活动钳身等。

步骤三：画螺母、护口板及其他主要轮廓线。

步骤四：完善各部分细节，画出剖面符号，标尺寸、编序号、填明细栏、写技术要求等。

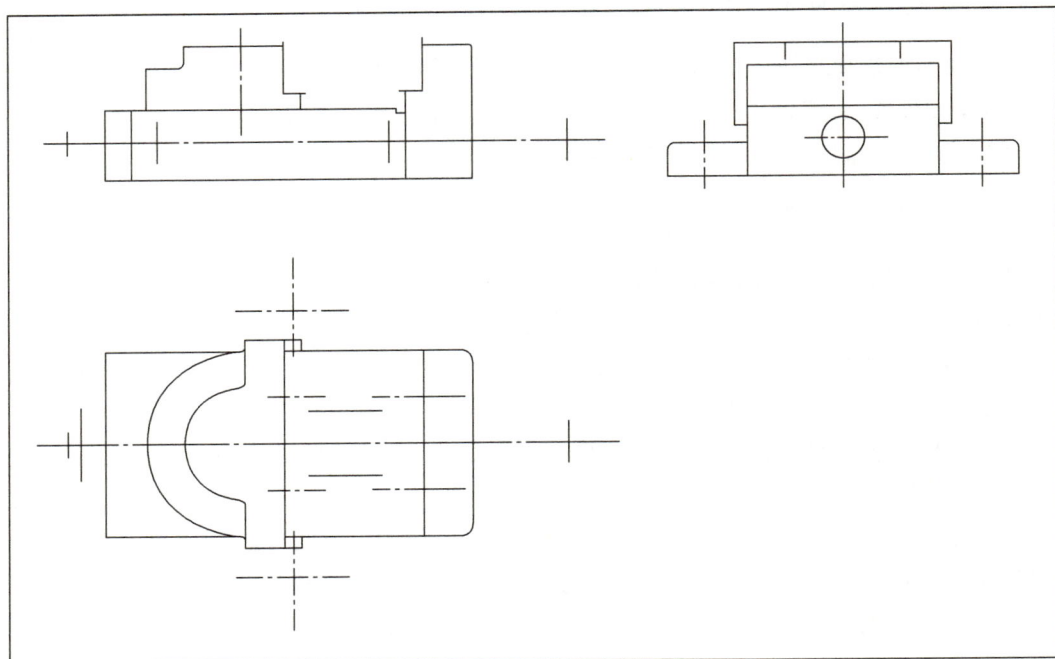

a)

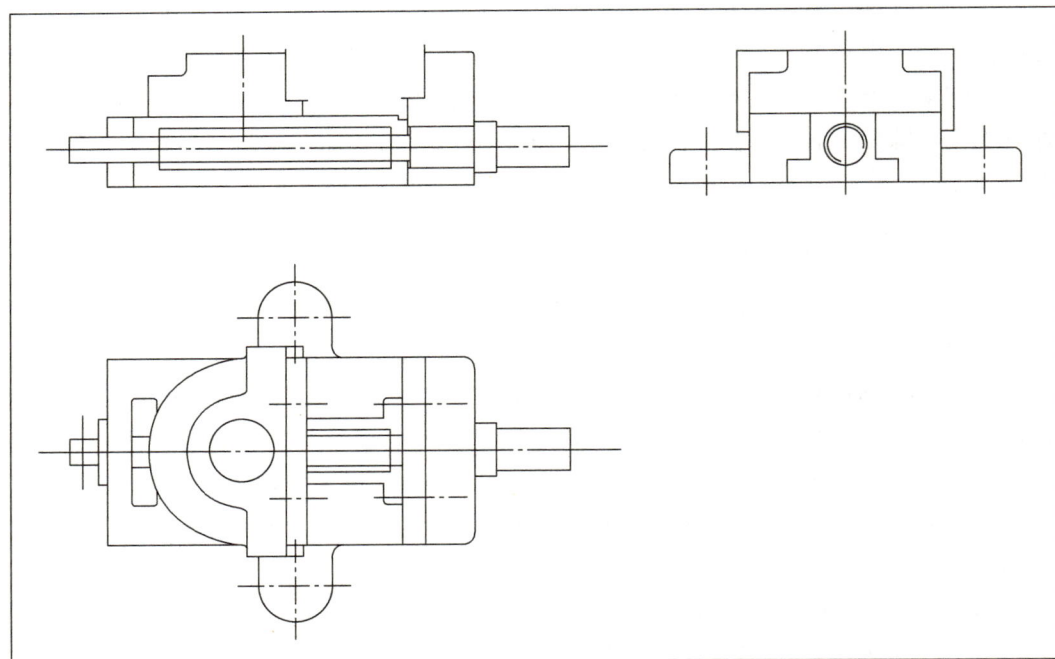

b)

图 6-2-3　机用虎钳装配图的画图步骤

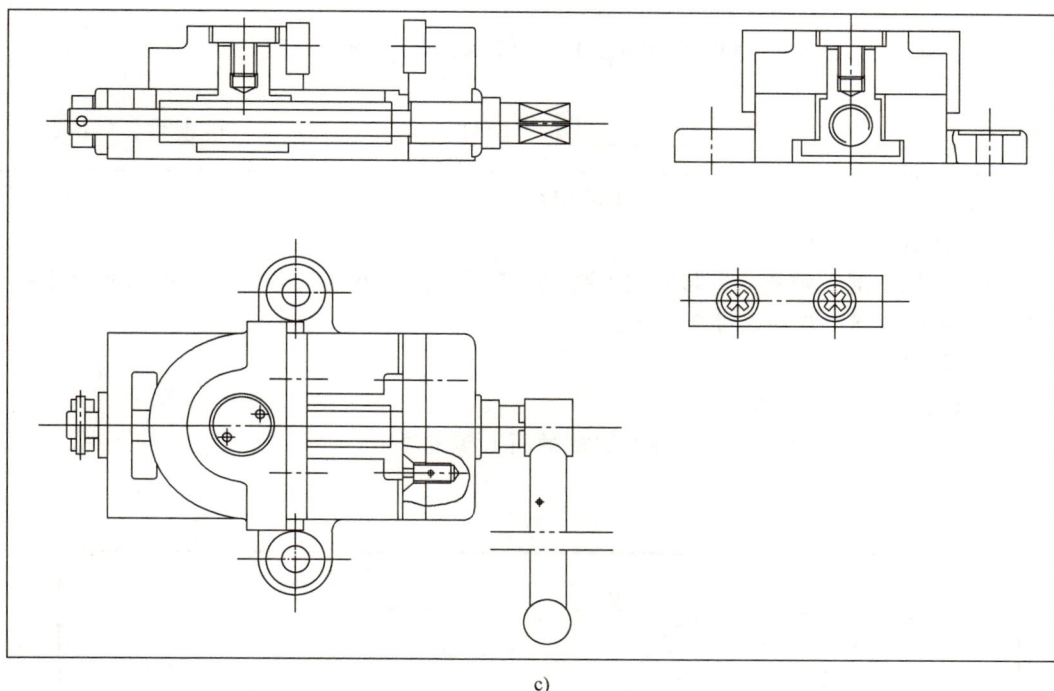

c)

图 6-2-3　机用虎钳装配图的画图步骤（续）

【任务分组】

任务名称：_____

班级：_____　姓名：_____　日期：_____

学生任务分配表				
组号		指导教师		
组长		学号		
组员	姓名	学号	姓名	学号
任务分工				

任务工作单　绘制装配图

组号：＿＿＿＿＿　　姓名：＿＿＿＿＿　　学号：＿＿＿＿＿　　检索号：　6-2-1

　　根据工作任务以及下图所示的轴承架各零件的零件图，选用合适的图纸、比例，完成轴承架装配图的绘制

　　说明：轴 2 配以轴衬 3 后与轴架 1 装配。带轮 5 用键 6 连接于轴上，带轮的两侧衬以垫圈 4 和垫圈 8，并用螺母 7 紧固。

　　技术要求：

　　1. 装配后，要求转动灵活。

　　2. 使用时，在件 1 与件 2、件 5 的接触面上滴机油。

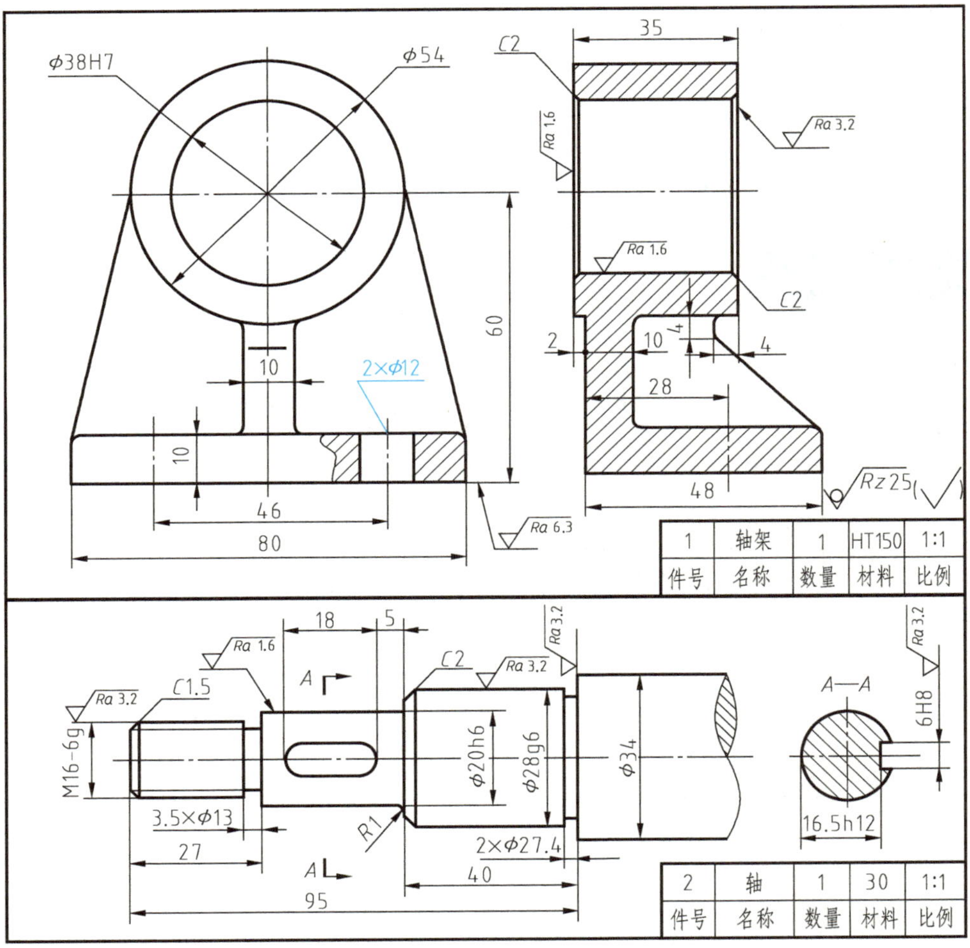

1	轴架	1	HT150	1:1
件号	名称	数量	材料	比例

2	轴	1	30	1:1
件号	名称	数量	材料	比例

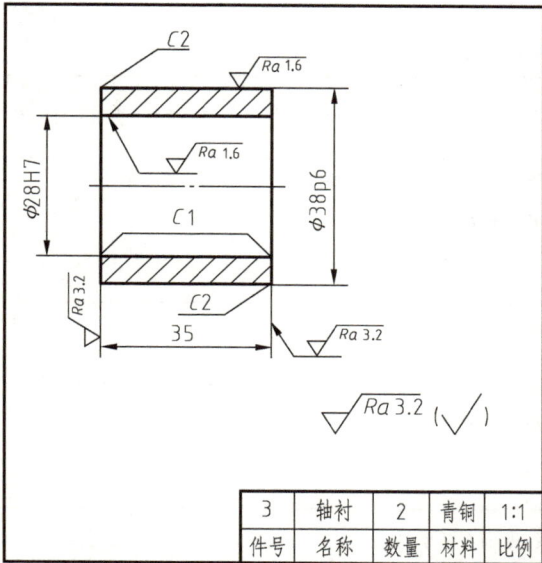

3	轴衬	2	青铜	1:1
件号	名称	数量	材料	比例

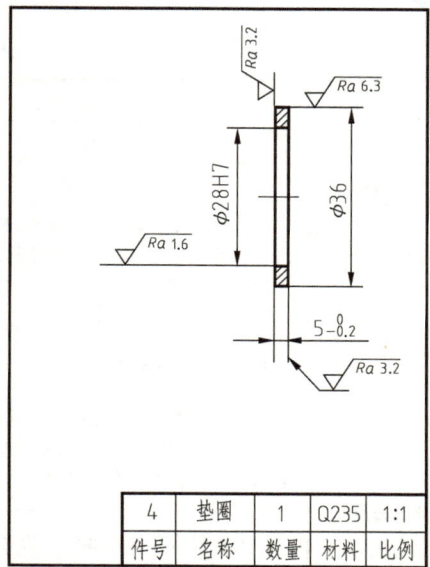

4	垫圈	1	Q235	1:1
件号	名称	数量	材料	比例

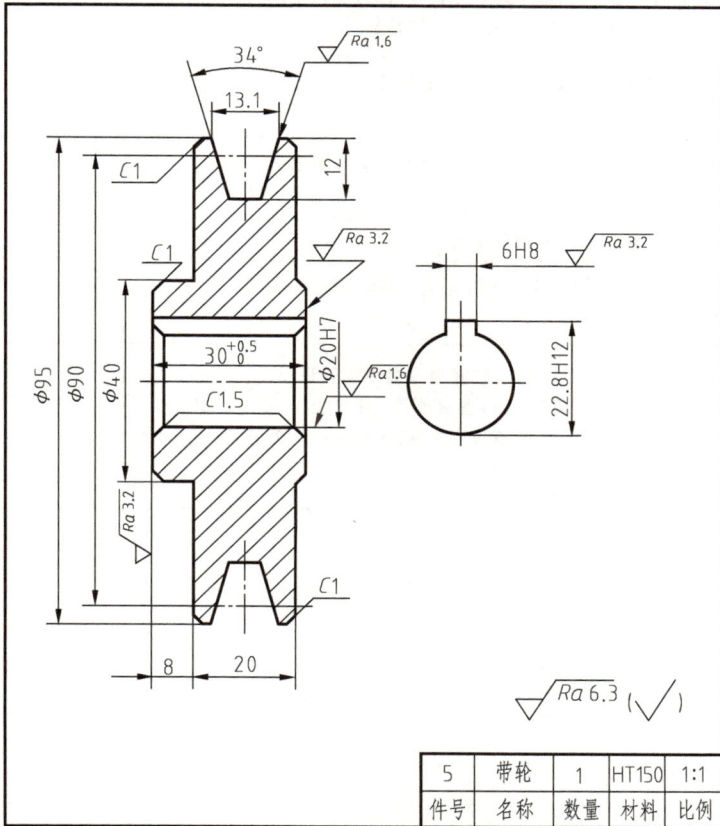

5	带轮	1	HT150	1:1
件号	名称	数量	材料	比例

【评价反馈】

学生个人自评表

班级		组名		日期	年　月　日
姓名		学号			
评价指标	评价内容			分值	得　　分
信息检索	能有效利用网络、图书资料、机械制图手册查找有用的相关信息;能有条理地解释、表述所学知识;能将查到的信息有效地应用到学习中			10分	
感知课堂	熟悉绘图岗位,认同岗位工作价值;在学习中能获得满足感,认同课堂文化			10分	
参与态度	积极主动参与学习,能吃苦耐劳、崇尚劳动光荣、技能宝贵;与教师、同学之间相互尊重、理解,能够保持多向、丰富、适宜的信息交流			10分	
	能处理好合作学习和独立思考的关系,做到有效学习;能提出有意义的问题或发表个人见解;能按要求正确绘图;能够倾听别人的意见,协作共享			10分	
学习过程	①熟悉装配图的表达方法以及绘制装配图的方法和步骤			10分	
	②学会编写零件序号、填写明细栏、技术要求等内容			10分	
	③能正确绘制中等复杂程度的装配图			10分	
思维态度	能发现问题、提出问题、分析问题、解决问题、创新问题			10分	
自评反馈	按时、按质完成工作任务;较好地掌握专业知识点;具有较强的信息分析能力和理解能力;具有较为全面、严谨的思维能力,并能条理清楚、明晰地表达成文			20分	
自评分数					

有益的经验和做法	
总结反馈建议	

组内互评表

班级		组名		日期		年　　月　　日	
验收组长		组员		学号			
组内验收成员							
任务要求							
验收文档清单	任务工作单： 文献检索清单：						

验收评分	评分标准	分值	得分
	①与小组成员进行有效沟通，共同完成小组任务	20分	
	②熟悉装配图的表达方法以及绘制装配图的方法和步骤，错误1处扣5分	20分	
	③学会编写零件序号、填写明细栏、技术要求等内容，错误1处扣5分	20分	
	④能正确绘制中等复杂程度的装配图，错误1处扣5分	40分	
	组内评价分数		

不足之处	

组间互评表

班级		被评组名		日期		年　　月　　日	
验收组名（成员签字）							

评价指标	评价内容	分值	得分
汇报表述	表述准确	15分	
	语言流畅	10分	
	准确反映该组完成情况	15分	
内容正确度	内容正确	30分	
	阐述表达到位	30分	
	组间评价分数		

简要评述	

任务完成情况评价表

班级			组名	
姓名			学号	

序号	任务内容及要求		配分	教师评价	
				结论	得分
1	熟悉装配图的表达方法以及绘制装配图的方法和步骤	描述正确	10 分		
2	学会编写零件序号、填写明细栏、技术要求等内容	绘制规范	20 分		
3	能正确绘制中等复杂程度的装配图	绘图准确	40 分		
4	至少提供 4 项文献检索清单	数量	10 分		
		参考的主要内容要点	10 分		
5	素质素养评价	沟通交流能力	10 分		
		团队合作			
		课堂纪律			
		自主探学			
		合作研学			
		精益求精、专心细致的工作作风			
		诚实守信的意识			
		讲原则、守规矩的意识			
		规范意识			
总分					

附　录

附录A　螺　纹

表 A-1　普通螺纹的直径与螺距系列（GB/T 193—2003）　　　　（单位：mm）

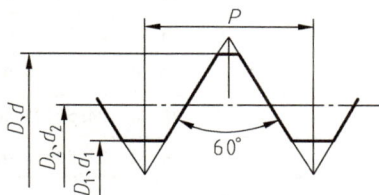

标记示例

公称直径为 24mm、螺距为 1.5mm、右旋的细牙普通螺纹，其标记为 M24×1.5

公称直径(D、d)		螺距(P)		公称直径(D、d)		螺距(P)	
第一系列	第二系列	粗牙	细牙	第一系列	第二系列	粗牙	细牙
3	—	0.5	0.35	—	22	2.5	2, 1.5, 1
—	3.5	0.6		24	—	3	
4	—	0.7	0.5	—	27	3	
5	4.5	0.75					
5	—	0.8		30	—	3.5	(3), 2, 1.5, 1
6	—	1	0.75	—	33	3.5	(3), 2, 1.5
—	7			36	—	4	3, 2, 1.5
8	—	1.25	1, 0.75	—	39	4	
10	—	1.5	1.25, 1, 0.75	42	—	4.5	4, 3, 2, 1.5
12	—	1.75	1.5, 1.25, 1	—	45	4.5	
—	14	2	1.5, 1.25*, 1	48	—	5	
16	—	2	1.5, 1	—	52	5	
—	18	2.5	2, 1.5, 1	56	—	5.5	
20	—	2.5					

注：1. 优先选用第一系列，括号内尺寸尽可能不用。

　　2. 公称直径 D、d 第三系列未列入。

表 A-2　梯形螺纹的直径与螺距系列、基本尺寸（GB/T 5796.2—2022 和 GB/T 5796.3—2022）

（单位：mm）

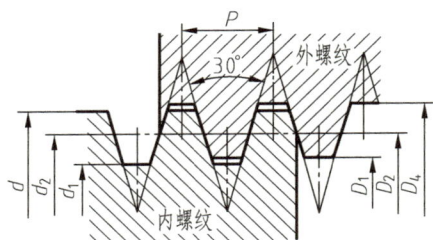

标记示例

公称直径为 40mm、导程为 14mm、螺距为 7mm 的双线左旋梯形螺纹的标记为 Tr40×14P7-LH

公称直径 d 第一系列	公称直径 d 第二系列	螺距 P	中径 $d_2=D_2$	大径 D_4	小径 D_3	小径 D_1
8	—	1.5	7.25	8.30	6.20	6.50
—	9	1.5	8.25	9.30	7.20	7.50
—	9	2	8.00	9.50	6.50	7.00
10	—	1.5	9.25	10.30	8.20	8.50
10	—	2	9.00	10.50	7.50	8.00
—	11	2	10.00	11.50	8.50	9.00
—	11	3	9.50	11.50	7.50	8.00
12	—	2	11.00	12.50	9.50	10.00
12	—	3	10.50	12.50	8.50	9.00
—	14	2	13.00	14.50	11.50	12.00
—	14	3	12.50	14.50	10.50	11.00
16	—	2	15.00	16.50	13.50	14.00
16	—	4	14.00	16.50	11.50	12.00
—	18	2	17.00	18.50	15.50	16.00
—	18	4	16.00	18.50	13.50	14.00
20	—	2	19.00	20.50	17.50	18.00
20	—	4	18.00	20.50	15.50	16.00
—	22	3	20.50	22.50	18.50	19.00
—	22	5	19.50	22.50	16.50	17.00
—	22	8	18.00	23.00	13.00	14.00
24	—	3	22.50	24.50	20.50	21.00
24	—	5	21.50	24.50	18.50	19.00
24	—	8	20.00	25.00	15.00	16.00

公称直径 d 第一系列	公称直径 d 第二系列	螺距 P	中径 $d_2=D_2$	大径 D_4	小径 D_3	小径 D_1
—	26	3	24.50	26.50	22.50	23.00
—	26	5	23.50	26.50	20.50	21.00
—	26	8	22.00	27.00	17.00	18.00
28	—	3	26.50	28.50	24.50	25.00
28	—	5	25.50	28.50	22.50	23.00
28	—	8	24.00	29.00	19.00	20.00
—	30	3	28.50	30.50	26.50	27.00
—	30	6	27.00	31.00	23.00	24.00
—	30	10	25.00	31.00	19.00	20.00
32	—	3	30.50	32.50	28.50	29.00
32	—	6	29.00	33.00	25.00	26.00
32	—	10	27.00	33.00	21.00	22.00
—	34	3	32.50	34.50	30.50	31.00
—	34	6	31.00	35.00	27.00	28.00
—	34	10	29.00	35.00	23.00	24.00
36	—	3	34.50	36.50	32.50	33.00
36	—	6	33.00	37.00	29.00	30.00
36	—	10	31.00	37.00	25.00	26.00
—	38	3	36.50	38.50	34.50	35.00
—	38	7	34.50	39.00	30.00	31.00
—	38	10	33.00	39.00	27.00	28.00
40	—	3	38.50	40.50	36.50	37.00
40	—	7	36.50	41.00	32.00	33.00
40	—	10	35.00	41.00	29.00	30.00

表 A-3　55°非密封管螺纹（GB/T 7307—2001）　　　　（单位：mm）

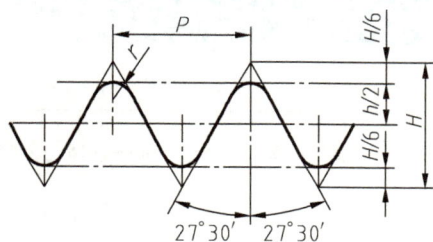

标记示例

尺寸代号为 1/2 的 A 级右旋外螺纹的标记为 G1/2A

尺寸代号为 1/2 的右旋内螺纹的标记为 G1/2

上述右旋内外螺纹所组成的螺纹副标记为 G1/2A

当螺纹为左旋时标记为 G1/2A—LH

尺寸代号	每 25.4mm 内所包含 的牙数 n	螺距 P	牙高 h	圆弧半径 r	基本直径		
					大径 d=D	中径 $d_2=D_2$	小径 $d_1=D_1$
1/4	19	1.337	0.856	0.184	13.157	12.301	11.445
3/8	19	1.337	0.856	0.184	16.662	15.806	14.950
1/2	14	1.814	1.162	0.249	20.955	19.793	18.631
5/8	14	1.814	1.162	0.249	22.911	21.749	20.587
3/4	14	1.814	1.162	0.249	26.441	25.279	24.117
7/8	14	1.814	1.162	0.249	30.201	29.039	27.877
1	11	2.309	1.479	0.317	33.249	31.770	30.291
1⅛	11	2.309	1.479	0.317	37.897	36.418	34.939
1¼	11	2.309	1.479	0.317	41.910	40.431	38.952
1½	11	2.309	1.476	0.317	47.803	46.324	44.845
1¾	11	2.309	1.479	0.317	53.746	52.267	50.788
2	11	2.309	1.479	0.317	59.614	58.135	56.656

表 A-4　55°密封管螺纹（GB/T 7306.1—2000、GB/T 7306.2—2000）

（单位：mm）

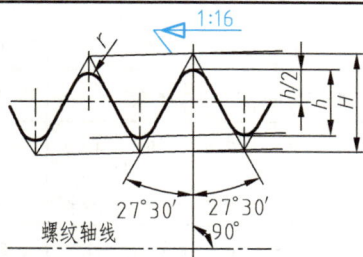

标记示例

尺寸代号为 1/2 的右旋圆锥外螺纹的标记为 $R_2$1/2

尺寸代号为 1/2 的右旋圆锥内螺纹的标记为 Rc1/2

上述右旋内外螺纹所组成的螺纹副标记为 Rc/$R_2$1/2

当螺纹为左旋时标记为 Rc/$R_2$1/2—LH

尺寸代号	每 25.4mm 内所包含 的牙数 n	螺距 P	牙高 h	圆弧 半径 r	基面上的基本直径			基准距离	有效 螺纹长度
					大径 d=D （基准直径）	中径 $d_2=D_2$	小径 $d_1=D_1$		
1/8	28	0.907	0.581	0.125	9.728	9.147	8.566	4.0	6.5
1/4	19	1.337	0.856	0.184	13.157	12.301	11.445	6.0	9.7
3/8	19	1.337	0.856	0.184	16.662	15.806	14.950	6.4	10.1
1/2	14	1.814	1.162	0.249	20.955	19.793	18.631	8.2	13.2
3/4	14	1.814	1.162	0.249	26.441	25.279	24.117	9.5	14.5
1	11	2.309	1.479	0.317	33.249	31.770	30.291	10.4	16.8
1¼	11	2.309	1.479	0.317	41.910	40.431	38.952	12.7	19.1
1½	11	2.309	1.479	0.317	47.803	46.324	44.845	12.7	19.1
2	11	2.309	1.479	0.317	59.614	58.135	56.656	15.9	23.4
2½	11	2.309	1.479	0.317	75.184	73.705	72.226	17.5	26.7
3	11	2.309	1.479	0.317	87.884	86.405	84.926	20.6	29.8

附录 B　常用的标准件

表 B-1　六角头螺栓　　　　　　　　　　　（单位：mm）

六角头螺栓 GB/T 5782—2016、GB/T 5785—2016　六角头螺栓 全螺纹 GB/T 5783—2016、GB/T 5786—2016

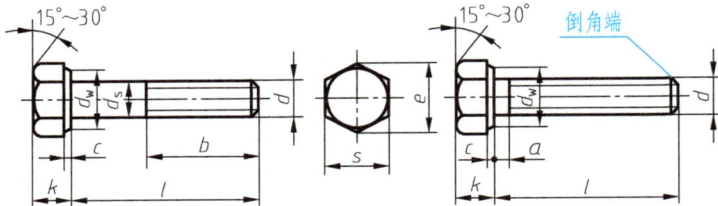

标记示例
螺纹规格 d = M10、l = 60mm、性能等级为 8.8 级、表面氧化处理、A 级的六角头螺栓，标记为 螺栓 GB/T 5782 M10×60；若为全螺纹，标记为 螺栓 GB/T 5783 M10×60

螺纹规格		d	M3	M4	M5	M6	M8	M10	M12	M16	M20	M24	M30	M36
		P	0.5	0.7	0.8	1	1.25	1.5	1.75	2	2.5	3	3.5	4
b		$l \leqslant 125$	12	14	16	18	22	26	30	38	46	54	66	—
		$125 \leqslant l \leqslant 200$	18	20	22	24	28	32	36	44	52	60	72	84
		$l > 200$	31	33	35	37	41	45	49	57	65	73	85	97
d_{wmin}		A 级	4.57	5.88	6.88	8.88	11.63	14.63	16.63	22.49	28.19	33.61	—	—
		B 级	4.45	5.74	6.74	8.74	11.47	14.47	16.47	22	27.7	33.25	42.75	51.11
d_{smax}			3.00	4.00	5.00	6.00	8.00	10.00	12.00	16.00	20.00	24.00	30.00	36.00
a		max	1.5	2.1	2.4	3	4.5	5.3	6	7.5	9	10.5	12
		min	0.5	0.7	0.8	1	1.25	1.5	1.75	2	2.5	3	3.5	4
c		max	0.4	0.4	0.5	0.5	0.6	0.6	0.6	0.8	0.8	0.8	0.8	0.8
		min	0.15	0.15	0.15	0.15	0.15	0.15	0.15	0.2	0.2	0.2	0.2	0.2
e_{min}		A 级	6.01	7.66	8.79	11.05	14.38	17.77	20.03	26.75	33.53	39.98	—	—
		B 级	5.88	7.50	8.63	10.89	14.20	17.59	19.85	26.17	32.95	39.55	50.85	60.79
s	max		5.50	7.00	8.00	10.00	13.00	16.00	18.00	24.00	30.00	36.00	46.00	55.00
	min	A 级	5.32	6.78	7.78	9.78	12.73	15.73	17.73	23.67	29.67	35.38	—	—
		B 级	5.20	6.64	7.64	9.64	12.57	15.57	17.57	23.16	29.16	35.00	45	53.8
k			2	2.8	3.5	4	5.3	6.4	7.5	10	12.5	15	18.7	22.5

注：1. 长度系列为 20~70（5 进位），80~160（10 进位），180~400（20 进位）。

　　2. GB/T 5785 规定 l 为 160~300。

表 B-2　双头螺柱　　　　　　　　　　　　　（单位：mm）

GB/T 897—1988($b_m=1d$)　GB/T 898—1988($b_m=1.25d$)　GB/T 899—1988($b_m=1.5d$)　GB/T 900—1988($b_m=2d$)

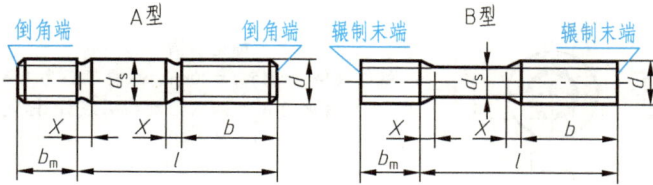

标记示例

两端均为粗牙普通螺纹、d＝M10、l＝60mm、性能等级为 4.8 级、不经表面处理、B 型、$b_m=1d$ 的双头螺柱，标记为螺柱　GB/T 897　M10×60

螺纹规格 d	b_m				l/b
	GB/T 897—1988	GB/T 898—1988	GB/T 899—1988	GB/T 900—1988	
M3	—	—	4.5	6	(16~20)/6 ((22)~40)/12
M4	—	—	6	8	(16~(22))/8 (25~40)/14
M5	5	6	8	10	(16~(22))/10 (25~50)/16
M6	6	8	10	12	(20~(22))/10 (25~30)/14 ((32)~(75))/18
M8	8	10	12	16	(20~(22))/12 (25~30)/16 ((32)~90)/22
M10	10	12	15	20	(25~(28))/14 (30~(38))/16 (40~120)/26 130/32
M12	12	15	18	24	(25~30)/16 ((32)~40)/20 (45~120)/30 (130~180)/36
M16	16	20	24	32	(30~(38))/20 (40~(55))/30 (60~120)/38 (130~200)/44
M20	20	25	30	40	(35~40)/25 (45~(65))/35 (70~120)/46 (130~200)/52
M24	24	30	36	48	(45~50)/30 ((55)~(75))/45 (80~120)/54 (130~200)/60

注：1. GB/T 897—1988 和 GB/T 898—1988 规定螺柱的螺纹规格 d＝M5~M48，公称长度 l＝16~300mm；GB/T 899—1988 和 GB/T 900—1988 规定螺柱的螺纹规格 d＝M2~M48，公称长度 l＝12~300mm。

2. 螺柱公称长度 l（系列）：12, 16, 20, 25, 30, 35, 40, 45, 50~260（10 进位），280，300。

3. 材料为钢的螺柱性能等级有 4.8、5.8、6.8、8.8、10.9、12.9 级，4.8 级为常用。

表 B-3　内六角圆柱头螺钉（GB/T 70.1—2008）　　　　（单位：mm）

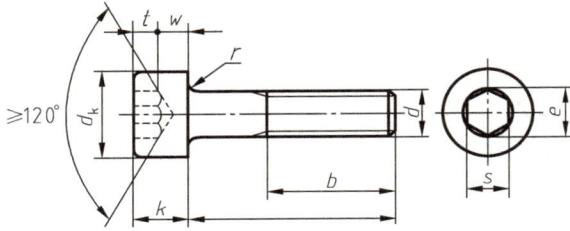

标记示例

螺纹规格 d＝M5、l＝20mm、性能等级为 8.8 级、表面氧化的 A 型内六角圆柱头螺钉，标记为螺钉 GB/T 70.1　M5×20

螺纹规格 d	M3	M4	M5	M6	M8	M10	M12	M16	M20	M24	M30	M36
d_{kmax}	5.5	7	8.5	10	13	16	18	24	30	36	45	54
k_{max}	3	4	5	6	8	10	12	16	20	24	30	36
t_{min}	1.3	2	2.5	3	4	5	6	8	10	12	15.5	19
s	2.5	3	4	5	6	8	10	14	17	19	22	27
e	2.873	3.443	4.583	5.723	6.683	9.149	11.429	15.996	19.437	21.734	25.154	30.854
b	18	20	22	24	28	32	36	44	52	60	72	84
l	5~30	6~40	8~50	10~60	12~80	16~100	20~120	25~160	30~200	40~200	45~200	55~200

注：1. 标准规定螺钉规格 d＝M1.6~M64。

2. 公称长度 l（系列）：2.5，3，4，5，6~12（2 进位），16，20~65（5 进位），70~160（10 进位），180~300（20 进位）mm。

3. 材料为钢的螺钉性能等级有 8.8、10.9、12.9 级，8.8 级为常用。

表 B-4　开槽螺钉　　　　　　　　（单位：mm）

开槽圆柱头螺钉 GB/T 65—2016　　开槽盘头螺钉 GB/T 67—2016　　开槽沉头螺钉 GB/T 68—2016

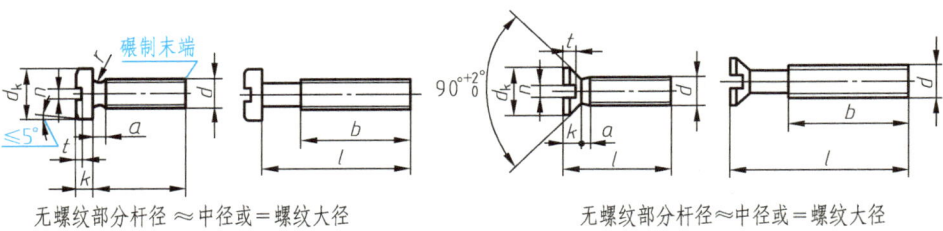

标记示例

螺纹规格 d＝M5、l＝20mm，性能等级为 4.8 级、不经表面处理的 A 级开槽圆柱头螺钉，标记为螺钉 GB/T 65　M5×20

无螺纹部分杆径 ≈中径或＝螺纹大径　　　　无螺纹部分杆径≈中径或＝螺纹大径

螺纹规格 d		M3	M4	M5	M6	M8	M10
a_{max}		1	1.4	1.6	2	2.5	3
b_{min}		25	38	38	38	38	38
n		0.8	1.2	1.2	1.6	2	2.5
GB/T 65—2016	d_{kmax}	5.50	7.00	8.50	10.00	13.00	16.00
	k_{max}	2.00	2.60	3.30	3.9	5.0	6.0
	t_{min}	0.85	1.1	1.3	1.6	2	2.4
	l/b	(4~30)/(l-a)	(5~40)/(l-a)	(6~40)/(l-a) (45~50)/b	(8~40)/(l-a) (45~60)/b	(10~40)/(l-a) (45~80)/b	(12~40)/(l-a) (45~80)/b

（续）

		5.6	8.00	9.50	12.00	16.00	20.00
GB/T 67—2016	d_{kmax}	5.6	8.00	9.50	12.00	16.00	20.00
	k_{max}	1.80	2.40	3.00	3.6	4.8	6.0
	t_{min}	0.7	1	1.2	1.4	1.9	2.4
	l/b	(4~30)/(l-a)	(5~40)/(l-a)	(6~40)/(l-a)(45~50)/b	(8~40)/(l-a)(45~60)/b	(10~40)/(l-a)(45~80)/b	(12~40)/(l-a)(45~80)/b
GB/T 68—2016	d_{kmax}	5.5	8.40	9.30	11.30	15.80	18.30
	k_{max}	1.65	2.7	2.7	3.3	4.65	5
	t max	0.85	1.3	1.4	1.6	2.3	2.6
	t min	0.60	1.0	1.1	1.2	1.8	2.0
	l/b	(5~30)/(l-a)	(6~40)/(l-a)	(8~45)/(l-a)50/b	(8~45)/(l-a)(50~60)/b	(10~45)/(l-a)(50~80)/b	(12~45)/(l-a)(50~80)/b

注：1. 标准规定螺钉规格 d=M1.6~M10。
2. 公称长度 l（系列）：2、3、4、5、6、8、10、12、16、20、25、30、40、45、50、60、70、80mm。
3. 当表中的 b 项为 $l-a$ 时表示全螺纹。
4. 材料为钢的螺钉性能等级有 4.8、5.8 级，4.8 级为常用。

表 B-5　六角螺母　　　　　　　　　　　　　　　（单位：mm）

1 型六角螺母 GB/T 6170—2015　2 型六角螺母 GB/T 6175—2016
六角薄螺母 GB/T 6172.1—2016

标记示例
螺纹规格 D = M10、性能等级为 8 级、不经表面处理、产品等级为 A 级的 1 型六角螺母，标记为 螺母 GB/T 6170 M10

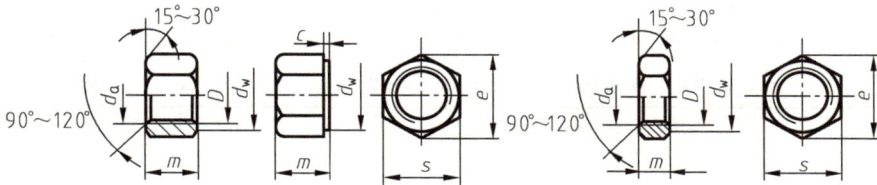

螺纹规格 D		M3	M4	M5	M6	M8	M10	M12	M16	M20	M24	M30
e	min	6.01	7.66	8.79	11.05	14.38	17.77	20.03	26.75	32.95	39.55	50.85
s	max	5.5	7	8	10	13	16	18	24	30	36	46
	min	5.32	6.78	7.78	9.78	12.73	15.73	17.73	23.67	29.16	35	45
c	min	0.4	0.4	0.5	0.5	0.6	0.6	0.6	0.8	0.8	0.8	0.8
d_w	min	4.57	5.88	6.88	8.88	11.63	14.63	16.63	22.49	27.7	33.25	42.75
d_a	max	3.45	4.6	5.75	6.75	8.75	10.8	13	17.3	21.6	25.9	32.4
m （GB/T 6170—2015）	max	2.4	3.2	4.7	5.2	6.8	8.4	10.8	14.8	18	21.5	25.6
	min	2.15	2.9	4.4	4.9	6.44	8.04	10.37	14.1	16.9	20.2	24.3
m （GB/T 6172.1—2016）	max	1.8	2.2	2.7	3.2	4	5	6	8	10	12	15
	min	1.55	1.95	2.45	2.9	3.7	4.7	5.7	7.42	9.1	10.9	13.9
m （GB/T 6175—2016）	max	—	—	5.1	5.7	7.5	9.3	12	16.4	20.3	23.9	28.6
	min	—	—	4.8	5.4	7.14	8.94	11.57	15.7	19	22.6	27.3

注：1. GB/T 6170—2015 和 GB/T 6172.1—2016 的螺纹规格为 M1.6~M64；GB/T 6175—2016 的螺纹规格为 M5~M36。
2. 产品等级为 A、B 是由公差取值大小决定的，A 级公差数值小。A 级用于 $D\le16$mm 的螺母，B 级用于 $D>$ 16mm 的螺母。
3. 钢制 1 型和 2 型螺母用与之相配的螺栓性能等级最高的第一部分数值标记，1 型螺母的性能等级有 6、8、10 级，8 级为常用。2 型螺母的性能等级有 9、12 级，9 级为常用。薄螺母的性能等级有 4、5 级，4 级为常用。

表 B-6　垫圈　　　　　　　　　　　　　　　（单位：mm）

小垫圈—A 级 GB/T 848—2002　平垫圈—A 级 GB/T 97.1—2002　平垫圈倒角型—A 级 GB/T 97.2—2002

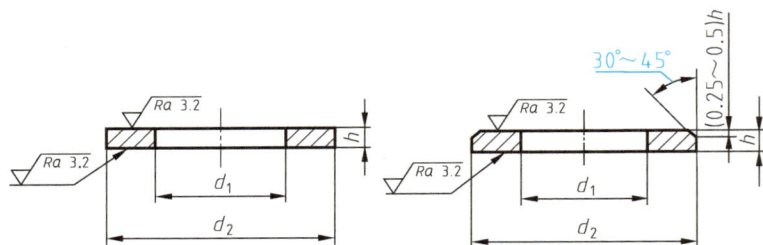

标记示例

公称尺寸 $d=10$mm、性能等级为 200HV 级、不经表面处理的平垫圈，标记为垫圈 GB/T 97.1　10

公称尺寸（螺纹规格 d）		3	4	5	6	8	10	12	16	20	24	30	36
d_1		3.2	4.3	5.3	6.4	8.4	10.5	13	17	21	25	31	37
GB/T 848—2002	d_2	6	8	9	11	15	18	20	28	34	39	50	60
	h	0.5	0.5	1	1.6	1.6	1.6	2	2.5	3	4	4	5
GB/T 97.1—2002	d_2	7	9	10	12	16	20	24	30	37	44	56	66
GB/T 97.2—2002 *	h	0.5	0.8	1	1.6	1.6	2	2.5	3	3	4	4	5

注：1. * 适用于规格为 M5~M36 的标准六角螺栓、螺钉、螺母。

2. 性能等级有 200HV、300HV 级。

3. 产品等级是由产品质量和公差取值大小决定的，A 级公差数值小。

表 B-7　弹簧垫圈（GB/T 93—1987）　　　　　　　（单位：mm）

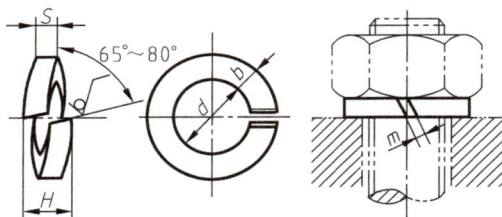

标记示例

规格为 16mm、材料为 65Mn、表面氧化处理的标准型弹簧垫圈，标记为

垫圈 GB/T 93　16

规格（螺纹大径）		4	5	6	8	10	12	16	20	24	30
d	max	4.4	5.4	6.68	8.68	10.9	12.9	16.9	21.04	25.5	31.5
	min	4.1	5.1	6.1	8.1	10.2	12.2	16.2	20.2	24.5	30.5
$S(b)$		1.1	1.3	1.6	2.1	2.6	3.1	4.1	5	6	7.5
H	max	2.75	3.25	4	5.25	6.5	7.75	10.25	12.5	15	18.75
	min	2.2	2.6	3.2	4.2	5.2	6.2	8.2	10	12	15
$m \le$		0.55	0.65	0.8	1.05	1.3	1.55	2.05	2.5	3	3.75

表 B-8　圆柱销 （单位：mm）

不淬硬钢和奥氏体不锈钢圆柱销 GB/T 119.1—2000　淬硬钢和马氏体不锈钢圆柱销 GB/T 119.2—2000

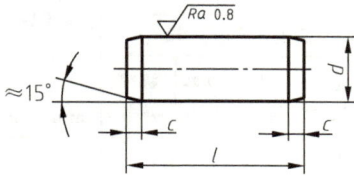

标记示例

公称直径 $d=6$mm、公差 m6、公称长度 $l=30$mm、材料为钢、不经淬火、不经表面处理的圆柱销，其标记为销 GB/T 119.1　6 m6×30

d		3	4	5	6	8	10	12	16	20	25	30	40	50
$c\approx$		0.5	0.63	0.8	1.2	1.6	2	2.5	3	3.5	4	5	6.3	8
l 范围	GB/T 119.1	8~30	8~40	10~50	12~60	14~80	18~95	22~140	26~180	35~200	50~200	60~200	80~200	95~200
	GB/T 119.2	8~30	10~40	12~50	14~60	18~80	22~100	26~100	40~100	50~100	—	—	—	—
公称长度 l（系列）		2,3,4,5,6~32（2 进位），35~100（5 进位），120~200（20 进位）												

注：1. GB/T 119.1—2000 规定圆柱销的公称直径 $d=0.6~50$mm，$l=2~200$mm，公差有 m6 和 h8，GB/T 119.2—2000 规定圆柱销的公称直径 $d=1~20$mm，公称长度 $l=3~100$mm，公差仅有 m6。
　　2. 当圆柱销公差为 h8 时，其表面粗糙度值 $Ra\leq1.6\mu$m。
　　3. 圆柱销的材料常用 35 钢。

表 B-9　圆锥销 （单位：mm）

圆锥销 GB/T 117—2000

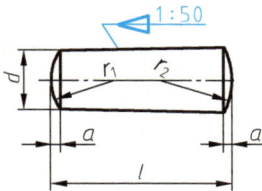

标记示例

公称直径 $d=10$mm、长度 $l=60$mm、材料为 35 钢、热处理硬度 28~38HRC、表面氧化处理的 A 型圆锥销，其标记为销 GB/T 117　10×60

d	4	5	6	8	10	12	16	20	25	30	40	50
a	0.5	0.63	0.8	1	1.2	1.6	2	2.5	3	4	5	6.3
l 范围	14~55	18~60	22~90	22~120	26~160	32~180	40~200	45~200	50~200	55~200	60~200	65~200
公称长度 l（系列）	2,3,4,5,6~32（2 进位），35~100（5 进位），120~200（20 进位）											

注：标准规定圆锥销的公称直径 $d=0.6~50$mm。

表 B-10　键及键槽 （单位：mm）

普通平键型式尺寸 GB/T 1096—2003　平键键槽的断面尺寸 GB/T 1095—2003

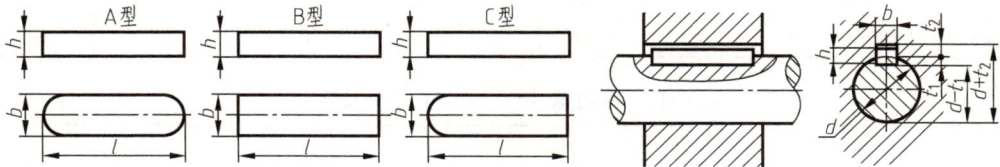

标记示例

圆头普通平键（A 型）、$b=18$mm、$h=11$mm、$l=100$mm，其标记为 GB/T 1096 键 18×11×100
方头普通平键（B 型）、$b=18$mm、$h=11$mm、$l=100$mm，其标记为 GB/T 1096 键 B18×11×100
单圆头普通平键（C 型）、$b=18$mm、$h=11$mm、$l=100$mm，其标记为 GB/T 1096 键 C18×11×100

（续）

键尺寸 b×h	键槽											
	宽度 b						深度				半径 r	
	基本尺寸	极限偏差					轴 t₁		毂 t₂			
		正常联接		紧密联接	松联接		基本尺寸	极限偏差	基本尺寸	极限偏差	min	max
		轴 N9	毂 JS9	轴和毂 P9	轴 H9	毂 D10						
2×2	2	−0.004 −0.029	±0.0125	−0.006 −0.031	+0.025 0	+0.060 +0.020	1.2	+0.10	1.0	+0.10	0.08	0.16
3×3	3						1.8		1.4			
4×4	4	0 −0.030	±0.015	−0.012 −0.042	+0.030 0	+0.078 +0.030	2.5		1.8		0.16	0.25
5×5	5						3.0		2.3			
6×6	6						3.5		2.8			
8×7	8	0 −0.036	±0.018	−0.015 −0.051	+0.036 0	+0.098 +0.040	4.0	+0.20	3.3	+0.20	0.25	0.40
10×8	10						5.0		3.3			
12×8	12	0 −0.043	±0.0215	−0.018 −0.061	+0.043 0	+0.120 +0.050	5.0		3.3			
14×9	14						5.5		3.8			
16×10	16						6.0		4.3			
18×11	18						7.0		4.4			
20×12	20	0 −0.052	±0.026	−0.022 −0.074	+0.052 0	+0.149 +0.065	7.5		4.9		0.40	0.60
22×14	22						9.0		5.4			
25×14	25						9.0		5.4			
28×16	28						10.0		6.4			
32×18	32	0 −0.062	±0.031	−0.026 −0.088	+0.062 0	+0.180 +0.080	11.0		7.4		0.70	1.00
36×20	36						12.0		8.4			
40×22	40						13.0		9.4			
45×25	45						15.0		10.4			
50×28	50						17.0		11.4			
56×32	56	0 −0.074	±0.037	−0.032 −0.106	+0.074 0	+0.220 +0.100	20.0	+0.30	12.4	+0.30	1.20	1.60
63×32	63						20.0		12.4			
70×36	70						22.0		14.4			
80×40	80						25.0		15.4			
90×45	90	0 −0.087	±0.0435	−0.037 −0.124	+0.087 0	+0.260 +0.120	28.0		17.4		2.00	2.50
100×50	100						31.0		19.5			

表 B-11　深沟球轴承（GB/T 276—2013）

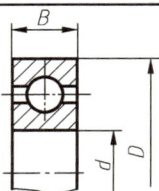

标记示例
类型代号 6、内径 d = 60mm、尺寸系列代号为（0）2 的深沟球轴承，其标记为滚动轴承 6212 GB/T 276—2013

（续）

轴承型号	尺寸/mm			轴承型号	尺寸/mm		
	d	D	B		d	D	B
尺寸系列代号 10				尺寸系列代号（0）3			
6000	10	26	8	6307	35	80	21
6001	12	28	8	6308	40	90	23
6002	15	32	9	6309	45	100	25
6003	17	35	10	6310	50	110	27
尺寸系列代号（0）2				尺寸系列代号（0）4			
6202	15	35	11	6408	40	110	27
6203	17	40	12	6409	45	120	29
6204	20	47	14	6410	50	130	31
6205	25	52	15	6411	55	140	33
6206	30	62	16	6412	60	150	35
6207	35	72	17	6413	65	160	37
6208	40	80	18	6414	70	180	42
6209	45	85	19	6415	75	190	45
6210	50	90	20	6416	80	200	48
6211	55	100	21	6417	85	210	52
6212	60	110	22	6418	90	225	54
6213	65	120	23	6419	95	240	55

注：表中括号"（）"，表示该数字在轴承代号中省略。

表 B-12　圆锥滚子轴承（GB/T 297—2015）

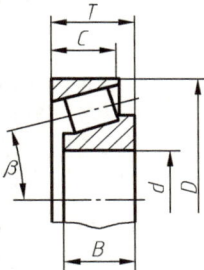

标记示例
类型代号 3、内径 $d=35$mm、尺寸系列代号为 03 的圆锥滚子轴承，其标记为滚动轴承 30307 GB/T 297—2015

轴承型号	尺寸/mm					轴承型号	尺寸/mm				
	d	D	T	B	C		d	D	T	B	C
尺寸系列代号 02						尺寸系列代号 23					
30207	35	72	18.25	17	15	32309	45	100	38.25	36	30
30208	40	80	19.75	18	16	32310	50	110	42.25	40	33
30209	45	85	20.75	19	16	32311	55	120	45.5	43	35
30210	50	90	21.75	20	17	32312	60	130	48.5	46	37
30211	55	100	22.75	21	18	32313	65	140	51	48	39
30212	60	110	23.75	22	19	32314	70	150	54	51	42
尺寸系列代号 03						尺寸系列代号 30					
30307	35	80	22.75	21	18	33005	25	47	17	17	14
30308	40	90	25.25	23	20	33006	30	55	20	20	16
30309	45	100	27.25	25	22	33007	35	62	21	21	17
30310	50	110	29.25	27	23	尺寸系列代号 31					
30311	55	120	31.5	29	25	33108	40	75	26	26	20.5
30312	60	130	33.5	31	26	33109	45	80	26	26	20.5
30313	65	140	36	33	28	33110	50	85	26	26	20
30314	70	150	38	35	30	33111	55	95	30	30	23

注：原类型代号为"7"。

附录 C 极限与配合

表 C-1 优先选用的轴的公差带　　　　　（偏差单位为 μm）

公称尺寸 /mm 大于	至	a 11	b 11	c 11	d 9	e 8	f 7	g 6	h 6	h 7	h 9	h 11	js 6	k 6	n 6	p 6	r 6	s 6
—	3	-270	-140	-60	-20	-14	-6	-2	0	0	0	0	±3	+6	+10	+12	+16	+20
		-330	-200	-120	-45	-28	-16	-8	-6	-10	-25	-60		0	+4	+6	+10	+14
3	6	-270	-140	-70	-30	-20	-10	-4	0	0	0	0	±4	+9	+16	+20	+23	+27
		-345	-215	-145	-60	-38	-22	-12	-8	-12	-30	-75		+1	+8	+12	+15	+19
6	10	-280	-150	-80	-40	-25	-13	-5	0	0	0	0	±4.5	+10	+19	+24	+28	+32
		-370	-240	-170	-76	-47	-28	-14	-9	-15	-36	-90		+1	+10	+15	+19	+23
10	18	-290	-150	-95	-50	-32	-16	-6	0	0	0	0	±5.5	+12	+23	+29	+34	+39
		-400	-260	-205	-93	-59	-34	-17	-11	-18	-43	-110		+1	+12	+18	+23	+28
18	30	-300	-160	-110	-65	-40	-20	-7	0	0	0	0	±6.5	+15	+28	+35	+41	+48
		-430	-290	-240	-117	-73	-41	-20	-13	-21	-52	-130		+2	+15	+22	+28	+35
30	40	-310	-170	-120	-80	-50	-25	-9	0	0	0	0	±8	+18	+33	+42	+50	+59
		-480	-330	-280	-142	-89	-50	-25	-16	-25	-62	-160		+2	+17	+26	+34	+43
40	50	-320	-180	-130	-80	-50	-25	-9	0	0	0	0	±8	+18	+33	+42	+50	+59
		-480	-340	-290	-142	-89	-50	-25	-16	-25	-62	-160		+2	+17	+26	+34	+43
50	65	-340	-190	-140	-100	-60	-30	-10	0	0	0	0	±9.5	+21	+39	+51	+60	+72
		-530	-380	-330	-174	-106	-60	-29	-19	-30	-74	-190		+2	+20	+32	+41	+53
65	80	-360	-200	-150	-100	-60	-30	-10	0	0	0	0	±9.5	+21	+39	+51	+62	+78
		-550	-390	-340	-174	-106	-60	-29	-19	-30	-74	-190		+2	+20	+32	+43	+59
80	100	-380	-220	-170	-120	-72	-36	-12	0	0	0	0	±11	+25	+45	+59	+73	+93
		-600	-440	-390	-207	-126	-71	-34	-22	-35	-87	-220		+3	+23	+37	+51	+71
100	120	-410	-240	-180	-120	-72	-36	-12	0	0	0	0	±11	+25	+45	+59	+76	+101
		-630	-460	-400	-207	-126	-71	-34	-22	-35	-87	-220		+3	+23	+37	+54	+79
120	140	-460	-260	-200	-145	-85	-43	-14	0	0	0	0	±12.5	+28	+52	+68	+88	+117
		-710	-510	-450	-245	-148	-83	-39	-25	-40	-100	-250		+3	+27	+43	+63	+92
140	160	-520	-280	-210	-145	-85	-43	-14	0	0	0	0	±12.5	+28	+52	+68	+90	+125
		-770	-530	-460	-245	-148	-83	-39	-25	-40	-100	-250		+3	+27	+43	+65	+100
160	180	-580	-310	-230	-145	-85	-43	-14	0	0	0	0	±12.5	+28	+52	+68	+93	+133
		-830	-560	-480	-245	-148	-83	-39	-25	-40	-100	-250		+3	+27	+43	+68	+108
180	200	-660	-340	-240	-170	-100	-50	-15	0	0	0	0	±14.5	+33	+60	+79	+106	+151
		-950	-630	-530	-285	-172	-96	-44	-29	-46	-115	-290		+4	+31	+50	+77	+122
200	225	-740	-380	-260	-170	-100	-50	-15	0	0	0	0	±14.5	+33	+60	+79	+109	+159
		-1030	-670	-550	-285	-172	-96	-44	-29	-46	-115	-290		+4	+31	+50	+80	+130
225	250	-820	-420	-280	-170	-100	-50	-15	0	0	0	0	±14.5	+33	+60	+79	+113	+169
		-1110	-710	-570	-285	-172	-96	-44	-29	-46	-115	-290		+4	+31	+50	+84	+140
250	280	-920	-480	-300	-190	-110	-56	-17	0	0	0	0	±16	+36	+66	+88	+126	+190
		-1240	-800	-620	-320	-191	-108	-49	-32	-52	-130	-320		+4	+34	+56	+94	+158
280	315	-1050	-540	-330	-190	-110	-56	-17	0	0	0	0	±16	+36	+66	+88	+130	+202
		-1370	-860	-650	-320	-191	-108	-49	-32	-52	-130	-320		+4	+34	+56	+98	+170
315	355	-1200	-600	-360	-210	-125	-62	-18	0	0	0	0	±18	+40	+73	+98	+144	+226
		-1560	-960	-720	-350	-214	-119	-54	-36	-57	-140	-360		+4	+37	+62	+108	+190
355	400	-1350	-680	-400	-210	-125	-62	-18	0	0	0	0	±18	+40	+73	+98	+150	+244
		-1710	-100	-760	-350	-214	-119	-54	-36	-57	-140	-360		+4	+37	+62	+114	+208
400	450	-1500	-760	-440	-230	-135	-68	-20	0	0	0	0	±20	+45	+80	+108	+166	+272
		-1900	-116	-840	-385	-232	-131	-60	-40	-63	-155	-400		+5	+40	+68	+126	+232
450	500	-1650	-840	-480	-230	-135	-68	-20	0	0	0	0	±20	+45	+80	+108	+172	+292
		-2050	-124	-880	-385	-232	-131	-60	-40	-63	-155	-400		+5	+40	+68	+132	+252

表 C-2　优先选用的孔的公差带　　　　　　（偏差单位为 μm）

公称尺寸/mm 大于	至	A 11	B 11	C 11	D 10	E 9	F 8	G 7	H 7	H 8	H 9	H 11	JS 7	K 7	N 7	P 7	R 7	S 7
—	3	+330/+270	+200/+140	+120/+60	+60/+20	+39/+14	+20/+6	+12/+2	+10/0	+14/0	+25/0	+60/0	±5	0/−10	−4/−14	−6/−16	−10/−20	−14/−24
3	6	+345/+270	+215/+140	+145/+70	+78/+30	+50/+20	+28/+10	+16/+4	+12/0	+18/0	+30/0	+75/0	±6	+3/−9	−4/−16	−8/−20	−11/−23	−15/−27
6	10	+370/+280	+240/+150	+170/+80	+98/+40	+61/+25	+35/+13	+20/+5	+15/0	+22/0	+36/0	+90/0	±7.5	+5/−10	−4/−19	−13/−28	−13/−28	−17/−32
10	18	+400/+290	+260/+150	+205/+95	+120/+50	+75/+32	+43/+16	+24/+6	+18/0	+27/0	+43/0	+110/0	±9	+6/−12	−5/−23	−11/−29	−16/−34	−21/−39
18	30	+430/+300	+290/+160	+240/+110	+149/+65	+92/+40	+53/+20	+28/+7	+21/0	+33/0	+52/0	+130/0	±10.5	+6/−15	−7/−28	−14/−35	−20/−41	−34/−59
30	40	+470/+310	+330/+180	+280/+120	+180/+80	+112/+50	+64/+25	+34/+9	+25/0	+39/0	+62/0	+160/0	±12.5	+7/−18	−8/−33	−17/−42	−25/−50	−34/−59
40	50	+480/+320	+340/+180	+290/+130	+180/+80	+112/+50	+64/+25	+34/+9	+25/0	+39/0	+62/0	+160/0	±12.5	+7/−18	−8/−33	−17/−42	−25/−50	−34/−59
50	65	+530/+340	+380/+190	+330/+140	+220/+100	+134/+60	+76/+30	+40/+10	+30/0	+46/0	+74/0	+190/0	±15	+9/−21	−9/−39	−21/−51	−30/−60	−42/−72
65	80	+550/+360	+390/+200	+340/+150	+220/+100	+134/+60	+76/+30	+40/+10	+30/0	+46/0	+74/0	+190/0	±15	+9/−21	−9/−39	−21/−51	−32/−62	−48/−78
80	100	+600/+380	+440/+220	+390/+170	+260/+120	+159/+72	+90/+36	+47/+12	+35/0	+54/0	+87/0	+220/0	±17.5	+10/−25	−10/−45	−24/−59	−38/−73	−58/−93
100	120	+630/+410	+460/+240	+400/+180	+260/+120	+159/+72	+90/+36	+47/+12	+35/0	+54/0	+87/0	+220/0	±17.5	+10/−25	−10/−45	−24/−59	−41/−76	−66/−101
120	140	+710/+460	+510/+260	+450/+200	+305/+145	+185/+85	+106/+43	+54/+14	+40/0	+63/0	+100/0	+250/0	±20	+12/−28	−12/−52	−28/−68	−48/−88	−77/−117
140	160	+770/+520	+530/+280	+460/+210	+305/+145	+185/+85	+106/+43	+54/+14	+40/0	+63/0	+100/0	+250/0	±20	+12/−28	−12/−52	−28/−68	−50/−90	−85/−125
160	180	+830/+580	+560/+310	+480/+230	+305/+145	+185/+85	+106/+43	+54/+14	+40/0	+63/0	+100/0	+250/0	±20	+12/−28	−12/−52	−28/−68	−53/−93	−93/−133
180	200	+950/+660	+630/+340	+530/+240	+355/+170	+215/+100	+122/+50	+61/+15	+46/0	+72/0	+115/0	+290/0	±23	+13/−33	−14/−60	−33/−79	−60/−106	−105/−151
200	225	+1030/+740	+670/+380	+550/+260	+355/+170	+215/+100	+122/+50	+61/+15	+46/0	+72/0	+115/0	+290/0	±23	+13/−33	−14/−60	−33/−79	−63/−109	−113/−159
225	250	+1110/+820	+710/+420	+570/+280	+355/+170	+215/+100	+122/+50	+61/+15	+46/0	+72/0	+115/0	+290/0	±23	+13/−33	−14/−60	−33/−79	−67/−113	−123/−169
250	280	+1240/+920	+800/+480	+620/+300	+400/+190	+240/+110	+137/+56	+69/+17	+52/0	+81/0	+130/0	+320/0	±26	+16/−36	−14/−66	−36/−88	−74/−126	−138/−190
280	315	+1370/+1050	+860/+540	+650/+330	+400/+190	+240/+110	+137/+56	+69/+17	+52/0	+81/0	+130/0	+320/0	±26	+16/−36	−14/−66	−36/−88	−78/−130	−150/−202
315	355	+1560/+1200	+960/+600	+720/+360	+400/+210	+265/+125	+151/+62	+75/+18	+57/0	+89/0	+140/0	+360/0	±28.5	+17/−40	−16/−73	−41/−98	−87/−144	−169/−226
355	400	+1710/+1350	+1040/+680	+760/+400	+400/+210	+265/+125	+151/+62	+75/+18	+57/0	+89/0	+140/0	+360/0	±28.5	+17/−40	−16/−73	−41/−98	−93/−150	−187/−244
400	450	+1900/+1500	+1160/+760	+840/+440	+480/+230	+290/+135	+165/+68	+83/+20	+63/0	+97/0	+155/0	+400/0	±31.5	+18/−45	−17/−80	−45/−108	−103/−166	−209/−272
450	500	+2050/+1650	+1240/+840	+880/+480	+480/+230	+290/+135	+165/+68	+83/+20	+63/0	+97/0	+155/0	+400/0	±31.5	+18/−45	−17/−80	−45/−108	−109/−172	−229/−292

参 考 文 献

［1］ 全国技术产品文件标准化技术委员会，中国标准出版社第三编辑室. 技术产品文件标准汇编：机械制图卷［M］. 2 版. 北京：中国标准出版社，2009.

［2］ 全国技术产品文件标准化技术委员会，中国标准出版社第三编辑室. 技术产品文件标准汇编：技术制图卷［M］. 2 版. 北京：中国标准出版社，2009.

［3］ 庞正刚. 机械制图［M］. 上海：同济大学出版社，2017.

［4］ 唐卫东. 机械制图［M］. 北京：高等教育出版社，2021.

［5］ 邵娟琴. 机械制图与计算机绘图［M］. 北京：北京邮电大学出版社，2020.

［6］ 欧阳波仪. 机械制图与识图［M］. 青岛：中国石油大学出版社，2017.

［7］ 吉丽. 机械制图［M］. 西安：西北工业大学出版社，2020.

［8］ 王晨曦. 机械制图［M］. 北京：北京邮电大学出版社，2020.